DANGDAI JIAOYU XINGZHENG YUANLI

当代教育行政原理

龚怡祖◎编著

北京大学出版社
PEKING UNIVERSITY PRESS

图书在版编目(CIP)数据

当代教育行政原理/龚怡祖编著. —北京：北京大学出版社，2009.11
(21世纪教育科学系列教材)
ISBN 978-7-301-15888-3

Ⅰ. 当… Ⅱ. 龚… Ⅲ. 教育行政—师范大学—教材 Ⅳ. G46

中国版本图书馆CIP数据核字(2009)第173598号

书　　名：当代教育行政原理
著作责任者：龚怡祖　编著
责 任 编 辑：于　娜
标 准 书 号：ISBN 978-7-301-15888-3/G·2683
出 版 发 行：北京大学出版社
地　　址：北京市海淀区成府路205号　100871
网　　站：http://www.jycb.org　http://www.pup.cn
电 子 信 箱：zyl@pup.pku.edu.cn
电　　话：邮购部62752015　发行部62750672　编辑部62767346　出版部62754962
印 刷 者：北京飞达印刷有限责任公司
经 销 者：新华书店
730毫米×980毫米　16开本　20.75印张　380千字
2009年11月第1版　2009年11月第1次印刷
定　　价：37.00元

自　序

“教育行政原理”（或“教育行政学”）是教育经济与管理专业的主干课程之一。当代教育行政管理涉及面广，性质复杂，影响广泛。与此相应，教育行政原理的教科书应当显示出较强的基础性、理论性和应用性，让学生有选择地接触本学科的前沿领域，掌握必要的专业知识与技能，避免陷入经院式的繁琐论证或从书本到书本的刻板研究。

教育行政原理应当兼顾相应专业的理论、技术、实践各个层面，其内容应当展现最基本的概念、范畴与原则，能够比较系统地介绍和解释政府以及其他教育行政主体对教育事务是如何实施行政管理的，为什么要这样进行管理，以及在实际生活中应当如何对教育行政制度的健全性、教育行政行为的规范性和教育行政结果的优劣性等基本理论与实践问题作出分析和判断，等等。这些原理还应当展现其一定的操作性和方法特征，不能写成像某些教材那样，完全以宏观分析和雄辩议论来说服人，让学生在一番激动之后，却发现自己并没有掌握多少实际有用的知识和技能。总之，原理性知识的功能在于提供一种具有凝聚力的系统性知识基础，能够用来指导在该领域从事管理活动的人员分析、判断、预测相关的事务，并引导其行动。

本书认为，教育行政原理作为一门课程，其学科定位应该是教育领域内的行政管理科学，其学科背景虽然跨越了教育科学、管理科学等多个领域，但是绝不能湮灭其学科本色，其重心必须放在行政科学上，其内容及体系必须能够与教育学、教育管理学、教育组织行为学等课程清晰地区分开来，避免与之纠缠不清。本书对教育行政原理的理论认识逻辑是这样的：教育行政原理的建构应当从厘定和分析教育行政活动的基本要素出发，而教育行政活动的基本要素包括教育行政目的、教育行政主体、教育行政客体、教育行政权力与职能、教育行政规范、教育行政资源与手段等范畴；其中，教育行政目的是教育行政的价值系统，教育行政主体是教育行政的组织系统，教育行政客体是教育行政的对象系统，教育行政权力与职能是教育行政的体制系统，教育行政规范是教育行政的操作系统，教育行政资源与手段是教育行政的中介系统。所谓教育行政原理，就是研究这些基本要素的矛盾运动及其相互之间的复杂关系，并正确揭示蕴涵其中的现象、本质、过程、规律及一系列基本问题。本书的实际写作框架虽然没有完全照搬上述理论逻辑结构，但是在精神实质上，与它是保持高度一致的。

《当代教育行政原理》不仅应认真概括和总结转型时期我国教育行政管理活动的理论思考与实践经验，而且应当大力吸取这一领域里的有益的历史遗产，包括国外公共行政科学、教育行政科学的最新研究成果。当代世界各国的行政价值取向日益强调要在秩序、公平与自由之间建立起和谐关系，行政立法日益强调行政权利与权力结构的平衡原则，行政管理方式日益展现其多样化和灵活性特征，非强制性行政在现代行政法制建设中越来越受到重视，行政程序价值的地位日渐提升且日益呈现出法典化趋势，等等。这些重要的当代行政思想成果与实际发展趋势，都在本书里得到应有的反映。

本书共分为六章。就整体构思而言，本书既重视在一定深度上呈现与当代政策科学密切相关的教育政策分析内容(这是大部分教育经济与管理专业的研究生渴望了解而又常常感到头绪纷乱的学习内容)，将其作为“重头戏”专设为一章，并按照独特角度进行分析；又尽可能做到比较扎实地讲解与教育行政原理、教育行政技术有关的大量“中性知识”。在全书的内容、体系、结构、立意、角度等安排方面，编著者根据自己对教育行政学科的理解作了一些与众不同的大胆尝试，尽量避免与已有的出版物相雷同。比如，本书跳出窠臼，在“教育行政体制”一章中设置“教育行政结构与关系”一节，用来分析教育行政体制所要处理的诸项基本关系，如教育行政与母行政的关系、教育行政上下级关系、教育行政同级关系、教育行政主体与相对方的关系、教育行政中的公法与私法关系，目的在于帮助学习者从整体上融会贯通地把握教育行政体制的原理。对于一般教科书较少给予关注的“教育行政组织”内容，本书却不惜力气，单辟一章专门加以考察；而对于其他教科书通常以独章方式来讲述的教育行政职能，本书却将其置于“教育行政体制”一章，作为其中一节来讲解。对于同类教科书绝少提及的“教育行政行为”概念范畴，本书给予高度重视，将其作为一把入门的钥匙，置于“教育行政过程”一章之首加以讲述。对于与教育决策有关的内容，本书则按照不同性质的决策关系和教学需要掰开，分别纳入“教育行政过程”(比如将教育行政立法看做是教育行政决策的组成部分)和“教育政策分析”两章去讲解。在教育行政法律部分，编著者经反复推敲斟酌，将该章命名为“教育行政与法”，决定从教育行政法治的整体视野切入，着眼于法理、法律关系、法律规范、法律体系等多个学理层面，帮助读者从不同角度去认识教育行政领域里的主要权利义务关系以及教育行政主体、教育行政行为的合法性、合理性等问题，其中有不少内容吸收了编著者以及其他研究者这些年来在这一领域的最新研究成果。

本书在编著时有意识地吸收了一定的行政学、行政法学、政策分析学的原理和知识。这样做,对原先涉足这些领域不多而又恰恰想补充这方面知识的学习者,应该说是非常合适的。但也正因如此,编著者不建议那些在行政学、行政法学、政策分析学等方面已经打下较厚实基础的研究生将本书作为重点阅读教材。希望本书的上述苦心安排有助于为读者认识教育行政原理提供一些新的入门角度、理念和视界。如果学习者不怕吃苦,在阅读本书的同时,再选取几部体系、结构以及论述角度与本书各有不同的教材互为参照、互作比较,对于避开不同教材的死角,发现某些传统观察视角不曾注意到的"学科风景",领略某些前期研究者不曾参透的学术奥妙,应该是有所裨益的。

编著者主观上希望做到:本书以介绍原理性知识为主,对事务性知识一概不予涉及,但是对实务性原理或技术,则有选择地加以介绍。在保证不遗漏基本问题和重要内容的前提下,凡是其他编著者已经详细、深入论述或介绍过的内容,本书大抵从略;而其他编著者不曾详细、深入论述或介绍过的内容,本书反而有可能重点加以阐述和分析。在著述风格上,编著者力求适当突出相关原理中的思想价值和研究性,以引起学习者进一步关注、思考本学科前沿领域纵深问题的兴趣。作为一本主要是供研究生使用的专业教材,本书中的引文与注释是全书内容和逻辑体系的重要组成部分,有些注释提供了相应的实例,它们是交代各种学术思想与观点来龙去脉的"金丝银线"——正是由于它们的存在,学术研究工作才具备了发展轨迹与可积累性。希望读者在阅读本书的时候,不要忽略了引文与注释的重要性。为了做到准确、规范和完整地呈现引文、注释及其相互关系,尤其是消除误将"转引"当"原引"的不良影响,编著者已经尽了较大努力,但不敢说已完全剔除了这类瑕疵。如果读者在本书中发现了这类问题,请向编著者指出,以便日后改进。

为了忠实贯彻上述编著意图,本书无论是在构思和搜集资料阶段,还是在具体撰写与修改阶段,乃至对引文标注规范的检查与核对,编著者都力求最大限度地做到亲力亲为,在吸收研究生参与撰写工作方面极其谨慎,全书只有"教育政策分析"一章采取了这种撰写方式。该章第一节由我本人撰写,第二节至第五节的主体结构及章节标题为我所拟定,具体内容则由我的研究生徐自强同志独立撰写,最后再由我修订。自强同志勤学好思,具有出色的思维品质、出众的学术领悟力和驾驭复杂学术问题的能力,是研究生中的佼佼者。他以饱满的热情和严谨的态度投入了这项工作,我对他的工作结果感到满意。

20世纪70年代末,日本教育行政学者久下荣志郎在其《现代教育行政学》的序言中,第一句话就指出"教育行政学是一门新学科……作为一门学科,其发展还落后于其他领域,在学科体系上还有许多可争议之处"①。时至今日,三十年过去了,教育行政学的发展状况似乎并未完全摆脱久下荣志郎所感慨的那种不成熟状态。作为本书的编著者,我十分清楚地知道,由于自己水平有限,本书必然也会存在"许多可争议之处",我愿对此承担全部责任,并衷心期待同行对书中的问题和错误提出严厉批评与有益指正,以便在有机会再版时予以改进。

① [日]久下荣志郎.现代教育行政学[M].日本第一法规出版社,1979.

目录

第一章　教育行政体制

教育行政活动是国家管理教育事务的一种“国家的组织活动”，教育行政体制（education administration institution）是一个国家管理教育事业的组织体系和相关制度的总称，或如有的学者所言，“是国家管理教育的机构与国家管理教育的规范的统一体”[①]。教育行政体制对教育行政主体的权力确立与责任划分、教育行政机构的设置及其与其他政府部门的关系、不同教育行政组织之间的关系等一系列基本制度作出规定，以便教育行政活动能够按照一定的组织形态、权力结构、工作制度以及人员编制来有效地运行。简单通俗地说，教育行政体制就是一个国家领导和管理教育的方式。

孙绵涛在其所主编的《教育行政学》里指出，应从教育行政的活动、体制、机制、观念四个方面去研究教育行政现象。[②] 在实际生活中，这四者是紧密联系在一起的，而枢纽就是教育行政体制：教育行政体制既是教育行政观念的反射，又是教育行政活动的“脚本”，同时也包含着教育行政机制。

要理解教育行政体制，必须紧紧抓住它的核心元素和核心问题。教育行政体制的核心元素包括教育行政主体、教育行政权力、教育行政职能，教育行政体制的核心问题是主体、权力和职能以何种性质、形态及方式组合在一起，并据此展开教育行政活动。研究教育行政体制，首先要把这些基本问题和概念搞清楚。

教育行政体制是教育行政主体与教育行政规范的统一。其中，教育行政主体是教育行政体制赖以存在的组织载体，教育行政规范是教育行政主体赖以成立和活动的依据。教育行政主体在当代呈现出多样化趋势，教育行政规范包括教育法律、法规、规章、制度、政策等。

---

① 孙绵涛.论教育体制及其改革的基本内容[J].教育研究与实验，1992(4)：16-19.

② 孙绵涛.教育行政学[M].北京：高等教育出版社，2001：15-17.

第一节　教育行政权

教育行政主体的一个典型特征是拥有教育行政权（education administration power）。教育行政权是国家行政权的重要组成部分，是教育行政主体实施教育行政管理活动的资格及其职能。行政职权一般可分为固有职权和授予职权两大类，教育行政主体中的教育行政机关所拥有的职权属于固有职权，教育行政主体中的非行政机关组织经由行政授权或行政委托途径而获得的职权属于授予职权。

一、教育行政权的性质、目的与特点

（一）教育行政权的性质

教育行政权是行政权的一种，行政权就其性质而言，是一种政治权力。关保英教授对行政权这样界定："行政权是法律对其范围加以规定的国家管理职能，它以国家统治权为基础，以行政机关为主体，具有强烈的组织性能。"① 应松年、薛刚凌教授对行政权的界定是："行政权是指由国家或其他行政主体担当的执行法律，对行政事务主动、直接、连续、具体管理的权力，是国家权力的组成部分。"② 上述看法的共同之处是，他们都肯定行政权具有国家权力性质。教育行政权具有行政权的性质，自然也具有国家权力性质；这种权力的行使行为具有从属性，必须接受全体社会成员的监督。

（二）教育行政权的目的

国家设置教育行政权的根本目的，是为了确保宪法所规定的政府负有公共教育义务和公民享有受教育权利的制度能够实现。教育行政权由法律明确授予和设定，依照法定程序，在法律范围内行使。按照行政权的担当主体范围类推，教育行政权应该由相关政府部门及其他教育行政组织代为行使。教育行政主体在行使权力时，重视体现国家意志、贯彻国家的法规和政策。

教育行政权是对教育行政权力的整体抽象和概括，它有别于教育行政职权（powers of office in educational administration）。教育行政职权通常指单个教育行政机关以及具体公务人员所承担的具体管理事务和具体权限，教育行政职权是教育行政权的具体化形态，而教育行政权是教育行政职权产生的基础。③

---

① 关保英．行政法与行政诉讼法[M]．北京：中国政法大学出版社，2004.

② 应松年，薛刚凌．论行政权[J]．政法论坛（中国政法大学学报），2001(4)：54-65.

③ 高家伟．论行政职权[J]．行政法学研究，1996(3)：11-17.

（三）教育行政权的特点

1. 从公共行政权的属性角度去审视

教育行政权是公共行政权中的一部分，因此，可以透过公共行政权的属性特点来了解教育行政权。第一，公共行政权是整个国家权力的当然组成部分，由政府这种国家机构总体负责行使，因此它具有整体性；第二，公共行政权是对国家立法权和司法权以外的第三种公共权力的法律概括，因此它具有法定性；第三，划定公共行政权的着眼点是国家机构和国民全体，比较抽象，因此它具有抽象性；第四，行政主体与相对人之间的权利和义务是由法律预先确定的，是一种一方命令、一方服从的不平等关系，当事人没有自由选择的余地，就权力一方而言，它具有明显的单方意志性和强制性；第五，与权利所具有的自由处分性不同，国家机关不能对具有公共性的行政权进行自由处分，此即权力的“不可处分性”。

教育行政权作为一种公共行政权，同样完全具有上述整体性、法定性、抽象性、强制性、不可处分性的特点。

2. 从行政权与公民权的关系角度去审视

从行政权与公民权之间的对立统一关系出发，能够观察到教育行政权的另一些特点。首先，按照社会契约的思想，公民受教育权是教育行政权的目的，教育行政权是实现公民受教育权的手段，因此它具有服务性特点；其次，从法律性质来看，教育行政权是国家用来保障公民权利（受教育权）实现的一种公权力，因此它具有公共性特点；再次，教育行政权作为一种行政权，由于职权范围内存在自由裁量空间，而行政代理权又不存在任何竞争，垄断地位使其处于明显的优势，因而具有扩张性，且被认为是立法、行政、司法三权中最具有扩张性的。

为了避免教育行政权过度扩张而出现教育行政专横现象，防止教育行政权力成为凌驾于公民受教育权利之上的异己力量，往往需要对它加以控制、平衡和监督，以免它超出正常范围，由国家手段蜕变为国家目的、将对人民的服务转变为对人民的统治。

二、教育行政权的来源与设定

（一）教育行政权的来源

教育行政权源于国家教育权。国家教育权的形成，在中国可以追溯到古代官学，最早如西周时期的国学和乡学，其特点是国家直接管理教育和学校。西方在资本主义社会以前，受亚当·斯密所主张的“个人理性最大化”思想的影响，国家并不直接地管理教育，教育的权力主要存在于民间，即存在于家庭、私人以及宗教团体的手中。近代以降，欧洲各国资本主义工商业逐步兴起，迫切要求普遍提高劳动者的受教育程度。大多数欧洲国家的政府认识到推进教育是推进工业化的前提，相继启动了教育国家化进程，即由法律规定政府对义务教育负有强制性责任，国家动用财政资金建立公共教育制度及其体系，向国民提供免费的初等教育，有些国家甚至包办了部分高等教育，同时加强对教育发展的监督和干预，教育事业迅速发展并随着教育普及化程度提高而逐步获得全民性。

在这一过程中，公民的受教育权发展成为公民基本权利的重要组成部分，教育权则发展成为民主国家的政府保障人民主权和公民权利的重要手段之一，在各国经由宪法、法律等途径而取得公权力的地位。所以，教育国家化实际上就是教育权国家化的进程，其本质是教育权从社会向政府转移、由私权向公权转变的过程。

后来，在各国推进政府职能转变和政府管理模式改革的过程中，为了提高教育行政效率和教育服务质量，也为了更好地发挥市场机制与非政府公共组织在教育领域里的作用，鼓励第三部门办学模式，又出现了教育权从高层向基层分散、从政府向社会回流的趋势，国家教育权中一部分权力被政府逐渐转移、委托给某些特殊的法人机构或教育团体如学校去行使，使它们也拥有了某些教育行政权力，成为相对独立于政府之外的另一类教育行政权力主体。

（二）教育行政权的设定

1. 教育行政权设定的法定方式

行政权源于人民主权和公民权利，这从根本上决定了它必须合法地①产生：即或由法律法规设定，或由有关机关依法授予。教育行政权设定的法律方式有两种：一种方式是在行政组织法中作原则性规定，然后在单行法律法规中对事权作具体的规定，这种设定方式简单明确，易于操作，日本主要采用此种设定方式；另一种方式是直接由单行法来规定教育行政权，如美国，采用这种设定方式必须确保每一类行政权的设定主体是单一的，否则就会导致权力设定陷入混乱，甚至相互冲突。

在目前阶段，我国行政主体的固有职权范围一般依据宪法、行政组织法和各级政府的“三定方案”（定职能、定机构、定编制）来确定。我国宪法和行政组织法规定了各级各类教育行政机关的职权划分及其职权范围，一些单行的教育法律、行政法规和地方性教育法规，也对教育行政机关的具体职权与编制加以规定。所以，目前我国教育行政权的设定是以上述第一种设定方式为主。

① 哈贝马斯指出，“合法性的基础是同意”，是人民“对统治的同意”。参见：尤尔根·哈贝马斯. 合法化危机[M]. 刘北成，曹卫东，译. 上海：上海人民出版社，2000：102.

我国行政法治的起步较晚，面对着市场培育与发展、政府职能转变和国家干预主义并举的行政国家状态，所要完成的是一个与计划经济时代行政权无所不能的旧法体系断裂的进程。因此，从立法源头上完备行政权力的设定与行使条件、程序与救济方式，是完备行政法制的努力方向。

2. 教育行政权设定的技术原则

技术原则对于减少或避免权力配置中的随意化现象也是很重要的工具。

（1）充分必要原则

即只在必要的情况下，法律才设定某项教育行政权；在行政不应干预或行政干预弊大于利的领域里，则不设立教育行政权。这样做，可以杜绝教育行政权力设定的主观性、随意性。

（2）系统设定原则

每一种教育行政权在设定时，必须保证其归属主体、行使程序、责任及救济等基本环节不存在残缺现象。

（3）要素齐备原则

对所设定的教育行政权，要具体明确其职权名称、职权归属、职权界限、职权（行使）方式、职权对象。

（4）保障能动原则

保留教育行政主体一定的自由裁量权是必要的，但必须控制在合理范围之内，同时应保证行政相对方享有充分的救济手段。

（5）价值权衡原则

设定教育行政权通常要从相对人权益、行政公平、行政效率等多个方面去综合考虑，化解公众的疑虑，并获取其持久的支持。

三、教育行政权的分类[①]

概括地讲，教育行政权的构成包括政府及其他合法的教育行政主体依法举办和发展教育事业的权力，以及政府及其他合法的教育行政主体依法行使管理教育的权力。具体地看，这种权力则会因划分角度不同而具有不同的表现形式及内涵。

（一）按教育行政权的内容划分

以教育行政权的内容为标准，可将教育行政权分为教育行政事权、教育财权和组织人事权等。教育行政事权是教育行政管辖事务范围的业务领导权，教

① 本书对教育行政权的分类，参考了应松年、薛刚凌的观点。参见：应松年，薛刚凌. 论行政权[J]. 政法论坛（中国政法大学学报），2001(4)：54-65.

育财权是支配和使用财政性教育拨款、非财政性教育经费、教育事业收入等财力的权力，组织人事权是教育行政机关设置内部机构以及聘用工作人员的权力。

（二）按教育行政权的形式划分

以教育行政权的形式为标准，可将教育行政权分为教育行政立法权、教育行政调查权、教育行政许可权、教育行政处理权、教育行政处罚权、教育行政强制权、教育行政指导权等。有两点需要注意：一是教育行政立法权的实施结果是产生规范性文件，它们无论对相对人还是对教育行政机关都具有约束力；二是在普通法系国家，由于行政权原则上不允许包含行政强制权，因而不存在教育行政强制权。

（三）按教育行政权的性质划分

以教育行政权的性质为标准，可将教育行政权分为教育行政决定权、教育行政命令权、教育行政执行权、教育行政监督权和教育行政咨询权等。如果进一步归纳，这些权力又可划分为依法作出决定和采取措施的权力、对相对人行使权利和履行义务的情况进行检查监督的权力、为相对人提供指导和服务的权力。按教育行政权性质进行分类的意义，在于明确不同性质的教育行政权要由不同地位的教育行政机关承担。比如，教育行政咨询权一般不在行政官员手里，而是在由法律或法规指定的、由专家学者组成的专门组织手里。

（四）按教育行政权的作用范围划分

以教育行政权的作用范围为标准，可将教育行政权分为内部行政权与外部行政权。内部行政权主要作用于教育行政组织系统内部，如人事部门对公务员的管理、监察审计部门对行政机关的监督。外部行政权主要作用于相对人，如教育行政许可权、教育行政处罚权等。两种行政权的救济途径不相同，外部行政权的设定由于涉及公民的权益，一般需要有更严格的设定程序。

（五）按教育行政权受法律约束的程度划分

以法律对教育行政权的规范程度为标准，可将教育行政权分为羁束行政权和自由裁量行政权。羁束行政权是指严格受法律规范的行政权，行政机关在行使此类权力时没有选择决定的自由，如公立学校对受教育者的收费既不能多收，也不能少收，必须按照规定去执行。自由裁量行政权是指法律规定了行使权力的标准、范围、幅度，教育行政机关在这些标准、范围、幅度内，拥有可以自由进行选择或者根据自己的最佳判断而采取行动的权力。比如，某地方教育局根据当地小学生源减少的情况，可以决定对两所小学予以合并，也可以决定对三所小学予以合并。

由于自由裁量权在教育行政活动中运用得较为广泛，并且往往容易引起争议，故这里对其稍多加介绍。自由裁量行政权一般有以下类型：

（1）对法规适用条件确认的裁量

由于社会事务的性质复杂多变，任何一个国家的法律都不可能对适用法规的条件作完全羁束性的规定，行政执行主体对法律适用条件得拥有解释和确认的空间。

（2）对是否采取行为的裁量

凡法律条文中以“可以”、“得”、“适当时”等字眼表达的行政作为，行政主体可根据具体情况，作出作为或不作为的选择。

（3）法律允许酌情选择的裁量

指法律规定允许在法定种类和法定幅度内，由行政主体酌情作出行政决定的自由裁量权，如决定给予何种处罚或奖励。

（4）对行为程序作出选择的裁量

对法律规定得比较笼统的行政程序，行政主体得依其自由裁量权来作出具体决定，以便付诸执行。

（5）法律原则下的自由裁量

指现行法律法规对某种行为的法律调整未作规定，行政机关基于行政职权，在不违背法律原则的前提下，自行决定作出适当的处置。

四、教育行政权的分配

没有权力的合理分配，行政组织就无从产生服从与被服从、指挥与被指挥的传动和制衡机制，也就无法形成一定的行政组织结构并采取共同的行动。按照分配的逻辑、角度、侧重点不同，本书将教育行政权的分配归纳为技术性分配和体制性分配两种形式，分别予以叙述。两种分配形式既存在较大的差异，又具有一定的关联性，读者应注意它们之间的联系与区别。

（一）教育行政权的技术性分配方式

教育行政权的技术性分配方式，是指分配权力的视角和方法主要是技术性的，不过多涉及教育行政的价值取向——无论何种类型的教育行政体制，在进行权力分配时一般都需要遵循和使用这些分配视角和方法。教育行政权的技术性分配方式一般包括纵向分权、横向分权与外部分权三种形式。

1. 纵向分权（层级性分权）

纵向分权或层级性分权，是指行政权力在不同层级的行政机关之间进行分配。将权力的重心配置于上层，就会形成支配性政府间体制；将权力的重心分散于各层级，就会形成治理性政府间体制。在支配性政府间体制下，上级行政机关往往会侵占下级行政机关的权力，使下级行政机关沦为相对意义上的“不完全政府”[①]，而下级行政机关则通常表现出缺乏自主性和创新精神的特征。

在我国，各级教育行政权力的纵向层级分配如下：教育部拥有各级各类教育的方针、政策、制度、发展规划等规范性文件以及法律法规草案的拟定权或制定权，同时监督省级教育工作；省级政府享有对本地区各级各类教育的实施权，同时监督下一级教育工作；市（地）政府根据中央政府和省级政府制定的法规、方针、政策，对本地区教育工作的实施进行统筹和指导；县级政府在基础教育的组织实施方面负有主要责任，包括统筹和管理教育经费、调配和管理中小学校长及教师、指导中小学教育教学工作等；乡（镇）级政府负责本辖区义务教育的落实工作，重点是保障适龄的儿童、少年按时入学。另外，高等学校凭借办学自主权，享有招生权、学位授予权、专业设置与调整权、教学权等权力，这也是一种教育公权力。

从具体分配技术上看，许多国家在确认中央政府与地方政府的教育行政权限时，往往会采用“列举主义”和“概括主义”的简化方法加以界分。比如，以列举方式列出中央的教育行政权限范围，而凡未被列举到的事权，则全部归地方所有，这叫做中央取“列举主义”，地方取“概括主义”。反之亦然，即也可以实行地方取“列举主义”，中央取“概括主义”。

2. 横向分权（功能性分权）

横向分权或功能性分权，有狭义和广义之分。狭义的横向分权，是指行政权力在同级行政机关内各部门之间进行分配。广义的横向分权，则还包括立法权、司法权、行政权之间的分权，以及立法权里参议院与众议院的分权、司法权里最高法院与地方法院的分权、行政权里中央政府与地方政府的分权等内容。

各级教育行政权力主要是按照工作职能进行横向分配的，即本级行政机关所需承担的工作适宜划分为多少个职能部门，教育行政权力就在多少个职能部门之间进行分配。由于这种按功能分部化的方式极为普遍，所以横向分权又称为功能性权力分配。此外，还有按程序分部化、按服务对象分部化等横向分配形式。横向分配应当不违反“同类原则”，即同一性质的工作应置于同一部门之下，并且以各部门职能及其业务行使的有机统一为原则。我国教育部目前共有办公厅、人事司、财务司、政策法规司、发展规划司、基础教育一司、基础教育二司、职业教育与成人教育司、学位管理与研究生教育司、高等教育司、民族教育司、师范教育司、体育卫生与艺术教育司、语言文字应用管理司、语

---

① [美]罗伯特·A. 达尔(Robert A. Dahl). 当代政治分析[M]. 任元杰，译. 台北：巨流图书公司，1992：106.

言文字信息管理司、思想政治工作司、科学技术司、社会科学司、高校学生司、国际合作与交流司、教育督导团办公室等二十多个司局，另外还有中央教育科学研究所、国家教育行政学院、国家教育发展研究中心、中国教育电视台、教育部考试中心等三十多个直属单位。省级教育行政机关设置的职能部门一般略少于中央教育行政机关，但是设置格局基本一致。

3. 外部分权

在传统意义上，教育行政权是国家行政权的一部分，为政府所独享。无论是纵向分权还是横向分权，都没有改变这样一种性质，它们仍然属于政府内部分权形式。但是随着政府管理活动及其分工日趋复杂，在当代社会，政府机关向社会组织分权，特别是将一些专业化要求较高的服务性职能向社会进行转移，也成为一种重要的公共行政改革趋势。这种分权方式在行政学上一般称为行政外部分权，比较常见的外部分权有行政授权与行政委托等形式。

行政授权是指教育行政机关根据法律、法规（laws and regulations）的规定，将某些教育行政权依法授予非教育行政机关去行使的法律行为。如学位授予在我国是一项国家行政行为，须由国家或省级学位委员会审批始能为之，但是一部分高等学校经主管教育行政机关批准后，有权直接向教育对象授予学士、硕士或博士等学位。教育行政机关之所以作出这种批准，是因为相关法规有允许这种授权的规定；而高等学校直接授予学位的行政行为，则是以行政授权为基础的。

行政委托是指教育行政机关依法将自身享有的教育行政职权委托给非行政机关行使的法律行为。如我国高等学校本科教学评估是一种教育行政行为，但通常采取行政委托方式进行，即教育部聘请评估专家组，专家组受委托到高校进行具体评估，专家组的评估意见决定评估结果，评估结果由教育部公布，具有行政与法律效力。

这两种外部分权形式的差别主要在于：在行政授权中，被授权者是行政主体，所授职权由被授权组织依法行使，并依法承担行使该行政权所带来的法律后果；而在行政委托中，被委托者不是行政主体，该组织只能以委托机关的名义来行使该行政权，并由委托机关承担法律责任。此外，内部分权与外部分权还影响行政关系的性质，内部分权形成的行政关系为内部行政关系，外部分权形成的行政关系为外部行政关系，两者的法律责任及诉讼程序都存在一定差别。

（二）教育行政权的体制性分配模式

教育行政权力的体制性分配模式，是指一个国家的教育行政权力按照何种优先顺序进行分配，它涉及权力配置中的价值取向以及国家干预教育活动的愿望强烈程度，不是一个纯粹的行政技术问题，而与这个国家的政治、经济、历史、文化传统以及行政主体的统治意向密切相关。由于“优先顺序”主要反映在权力的纵向配置结构上，因而许多研究者根据中央和地方的教育行政权限关系，来对教育行政权力的体制性分配模式进行分类。最常见的做法，是将体制性分配模式划分为中央集权制模式、地方分权制模式两种基本类型。

1. 中央集权制模式

在中央集权的教育行政体制下，其行政观念表现为：教育事业被看做是国家的事业，国家要直接干预教育，教育行政权力的重心应配置于高层，实行居高临下的领导。

教育行政的中央集权制模式一般以法国和俄罗斯为代表，主要采取指令性的行政管理方式，中央教育行政机构和地方教育行政机构之间是一种命令与服从的隶属关系，教育行政事务的决策权或最终决定权集中在上级机关，权力的集中性、统一性、权威性强，下级机关只能根据上级机关的决定、命令和指示行使有关行政管理职能，并向上级机关负责。如法国，自拿破仑时代起就强调必须由国家控制教育，积极削弱教会和其他力量对教育事业的控制，从而确立了教育行政中央集权制的基本特征。法国国民教育部在教育行政领域长期拥有绝对权威，实施教育法案和政府决定、制定和颁布教育行政规章政策、领导公立学校、监督和指导私立学校、分配教育经费、制订教学大纲、规定考试制度等各种重要教育行政职权，皆掌握在教育部手中。

实行中央集权的教育行政体制的国家，由中央政府承担主要的教育经费，并制定基本的教育法律法规。其优点是：全国有较为统一的教育目标、教学计划、课程设置和教育评价标准，教育制度整齐划一，有利于实现教育机会均等和教育均衡发展；缺陷是教育制度比较缺乏弹性和灵活性，地方办学缺乏自主权，事事须遵从中央政府的旨意，地方政府对本地教育事业发展的主动性、积极性和创造性受到较大限制。

2. 地方分权制模式

在地方分权的教育行政体制下，其行政观念表现为：教育事业被看做是地方的事业，国家没有直接干预的必要，地方的自主权应该在教育行政体制中居于主导地位，以保证地方的自由、满足地方的需要、体现地方的特色。

教育行政的地方分权制模式一般以美国、德国为代表，主要采取指导性的行政管理方式，下级教育行政机关在自己管辖范围内有权独立自主地决定和处理问题，中央教育行政机关和地方教育行政机关之间是一种平行或合作的对等关系，上层对下层权力范围内的事务无权干涉，教育事业由地方独立自主举办和管理，只在必要范围内才由中央干预①，中央政府处于援助、指导的地位。像美国，主权分为联邦主权和州主权，两者彼此恪守自己的领地，相互保持一定程度的独立。根据美国宪法第十条修正案的规定，教育行政权“保留给州”，中央政府对州的教育管理事务处于援助、指导的地位，只在必要的范围内才可参与。根据国会法案于 1979 年成立的美国联邦教育部，除了负责分配和管理对地方教育的补助拨款、制定基础教育和高等教育领域的研究项目、管理一个州不能单独承担的教育服务以及收取和统计全国教育资料之外，没有太多的行政职权。

在地方分权制下，由地方政府承担主要的教育经费并制定基本的教育法律法规，全国没有较为统一的教育目标、教学计划、课程设置和教育评价标准，由各地根据实际情况自行制定。这样做，其优点是：有利于调动地方政府和当地人民对本地教育事业发展的主动性、积极性和创造性，有利于在教育发展速度、规模以及人才培养结构等方面更好地适应和满足本地区政治、经济、文化、科技发展的需要；缺点是教育管理权归属地方之后，容易形成全国教育规划过于分散、教育体制过于杂乱、教育政策差异过大、教育质量参差不齐、教育事业发展水平过于不平衡等弊端。

3. 集权制下的分权模式和分权制下的集权模式

除了中央集权制模式、地方分权制模式这两种基本类型外，也有一些研究者归纳了第三种类型——中央地方平权制模式，或称“地方自治加中央调控型”模式，一般以英国、日本为代表。在这种模式下，中央政府和地方政府在教育经费、教育法规、教育目标、教学计划、课程设置以及教育评价标准等决策权领域，较明显地采取了协商、分担、合作的方式。

当今世界，随着社会变革及其发展需求，为了克服中央集权和地方分权两种形态的弊端，缓解中央和地方之间的矛盾，促进公共教育资源均衡配置和全国教育事业均衡发展，各国教育行政权力结构更趋向于取各种体制之长，以期达到最优效果，由此形成了集权制下的分权趋向或分权制下的集权趋向。一些原来是中央集权制的国家，逐渐重视加强地方的教育管理权和学校的自主权。如法国，过于强烈的中央集权制因引起学生和教师等的反感，终于在 20 世纪 70 年代引发了席卷全国的学潮。法国政府后来不得不通过改革淡化集权色彩，1985 年颁布《非集中化法》，将中央掌握的一部分教育行政权力下放给地方；1999 年又通过“现代化多年计划”，重新规定教育部的基本职能，以改变原来

① 在这方面，米尔顿·弗里德曼(Milton Friedman，1962)的观点，极具代表性。他说：“当政府行使权力时，在县的范围内行使比在州的范围内要好，在州的范围内行使比在全国的范围内要好。”参见：[美]米尔顿·弗里德曼. 资本主义与自由[M]. 张瑞玉，译. 北京：商务印书馆，2007：5-6.

无所不包的管理方式，同时建立健全从中央到地方的各种教育咨询审议制度，注重在教育决策与行政管理中广泛听取社会各界的意见和建议。而一些原来是地方分权制的国家，则大都加强了对涉及全局利益的教育问题的中央统筹权力。“一向具有浓厚地方分权色彩的美国以及各州拥有‘文化主权’的德国，都在强化中央教育行政机构的权限与职责”①。至于原来是中央地方平权制的一些国家，如英国，也通过《1988 年教育法案》和《1993 年教育法案》加强中央政府的调控能力，直至后来推出“直接拨款学校自治方案”的时候，政府意欲“加强课程管理的中央调控、削弱地方教育当局权限的倾向”② 已是非常明显了。日本在第二次世界大战后曾一度被迫仿效美国实行地方分权制，但终因与国情不相适应，从 20 世纪 80 年代起不得不进行调整，采取了削弱地方政府教育行政权限、适当扩大文部省职责权限的措施。

如今，在教育行政权力体制性分配方面完全采取中央集权制或完全采取地方分权制的国家，都已不多见，而实行中央集权和地方分权相结合的国家在逐渐增多。

第二节　教育行政主体

教育行政是教育行政主体（education administrative subject）的活动。教育行政主体是教育行政体制中的一个基础性概念，建立这一概念至少具有两个方面的重要意义：一是可以明确教育行政权力的分配对象和教育行政职能的承担者，即具体执掌教育行政权力和履行教育行政职能的究竟是哪一类机关或组织，从而为教育行政主体的设立提供理论依据；二是可以明确教育行政活动的责任对象以及教育行政诉讼中的适格被告对象，从而为教育行政问责和教育行政诉讼的相关程序提供法律依据。

一、教育行政主体的含义、资格与范围

（一）含义

教育行政主体是指依法成立、具有教育行政权力、能够以自己的名义实施教育行政行为并能够承担由此而产生的相应责任的组织，即承担教育行政任务并承担相应权利义务的主体。尽管不同学者对“教育行政主体”的含义的表述有所不同，但是他们都强调“主体的行政权归属”、“以自己的名义行使职权”、

① 国家教育发展研究中心.研究动态[R].2000(8)：18.

② 张振改.西方发达国家教育行政职能的发展趋势[J].教学与管理，2002(5)：78-79.

"能够独立承担责任"、"能够独立参加行政诉讼"、"是一种组织而不是个人"等要素特征。[①] 教育行政主体是国家行政主体的组成部分，不是任何人或机构都有权随意设置的，它只能是依法成立的组织，具有公法、公权特征，属于公法人[②]，其主体资格只对应于相应的机构或组织，不对应于这类机构或组织中的职能部门或具体工作人员。因此，因其职能部门或具体工作人员的职务行为所造成的过失，只能由这类机构或组织来承担责任。

（二）资格

教育行政主体资格的取得必须具备法定的实质要件和程序要件。判断一个组织是否具有教育行政主体资格的要件主要有：必须为依法享有教育行政职权的组织，必须能以自己的名义实施教育行政活动，必须能独立承担由自身的教育行政行为而产生的行政责任及法律责任。换言之，这些要件所表达的问题是：谁有权进行教育行政管理？谁应当来承担教育行政活动的责任？以及在发生教育行政诉讼的时候谁应该作为被告？所以，在教育行政体制的整体安排中，教育行政主体资格的内容必须予以明确规定，教育行政机关必须由行政组织法和教育行政法律法规规定其职责和权限，并且遵照法定的编制配备人员，给予独立的行政经费预算，并由政府公告其成立。对于教育行政机关的授权行为，更必须以法律的明确规定为准，授权依据、授权期限等均必须以法律的明确规定为限。

（三）范围

说教育行政主体"只能是依法成立的组织"，并不等于把教育行政主体的范围仅仅局限于国家教育行政机关，这是不够正确的。[③] 国家教育行政机关虽然是最基本、最重要的教育行政主体，但并不是唯一的教育行政主体，因为某些其他行政组织或法人在一定条件下，也依法具有代表国家从事教育行政管理的职权。[④] 人类进入近现代社会以后，随着国家管理形态的变化，公共行政已经不再是政府的专有职能，行政权出现了分别由国家行政机关、地方公共团体

① 分别参见：张焕光，胡建淼. 行政法学原理[M]. 北京：劳动人事出版社，1989：28；王连昌. 行政法学[M]. 成都：四川人民出版社，1990：71；罗豪才. 行政法学[M]. 北京：中国政法大学出版社，1996：67；叶必丰. 行政法学[M]. 武汉：武汉大学出版社，1996：68.

② 王名扬. 法国行政法[M]. 北京：中国政法大学出版社，1989：38-39.

③ 早期的一些学者和教科书往往认为，教育行政主体与教育管理主体不同，教育行政是一元主体，即只能是国家主体；而教育管理可以是多元主体，国家机关、学校、企事业单位、社会团体等都可能成为其主体。这实际上是沿袭施泰因的观点，将教育行政活动仅仅视为国家（政府）干预教育的行为。当代教育行政实践的发展，已经表明这一认识是不够正确的——当代教育行政主体正在表现出多元性，教育行政主体与教育管理主体的外延正在出现惊人的重合。

④ 有时，国家直接通过法律将其行政权的一部分授予国家行政机关以外的组织；有时，在法律、法规中规定行政机关可以将其享有的行政权的一部分按照法定程序和要求授予其他组织。

和其他公法人承担的局面。[①] 尤其是在公民社会自治形态日益发达的当代社会里，把“地方公共团体和其他公法人”排除在教育行政主体行列之外是十分不妥的，因为这些组织在当代教育行政领域里往往发挥着不可替代的独特作用。

所以，教育行政主体的担当者不是只有国家行政机关，而且包括具有独立公法权利能力的其他行政主体。“国家中心论”和“行政机关中心论”的主体视角，看不到社会变迁中市场经济和公民社会因素的成长壮大对公共事务领域中主体创新的影响，拒绝承认政治领域之外的社会组织承担公共管理职能的合法性，结果无法描述和解释当代社会生活里由非行政机关来承担公共管理职能且得到公众广泛赞许的现象。[②] 行政主体在当代越来越具有多元性，教育行政主体在当代也应当呈现出多元性的特点。

二、教育行政主体的类型

从行政法角度看，行政主体有两大类：一是国家行政机关，二是授权主体。在授权主体里，有一些是法律授权主体，还有一些是行政授权主体。就世界范围而论，教育行政主体大致有以下几种类型：

（一）国家教育行政机关

行政主体最初就是指国家，国家教育行政机关是最基本的教育行政主体，或者说是最原初的教育行政主体，在行政法上被视为“一般法人”。国家行政机关在我国可以包括国务院、国务院组成部门、国务院直属机构、国务院部委管理的国家局、地方各级人民政府、地方各级人民政府的职能部门，等等。目前，我国从中央、省级、市（县）级到乡（镇）级的教育行政机关系统，按纵向排列依次包括教育部、教育厅、教育局、教育组。

根据上述教育行政主体的含义，国家各级行政机关之所以充当教育行政主体，是因为它们是依法成立、具有教育行政权力、能够以自己的名义实施教育行政行为并能够承担由此而产生的相应责任的组织。像教育部、教育厅、教育局、教育组这样一些行政机关充当教育行政主体时，是以机关整体的名义实施教育行政行为，而它们内部的司、处、科、室并不具备独立的主体资格，因为这些内部职能部门是不能“以自己的名义”实施教育行政行为的。

---

① 应松年，薛刚凌．论行政权[J]．政法论坛（中国政法大学学报），2001(4)：54-65.

② 比如，有的学者就认为不能将学校“行政管理”与行政机关的“行政管理”相比，更不赞成将包括学校在内的数量甚巨的社会组织视为行政主体。参见：褚宏启．学校法律问题分析[M]．北京：法律出版社，1998. 35-36.

改革开放之初，我国主要使用“教育行政机关”来表征教育行政管理的主体，但是逐渐凸显出这种认识在理论上和实践中的局限性，因为“教育行政机关”无法概括教育行政诉讼的全部被告资格。

（二）法律授权主体

最初，国家完全是通过教育行政机关来管理教育行政事务的。后来，随着公民社会的发育、社会自治力量的成长以及新公共行政运动在全球的兴起和推进，政府的职能观发生了重大转变，政府力求从包揽一切社会事务的“直接的国家行政”模式中摆脱出来，由“划桨”角色转变为专注于“掌舵”角色。一些具有独立的权利义务主体地位的组织在社会上渐渐应运而生，它们受到国家的鼓励和扶植，并逐渐被设置为行政主体，依法能够以自己的名义实施教育行政行为。一般来说，当政府判断某种教育行政公务由它自己直接管理会导致效率低下或力不从心等弊端，而由另一种特殊团体来进行管理则不存在这些缺陷时，国家就会选择放弃由教育行政机关来执行这种教育行政公务，改由某种特殊团体来执行这种教育行政公务，其法律途径就是将上述特殊团体设定为一个法律授权主体，使其具有独立的法律人格和公务职能，享有公法权利义务主体的地位，也享有相应的行政法上的自治权力。

像德国的公营造物法人、法国的公务法人、英国的公益法人、美国的公法社团，都是因公益目的、基于行政分权原则而发展出来的具有一定公法职能的法定公共机构。① 它们当中，有一些专门以教育活动为其业务范围的机构，如教育行业公会、教育评估组织、公立大学等机构，即被作为教育公法人对待，或曰公法人教育机构。公法人教育机构在法律为其规定的教育行政事务范围内，具有教育行政主体资格，其公务行为称为间接的国家行政行为，其身份为法律授权主体。

这里需要说明的是，我国行政法目前还不采用法人概念来说明作为公权力主体的组织体，但这不等于说我国社会生活中和教育行政领域里就没有这一类处于相同或类似的权利义务主体地位的组织体。法律授权主体目前在我国不以公法人或公务法人来称呼，而称之为“法律法规授权组织”②。“法律法规授权

① 公营造物与公法社团有一定区别，其差异在于：(1) 公营造物不具有完全权利能力，而公法社团具有完全权利能力。(2) 公营 0 造物与使用者存在利用关系，使用者并不参加营造物任务的执行，仅仅是组织目的下的客体；而公法社团的使用者则是成员关系，成员对于组织的形成与运作有实际的参与权。

② 法学界一般认为法人的人格仅限于市民社会生活领域，不应涉入政治事务领域，公法人只有在参与民事法律关系时才称为法人，而在公法领域就不是以法人身份出现了。我国司法界为避免这类法律麻烦，在许多法律场合以“法律法规授权组织”概念取代公法人概念。

组织”是我国行政法学中的一个特有概念，指依具体法律法规授权而行使特定行政职能的非国家机关组织。比如，我国实行国家学位制度，学位授予权原为一项国家行政权，但由于学位授予涉及学位论文学术水平的判断问题，具有较强的专业性，不适宜由行政机关直接行使，所以学位授予被作为间接国家行政，授权高等学校行使。由于该权授予渠道是《中华人民共和国学位条例》[①]，不是来源于国务院，而《中华人民共和国学位条例》的性质为教育行政法，因而我国高校的学位授予权是法律授权性质而不是行政授权性质，它们在实施学位授予事项时的法律身份即为法律法规授权组织。如果它们因该项授权公务行为而遭遇行政诉讼，按照我国《行政诉讼法》第二十五条第四款的规定[②]，法院应该将其认定为适格的被告，即认定它们事实上具有教育行政主体的资格，具有行政责任的可承担性。

所以，公法人的法定权利是一种公法权力，作为公法人的组织体在法律为其规定的教育行政事务范围内具有完全权利能力，是当然的行政主体，不仅可以对抗第三人，而且可以对抗它的设立人。[③] 在行政法上，公法人被视为“特别法人”，它与政府之间是特别法人与一般法人的关系，即通常所说的外部行政关系。

（三）行政授权主体

国家教育行政机关放弃自行执行某些教育行政任务、改由其他组织来执行这一类教育行政任务的情形，有时候还不限于设置法律授权主体这一种形式。在特定的条件下，比如，为了适应复杂多变的教育行政需要，国家作为“母行政主体”，还可以适用相应的法律规定，将其教育行政权的一部分，通过行政授权形式给予某些本身不属于行政机关或者不具有独立行政主体资格的组织，使其成为某一类特殊的行政主体——“子行政主体”，以便它们免于法律保留原则的拘束，能够在高度自由的条件下完成某些特殊的教育行政公务。比如在我国，全国高等教育自学考试指导委员会就是一个授权行政主

---

① 《中华人民共和国学位条例》1980 年 2 月由第五届全国人民代表大会常务委员会第十三次会议通过，该条例规定了学位授予的条件、机关、程序及违法后果等，将教育中的单项行政内容制定法律予以规范。

② 《中华人民共和国行政诉讼法》第二十五条第四款规定：“由法律、法规授权的组织所作的具体行政行为，该组织是被告。”

③ 公务法人由国家行政机关设立或批准设立，大陆法系有关公务法人的理论认为，公务法人与其设置主体之间“存在着既独立又合作、分工、对抗之关系”。参见：马怀德. 公务法人问题研究[J]. 中国法学，2000(4)：40-47.

体。有的国家甚至授权私法人在特定范围内行使公权力，以完成某些行政任务。

这些“子行政主体”就被视为行政授权主体，它们的行政行为也被看做是间接的国家行政行为。“母行政主体”与“子行政主体”之间并非完全是上下级行政隶属关系，即并非是内部行政关系；相反，“子行政主体”在被托付的公务范围内有完全自主的权力，而“母行政主体”对此仅有法律监督权。罗豪才教授认为授权主体主要有五种，分别为授权的行政机构、授权的行政性公司、授权的事业单位、授权的企业单位、授权的其他社会组织。[①] 显然，这些授权主体里既有公法人性质的组织，也有私法人性质的组织。

行政授权主体成立的要件有：必须为经母行政主体授权而依法享有行政职权的组织；必须能够以自己的名义实施行政活动；必须能够独立承担行政责任。

（四）主体类型的辨识

综上所述，在不同的教育行政主体类型中，对于国家教育行政机关以固有主体身份和行政授权主体身份充当教育行政主体的情形，各国的法律概念相对比较一致。但是，对于以法律授权主体身份充当教育行政主体的情形，则往往需要根据所在国家的法律体系来具体辨别。以公立高等学校的授权公务行为为例，在有些国家，它们的身份是公法人教育机构，如德国和法国；而在另一些国家，它们的身份是“法律法规授权组织”，如中国。

这里须指出，在判断一个教育行政主体是固有主体还是授权主体时，采用的主要识别标准，是看其主体地位是由法定权利而获得的，还是经由授权途径而获得的。如果是前者，它从事的是固有领域中的公务；如果是后者，它从事的是授权领域中的公务。同样，在判断一个教育行政主体是法律授权主体还是行政授权主体时，采用的主要识别标准，是看其主体地位是经由法律授权途径而获得的，还是经由行政授权途径而获得的。

我国的教育行政是在国务院的统一领导下，由各级人民政府的教育行政机关以及依法具有教育管理职能的组织等多元主体对教育事务进行管理的活动。目前，我国教育行政主体的组织形态还不够发达，特别是法律授权主体有待进一步培育，其法律身份也有待于进一步完善。教育行政主体类型的分化和丰富，对于国家更加有效地完成教育行政任务并体现宪法和社会民主的基本理念，有着十分积极的意义。

---

① 罗豪才．行政法学[M]．北京：北京大学出版社，2000．

三、教育行政主体的义务

教育行政主体作为拥有公权力的一方，它同时也必须处于一种义务状态：对公民、对社会、对国家承担法律义务和社会义务。只有明确了教育行政主体的义务范畴，才能够真正奠定教育行政责任制度与教育行政诉讼制度的法律基石。

我国学者关保英教授对行政主体的义务范畴作了比较系统深入的研究。[①]行政主体的义务范畴是指行政主体在一国行政法制度的框架之下，对行政相对人、国家、立法机关和司法机关等其他社会主体所承担的义务体系。法学界一般认为，行政主体的义务按层次分别来源于宪法的规定、立法机关的法律法规以及行政法关系中行政相对人的权利。其中，由宪政角度出发的义务范畴，是行政主体对上面的义务；由行政相对人权利出发的义务范畴，是行政主体对下面的义务。

（一）教育行政主体对宪政负有的义务

在宪政层次，教育行政主体负有以下义务：

1. 推行宪法和法律有关教育的规定的义务

教育行政主体一旦设立，就必须让自己的行政行为全面纳入法律规则之中，既包括自觉遵守宪法和法律的义务，也包括对法律有主动适用的义务，如果未能完全履行这些义务，就应当承担相应的法律后果。

2. 接受立法和司法监控的义务

所谓立法监控就是由立法机关通过立法行为或者附属于立法的行为对教育行政主体进行监控；所谓司法监控就是司法机关对有争议的教育行政行为进行司法审查，通过司法权制约教育行政权。

3. 改善教育环境和促进教育发展的义务

这一义务在现代教育行政制度中被认为是最有时代意义的一个义务，我国政府每年在向全国人大所作的政府工作报告中，都将这一义务的履行情况作为重要报告内容。

4. 在法律范围内使国内教育事务与国际教育事务接轨的义务

随着经济、科技、文化、教育全球化的不断深入，国与国之间的关系已经不是传统意义上的关系，在诸多方面，国与国之间产生了密切的相互依存性与互动性。比如，我国在 2001 年加入了 WTO（世界贸易组织），新规则的产生使行政主体有了新的义务：WTO 规则高于国内法，一旦国内法与 WTO 规则发生冲突，若没有保留条款，就必须服从 WTO 规则。

---

① 关保英.行政主体的义务范畴研究[J].法律科学，2006(1)：62-69.

(二) 教育行政主体对行政相对人负有的义务

在行政相对人权利层次，教育行政主体负有以下义务：

1. 为行政相对人提供利益和保护的义务

教育行政主体有为行政相对人提供利益和保护的义务，包括提供和保护相对人的教育受益权、福利受益权等。

2. 一视同仁、平等对待的义务

在义务教育阶段，教育行政主体要为行政相对人提供均等的受教育机会，而不允许根据行政相对人的家庭、地位、身份等状况去提供有差别的教育服务。

3. 对行政行为说明理由的义务

教育行政相对人对于影响其权益的具体行政行为，有要求教育行政主体作出解释的权利，教育行政主体必须承担说明该行政行为理由的义务。

4. 承担赔偿责任的义务

公民和民事法人依法享有自由意思表示、作为与不作为、不受非法干涉、人身和财产不受非法侵犯等权利，教育行政主体对此不能横加干预，若发生非法干预，就要承担行政赔偿的责任。

“义务”毫无疑问是一个具有约束色彩的概念。为行政主体设定义务，可以有效地平衡行政主体与行政法关系中其他主体之间的关系，抑制行政主体本不应有的至高无上的地位。按照现代法治精神，相对人权利是国家及行政行为的基础。强化并完善行政主体的义务，是当代行政法治的基本格局与重要趋势，它反映一个国家的行政民主与文明水平，也是建设现代法治政府的重要标志。托马斯·戴伊甚至认为，如果一个国家的行政主体的义务总量不足，则表明该国的政权体系存在一定弊端，或是法律制度尚处于落后的形态之中。[①] 正因为此，有些学者[②]提出了与传统观点尖锐对立的思想，主张在行政法关系中应该以行政主体的义务为轴心，而不是以行政主体与相对方的权利义务不对等为轴心。

---

① 托马斯·戴伊指出：“在美国，政府的首要职责是为老、死、无依无靠、丧失劳动力和失业者提供安全保障；为老年人和穷人提供医疗照顾；为小学、中学、大学和研究生提供各级教育；调整公路、水路、铁路和空中运输的规则；提供警察和防火保护；提供卫生措施和污水处理；为医学、科学和技术的研究提供经费；进行探索太空的活动；建立公园并维持娱乐活动；为穷人提供经济和适当的食物；制定职业训练和劳力安排的规则；净化空气和水；重建中心城市；维持全部就业和稳定货币供应；调整购销企业和劳资关系；消灭种族和性别的歧视。”可见行政主体的义务在随着社会的发展而不断增多。参见：[美]托马斯·戴伊. 理解公共政策(第十一版)(影印版)[M]. 北京：北京大学出版社，2006：1-11.

② 关保英. 论行政主体义务在行政法中的地位[J]. 河南省政法管理干部学院学报，2006(1)：41-52.

第三节 教育行政职能

教育行政主体之所以需要教育行政权力，是因为它要履行相应的教育行政职能（education administrative function）。教育行政职能是教育行政活动的起点，它决定教育行政权力的分配，反映教育行政主体承担的职责与功能，因而是设置教育行政机构的前提。教育行政职能在实践中表现为教育行政主体所进行的一系列职务活动，反映着教育行政管理活动的内容、实质和方向，其核心命题在于界定教育行政主体“应该做什么”、“不应该做什么”。我国宪法规定，国家负有发展教育事业和提高人民科学文化水平的责任[①]，因此，教育行政职能在很大程度上反映着政府对维持与发展教育事业所应承担的职责和所应发挥的功能；而教育行政主体的行政能力，也主要体现在它们为履行法定的教育行政职能所必须展开的职务活动之中。

一、教育行政职能的分类

教育行政职能是从整个国家职能中分化而来的，根据我国政府行政职能范围以及教育行政部门的实际情况，本书以按照行政事务种类划分的角度为主，适当参照其他一些划分角度，对教育行政职能分类予以介绍。

（一）依照行政事务种类进行划分

按照行政事务种类进行划分，可以将教育行政职能划分为教育规划职能、教育政策制定职能、教育行政执行职能、教育财政拨款职能、教育评价评估职能等。

1. 教育规划职能

教育规划（educational strategic planning）是一种比较全面、长远的计划，是在调查和评价教育系统及其社会发展基础的有关信息并对未来教育发展作出预测性总体构想的基础上，选择教育系统的未来目标，拟定相应行动方案的过程。制订教育规划是保证教育发展与国民经济和社会发展之间保持协调与平衡的一种宏观调控职能，具有将国家的教育方针、教育政策、教育法规、教育发展战略具体化和方案化的功能，对未来教育事业发展起一种框架和导向的作用，是调节教育规模、结构、质量、效益四大要素以及推进教育制度创新的重要环节，在教育行政活动中占有一定地位。教育规划的内容应该主要包括：

(1) 规划教育事业发展目标

在发展目标中，政府要确定规划期内教育事业发展的重点，同时确定各级

① 参见：《中华人民共和国宪法》第十九条相关内容。

各类学校的数量、规模、结构要求以及各级各类学校在校生的数量、层次和专业结构等。

(2) 规划保障措施

规划保障措施包括提出实现新目标所需的人力、物力以及制度保障条件，测算教师资源、校舍建设、教学设备在数量增长与质量提升两方面的需求，分析未来教育制度创新的必要性与紧迫性，并提出制度创新路径的构想或建议。

(3) 规划经费预算

所谓规划经费预算，主要是指教育行政主体对国家必须提供的教育事业经费和基建经费及其他专项投资等投入，就其数量、来源、分配、使用拿出预算方案。

(4) 规划具体的实施目标

在这方面，包括制订实现总体目标所必需的年度发展目标、工作指标以及方法、手段、程序和步骤，等等。

根据规划范围，教育规划有宏观、中观、微观之分，宏观规划面向全国，中观规划面向省级区域，微观规划面向城市区域；根据规划周期，教育规划有长期、中期、近期之分，长期规划一般在 15 年以上，中期规划为 5～10 年，近期规划为 5 年以内。制订教育规划往往需要采用一些专业的方法，教育规划部门经常使用的方法有人力需求法、社会需求法、国际比较法、社会—劳动力配合法、收益率分析法等。

多数国家在其教育行政机关设有专门研究或制订教育规划的部门，如美国联邦教育部设有教育计划和预算司，英国教育技能部设有计划统计及师资司，法国国民教育部设有计划委员会规划与协调司，德国教育与科学部设有教育计划司，日本文部省的大臣官房和大学局都设有计划课。就世界各国正在实施的教育规划而言，教育规划的范围和种类也在日益扩大。有的国家单独制订国家教育规划，有的国家把教育规划作为国家综合计划中的一部分，也有的国家将教育规划纳入国家的经济计划。

在我国，根据授权，教育部作为国务院教育行政职能部门，承担着编制有关教育事业发展规划，确定教育事业发展重点、规模、速度和步骤，指导、协调和监督教育规划和计划的实施的责任，其主要职能部门是发展规划司。地方教育行政部门及其规划职能部门，也被同级政府作为行使教育规划职能的主体。

2. 教育政策制定职能

教育政策（education policy）是中央教育行政部门或其他部门或地方人民政府在法定职权范围内所制定并公布的规范性教育文件的总称，一般以“通知”、“规定”、“办法”等文件形式反映。教育政策是国家意志在教育领域的体现，与其他公共政策一样，具有指明方向、规范行为、协调关系等作用。教育政策具有体系性，按政策作用的范围，可分为基本政策和具体政策。基本政策是指国家发展教育事业的根本指导原则，一般涉及国家教育发展目标、发展战略、指导方针以及教育体制改革方向等重大问题；具体政策是为解决教育事业发展中某些具体问题而规定的行动准则，如我国农村义务教育“两免一补”政策、高校招生和就业政策、教师职称评定政策、留学生政策等。

教育政策的制定主体是各级教育行政部门或地方政府，但是由于教育政策往往高度涉及各阶层人群的教育权利和教育利益，因而关注、参与或影响教育政策制定过程的社会力量十分广泛。从国际上看，除了教育行政机关外，教育立法机关、政党、法院以及各种其他社会团体，都被认为是能够影响教育政策制定的组织。

3. 教育行政执行职能

教育行政执行（educational administrative performance）指教育行政机关对特定对象作出能直接产生法律效果的处理或决定的教育行政执法行为。如教育行政部门根据法律条文或实施细则对下级机关或办学主体进行检查，发现它们存在违规违纪现象以后，予以制止、责令其改正或通报批评。教育行政执行职能是教育行政职能中最经常、最广泛的行为，但是在以往的教育行政学教科书里却很少介绍。现代国家权力的运用趋势是从“人治”走向“法治”，反映在教育行政实践领域，就是必须把教育行政活动纳入法律调节的范围，严格按照法律规范运转，依法治教。

对于教育行政部门来说，教育法律法规既是其进行教育行政执法的规范化指导依据，又是其在教育行政实践过程中约束自身行为的依据。根据我国宪法关于行政机关职权的规定，同时按照教育行政执行的强制性程度，可以将常见的教育行政执行划分为教育行政指导、教育行政服务、教育行政命令和教育行政处分四大类型。

教育行政指导是指教育行政主体依法对相对人进行指导并间接影响相对人权利义务的行为，它们具有但不强调强制力；教育行政服务是指教育行政主体依法为相对人提供各种服务并间接影响相对人权利义务的行为，它们不以强制力为后盾；教育行政命令是指国家教育行政机关依法对相对人适用行政干预手段并直接影响相对人权利义务的行为，它们具有强制力；教育行政处分是指教育行政主体依法对相对人追究违反教育法律法规之责任的行为，它们须以强制力为后盾。《中华人民共和国教育法》第九章“法律责任”部分对教育行政执法的内容和权限作出了明确规定。

4. 教育财政拨款职能

教育财政（educational finance）是指中央政府和地方政府为发展本国、

本地区的教育事业，对所需要的教育经费进行筹措、分配、使用、管理的职能活动。教育财政拨款（education financial allocation）是指列入国家或地方财政预算支出科目的教育经费，主要有教育事业费拨款、基建拨款、科研经费拨款和其他经费拨款。教育财政拨款职能是指教育主管部门把中央财政、地方财政或上级主管部门按照年度预算安排并划拨到本级教育财政的教育经费，再安排并划拨给各类学校以及教育事业单位。教育财政拨款职能是政府发展和管理教育事业、完成教育行政任务的重要环节，其拨款能力取决于国民经济发展水平和各级政府的财力，其运行需要与国家财政预算决算活动协调进行。社会团体和公民个人办学经费、社会捐集资办学经费、学杂费等学校事业收入虽然也在教育总投入的构成之列，但是不在教育财政拨款之列。

在有些国家，教育财政拨款职能完全由教育主管部门直接行使，如我国。而在另一些国家，教育财政拨款职能需通过“缓冲器”来执行，即政府将这种职能部分地或完全交由拨款中介组织行使。比如，英国的高等教育拨款即由英国高等教育基金委员会（原大学拨款委员会）进行分配，其好处是拨款增量可以与办学绩效评估相联系，具有激励与调控功能。目前，采用这种教育财政拨款体制的国家占多数。

由于各国政治制度、管理体制和文化传统不同，各国教育拨款方式也各有差异。如以拨款部门与被拨款单位直接发生关系视之，有协议拨款、投入拨款、产出拨款和质量拨款等不同拨款形式。还有一种影响颇广的方式，是拨款部门与被拨款单位不直接发生关系，由拨款部门将教育经费以教育券或教育凭证的形式分配给教育消费者，再由消费者持券通过市场机制选择自己所中意的学校。在荷兰、芬兰、澳大利亚、美国的一些地区，都采用这种拨款方法。

总结各国的经验，在履行教育财政拨款职能时，应注意完善相关法律，加强拨款的预决算管理，规范拨款环节，提高拨款的强制性、规范性、计划性、透明性，同时加强行政监督与社会监督。教育财政拨款职能的当代价值取向，越来越体现于注重缓和与缩小地区之间教育发展不平衡，体现于注重促进国民教育机会均等。对于我国而言，中央财政应该确保把有限的教育财政资金更多地投向农村和贫困地区的义务教育与基础教育事业。我国 2006 年修订的《义务教育法》第七条明文规定：“义务教育经费实行国务院和省、地（市）、县级人民政府分担的制度”，这一规定意味着今后将加大中央财政对义务教育的转移支付力度，但是该条款没有明确量化各级政府的投入比例。《中华人民共和国教育法》早就提出，国务院和县级以上各级地方人民政府应当向本级人民代表大会或者其常务委员会报告教育经费预算、决算情况，接受监督。这一法律精神应当在我国教育行政活动中得到更好的贯彻和体现。

5. 教育评价评估职能

教育评估（educational evaluation）是以教育为对象，依据教育目标，利用一切可行的技术和手段，系统地收集信息，对教育活动进行价值判断并不断改进教育工作的过程。教育评估对于加强国家对教育的宏观指导和管理，加强教育与社会之间的联系，推动教育的改革、发展和提高，有着极为重要的意义。由于文化背景和社会制度不同，各国形成了不同的教育评估模式，其中比较有代表性的如美国的社会评估型、法国的中央集权评估型和英国的多元评估型等模式。各国还有众多以社会机构、大众传媒等为主体对教育或学校进行的社会评估，以及教育机构内部为维持和提高教育质量而实施的质量控制和自我评估。

（二）依照其他分类角度进行划分

1. 依照行政功能的性质进行划分

教育行政职能还可以依照其行政功能的性质进行综合性划分，如划分为教育行政调控职能、教育行政服务职能、教育行政法制职能、教育行政监督职能，等等。

教育行政调控是一种宏观管理职能，指教育行政机关有权对教育发展的方向、规模、结构、质量、效益等重大领域里出现的短期失调现象进行干预，并依法承担国家责任。

教育行政服务是一种常态管理职能，指教育行政机关有义务为下级部门、办学实体以及个人提供行政与民事方面的办事服务。

教育行政法制是一种行政立法职能，指教育行政机关有责任通过制定教育法规、教育行政规章以及教育政策的活动，为教育系统建立制度与秩序，提供“游戏规则”。

教育行政监督职能是一种自律与他律机制，既包括上级教育行政机关对下级政府、下级教育行政机关及所属学校工作的监督、检查、评估和指导，如教育督导，也包括利用社会力量和发动群众对教育行政机关的行政行为及结果进行监督。

2. 依照宏观教育行政职责进行划分

当代世界各国教育行政职能改革的一个重要方向，就是更加重视国家在法定权限内履行好教育宏观管理的职责。据此，教育行政职能又可以按宏观管理职责划分为确定教育方向的职能、提供教育机会的职能、平衡教育供求的职能和提高教育效能的职能。

确定教育方向的职能，是指国家基于民族、国家和个人发展的共同利益以及世界潮流和时代特征，有责任对教育所培养的人才作出相应的德、智、体等方面的要求。

提供教育机会的职能，是指国家有责任保护不同人群在教育领域中的基本权利与利益，把教育这种“拥挤的公共产品”逐步变成每个公民都能够依法享有的人权，完整地实现宪法所规定的教育权和受教育权。

平衡教育供求的职能，是指国家既有责任去适当、有效地满足国家、企业和私人对教育的不断增长的需求，又有责任使教育所培养的人才在数量、质量、结构等方面与社会需求基本保持一致，减少和消除社会发展过程中“教育不足”、“教育过度”、“教育无效”等不适、不良现象，保证教育与就业的总体平衡。

提高教育效能的职能，是指国家有责任随着社会和教育事业的发展，敦促各类办学主体不断提高教育的投入产出效益，尤其是敦促和监督教育质量的提高。

3. 依照基本职能和运行职能进行划分

夏书章主编的《行政管理学》一书将政府行政职能看作由基本职能和运行职能构成的完整体系，基本职能包括政治职能、经济职能、文化职能、社会职能；运行职能包括决策职能、组织职能、协调职能、控制职能。[①] 这种划分方法覆盖了行政组织的外部行政行为与内部行政行为两个视角，比较全面，对教育行政职能分类也具有一定的参考价值。

二、教育行政职能的履行方式与手段

教育行政主体必须借助一定的方式和手段来履行法律赋予自己的职能，完成各项具体的教育行政工作。基于不同的国家干预立场，教育行政主体尤其是最重要的教育行政主体——政府，它所使用的职能履行方式和手段往往会呈现出较大差异。

（一）履行教育行政职能的方式

1. 直接管理、微观管理的方式

直接管理、微观管理的方式是“全能政府观”和直接干预理论指导下的行政职能履行方式。在这种职能模式下，政府包办所有教育事务，不但充当学校的举办者和行政管理者，而且深入到教育教学微观领域，直接介入学校的办学活动，扮演各种十分具体的角色。在改革开放之前，我国政府对各级各类学校均采取这种管理方式。

在直接管理、微观管理的方式下，国家垄断教育事业，一般只允许公立学校存在，举办者与办学者实行两位一体。学校是政府的附属物，与政府之间是内部行政关系，它们不但在法律规定的公务领域之外不拥有自主权，就是在法

① 夏书章.行政管理学(第四版)[M].北京：高等教育出版社，广州：中山大学出版社，2008：55-59.

律规定的公务领域之内也不具有独立的自主地位。

2. 间接管理、宏观管理的方式

间接管理、宏观管理的方式是"有限政府观"和间接干预理论指导下的行政职能履行方式，以教育事业与非政府机制（如市场机制、第三部门机制）建立起联系为前提。在这种职能模式下，政府不充当直接的办学者，更不介入具体的办学事务。例如，在 1998 年之前，日本的国立大学一直被看成是一种"公营造物"，政府通过非市场化体制对大学进行管理。1998 年之后，日本对国立大学推行法人化改革，推行教职员工身份非公务员化、学校人事自治化、财务管理弹性化等改革，扩大学校的权力。在这种情况下，政府主要是在法律授权的范围内，通过间接的、宏观调控的方式来管理教育，如通过教育方针、教育规划、教育政策等国家宏观教育规范，来引导、推动和监督学校的办学活动。

在间接管理、宏观管理的方式下，国家不再垄断教育事业，不仅有公立学校办学，而且允许私人办学；同时，公立学校不再是政府的附属物，成为真正的办学主体，政府对其实行举办权与办学权相分离，学校依法获得独立法人地位，在法律规定的办学领域里，面向社会和市场独立自主地办学。

（二）履行教育行政职能的手段

1. 行政手段

所谓行政手段，是指教育行政部门凭借行政权，通过制定并下达行政指令、命令、规定或运用行政审批、决定、干预等方法与措施，来履行相关职能，管理教育行政对象。行政手段具有强制性和直接性的特点，在行政手段的方式下，教育行政主体与行政相对方之间是一种以权威和服从为前提的行政统辖关系。行政手段主要适用于行政管理双方之间存在着明确的行政管理关系，且其他手段的管理效果不及这一手段能够达到"以强制谋公益"目的的教育事务领域。

2. 经济手段

所谓经济手段，是指教育行政部门在市场经济体制和办学主体享有办学自主权的条件下，对一些不在行政手段直接干预范围之内的事项，利用客观经济规律，运用财政、价格、信贷等经济杠杆及信号来引导、影响和调节办学主体的行为，特别是引导和影响高等学校的发展定位、战略规划、运行机制等这样一些办学行为，使之符合社会需要和教育发展规律。经济手段具有间接性的特点，在经济手段的方式下，教育行政主体与行政相对方之间是一种以自愿和选择为特点的关系。这里需要区分的是，教育财政拨款不具有"自愿和选择"性质，不是经济手段，而是行政手段。

3. 政策手段

严格地说，政策手段是行政手段的一种，只不过政策手段的目标和作用对象比一般行政手段更广泛，是针对某一个或某一组较为重要的教育问题作出的具有指导作用的教育行政规范，而不是具体的行政措施。政策手段表现为政策类规范性文件，具有调整和规范教育活动、教育关系以及规范和调整教育主体的权利与义务的功能。比如，我国高等教育投资体制从不许收费到允许收费，从排斥非财政资金到鼓励社会投资，就是通过对教育政策手段的积极运用，使高校办学经费筹资结构按照政策目标的方向发生变化，从而拓宽了大学的经济来源基础。

4. 法律手段

所谓法律手段，是指政府借助义务性法律规范、禁止性法律规范、授权性法律规范，来推动、规范、调节或约束教育领域里的行政行为、办学行为或公民行为。义务性法律规范规定教育法律关系担当者（根据具体情况可以是行政主体、法人组织或自然人等教育主体，下同）在某种条件和情况出现时，必须作出某种行为；禁止性法律规范规定教育法律关系担当者在某种条件和情况出现时，不得作出某种行为；授权性法律规范规定教育法律关系担当者在某种条件和情况出现时，可以根据自己的裁量作出或不作出某种行为。

综上所述，履行教育行政职能的手段包括行政手段、经济手段、政策手段和法律手段等多种手段，它们既可以单独使用，又可以综合地运用。无论哪一种手段，都必须在法律规定的范围内使用。

（三）发展与变革趋势

在20世纪80年代以前，我国还没有一部由国家最高权力机关制定的教育法律，大量的教育行政法规和规章也大都为“暂行”、“试行”、“草案”一类，在教育行政活动中，主要是依靠行政手段和思想政治工作来进行。改革开放以来，与政府职能逐步退出办学具体事务领域的改革方向相一致，教育行政职能的履行方式与手段也发生了明显变化，从旧体制下对教育和学校一概采取直接管理、微观管理的方式，转变为对教育和学校更多地实行间接管理、宏观管理；由过去一味地使用行政管理手段，转变为越来越注重法律手段、经济手段、政策手段和必要的行政手段相结合；从单纯下计划、下指令的权力支配型行政作风，转变为有意识地促进公共权力回归社会的公共服务型行政作风。

未来，为适应法律手段、经济手段、政策手段和行政手段相结合的需要，教育行政机关应该在深入调查研究的基础上，确定一些重点突破领域，抓紧规范和发展教育中介机构，培育一批熟悉并自觉遵守教育法律规范、具有较强自我约束和调控能力的教育行业协会，将那些具有较强专业性与服务性的教育行政职能，如教育质量评估、教师培训与考核以及其他适宜实行社会化管理的职能，在法律监督和社会监督条件逐步到位的条件下，分阶段转移给有资格的行业协会去承担，充分发挥中介组织在教育行政活动中的服务、监督和纽带作用，建立起政府统一监管、协会自律管理、中介机构依法执业的社会化教育服务体系。

总之，如果教育行政职能定位得准，履行教育行政职能的方式与手段选择得恰当，对教育发展将起推动作用，反之会起阻碍作用。

三、教育行政职能的配置及其意义

教育行政职能配置是教育行政责权关系的制度化过程，指教育行政总体职能在教育行政系统内部不同层级政府之间和不同类型教育行政组织之间进行科学分配的过程，对决定教育行政体制的基本面貌具有重要影响。

（一）决定不同层级政府的教育行政责权关系

教育行政职能配置的本质，是要求通过职能分配，科学地界定各级政府所提供的教育公共物品和教育公共服务的不同内容和不同实现方式。按照这一要求，教育行政基本职能在中央、省级、地级、县级和乡镇等不同层级的政府那里，是有不同体现的，不同层级的政府所承担教育行政职能的内容、范围并不完全一样，它从一个侧面勾勒着教育行政体制的基本轮廓。比方说，保障义务教育依法实施的行政职能，在不同层级政府之间一般不是平均分配的，而极有可能是根据不同国家、不同教育行政体制而各有侧重地进行分配。该职能重心如果偏向于中央政府，一般属中央集权制模式；该职能重心若是偏向于基层政府，则一般属地方分权制模式。相比较而言，现阶段在我国，中央政府和省级政府在义务教育经费投入和宏观调控方面应承担起主要职能，而其他层次的政府更多的是承担具体组织实施义务教育和提供相应行政服务的职能。就职能履行的常态而言，中央政府和省级政府可能更多地表现为就义务教育重大问题进行决策，而基层政府可能更突出地表现为执行上级政府作出的决策。

总之，处理不同层级政府的教育行政责权关系，不宜采取简单的“上下职能对应”的做法。那样做，势必导致不同层级教育行政机关的权力、规格、规模整齐划一，即变成了“上下一般粗”，而不是“上粗下细”①。

（二）决定不同类型教育行政组织的行政责权关系

归根到底，行政职能是由行政环境决定的。在现代社会里，由于政府和社会的功能不断分化，各种非政府组织性质的教育行政组织逐步成长发育起来，

① “上粗下细”是多数国家的行政职能配置模式，大部制是当今发达国家中央政府管理的主要架构。

它们越来越广泛地被公众所接受，由此构成了当代教育行政环境的一个鲜明特色。这样，就决定了教育行政职能的配置具有非线性分布的特点，即教育行政职能不只是需要在不同层级的政府部门之间进行纵向的科学分配，而且还需要依照不同类型的教育行政组织的功能和特长，在它们之间进行横向的合理分工。不如此，便不足以提升公共部门生产力；不如此，便不足以满足全社会的教育需要。

不同类型的教育行政组织，其产生过程及具体样态可能千差万别，但是大体上不外乎源自政府、政党、社会、市场这样几种大背景，它们之间的关系从不同角度反映着行政与政党、行政与立法、行政与司法、行政与社会、行政与市场、行政与公民的关系。在它们之间进行教育行政责权关系的建构，可以从另一个侧面勾勒教育行政体制的框架。

在确定不同类型教育行政组织的责权关系时，总的原则是体现对国家行政机关进行行政减量和“组织瘦身”的方针，减少决策部门的微观事务，将大量具有专业性、咨询性、服务性的教育行政职能，转移给各种非政府性质的教育行政组织，使政府能够专注于公共政策制定与监督执行这些基本职能，真正实现“小政府、大社会”的理想。

改革开放以来，随着计划经济体制向市场经济体制的转变，我国政府职能在总体上实现了重大转变，但还不能说已完全理顺。在教育行政领域里，职能“越位”、“缺位”、“错位”的现象依然存在，职能“上侵”、“下夺”、“左挤”、“右占”的弊端时有发生，这种状况势必导致互相扯皮、贻误工作。只有在纵向和横向上对教育行政职能都圆满地做到科学分配与合理分工，才能够为教育行政活动提供基本的规范与程序，教育行政系统才能够联结成为一个分工有序、行动高效的有机整体。

四、教育行政职能的规范化

教育行政职能旨在规定政府在教育中应该做什么，以及应该达到什么样的效果。各国由于政治、经济、文化背景的差异，不同国家的教育行政职能也各有偏重。如德国教育行政职能偏重于提供法律规范，美国教育行政职能偏重于提供教育服务和保障条件。1993 年中共中央、国务院发布的《中国教育改革和发展纲要》，首次明确提出了我国政府要由对学校的直接行政管理转变为应用立法、拨款、规划、信息服务、政策指导和必要的行政手段进行宏观管理。由于社会政治、经济体制的发展变化，为了与现实的政治、经济体制保持基本一致，教育行政职能总是处在不断演变的过程之中。在教育行政职能的演变过程中，教育行政职能的规范化建设就显得格外重要。

（一）规范于法制化

教育行政职能的规范化，首先体现在它的法制化配置程度。各级政府以及其他教育行政组织的职能，一般是由宪法、行政组织法等法律在原则上予以规定，不允许政府之间、教育行政部门之间以上级政府单向命令或两级政府讨价还价的方式进行权责分工或职能变动，职能变动必须建立在有法可依的基础之上。在发达国家，随着教育法制化的普及和深入，教育行政职能法制化也日益受到重视。如美国和日本，就是通过《宪法》、《内阁法》、《教育法》以及《教育组织法》、《文部省设置法》、《文部省组织令》、《地方教育行政组织及其运营法》、《国立学校设置法》等一系列法律法规，明确、严格而且可操作地规定了各级政府、相关部门及学校在教育事务中各自承担的职能和拥有的权力。这对于教育的长期和稳定发展是极为重要的。应充分认识和研究新时期我国教育行政职能转变的基本需求，并且以法律形式将还没有固化的基本需求予以固化。

（二）规范于科学化

教育行政职能的规范化，还体现于它在技术层面上的科学化程度。教育行政系统权力垂直运行所需要的各层级和谐关系以及横向结构所蕴含的各部门协调机制的形成，都有赖于教育行政职能的科学化明晰。明晰教育行政职能，应遵循整分合原则、封闭原则、能级原则，通过确立总体目标、系统分解、组织综合等步骤，建立合理的能级结构，做到能级对应和优化组合。此外，还应当重视行政职能发展过程中的方向性特征与动态性特征，善于根据社会发展阶段、政治经济体制、教育发展水平的不同，参考政府与社会之间功能分化的状况，确定教育行政职能的强弱、集分姿态趋向，赋予不同层级、不同类别的教育行政机关或组织以分工合理、个性鲜明的职能，同时把握好适合于不同职能的履行方式与手段。还需指出，政治经济体制变革对教育行政职能提出的各种新要求，必须经过教育本质特性的过滤，才能够正确反映到教育行政职能中去。

（三）规范于权力节制意识

教育行政职能的规范化，还体现于它的权力节制意识，而不是强化其“全能主义”倾向。法治国家的两大武器是行政限权和司法控权，市场经济越是发达的国家，政府对经济、社会乃至教育的干预就越少，而对发挥市场力量、社会自治权力和中介组织在教育活动中的作用就越重视，这已经是一条国际普遍规律。

在我国，由于历史和现实原因，长期以来行政职能无所不包。改革开放以来，我国政府进行了多次机构改革，以改变行政职能在计划经济体制下形成的

"全能主义"、"命令主义"习性，扭转行政权力对社会事务的"全方位渗透"格局。面对日益发展和日趋完善的社会主义市场经济，未来教育行政职能应继续坚持由"全能职能"向"有限职能"转变的改革方向，在向部门和机构配置职能的过程中，严格遵循职能和权力相对称的原则，做到职能与权力在规模与强度上"衣体合身"——如果职能多而权力小，势必力所不及；如果权力大而职能少，则容易滥用权力。

第四节　教育行政结构与关系

教育行政体制所要处理的许多基本关系，包括本体与分支的结构关系、中央与地方的结构关系、政府与社会的结构关系、教育行政部门与学校的结构关系、教育行政部门与其他教育行政组织的结构关系，等等。教育行政体制中的许多"故事"与"风景"，主要是发生在这些结构关系领域，其"剧情"和"结局"无一不与这些基本结构关系的内部矛盾运动有关——它们往往从深层影响甚至决定着教育行政活动在组织形式、权力结构以及运行方式等方面的发展动向。在以往的教育行政学教科书里，这些"基本结构关系"往往散见于不同的章节部分，笔者在教学中深深感到，对这些重要的"基本结构关系"集中地进行梳理并展现它们的内在联系，对于帮助学习者从整体上去把握教育行政原理是有益的。

一、教育行政与母行政的结构关系

教育行政与母行政的结构关系（relationship between educational administration and general administration）反映教育行政作为国家行政体系的一个子行政系统（分支），它与母行政系统（本体）之间被安排为一种什么性质的关系。从属与独立是这一对结构关系中的主要矛盾运动：子行政系统与母行政系统之间的关系可以是从属型的，也可以是独立型的，这取决于各国的行政传统，但与这个国家是奉行中央集权制还是奉行地方分权制并没有必然联系。

（一）独立型教育行政结构

独立于母行政系统的教育行政，构成独立型教育行政结构。所谓独立于母行政，是指教育行政独立于一般行政，教育行政部门自成体系，实行上下垂直领导，不接受同级政府的直接指挥。

法国是中央集权制国家，但是它奉行独立型结构的教育行政关系。法国的地方教育行政系统，如学区教育行政机关和省级教育行政机关，均不受同级政府的横向领导，而是独立于一般行政系统之外，实行教育行政系统的垂直领导，自成体系：大学区总长属于国家高级官员，直接向教育部长负责；省级教育行政长官直接向大学区总长负责，在本辖区内均独立地行使权力，不受命于地方最高行政长官。

美国是地方分权制国家，它也奉行独立型结构的教育行政关系，地方教育行政系统不受母行政系统的干涉。美国各州的教育法案由州议会制定，州初等与中等教育的决策机构是州教育委员会，它有权制定教育行政规章及政策，任命州教育厅长，通过州教育预算，而州长只能通过立法、预算及其所在的政党实现对州教育决策的影响。州教育委员会由选举方式或委派方式产生，它既不是州议会的下属委员会，也不直接向州政府负责，联邦教育部也无权以行政命令的方式强制它做什么或不做什么。州教育厅是州的最高教育行政机关，它通过次一级教育行政单位——中间学区和基层学区具体管理学校。州教育厅的性质为州教育委员会的办事机构，它向州教育委员会负责。州教育委员会与州教育厅之间的这种关系，表明在美国地方教育行政体制中，决策系统与执行系统是分开的。学区由州议会依法设置，也设有民选或委派的教育委员会，下设总监，相当于我国的市区教育局长。学区教育委员会的独立性比州教育委员会更大，它拥有财政人事权，有权根据本学区实际情况制订教育计划、编制教育预算，学区教育经费的筹集、使用和分配等也都由学区教育委员会批准和决定。同时，它有义务向选民公开和解释教育经费的使用情况。

（二）从属型教育行政结构

从属于母行政系统的教育行政，构成从属型教育行政结构。所谓从属于母行政，是指教育行政从属于一般行政，教育行政部门隶属于同级政府，是它的一部分，必须接受它的领导。

德国与美国一样，也是地方分权制国家，但是它的地方教育行政系统却不是独立型结构。这种情况与施泰因的教育行政观念在德国影响很深有关，德国人一向把教育行政视为母行政的一部分，把教育机构视为国家机构。在德国，联邦教育与科学部是中央教育行政机关，但是教育的基本权力属于各州，州教育行政机关为州政府的组成机构，州政府拥有教育决策与管理的最大权力。以德国高等教育为例，州政府是公立大学的直接举办者，德国所有的大学都隶属于州政府，没有一所是隶属于联邦政府的。根据德国高等学校总纲法的规定，高等学校既是公法社团，又是国家机构。这意味着大学是国家权力的产物和实现国家意志的工具，其自主权要受到相当限制，例如它无权处分登记在它名下的不动产，不能向银行借款或者发行债券，甚至不能以自己的名义签订雇佣契约。公立大学的人事和财务管理权归州政府掌控，校长、第一副校长和总务长须由州政府直接聘任，其他副校长由州教育主管部门聘任，这些人在任职期内均享有国家公务员身份。①

日本在第二次世界大战后，教育行政系统一度采取独立型结构，都道府县和市町村教育委员会由民选直接产生，负责本地区的教育，有权设立学校和教育机构、拨发经费、安排学校课程，不受地方政府的行政干预。20 世纪 50 年代中期起，独立型教育行政结构在日本国内受到批评，被认为不符合日本国情，破坏了地方行政的统一性和综合性。于是，在 1956 年颁布的《关于地方教育行政的组织及经营管理的法律》中，将都道府县和市町教育委员会的产生由民选改为由都道府县知事和市町村长经同级议会同意后直接任命，地方各级行政首长遂重新控制了教育的人事权和财政权，并负责管理本级政府所设立的大学和短期大学，使都道府县和市町村教育委员会又成为地方政府的一个部门，并延续至今。②

与法国、美国、德国、日本的体制都不同，英国在母行政与教育行政之间维持一种比较均衡的关系，这里不作专门介绍。“从属性”与“独立性”的矛盾运动，往往折射出一个国家对教育行政是否应该具有行政特殊性的看法和判断。

二、教育行政上下级结构关系

教育行政上下级结构关系（relationship between superiority and juniority）一般被理解为教育行政垂直结构，它所反映的是不同层级教育行政机关之间的关系，核心是中央与地方之间以及地方不同层级教育行政机关之间的权力配置与职能明晰问题。集权与分权是这对结构关系中的主要矛盾运动：一般而言，集权程度越高，中央教育行政机关的职能就越多；分权程度越高，地方教育行政机关的职能就越多。

（一）支配性教育行政垂直结构

将权力的重心集中于上层，就会形成支配性教育行政垂直结构。以我国为例，教育行政垂直结构虽几经改革，然而支配性仍是其主要特征。尽管我国地域十分辽阔，各地经济、文化发展状况差异较大，但是重大教育政策以及课程与教学标准多由中央主导，缺乏弹性，通常情况下地方照搬照抄即可。在支配性教育行政垂直结构体制下，上级教育行政机关往往会侵占下级教育行政机关

---

① H. Avenarius. Hochschulenund und Reformgesetzgebung[M]. Berlin: Duncker und Humblot, 1979.

② 李帅军. 法、美、日三国教育行政管理体制的特点及其启示[J]. 教育理论与实践, 2005(12): 44-46.

的权力，只强调上级对下级的指挥与命令以及下级对上级的服从，下级教育行政机关的主要精力只是用来办理上级教育行政机关交办的事务，而下级教育行政机关所具有的相对独立性以及各级教育行政机关在职能上的差异则往往受到忽视，以至于“沦为相对意义上的不完全政府”①。

（二）治理性教育行政垂直结构

将权力的重心分散于各个层级，就会形成治理性教育行政垂直结构。治理性教育行政垂直结构以多元与调和为基调。以澳大利亚为例，联邦政府虽设有主管教育的行政部门——就业、教育、培训与青少年事务部，但是它仅以协调者与辅导者角色出现，其功能在于促进地方教育业务的发展与跨区域的文化科学合作，地方握有最大限度的教育经费资源和制订课程标准与审核中小学教科书的权力，联邦政府提供的中小学教育补助也下拨给州政府，必要时州政府还可征收教育税，以应急需。

产生治理性教育行政垂直结构的社会原因，是因为支配性教育行政垂直结构在实践中暴露出一些重要弊端。例如固执于单一的、自上而下的、层层控制的政治基础，政策主要由层级和命令而达成，整个行政系统养成惯于层层开会和向下发文件的官僚作风，下级机关要么静等上级机关发号施令，要么亦步亦趋紧随其后，毫无自身的创造力，完全不能体现本级行政特色或适应本地教育需要。这就不能不令人们对支配性教育行政垂直结构感到担忧。

治理性教育行政垂直结构承认不同层级之间存在着各自的特点与优势，应当拥有因地制宜的自主性，要求上层只对具有共性的问题进行协调、立法与管理，充分授权于具体实施者，并依其风格处理教育事务以求实效，使教育更加适应各地基层的实际需要，除非出现明显的偏差，否则不应予以干涉，借此实现“次级体系对国家的关系更为自主”②。

（三）“支配性”与“治理性”的对立统一

无论是支配性行政垂直结构，还是治理性行政垂直结构，其优缺点都不是绝对的。集权与分权的困扰在大多数国家里都存在，而且难以轻易排解。改革开放以来，我国行政体制改革一直以放权为主线，希望更多地发挥地方能动性。但是一些地方政府在财权、事权以及其他权力获得明显扩张的同时，也暴露出追求自身利益最大化的倾向，“行政行为的局部性、短视性、狭隘性增强，

---

① [美]罗伯特·A. 达尔(Robert A. Dahl). 当代政治分析[M]. 任元杰，译. 台北：巨流图书公司，1992：106.

② [美]罗伯特·A. 达尔(Robert A. Dahl). 当代政治分析[M]. 任元杰，译. 台北：巨流图书公司，1992：108.

甚至出现利用地方立法去争夺整体利益的情况”①，某些分权思想激进者甚至主张基层自主权应该在行政活动中居于统治地位，实则为各自为政留下隐患。这种现象致使民间呼吁中央政府加强垂直管理的社会舆论重新抬头。

以世界范围观之，行政权力垂直结构的矛盾运动确实呈现出集权与分权的某种周期性，但不是简单地从集权走向分权，或从分权返回集权。行政权力虽然都具有扩张的共同本性，但是集权与分权的运行功能和价值追求是不同的。一般就正面效果而言，“维护国家整体利益和执法公正性，是集权的价值追求；体现地方多样性和活力，是分权的价值追求”②，支配性与治理性应该在这两种价值的平衡中找到它们的“合理性”及其存在依据。

我国是单一制国家结构，但是如果把单一制与某一种行政垂直结构联系在一起，这种认识方法未免过于简单化。我国目前在行政组织法方面还没有像有些国家那样设置第二级立法，如制定《中央与地方关系法》，但是宪法第三条第四款明确规定了“中央和地方的国家机构职权的划分，遵循在中央统一领导下，充分发挥地方的主动性、积极性的原则”，这也为肯定多样化的行政垂直结构建设方向提供了法律依据。但是，对任何多样化探索必须保持一定的警觉，防止出现上级职能及规章与下级职能及规章各行其是甚至剧烈冲突的现象。

（四）教育行政垂直结构的一般规律

孙中山先生在世时曾十分精辟地指出，中央与地方“权力之分配，不当以中央或地方为对象，而应以权力之性质为对象。权之宜属于中央者，属之中央可也；权之宜属于地方者，属之地方可也”③。他所说的“权力之性质”，实则主要是指行政职能的能级差异。

在中央集权制下，不同层级政府的职能性质与范围必然存在较大的个性和功能差异，反映在我国的教育行政系统上，则中央教育行政机关为决策层，主要职能是决定施政方针和基本策略，以行政的、法律的管理手段为主；省级教育行政机关处于决策层次与普通行政层之间，兼有两方面职能，能够行使较大程度的自由裁量权；地市级教育行政机关为普通行政层，主要职能是规划、协调、监督与资源配置，以行政管理手段为主；县级和乡镇教育行政机关为执行层，主要职能是负责具体事务的处理与执行，以行政执行手段为主。

在地方分权制下，不同层级政府的职能性质与范围虽然也存在一定的个性和功能差异，但是肯定不会像中央集权制下的差异那么大。通常，较高层级和

① 蔡立辉. 明晰职能：理顺权力纵横关系的关键[J]. 学术研究，2008(2)：30-39.

② 郭小聪. 集权与分权：依据、边界与制约[J]. 学术研究，2008(2)：48-55.

③ 转引自：辛向阳. 大国诸侯[M]. 北京：中国社会科学出版社，1995：218.

中等层级的地方教育行政机关都会拥有一定的自主决定施政方针和基本策略的职能及权力，而不仅仅是扮演具体事务的处理与执行者角色。

但是，无论中央集权制还是地方分权制，权力与职能在不同层级行政机关之间，必定还是会表现出一定的能级分工特征：行政层级越高，教育行政机关职能的全局性、决策性就趋于增强，而事务性、执行性就趋于减弱；行政层级越低，教育行政机关职能的全局性、决策性就趋于减弱，而事务性、执行性就趋于增强。抹杀能级差异，主张让各级教育行政机关的职能趋同，既无理论或法律依据，也不现实。在不同层级的教育行政机构之间，只有形成顺畅的领导、合作和服从的关系机制，才能够在中央的统一领导下，全面调动和发挥各层级教育行政组织的积极性、能动性和创造性。

（五）教育行政垂直结构中的特殊领域

教育行政垂直结构中的特殊领域，主要是发生在政府与高校的关系领域。在政府与高校的关系中，既有行政隶属前提下的垂直结构关系，又有非垂直结构关系，因为政府与高校在某些领域里不一定发生以行政隶属性为前提的关系。比如，当高校以第三部门的身份从事办学活动时，它与政府之间实际上是社会公法人与政府公法人的关系，它还可以通过某些中间环节，如通过市场、中介机构，来间接地与政府发生关系。所以，政府与高校的关系远比一般的上下级教育行政机关的关系复杂得多，以至于成为一个比较特殊的教育行政结构的研究领域，本书将在第五章第五节对此进行详细讨论。

三、教育行政同级结构关系

教育行政同级结构关系（relationship between branches at same level but with different function）也可以理解为教育行政平面结构关系，指同级但不同职能的教育行政机构之间的关系，它关注的不是狭义的单个教育行政机关内各职能部门之间的相关性与平衡性问题，而是广义的、在同一个平面上由多种教育行政机构构成的、具有相互制约功能的教育行政系统内部的相关性与平衡性问题。比如教育行政决策部门、教育行政执行部门与教育行政监督部门之间的相关性与平衡性问题。职能分解与权力整合是这一对结构关系中的主要矛盾运动。

教育行政平面结构可反映教育行政体制安排中权力制衡的完善程度，其基本宗旨是通过不同性质权力的分离，使不同的职能由不同的部门或机构相对独立地行使，以形成权力互为主体与客体的相互掣肘作用。比如，美国州一级教育行政体制虽然实行首长负责制，但是它采取决策、执行两权分离的平面结构：州教育委员会只拥有决策权，负责制定初等教育和中等教育方面的有关政策；而州教育厅只拥有执行权，负责执行州教育委员会所制定的教育政策——两者在不同的权力线上互为主体与客体。

在不少国家的教育行政平面结构里，除了分别设立决策权、执行权与监督权之外，还设立了审议权。设置教育审议机构的目的，在于集中社会各方的智慧，扩大信息源，推进教育决策的科学化、民主化，防止教育决策出现重大失误，并协助监督和纠正教育行政执行机构在工作中出现的偏差，确保教育事业健康发展。

美国在联邦一级设有政府间教育关系顾问委员会、联邦职业教育审议会、联邦成人教育审议会等十多个机构，它们都是教育审议机构。各州教育行政系统也根据自己的实际需要设立相关的教育审议会。英国在教育部设有中央教育审议会、师资供应教育审议会、研究委员会审议会、全国地方高等教育审议会等教育审议机构，在地方教育行政系统设有区域性教育审议会。法国在中央政府设有国民教育最高审议会、国家教育规划理事会、普通教育和技术教育委员会、高等教育和科研全国委员会、全国高等学校评议委员会、大学校长联席会议、全国学校配置委员会以及各类职业教育审议会等十多个审议机构，在大学区也设有相似的审议机构，而各省教育行政机关则设有初等教育审议会、辅导审议会等。有趣的是，法国教育审议机构不但负责回答教育行政当局的咨询，有些机构还行使与教育有关的各种诉讼、惩罚案件的预审职权或终审职权。日本在文部省设有中央教育审议会、教育课程审议会、教育职员养成审议会、产业教育审议会和学术审议会等机构，在都道府和市町村教育行政系统设有社会教育审议会、地方产业教育审议会和体育活动振兴审议会等。上述各国教育审议机构在人员组成方面除了由行政官员和专家学者担任职务外，还广泛吸收学校教职员和社会各界人士以及专业团体、新闻界和企业界的代表参加。

合理地设计并建构教育行政平面结构，显然有助于提高教育行政系统的科学性、民主性、稳定性与恰当性，保障教育行政领域里的公平、正义与安全。

四、教育行政主体与相对方结构关系

教育行政主体与相对方结构关系（relationship between administration subject and its opposite side）又可以称为教育行政对应关系，管理与被管理是这一对结构关系中的主要矛盾运动。要形成真实的教育行政活动，必须同时存在教育行政主体和教育行政相对方这两个角色，它们共处于一个舞台上，互为对方存在的条件，并通过一系列具体的行政事务建立互动联系，上演一出出教育行政领域里的“活剧”。

由于教育行政主体的概念已在本章第二节里作了讨论，这里只介绍教育行政相对方的概念。教育行政相对方（opposite side of administration）是指在教育行政法律关系中处于教育行政主体对立面的那一方，但是不能因此就认为它就是处于“客体”的一方，因为教育行政相对方和教育行政主体一样，都既拥有权利又承担义务。教育行政相对方是抽象教育行政行为和具体教育行政行为的承受者，但是不应当将其视为是一个完全被动的对象，因为教育行政相对方也具有主体人格和行为能力，同样是行政法上的权利享有者。所以，如果要更准确地下定义，应该将教育行政相对方看做是教育行政法律关系中的另一方主体。

教育行政相对方可以是自然人或拟制人[①]，有人提出教育行政相对方还可以包括特定的行政事项。这种看法显得过于宽泛，况且“特定的行政事项”与教育行政主体也不处在对称的法律位置上。

从形式上看，教育行政主体与教育行政相对方的权利和义务都是由法律预先确定的，当事双方没有自由选择的余地；从实质上看，教育行政相对人权利是一切教育行政行为的基础。教育行政主体在与教育行政相对方发生关系时，以国家的名义出现并行使法律规定的职权；在行政相对方不履行规定的义务时，教育行政主体可以强制其履行，即所谓“我令你行”、“不服先从”、“不从受罚”。反过来，如果教育行政主体不履行职责，教育行政相对方只能请求对方履行，或通过向国家有关机关提出申述或诉讼等方式寻求解决。鉴于教育行政主体与教育行政相对方的关系具有不对等性，行政相对方较易受到伤害。现代行政法的精神是越来越强调行政相对方的权利本位，主张对大部分能够直接影响行政相对方权利的行政职权，均设置与之针锋相对的行政相对方权利，使之形成有“矛”有“盾”的积极制衡作用。

由于教育行政系统具有丰富的层级性，教育行政主体与教育行政相对方这一对关系也就表现出鲜明的场域性，经常出现戏剧性的变化：在一种层级关系中处于行政主体地位的一方，一旦转换到另一层级关系里，其角色可能转变为行政相对人。比如，当我国高等学校代表国家对学生进行相关管理时，它的法律地位是教育行政主体；而当其作为事业单位法人接受教育行政机关的行政管理时，它的法律地位就变成了行政相对方。不仅如此，如果高校作为独立的经济行为主体，进入民事活动领域与其他独立的经济行为主体发生以财产所有和流转为内容的行为，它的法律地位又变成了民事主体。[②] 所以，在教育行政对应关系中，除了国家主体的最终担当者——中央政府能够始终扮演教育行政主

① 拟制人是指依法成立并基于一定的程序步骤、规章制度、运行文化、组织机构和自有财产而形成独立于其成员的意志的组织体，如工厂、企业、公司、大学等各种法人或社会组织，与自然人相对应。

② 杨建生．高等学校行政法律关系主体地位分析[J]．高教论坛，2004(3)：95-97.

体角色之外，其他主体——包括一般公民、法人、社会团体以及处于行政相对方身份关系下的国家组织，都有可能因为具体行政情景而成为教育行政相对方。

教育行政主体与行政相对方结构关系，是教育行政法律关系构成的基本框架，也是教育行政活动得以进行的起码条件。“每一方只有在它与另一方的联系中才能获得它自己的规定性，此一方只有反映了彼一方，才能反映自己——另一方也是如此。所以每一方都是它自己的对方的对方”[①]。“双方尽管客观上存在经常、永久性的矛盾乃至冲突，但可以控制于合法、合理、节制、适当的范围和限度内，且有望实现既相互监督制约又相互激励促进”[②] 的关系。

五、教育行政中的公法与私法结构关系

马克斯·韦伯指出过：行政不完全是公法的概念。[③] 毫无疑问，教育行政主要应该是一个公法领域，但是其中也不能绝对排除某些私法行政关系的存在。比如，受教育权作为一项公民基本权利，无论在国内国外，其性质应为私权利，但是其义务主体包括国家、社会、学校以及义务教育年龄段儿童的监护人。这些义务主体的身份差别很大，有的是公法主体，有的是私法主体，但是根据法律均有义务保障儿童的受教育权利的实现。具体而论，上述义务主体中，除了“社会”因不具备主体资格而不具有可操作性外，国家、学校、监护人三者因法定身份不同，所负义务的性质也就不同：国家与学校对保障儿童的受教育权负行政责任，监护人则负民事责任。但是，如果作为义务主体之一的监护人不履行保障儿童受教育的义务，国家有权对其提起的诉讼，是行政诉讼而不是民事诉讼。这些法律关系如果不理清楚，必定会给行政执行和行政执法带来困难。

教育行政活动中公法与私法关系交揉在一起的情况还不止于此。人类进入20世纪之后，随着社会的发展，贫富差距、经济危机、环境污染等社会不和谐问题相继出现，政府面临着财政、管理、信任等一系列危机的巨大挑战。亚当·斯密自由主义理念之下的“守夜人”式的国家行政已不能适应社会的变化，政府越来越无力再扮演唯一的社会管理者角色，由此触发了公共行政社会化范式的变革，除了国家行政形式之外，各种公共的权力和私人的权力，只要得到了公众的认可和法律的授权，就有可能成为在各个不同权力层次上的主

① ［德］黑格尔. 小逻辑［M］. 贺麟，译. 北京：商务印书馆，2009：254-255.

② 罗豪才，崔卓兰. 论行政权、行政相对方权利及其相互关系［J］. 中国法学. 1998(3)：3-8.

③ ［英］比瑟姆. 马克斯·韦伯与现代政治理论［M］. 徐鸿宾等，译. 杭州：浙江人民出版社，1989；［瑞典］理查德·斯威德伯格. 马克斯·韦伯与经济社会学思想［M］. 何蓉，译. 北京：商务印书馆，2007；康乐，简惠美. 韦伯作品集Ⅸ：法律社会学［M］. 桂林：广西师范大学出版社，2005.

体，有权代表社会对公共事务进行管理，以减轻政府负担。这就构成了社会行政活动，同时也带来了以私法方式达成公共行政任务的可能性。当政府认为某种公共服务“由它自己来提供或由它自己来直接进行管理已不适当”时[①]（如效率较低下、管理力不从心），它可以授权私人（包括自然人或私法人）在特定范围内行使教育公权力，或是依照私法来设立私法人以完成某些教育任务，如允许并扶持民营高校办学，鼓励建立教育慈善基金机构，敦促商业银行向学生提供商业助学贷款业务，运用行政合同完成教育基础设施服务，等等。而这一类组织的法律地位，基本上与大陆法系中的财团法人相当，属私法人性质，基本不使用公权力的方式来管理社会公共事务。另外，给付行政的发展，也使得更多的行政任务有可能交由私法形式的组织承担。

不过，由于私法人执行公务常常采取私法的形式，这就使得教育行政活动中的法律关系变得错综复杂，有些情况下还形成公法关系中有私法、私法关系中有公法的交粘状态，增加了管理的难度。特别是社会办学形式下的学校经济行为，虽然在理论上具有非公非私性质，但由于它们是从私领域中分离出来的公共领域，总是而且也只能通过市场的中介来完成相关任务，因而客观上存在着一些必须借助法律来堵塞的漏洞。[②] 即使是我国的公立高校，在新的经济环境与法律制度条件下，它们以法人权利为基础的自主权也已演变为一种以公权力为主的多元成分权利[③]，兼具公权主体和私权主体资格。如果相应的制约机制不到位，“当其履行公法领域的职务时，存在着以私权名义规避公法原则的约束以及责任的可能性；当其涉入私法领域时，存在着以公权名义规避私法原则的约束以及责任的可能性”[④]。

所以，对于教育行政公法与私法结构关系（relationship between public field and private field in educational administration laws），人们至少可以得出如下结论：它所反映的在一定程度上是政府与社会的结构关系，此消彼长、监督与被监督乃至相互监督，是这一对结构关系中的主要矛盾运动。虽然教育行政活动不排除某些私法行政关系的存在，但是在任何时候都不应将私法组织形式作为主要形式，不能让“遁入私法”的大门洞开，因为要达成公共目的，国家通常必须保持更多的控制和监督的权力，其强度要远远超过私法手段。而且，在以私法方式达成教育任务的过程中，或是在引入了私权因素进行的公权

① [德]哈特穆特·毛雷尔.行政法总论[M].高家伟，译.北京：法律出版社，2000：501，582-585.

② 龚怡祖.高校经济性行为失范的后果、原因及制度回应——“双界性”法人滥权的分析视角[J].中国地质大学学报(社会科学版)，2008(3)：46-50.

③ 劳凯声.教育体制改革中的高等学校法律地位变迁[J].北京师范大学学报(社会科学版)，2007(2)：5-16.

④ 龚怡祖.高校法人滥权问题的制度回应方向[J].公共管理学报，2008(1)：106-110.

运作中，绝不允许暗中融入权力主体自身的利益机制。如果某些教育行政权力主体借分配教育资源及利益的机会而谋取个人乃至本部门及其工作人员的私利，就完全背叛了教育行政权作为公权力的本质和目的。

最后，需要说明一下，目前我国的法律体系尚没有明确地以“公法和私法”两个系统相互区分，而是以行政法和民法的形式相互区分。但这丝毫不表示，在现实的我国法律关系中不存在公法和私法的区分。公法和私法作为对法律体系的最基本分类，在司法实践中极为重要且具有基础性。私法上的决定以主体自由和意思自治为原则；公法上的决定虽然存在一定程度的裁量权，但要受到宪法的约束。

第五节　我国近代以来教育行政体制的形成与变革

一、我国近代教育行政体制的形成概略

中国虽有几千年的教育史，但是在很长一个时期里官学一体，仅设少量官职管理学校，到明代之前，一直没有形成结构严密、功能齐全的全国性教育行政系统。

（一）清末时期

学界一般认为，至清末，1898 年因戊戌变法而设置的京师大学堂，可以看做是近代意义上的中国教育行政体制的肇始。京师大学堂不仅身为当时新式学堂的最高学府，而且是当时的中央教育行政机关，其行政首长称为管学大臣。1905 年，清政府派大臣到日、英、法、德等国考察教育，并于该年废除科举，于礼部、户部、吏部、兵部、刑部、工部等中央六部之外，增设学部作为中央教育行政机关主管全国教育，并将原来的教育行政机构国子监并入学部，行政首长为学部尚书，学部内开始有司、科、局、所等具有科层组织特点的办公机构。学部的成立，是我国历史上国家行政力量真正全面、直接地控制教育事业的标志。1906 年，清政府又在省级设置提学史司，在县级设置劝学所，分别作为省级和县级的教育行政机关，由此形成由学部、提学史司、劝学所三级教育行政机构构成的、比较完整的教育行政体系。有关这一时期的教育行政机构的设置过程及其组织结构框架，张济正等主编的《教育行政学通论》、孙绵涛主编的《教育行政学》等教材里均有比较详尽的介绍。①

① 参见：张济正，周立，李榷.教育行政学通论[M].上海：华东师范大学出版社，1992：114-118；孙绵涛.教育行政学[M].北京：高等教育出版社，2001：39-41.

清末民初，西学东渐，教育领域已初步显露出运用法律进行教育行政管理的法治思想特点。1908年，清政府颁布《钦定行政纲目》，是中国历史上第一部行政体制法典，它也是清政府建立教育行政体制的法律基础。

（二）民国初期

辛亥革命以后，南京临时政府成立，更是力图通过一系列法令来实施对教育的行政管理，对教育行政体制进行了大刀阔斧的改革。1912年4月，南京临时政府正式组成教育部，行政首长为教育总长。教育部成立之际，担任教育总长一职的蔡元培受德国教育行政体制的影响，提出必须“划定中央教育行政之权限”，认为地方教育行政当局有处理地方教育事务而不受中央直接干涉的自主权。虽然在当时的条件下，地方教育行政当局的自主权还需以部令为范围，但是这种现代行政意识确属难能可贵。同年8月，南京临时政府公布施行《参议院议决修正教育部官制》，将教育部内部机构分设为总务厅以及普通教育司、专门教育司、社会教育司三个司，使中央教育行政机关初具现代形制；同时，各省设教育厅，直属教育部，但厅长处理教育行政事务时得接受教育总长和省长的双重领导；县级教育行政机构的设置及叫法在各地不一。1912年，南京临时政府教育部颁布《学校系统令》，次年颁布《视学规程》，对各级学校的办学及管理方式作出规定，相当于部颁规范文件。

（三）国民政府时期

国民党在南京执政并成立国民政府之初，颁布《国民政府教育行政委员会组织法》。因蔡元培的主张，曾一度取消民国初年实行的教育部建制，效仿法国教育行政体制，建立大学区制。主要做法包括：设立大学院，作为全国最高学术机构兼教育行政机关；设立大学区，替代省一级的教育厅，直接隶属于大学校长管辖。蔡元培这样做的本意，是想减少政治、党派和官僚对教育的控制，实现“教育行政学术化”。不过，这项改革仅在江苏、浙江两省试行一年多，就因为矛盾和弊端太多而被中止。国民政府遂在中央层级取消大学院而恢复教育部建制，在地方层级取消大学区制而恢复教育厅建制。我国有一些学者把这件事看做是由资产阶级民主派主导的教育行政体制改革运动在帝国主义与封建势力的联盟下而遭致的失败。时隔近一个世纪，现在再来考察和评价这段历史，这一观点未免显得过于政治化。历史地看，大学区制属于极端的独立型教育行政结构，在全世界也仅有法国比较完整地保留了下来，它在当时中国教育行政领域的退出，虽然有其一定的政治背景，但是更有它严重脱离国情、确实水土不服的必然性，不能笼统地以政治色彩去评判，而应更客观地作出分析。

恢复后的教育部除了设总务司、高等教育司、普通教育司、社会教育司之外，又设蒙藏教育司执掌少数民族教育，另有若干专门委员会负责处理大学、华侨教育、中小学课程标准等事务。行政官员分部长、次长、督学、司长、科长等职别。地方教育行政体制方面，省教育厅隶属于教育部，县一级设教育局（其间曾一度改局为科）。

南京国民政府时期，制定颁布了不少教育法规和行政规章，如 1928 年的《教育部组织法》、1929 年的《大学组织法》、1935 年的《学位授予法》等，对实施高等教育制度、教师资格制度、学位制度等教育制度作出详尽的规定。

（四）新中国时期

新中国成立后，中央及地方教育行政建制基本保持了教育部、教育厅、教育局这样一种架构和名称，但是教育部建制曾两度被分割为教育部和高等教育部两个建制（1952 年 11 月教育部分设为教育部和高等教育部，1958 年重新合并为教育部；1964 年 3 月再次分设为教育部和高等教育部）。相应地，省级教育行政建制也曾两度由教育厅分设为教育厅和高等教育厅。这种做法可能是受法国教育行政建制的影响，法国是世界上为数不多的实行教育部与高等教育部分置建制的国家。

建国之初，中央政府按照苏联的管理模式，对高等教育体系和体制进行了大刀阔斧的改革，先后于 1952 年和 1955 年，两次进行大规模的院系调整，其主要内容是：① 除保留少数综合性大学外，将其余综合性大学拆分为单科性学院；② 将私立高校改办为公立高校；③ 撤销教会大学，并就近合并入其他院校；④ 将一部分沿海地区的高校迁至内地。经过上述调整之后，全国在高等教育隶属关系方面形成了中央直属高校、行业部委高校和地方高校这样一种条块分割的管理体制。

总体看，新中国时期受全面学习苏联经验的思潮的影响，在经济体制方面建立了以指令性计划经济为特点的中央集权制，在教育行政领域则形成了自上而下的集权管理模式。其间，经历了多次集权与分权的重大反复，中央政府多次将权力下放给地方政府和学校，但又多次收回，反映了这一时期教育行政体制变动比较频繁的特点。“文革”期间，教育部被改组为国务院教科组，地方教育行政机构基本瘫痪，直到 1975 年邓小平重新主持工作，教育部和地方教育行政机构的建制才得以恢复。

（五）改革开放以来

“文革”结束，拨乱反正，我国进入了改革开放和向市场经济体制转变的时代。改革初期，在教育行政领域，拨乱反正的首要任务就是必须加紧教育法规体系的建设，淡化指令性计划与行政监督职能，强化指导性计划与法律监督职能，变“依人治教”为“依法治教”，实现教育行政体制由统得过多、管得过死向逐步“松绑”方向、教育行政职能由管得过细向“抓大放小”方向的转变。为此，国家开始运用法律和行政手段，积极推动旨在“建立起与社会主义市场经济体制和政治体制、科技体制改革相适应的教育体制”改革，着手建立新的教育体制。

1985 年 5 月 27 日，中共中央作出了关于教育体制改革的决定。《中共中央关于教育体制改革的决定》(以下简称《决定》) 这份纲领性文件总结了中国教育发展正反两方面的经验，得出了教育必须为社会主义建设服务、社会主义建设必须依靠教育的结论，指出了中国教育体制改革的根本目的是提高民族素质、多出人才、出好人才。在这个决定里，明确提出了改变长期计划经济体制下所形成的僵化模式、实行“简政放权”的改革方针，纠正政府对学校统得过多、管得过死的弊端，使高等学校成为依照国家法律和教育规律办学、相对独立的办学实体，充分调动学校办学的主动性、积极性和创造性；还提出改革中等教育结构、大力发展职业技术教育、教育拨款增长要高于财政经常性收入增长等一系列改革目标，同时作出了基础教育管理权归属地方、中央只负责大政方针和宏观规划的决定。美国历史学教授彼得. J. 西波尔特 (Peter J. Seybolt, 1990) 在解读和评论《决定》的历史意义时说，它表明“中央的指令将不再那么具体，强调增加地方的决策权和财政使用权，越来越倾向于地方办学……政府教育部门拥有更多的监督指导责任”①。作为历史的回顾，今天来看这份重要的教育文件，我们不能不注意到《决定》中还有一个非常英明的地方——为了防止教育体制改革中出现不应有的偏差，它在二十多年前就极富预见地提出了指导教育工作的一个重要原则：衡量学校工作的标准是培养人才的数量和质量，而不是经济效益。可惜，后来有些决策者对此没有引起足够的重视。

自《中共中央关于教育体制改革的决定》颁布以后，如何解决国家教育实行统一方针和分散分权管理、基础教育阶段中央政府与地方政府的权责划分、高等学校与教育行政部门之间的法律地位关系、实施农村义务教育的责任主体等一系列问题及矛盾，就成为我国教育行政体制改革中的核心议题和关注焦点。针对这些议题，我国先后进行了教育举办体制、教育投入体制、学校运行机制等方面的重要改革。1986 年，《中华人民共和国义务教育法》以法律形式确定，我国基础教育实行“地方负责、分级管理”的制度。1993 年中共中央、国务院颁发的《中国教育改革和发展纲要》再次明确重申，基础教育以地方办

① 彼得 J. 西波尔特. 1985 年《中国共产党关于教育体制改革的决定》与促进社会进步的教育[C]//南京大学高等教育研究所. 当代教育发展的重大课题——教育与社会进步中外学者研讨会论文集[M]. 南京：南京大学出版社，1990：342-365.

学为主。1995 年颁布的《中华人民共和国教育法》进一步强化了上述教育管理体制。

这些改革从纵向来看，涉及中央、地方、学校的权力与职责的重新分配；从横向来看，则涉及国家、市场、社会三者作用的重新安排，总的精神是使教育体制逐步适应社会主义市场经济的需要。整体看，改革达到了这一目的，这是其积极的方面；不妥之处是，在这一过程中，中央政府和地方政府在农村义务教育财政负担责任问题上出现了过度博弈。20 世纪 80 年代后，我国财政体制开始“分权化”改革，中央政府在公共服务领域通过放权减轻自身的财政压力。“分级办学”的实质，是中央政府通过下放教育事权而实现教育财政负担下移的一项制度安排，然而这项举措日后却被证明在不自觉中制造了阻碍农村义务教育发展的巨大隐患。自 1985 年起，农村义务教育实行“县、乡、村三级办学，县乡两级管理”的体制。伴随着分税制和农村税费改革的推行，“三级办学，两级管理”体制由于重心偏下所引发的问题日益突出：由于预算内教育拨款的数量取决于各地的经济发展水平，大部分经济不发达地区的县乡两级财力薄弱，根本不足以履行教育拨款职能，致使农村县区生均预算内教育事业性经费支出远低于城市地区，农村教师的工资水平普遍低于城市教师，严重影响了农村义务教育的发展。2001 年，国务院将这一体制修改为“国务院领导、地方政府负责、分级管理、以县为主”，将教育财政责任集中到“县、乡、村三级”中的最高级——县级财政，但终因体制设计中固有的不妥，县级财政也依然捉襟见肘、不堪重负。① 实行过度和片面分权的义务教育投入体制所产生的实际结果，只能是农村义务教育经费负担被各级财政主体逐层向下转嫁，直至最终转嫁到农民头上。

这是一个应该汲取的重大历史教训，正因为此，时隔十多年后，全国人大重新组织了对《义务教育法》的修订工作，2006 年通过并颁布了新的《义务教育法》。新法在总结我国转型时期义务教育实施工作的经验教训的基础上，对原来的经费负担制度作出了重大调整，实行一级政府一级预算和教育成本分级负担的财政体制，同时加大了中央财政、省级财政在实施义务教育特别是实施农村义务教育中的法定责任，由中央政府进行统一规划和兜底负责，重新建立了以中央财政为主体的基础教育投入体制，这符合世界各国的惯例。

总体看，改革开放以来，以往那种国家集中计划与政府直接管理学校的体制，已经逐步转变为政府负责宏观管理、学校面向社会自主办学的体制。比

---

① 自我国 1994 年实行分税制财政体制以后，省、市、县三级财政收入中省级财政明显集中，形成了各级政府之间基础教育的举办责任与财力分配的不对称：中央和省级政府掌握了主要财力，但不承担基础教育的主要财政责任；县、乡政府财力薄弱，却承担举办基础教育的筹资重任。

如，在高等教育领域，我国政府与高等学校的关系已逐步由完全的上下级行政隶属关系转变为具有一定的委托代理性质的举办者与办学者的关系，由以计划为约束的直接联系转变为以市场为导向的间接联系，由单一的行政约束关系转变为法律与行政约束并存的复合型关系。从长远看，我国教育行政体制应积极维护前期改革所取得的成果，继续坚持正确的改革方向，但是对实践已证明存在明显缺陷或根本行不通的改革措施，应该认真听取民意和基层的意见，像对待义务教育财政负担体制中出现过的偏差那样①，及时果断地予以纠正、调整、改进和完善。

这一时期，我国教育行政机关名称也经历了多次变化。1985 年，为加强国家教育行政部门的综合统筹功能，根据全国六届人大常委会第十一次会议的决定，国务院撤销教育部，成立国家教委。不过，时隔仅十余年，1998 年，根据全国九届人大第一次全会的精神，国务院又决定撤销国家教委，重新设立教育部。在此期间，地方教育行政机关的名称也如此这般地反复过。这一现象固然反映了当时我国行政机构改革还处于不断尝试和摸索阶段的特点②，同时也从一个侧面隐约透露出我国教育行政体制改革的某种历史转向信息。这期间，继 1985 年《中共中央关于教育体制改革的决定》颁布之后，中共中央在 80 年代末曾开始制订第二个教育改革方案并提交给政治局讨论，后因国内形势发生剧变而搁浅。③ 对于将国家教育行政机构的名称由国家教委改回教育部一事，一部分学者认为这象征着我国教育行政体制结束了在管制型体制与指导型体制之间的徘徊，最终选择了较能体现民主集中制的“指导—管制型”行政体制。但也有一些学者批评它在管理体制方面是一个倒退④，因为从教育委员会这种体制看，它还包含有实行地方分权以及吸收民意代表参加决策机构等多重内涵，否则便没有实质意义和必要。批评者认为恢复教育部的名称，恰恰是回避了上述内涵的改革问题。

二、我国教育行政体制的变革趋势

就世界范围而言，行政体制的目标价值正在悄悄发生深刻的嬗变。传统行

① 过去 20 年里，我国义务教育特别是农村义务教育经费总量由于实行以县级财政为主的教育经费投入体制而连续 20 年严重不足，严重影响了农村基础教育的质量和教育公平，原因即在于 20 世纪 80 年代中期出台的旧《义务教育法》中有关“地方负责、分级管理”的体制规定，将农村义务教育经费负担主体定位于财政能力十分薄弱的县级财政，使相对更有财政能力的中央财政与省级财政对义务教育的投入责任反而被体制性地“豁免”了。2006 年 9 月 1 日正式实施的新《义务教育法》纠正了这一历史性错误。

② 自 1982 年至今，我国先后进行了 6 次大规模的行政管理体制改革。

③ 胡启立.《中共中央关于教育体制改革的决定》出台前后[J]. 炎黄春秋，2008(12)：1-6.

④ 马国川. 教育改革，从 80 年代出发——访杨东平[N]. 经济观察报，2009-03-09.

政体制的核心目标价值显然是效率，其他目标只是为了维持和保证行政效率的充分实现；而当代行政体制的核心目标价值已转移至民主或公平，旨在关注行政对国家和公共事务的广泛决策与积极治理功能，以及对最少受惠社会群体需求的及时回应。

（一）我国教育行政体制改革面临的形势

我国教育行政体制改革面临的形势与行政体制改革面临的形势有着密切联系和共同性。与二三十年前相比，我国政府面临的外部环境发生了重大变化，北京大学政府管理学院汪玉凯教授归纳了其中一些特点：一是改革取得了巨大成就，但人们对改革的认同度在持续下降，不同阶层对同一个社会问题的看法分歧在增加；二是中国经济在持续快速发展，但是付出了过多的资源和环境代价①；三是中国社会转型、体制转轨在快速推进，但同时也积聚了大量社会矛盾与冲突，教育等民生问题比计划经济体制时期还突出②；四是中国在国际社会的影响力越来越大，拥有了更多的话语权，但同时也不断被一些国家所误解和误读③。可以想见，当前我国行政体制改革面临的矛盾十分错综而复杂。

我国行政体系整体上面临着结构不合理的问题：一是行政结构不合理，部门设置过多，导致职能交叉重叠，多头管理，助长了而不是弱化了部门利益；二是党政机构重叠，政府实际规模远比一般国家庞大，社会负担很重；三是政府和社会的功能没有充分分化，许多民间组织多由退下来的政府官员担任其首脑，使得民间组织变成群众眼中的“二政府”，反过来又弱化了社会行政功能。应该说，上述现象同样不同程度地存在于教育行政领域，因而深深地影响和规定着教育行政体制改革的未来命题。

2007年，中国共产党“十七大”决议中提出了深化行政体制改革的任务，号召按照建设服务政府、责任政府、法治政府和廉洁政府的要求，把维护人民群众的根本利益作为改革的出发点和落脚点。通过改革，实现政府职能向创造良好发展环境、提供优质公共服务、维护社会公平正义的根本转变，实现行政运行机制和政府管理方式向规范有序、公开透明、便民高效的根本转变，建设人民满意的政府。总体看，我国行政体制改革需要围绕服务型政府建设的各个方面，全方位、多层次地推进。

（二）我国教育行政体制的改革趋势

经过30年的改革开放，我国教育事业取得了举世瞩目的成就，同时也出现了一些新的问题与困惑。在新的历史发展阶段，我国教育事业正在确立新的

① 汪玉凯.深化行政体制改革需要进一步解放思想[J].河北学刊，2008(4)：133-135.

② 汪伟.以政改破解改革难局——访谈汪玉凯[J].新民周刊，2009(10)：4-6.

③ 汪玉凯.深化行政体制改革需要进一步解放思想[J].河北学刊，2008(4)：133-135.

教育理想和新的奋斗目标，概括起来说，就是在义务教育实施领域要进一步实现“人人受法定的义务教育，人人受充分的义务教育”，在各种教育实施方面要努力实现“人人受公平的教育，人人受高质量的教育，人人受适合的教育”[①]。与新的教育理想和新的奋斗目标相适应，我国教育行政体制也必须进一步深化改革。

1. 继续推进教育行政领域里的法治建设

法治具有两重要义：其一，社会主体普遍守法；其二，法为良法。法治的核心是依法办事，依法办事的核心是官员依法办事。过去一个时期，教育领域里的法治建设成就很大，但是从总结经验教训的角度来讲，不少立法内容较多地局限于单一的行政改革思维，没有给予必要的政治层面改革的配合，导致有些深层次问题解决不透彻，现行法治制度尚难以支撑起法治型政府的构建。

客观地看，法治命题的自洽性，在于通过私法之治、私法的公法之治以及公法之治三个部分，来构筑权力和权利运行相对自足并受到应有约束的“法律王国”。法律既要控制滥用行政权的现象，也要保护行政权不受非法抵抗和侵害。根据这一理解，我国转型时期教育行政领域的法制建设就不能仅仅局限于“公法之治”一个领域，而是要与其他两个部分联系起来，将政府、公民、法人组织等各种社会主体在教育领域里的利益关系调整到位，并转化为法律对教育权利及义务的清晰界定、合理规范、有力保障和积极促进，分别纳入相应法律领域的法治轨道。

教育行政体制改革要想持续深入发展并取得突破，有待于我国上层政治权威对现行体制——包括行政体制、政治体制、文化体制、社会体制，进行全面变革。我国行政体制改革的目标定位是建设服务型政府，从本质上说，服务型政府是以社会民众为中心的政府，而不是以政府自身为中心的政府。就此而言，教育行政领域法治建设任务的下一步重点，是要继续运用法律形式，把教育领域里广大人民群众应该享有的民主权利系统、完善地固定下来，促进教育行政管理进一步规范化、法制化，并督促所有教育行政主体尤其是政府部门，自觉按照法律法规对教育进行管理，更好地维护人民应该享有的各种教育权利，建立一个现代政府政体意义上的教育行政体制。

2. 提高教育行政的民主化、科学化、专业化水平

在教育领域里社会矛盾呈现多发的时期，教育行政主体尤其需要增强对社会的“阅读能力”，大力提升行政软实力，积极化解教育领域所积聚的社会矛

① 中央教育科学研究所调研组. 学有所教——为制定《国家中长期教育改革和发展规划纲要》提供的六十条建议[J]. 教育研究，2009(3)：3-25.

盾，以较小的代价完成教育领域里的社会利益整合，取得行政相对方对教育行政行为的自觉认同、服从、信任、支持与协助，实现对教育事业的有效管理。而大力推进民主化、科学化、专业化，有助于提升教育行政的软实力。

民主化是当今世界教育行政的一大潮流，民主化国家的特征是开放性、平等性、多元性，公民可以通过各种渠道自由表达不同意见，参与公共事务的管理。从一些发达国家的做法看，推进教育行政民主化，主要是要夯实教育法制的基础，健全教育审议机构并广泛吸收社会各方代表参与教育法规、教育政策、教育行政决定的制定过程；建立健全民主、科学的决策体制和程序，公开办事程序和监督程序，增强教育行政的透明度；坚持以人为本、以教育为本，尊重和宽容不同的利益和意见，融洽教育领域里的社会关系，实现社会价值诉求在教育领域的平衡，提高教育行政活动的社会支持度。

科学化也是当今世界教育行政的明显发展趋势。我国教育行政体制改革既要主动适应经济体制、政治体制的改革需要，又要充分尊重教育的本质属性与科学规律，加强行政理性，谨防改革演变为频繁、无序、毫无确定性的运动。为此，应建立相应的责任机制，规制自由裁量权的使用和随意行政行为，约束不负责任的教育改革活动的发生，切实保障教育行政关系中的所有主体或利益相关者，能够建立起对变革秩序的可预期性。

教育行政专业化是实现科学化的必然要求，包括推行内行与外行相结合的教育行政管理体制，以及推动有利于实现教育家办教育的体制改革。目前，我国高等学校普遍实行党委领导下的校长负责制，这是由 1998 年颁布的《高等教育法》用立法形式固定下来的，当时全国人大在立法过程中对此曾经发生很大争议，三审才通过。长期以来，校长负责制被普遍认为是现代大学治理的基本制度，到底是校长负责制有利于教育家办教育，还是党委领导下的校长负责制有利于教育家办教育，应当允许在理论和实践两方面进行探讨和尝试。

3. 增强教育行政的服务功能和宏观调控功能

在很长一个历史时期内，国家的职能被片面地理解为仅仅是处置内部纷争和国际纷争，而很少涉及组织社会生活、维护社会秩序、提供社会保障等公共职能。随着社会的发展和时代的进步，公共职能在国家职能中的重要性日益上升。建设服务型政府，要求政府的所作所为都要体现为公众服务的理念。公共服务的范围很宽，其中，基本公共服务更能体现政府的职责。基本公共服务主要是指“学有所教、劳有所得、病有所医、老有所养、住有所居”所涉及的教育、就业、医疗、社会保障和住房等五大服务领域，教育位居基本公共服务的榜首。以工人、农民为主体的社会基本群体，是稳定我国社会的基本力量和推动社会发展的根本动力，我国政府在履行向社会提供基本公共服务和改善民生的职责时，特别要强化为这些社会基本群体提供公共产品和公共服务的义务。

对于教育行政任务来说，行政主体应积极增进国民教育福利，将“为人民服务”的信念，转换成公民实实在在享受到的教育服务。其中，实施普遍的、均衡的、有质量的九年义务教育，更能体现政府的职责。概括地说，政府对实施义务教育负有提供、组织、监督“三位一体”的强制性责任：即政府负有提供义务教育条件、建立义务教育学校体系的责任；政府负有组织所有符合法定条件的受教育对象进入义务教育学校学习的责任；政府负有监督义务教育办学活动、保证义务教育质量的责任。

在市场经济条件下，教育是需要国家进行宏观调控的重要社会活动领域。我国幅员辽阔，人口众多，不同地区发展不平衡，这更加决定了政府在基本教育服务方面必须加强宏观控制和综合协调。在许多发展中国家的转型过程中，都曾发生过这样一种现象：“政府一方面把政治和经济问题的糟糕后果分配给最软弱无力的集团，另一方面竭力安抚那些最能够调动公众呼声的集团。”① 我国不能重蹈这些发展中国家的覆辙，对于弱势教育群体和弱势教育部门的合理诉求，政府有责任作出积极的制度与政策回应，以保证弱势者获得公平竞争和公平受教育的机会。

为确保政府在教育行政领域有效展开调控活动，应该适当弱化专业管理部门，加强宏观调控和综合协调部门，积极提高公共服务类组织在教育行政机构中的比重，使教育行政的整体功能更好地着力于服务领域和宏观管理领域，避免误入或滥入微观领域。

4. 完善教育财政体制，强化教育财政责任

世界比较教育学会联合会主席马克·贝磊（Mark Bray，2006）曾就教育分权管理体制改革发表过如下观点：教育分权的消极动力是由于财政紧缩，中央政府希望减少其对教育的责任，可能会选择通过把权力下放给下级政府或下放给非政府部门的方式来回避财政困难。②

过去，我国中央政府曾一度借助事权与财权分离的办法，通过强制性地扩大地方政府的教育事权范围，以减轻自己的财政负担。一些学者出于片面的理解，错误地认为在教育行政分权改革中如果坚持这种事权分散、财权集中的原则，将有利于调动分权对象的积极性，同时也能起到维护国家整体利益的作用。然而，这种做法不仅造成实际上的政府权能不符现象，而且严重脱离现阶

① 闫威，夏振坤. 利益集团视角的“三农”问题[J]. 当代财经，2003(5)：84-88.

② 贝磊. 教育控制：集权与分权问题及其张力[J]. 教育研究，2006(6)：21-28.

段我国财政财力结构的实际状况，在教育财政体制改革指导思想上引起混乱，导致我国农村义务教育的发展在很长一个时期内陷入了困境。事实证明，越是经济和教育不发达的国家或地区，中央政府越是需要在义务教育投入方面承担重要责任。而且，我国国民经济的快速发展使得全国财政收入逐年持续增长，2003年突破2万亿，2004年突破2.5万亿，2005年突破3万亿，2006年达到3.9万亿，2007年达到5.1万亿[①]，而中央财政和地方财政的比例为55∶45，这清楚地说明中央政府掌握了主要财权。

我国新的《义务教育法》对上述历史问题采取了实事求是、兴利除弊的科学态度，对义务教育投入责任关系作出了重大调整，加大了中央财政、省级财政的投入责任，规定了“实行国务院和地方各级人民政府根据职责共同负担”的原则，并且要求各级政府在财政预算中将义务教育经费单列，这是一个重大的历史进步。但是，由于我国还没有制定义务教育财政法，中央、省、县、乡各级政府对义务教育资金的具体分担责任还是没有完全明确，因而有必要制定《义务教育财政法》，就中央政府和地方政府应按何种比例进行分担、各级义务教育在本级财政支出中应占多大比例、教育经费应如何具体筹集、专项经费应如何运转才能够确保不被截留等一系列重要问题，作出足以落实到中央、省、地（市）、县、乡各级政府的明确规定。[②] 今后，哪一级政府负责的资金没有到位，就追究哪一级政府的责任。

同时，应当建立和完善义务教育财政的监督管理制度。随着国务院关于自2008年秋季学期起免除城市义务教育阶段杂费的决定被执行，我国已开始在全国范围推行完全免费义务教育。据有关部门披露，与2005年相比，2010年各级政府财政对农村义务教育的投入将增加约644亿元；2006—2010年期间，中央和地方政府财政将累计新增农村义务教育经费约2182亿元，其中中央新增1054亿元，地方新增928亿元。[③] 这是前所未有的巨大投入，如此巨量的教育经费必须有一个强有力的管理与监督机制，以确保其落实到位和高效使用。

5. 充分分化社会功能，促进教育作为第三部门来发展

改革开放以来，我国各级政府都有相当一批教育行政机构整体转成事业单位，表面上看行政编制减少了，实际上财政支出却增加了。在这个过程中，一个突出的问题是，行政机构改革孤军深入，而事业单位改革却整体滞后。

教育行业是我国拥有事业单位数量最多的一个领域，除了从政府机构里面

---

① 资料来源：中华人民共和国财政部[ED/OL]. http://www.mof.gov.cn/news/20070227_3194_24463.htm.

② 中央和省级的财政投入应占到70%以上。

③ 资料来源：2005年12月《全国农村义务教育经费保障机制改革工作会议》材料。

划转过来的各种行政性事业单位，各级各类学校的身份也全都是事业单位。依据《民法通则》和我国《事业单位法人登记管理暂行条例》，事业单位法人是指出于社会公益目的，由国家机关举办或其他组织利用国有资产举办的，依法取得法人资格，从事教育、科技、文化、卫生等活动的社会服务组织，其产出应主要是精神产品和公益性服务。而目前，我国事业单位法人的性质比较含糊，学校特别是高等学校办学自主权的公、私职能未能得到清晰的界分和规约，致使一部分学校经济性失范行为不断发生，社会信任度降低。

解决这一问题，需要进一步分化政府与社会的功能，政府应主动引导、培育和规范教育领域健康的市场力量和公民社会力量的发展，使之有能力承担起政府职能退出领域内的公共管理职能。我国目前的情况是，虽然经过 30 年的改革开放，社会和私人的力量逐步在成长，但是相比较而言，政府力量依然很强势，社会和私人的力量依然较弱小，这在根本上是不利于建设“小政府，大社会”的。党的十七届二中全会通过的《关于深化行政管理体制改革的意见》指出，要“加快推进政企分开、政资分开、政事分开、政府与市场中介组织分开”。对于深化教育行政体制改革而言，可以借鉴社会行政的模式和框架，加快促进非义务教育作为第三部门来发展，使之从生产者主导型体制（producer—dominated）转变为消费者主导型体制（consumer—dominated），进一步完善“政府的归政府，社会的归社会”的法治化分野，以便更好地处理和整合私人利益与公共利益在教育领域里的冲突与共存问题。

教育行政体制改革的长期目标，是致力于建设一个法治型、服务型、治理型和效能型的教育行政体系，既要通过行政体制变革主动引导市场机制和社会力量的发育，又要充分认识市场规范程度和社会规范程度的实际水平，在保持政治、经济、社会稳定发展与改革有序、可控进行的前提下，渐进式地实现教育行政职能转变和教育行政权力的社会化。

第二章　教育行政组织

第一节　教育行政组织概述

行政组织是为推行国家政务而组建起来的国家行政机构体系，具有政治性、社会性、法制性、权威性、系统性等特点，并以此而区分于政党组织、民间组织、非正式组织。教育行政组织是行政组织这个大家庭中的一员，它既具有行政组织与其他社会组织之间通常具有的差异，也具有它自身与一般行政组织的差异。

一、教育行政组织的相关概念

在当代，教育行政组织（education administrative organization）已不限于政府行政机关，其来源日益广泛，其"出身"日趋复杂。因此，有必要结合教育行政组织的"来源与出身"，在扩大的视野中来认识教育行政组织及其范围。

（一）行政机关

行政机关是国家为完成行政任务而依法成立的行使国家行政职权的正规行政机构，也就是人们一般所说的政府组织，它们承担着管理国家事务与公共事务的重要职责，拥有国家行政权。从实体构成范围讲，行政机关包括一级政府及其职能部门；从隶属构成范围讲，行政机关包括最高国家行政机关和地方国家行政机关。

行政机关具有如下特点：① 行政机关是国家机关，是由国家依照宪法和行政组织法设置并授予职权、以国家名义进行管理活动并承担相应法律责任的机关，并因此而与政党、社会团体相区分；② 行政机关是国家权力机关中的执行机关，即行使国家职能中的行政职能的国家机关，它们负责执行法律和管理国家经济、政治、教育、科技、文化、卫生、国防等各项行政事务，并因此而与国家机关中的立法机关、司法机关相区分。

（二）教育行政机关

教育行政机关指政府分管教育事务的行政机关，即国家为完成教育行政任务而依法成立的行使国家教育行政职权的正规行政机构。教育行政机关具备行政机关的上述所有基本特点，是国家教育权的主要承担者之一，是一个国家最基本、最重要的教育行政主体。在我国，按照从中央到地方的顺序，教育行政机关依次为（国家）教育部、（省、自治区、直辖市）教育厅、（地区、自治州、省辖市）教育局、（县级市）教育局、（乡镇）教育组或教育办公室。省级教育行政机关组织结构参见图 2-1。

英国的中央教育行政机关自 2001 年更名为教育技能部，地方教育行政机关是郡（区）和市的教育局。美国的中央教育行政机关为联邦教育部，地方教育行政机关有州教育厅、中间学区教育委员会、基层学区教育委员会等。德国的中央教育行政机关为联邦教育科学部，地方教育行政机关有州教育部、县市教育局等。法国的中央教育行政机关为国民教育部，地方教育行政机关则包括学区、省郡、市镇乡等各级教育行政部门。

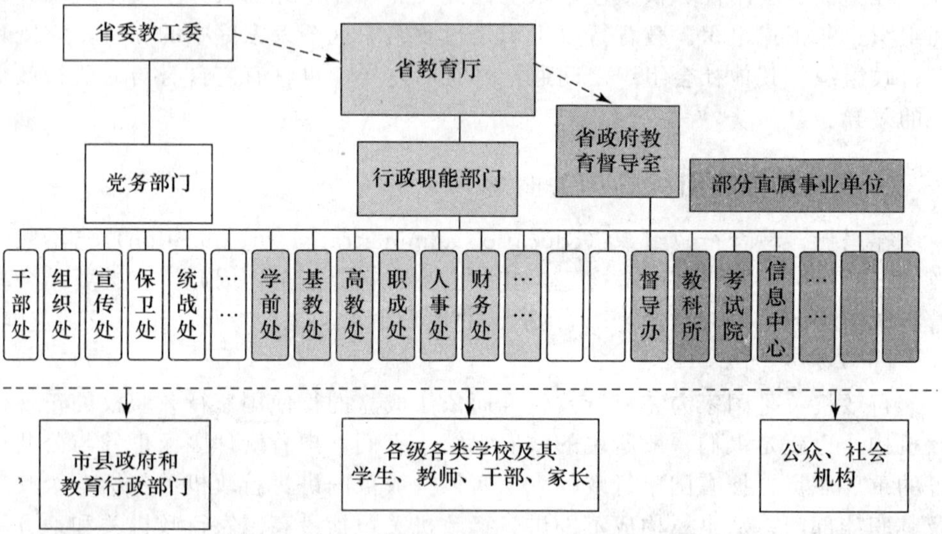

图 2-1　我国某省教育行政机关组织结构图

（参考资料：李铁．教育行政：是什么、做什么［J］．北京大学教育评论，2007（2）：157-171.）

（三）行政组织

行政组织是国家和社会为完成行政任务、实现行政目标而建立的管理行政事务的各种机构与组织的体系。行政组织有广义和狭义之分：广义的行政组织，指一切行政机构与组织互相关联的综合体，即整个行政系统，包括各种行政机关相互间纵向的系统和横向的结合；狭义的行政组织，仅指各个行政机构或组织本身的构成，如内部机构的设置、部门的组成、人员的编制、职位的分类等组织事项。上述定义里所指的“行政任务”，其内涵既包括国家行政事务，也包括一般的社会公共事务，因而与其相匹配的组织外延十分宽泛，覆盖行政机关、事业单位、社会自治组织乃至各类社会团体以及企业中管理行政事务的机构。行政组织中包括行政机关，但是其范围远比行政机关广泛。

在一个统一的国家里，各种行政机构或组织都是按照一定的关系与结构组成一个有机而复杂的系统。严格地说，是按照宪法、行政组织法以及其他行政规章的规定，组建成为管理国家与社会的各种行政事务的庞大体系。教育行政组织是这个庞大体系中的一员。

（四）教育行政组织

陈孝彬在《教育管理学》一书中把教育行政组织定义为：教育行政组织是国家行政组织的一个构成部分，是依据国家制定的教育方针、政策、法令以及规章制度等，领导和管理教育事业的机构。[①] 概括地说，教育行政组织是国家为完成教育行政任务、实现教育行政目标、按照法律的要求而建立的管理体系，承担着对教育事业实施管理的职责。狭义的教育行政组织仅指各级政府中管理教育事务的机关；广义的教育行政组织则是指教育行政机关与其他教育行政组织之和，即整个教育行政系统。

在我国，教育行政组织的最直接成分是政府分管教育事务的行政机关，即教育行政机关。此外，还有大量的教育行政组织来源于事业单位和社会自治组织。所以，比较完整的定义是，凡根据党和国家制定的教育方针、教育政策以及社会发展要求，经法律法规确认其教育行政主体资格而履行领导教育事业或管理教育事务之职能的行政机关或行政组织，都在教育行政组织之列，包括政府的、事业单位的、社会自治组织中的相关组织——它们共同构成了当代教育行政组织的主体框架。

可见，教育行政组织作为教育领域里的社会管理组织，它们是以多种社会组织的形态存在着，与人民群众有着密切而广泛的联系，能够以多种方式发挥不同主体的独特作用。

（五）事业单位

事业单位是我国特有的行政与法律概念，指国家为了社会公益目的，由国家行政机关举办或由其他组织利用国有资产举办的，从事教育、科技、文化、卫生等活动的社会服务组织，涵盖的范围广泛、数量众多。事业单位既不是行政机关，也不是企业，它们具有独立的法人地位，并且大都具有专业性与技术性的特点。事业单位并非都承担公共行政的任务，其性质不能一概而定，根据

① 陈孝彬. 教育管理学[M]. 北京：北京师范大学出版社，1999：150.

其性质一般可以分为两种类型：一是享有行政权的事业单位，也称之为准行政组织，这类事业单位虽然不是行政机关，但行使着与行政机关相类似的管理职能，负责某一具体领域的公共管理，在各级政府“三定方案”中一般被表述为“直属事业单位”，在具体司法实践中一般被表述为“法律法规授权组织”，因而它们具有行政主体资格；二是不享有行政权、纯粹提供社会服务的事业单位，大多数事业单位即属于此类性质，但其中某些事业单位，如高等学校，在特定情况下，也可能经由法律法规的授权而享有某种教育行政权。

（六）社会自治组织

社会自治组织是一定范围内的自治体全体成员在自由、平等的基础上，依法对自治体公共事务实行自我管理的组织，也称为类行政组织。按照组织成员构成的不同，社会自治组织可以分为行业自治组织（如各种行业协会）、社会基层自治组织（如村民委员会、居民委员会等）、单位自治组织（如高等学校等）。社会自治组织承担公共行政职能的情形，主要体现为对组织成员的管理。社会自治组织不同于行政机关，并不必然享有行政权力；而一旦享有，其行政权力主要来源于三种方式：一是因接受行政委托而获得行政权力，二是被法律、法规授予行政权力，三是通过自治规章而获得行政权力。社会自治组织的特点是在组织、职能等方面与国家行政相分离，保持法律上的独立性，并自负其责地在其领域内进行管理活动，但需接受司法审查。社会自治组织在国外的法律体系里现身的形式不一，它们的身份在大陆法系国家通常为公务法人、公营造物等，在英美法系国家一般为公法社团或公益法人。

二、教育行政组织的性质

（一）教育行政组织是国家性质的法定社会组织

教育行政组织是国家性质的法定社会组织，以国家法律、权力为后盾。国家的组织法是宪法，国家属于公法人，但是国家自己不能为意思而活动，必须有一定的机关或组织代表它，以形成法人的意思去执行。教育行政组织就是国家在教育领域里形成意思并负责执行的代表人，其活动服从于国家的整体利益和需要，在宪法和法律规定的范围内开展，与国家政体的性质与方向相吻合。

（二）教育行政组织是国家领导和管理教育事业的专门职能机构

教育行政组织是国家领导和管理教育事业的专门职能机构，肩负着特定的使命，即规划全国或各地区的教育事业，指导与协调各级各类教育和学校工作，主管各项教育事宜。教育行政组织既是教育行政活动中的主体：它们负责管理教育，每个在其管理范围内的组织、法人以及公民都必须服从它们的命令和措施；教育行政组织又是教育行政活动中的客体：下级教育行政机构必须服从上级教育行政机构，整个教育行政系统必须接受国家最高行政机关的管束。

（三）教育行政组织是体系严密的教育行政体制运行载体

各级各类教育行政组织是国家教育行政体制运行的组织载体，它们以一定的组织层次、部门设置、职权职位的规定形式，按照一定的序列和等级，组建成规模庞大、结构严密、分工有序的社会系统，实现教育行政体制的意志。在这个社会系统内，由职权分明、纵横交错的各种教育机构组成网络结构，各自拥有一定的管理权限，每一个教育行政组织在履行其职能或进行变革时，都必须同上下左右的其他教育行政组织进行沟通与协调，才能够正常运行。

（四）“教育行政组织”与“教育行政主体”辨析

教育行政组织与教育行政主体这两个概念，在外延上高度重合，在内涵上则有所区分。它们在外延上重合，是因为凡是教育行政组织，皆必定具有教育行政主体资格；同样，凡是教育行政主体，皆必然可以归入教育行政组织之列。说它们在内涵上有区分，是因为“教育行政组织”这一称谓侧重于从组织学意义去表达教育行政主体的一般存在方式，而“教育行政主体”这一称谓侧重于从法学意义去指征教育行政权力的归属去向或行使资格。所以，两个概念的重心和使用场合是有所不同的。

三、教育行政组织的设置

教育行政组织的设置旨在满足完成教育行政任务、实现教育行政目标的需要。我国目前没有专门的《教育行政组织法》，对教育行政组织的性质、权力、职能等规定，散见于宪法、行政组织法和一部分单行的教育法律、行政法规和地方性教育法规中。

（一）教育行政组织设置的审批权限

教育行政组织的设置必须符合宪法与行政组织法的相关规定。根据我国宪法和行政组织法的有关法律规定，我国各级教育行政机关的设置审批权限，分属全国和地方各级人大及其常委会以及国务院和地方各级人民政府，按法定程序审批。其中，中央教育行政机关的设置和主要负责人的任免，要由全国人大及其常委会决定，其任务和职责由国务院规定。省级教育行政机关的设置，要由本级政府报请国务院批准。省级以下各级教育行政机关的设置，则由本级政府报请上一级政府批准。地方各级教育行政机关主要负责人的任免，应由同级地方人大及其常委会决定。各级教育行政机关内部的机构设置，也应报上级有关部门审批。

教育行政机关必须遵照法定的编制配备人员，享有独立的行政经费预算，并由政府公告其成立。对于授权机关的授权行为，必须以法律的明确规定为准，授权依据、授权期限等也要以法律的明确规定为限。教育行政职权必须合法产生：或由法律法规设定，或由有关机关依法授予。

（二）教育行政组织的成立程序与组建过程

教育行政组织的成立程序一般为：① 获得法定机关批准；② 经由行政组织法及相关法规确定职责权限；③ 获得法定行政编制并按编制配备了人员；④ 获得独立的行政经费预算；⑤ 有办公地点和必要的办公条件；⑥ 通过公开的方式宣告成立。

教育行政组织的组建过程一般为：① 依照本组织职责权限进行职能分解和任务分配；② 在组织内部进行权力划分和人力资源配备；③ 建立职位体系和工作秩序；④ 按部门分配组织的财力和物力。

（三）教育行政组织设置的发展性

在单一制国家，行政权归属于国家。但随着国家管理形态的变化，行政权开始分别由国家行政机关、地方公共团体和其他公法人承担。总体上看，随着政府管理形态的变化，以及随着当代教育活动与社会、市场的联系日益密切，教育行政组织的类型及数量都呈现出不断增长的趋势：一方面，原有的教育行政主体由于教育事务发展迅速，而不得不增设新的教育行政组织来管理新的事务（如 20 世纪末期以来，为了应对因大学入学率提高而带来的教学质量下滑的挑战，许多发达国家增设了教学质量认证机构、国家教育评估委员会、高等教育视导团等新的教育行政机构）；另一方面，“公众正试图从个人自由尊严以及市场自主、社会自治等实质规范基点出发，组建一些缺乏现行法明确依据的行政组织”[①]。这些自发形成的新型教育行政组织虽然一时“缺乏现行法明确依据”，却往往因为符合了当时当地具体情境中人们对教育行政的期待，或是填补了原有法律和体制中的空白，能够很好地满足社会对某一类教育行政服务的需要，从而受到社会较为普遍的认同、肯定和接受，进而得到政府的进一步着意扶植，在通过实践检验之后，一般能通过立法形式确定其行政主体资格。而在新的教育行政组织不断问世的同时，一部分功能陈旧过时与活动方式僵化的传统型教育行政组织，则逐渐被淘汰出局。

这种教育行政组织新陈代谢的状况正是体现了教育行政组织设置的发展性与生命力。理解这种发展性并正确利用这一规律，可以为教育行政组织推陈出新提供一种制度性、程序性的框架。

① 沈岿. 公共行政组织建构的合法化进路[J]. 法学研究，2005(4)：88-99.

四、教育行政组织的职权

在我国，行政组织的一切权力来自人民，人民通过全国人民代表大会以法律的形式赋予行政组织一定的权力。法律没有赋予的权力，行政组织不得拥有和行使；法律没有规定允许进入的领域，行政组织不得进入。

（一）教育行政职权的属性

行政职权是行政组织实施行政管理活动的资格及其职能，教育行政组织的职权是教育行政权的转化形式和具体形态，指单个教育行政组织及其具体公务人员所承担的具体管理事务和具体权限。同时，它主要不是指作用于组织系统内部的管理权，而是指它通过法律法规而获得的、作用于行政相对方的外部行政权，如教育行政许可权、教育行政处罚权等。教育行政职权具有如下法律属性：

1. 不可自授性

教育行政职权的设定涉及公民和其他社会组织的权益，须经法律授予方为有效，法律没有明确赋予的职权，教育行政组织不得擅自行使，当然更不允许进行委托和转授。

2. 不可通融性

教育行政职权为行政职权中的一种，与民事权利有本质区别，教育行政组织及其工作人员不能像民事主体那样自由放弃、让渡、转移自己的职权，也不能自由代理其他民事主体的权利。

3. 不可推卸性

教育行政职权一经获得之后，教育行政机关及其公务员必须恪尽职守，自主行使法定的职权，非依法律明确规定，不得委托、移转或者迟延职权的行使，也不得因相对人的协议而变更行政职权。

4. 不可抵触性

教育行政组织及其工作人员不得违反法定的职权界限和目的，与法律相抵触，否则其行为无效，并且应承担相应的法律责任。

5. 不可自撤性

教育行政职权一经获得之后，教育行政组织即不得自动放弃，即使由于经济与社会发展而有必要对其进行调整，若非经法律程序批准，仍不得擅自调整或予以取消。

我国现行法对于教育行政机关职权的规定极为分散，《教育法》、《义务教育法》、《高等教育法》、《职业教育法》等对此都没有作集中而系统的规定。

（二）教育行政职权的范围

我国行政法学家应松年教授认为，行政组织的职权包括两个要素：一是对某类事务的管辖权，或者叫做事权；二是对某类事务进行管理时的具体权限。[1] 根据这一看法，教育行政组织的职权范围可以理解为是管辖权与具体权限之和。

我国的行政组织法对行政权的规定比较空泛，一般只规定到事权，对具体权限则缺乏明确的规定，这就为行政机关留下了过大的自由裁量余地。由于教育事业的公共性比较强，自由裁量余地过大的情况就更为明显。目前，我国教育行政机关除了享有适应于市场经济体制的管理权限之外，如行政许可权、检查权、处罚权等，还保留有一部分原来适应于计划经济体制的管理权限，如行政计划权、分配权等，这就使得教育行政部门的实际职权范围比一般国家行政部门的职权范围大了不少。另外还应指出，教育行政组织的职权范围也不是一成不变的，它会随着经济、政治体制改革和社会的发展而不断出现调整。

（三）教育行政组织职权的约束

由于行政权对行政相对人的权益状况具有直接影响力，不像立法权和司法权对相对人权益的影响比较间接，因而对于行政权的设立，必须要有更严格的法律程序，并且应明确设定范围与边界，否则极易被行政组织超越其法定的地位和职能扩张使用，对相对人的权益构成威胁。

未来在设置教育行政组织时，不仅应关心教育行政组织的直接法律依据，而且应该关注它们的基本权制度保障功能的延伸适用，这在转型时期的社会里是一种特别需要予以重视的法治层面的要求。比如，我国《高等教育法》第十条第一款虽然规定“保障高等学校科学研究、文学艺术创作和其他文化活动的自由”，但由于没有明确规定高校内部相关组织到底享有多大的自主组织权，因而高校实现学术自治所需的基本权还是缺乏法治层面的保障。这一类问题应该在将来的教育行政体制改革与完善过程中逐步得到改进。

五、教育行政组织的一般特征

教育行政组织是行政组织的一个重要分支，在本质上，它具有一般行政组织的特点。一些行政学教科书[2]对行政组织的特征作过各种各样的描述和概括，归纳起来看，以下这些特征在理论上比较具有揭示力和代表性。

（一）行政组织是基本无须[3]参与竞争的社会组织

行政组织与其他社会组织相比，明显处于一种特殊地位：政治组织和经济

① 应松年，薛纲凌．行政组织法与依法行政[J]．行政法学研究，1998(1)：12-20.

② 薛冰，梁仲明，程亚冰．行政学原理[M]．北京：清华大学出版社，北京交通大学出版社，2005：63-66.

③ 这里，之所以将行政组织“无须面对竞争”的特征描述在“基本无须”而不是“完全无须”的标准上，是基于在许多国家里，由于新公共管理、新公共服务改革运动的影响，无论是在理论上还是在实践中，已经出现了行政管理“主体性分化”的现象和趋势，也就是说在某种范围内行政组织出现了竞争。

组织一般都要面对其他政治组织和经济组织的竞争，而行政组织则基本无须面对竞争。行政职能和公共权力的排他性，使得行政组织享有免除竞争的现实垄断地位，因为：① 非经政府许可和授权，其他任何组织和个人都不能从事行政活动；② 行政职能和公共权力通常所具有的强制性，使得相对人对于行政组织的行政行为必须无条件接受；③ 由于政府通过税收而掌握着雄厚的公共财力，行政组织不但不需要去操心和筹措自己的运行经费，反而掌控着巨大的公共资源的分配权。

社会之所以允许行政组织享有免除竞争的特殊地位，是因为如果破坏了行政系统的统一性，国家行政就会出现多权威、多中心现象，公共秩序、公共事务的管理势必陷入混乱与无序状态。

（二）行政组织是依法进行公共管理和公共服务的公共组织

行政组织作为公共权力的行使者，它承担着运用公共权力去实现社会公共目标的责任，因而行政组织的一个必须具备的品质，就是必须在社会生活中超越局部利益和自我利益，坚持为全社会公共利益服务，而不能去“分食”、“抢食”公共利益。不过，公共选择理论的相关研究结果也表明，公共品质并非是行政组织先天或后天所必定具备的一种品质，而是需要借助一系列完善的国家法律和制度才能够臻于完善的一种重要品质。

政府要维持国家统治意志的至高地位，必须担负起管理社会的职责，并施惠于全体人民，以达成社会契约的形式，来换取社会公众对政府权威地位的承认。行政组织只有将自己严格定位为依法进行公共管理和公共服务的社会组织，并且身体力行之，才能够得到公众的信任，从而使手中的强制力更多地体现为一种威慑力量。

（三）行政组织是不能创造自身运行所需收入的非营利组织

虽然对于社会创造物质财富的过程而言，行政组织所履行的管理职能和服务职能是必不可少的条件，但是行政组织不直接创造物质财富，而且它还需要消耗其他社会组织创造出来的经济剩余。为此，行政组织历来被看成是“吃皇粮”的非营利性机构，其运行所需经费来源于税收。这一特征对于行政组织具有重要意义：公共经济学原理认为，如果强行要求行政组织创造出直接归它支配的经济效益，即使这些收入全部用于其正当运行，这也意味着它的私利性要求同样可能通过垄断性权力而获得实现，政府将很难再为行政职能、公共权力的廉洁向社会作出令人信服的辩护。所以，行政组织的运行经费只能来源于财政拨款，绝不能要求行政组织通过创收形式来获取经济收入，以用于或补贴行政开支。否则，就会打开公权私用的制度缺口，公法人滥权现象将不可避免，直至最终走向政府腐败和社会动乱。

（四）行政组织是对传媒和舆论具有极强依赖性的管理组织

行政组织的公共性特征，使它们在履行公共职能时必须置于社会的广泛监督之下，这是建设“透明政府”的重要内涵。公众舆论和新闻媒介对行政组织是否依法行政享有知情权和批评权，而行政组织绝不可对公众知情权不予理会、对舆论批评置之不理，更不能打击报复。行政组织既需要相对稳定、不受干扰的运作环境，又需要广泛接受社会的监督。成熟的行政组织擅长借助传媒向大众或特定的行政相对人宣传和解释各种行政行为的合理性，以获得更为广泛的社会支持，避免过多地消耗自身的政治资源。这一特点是其他类型社会组织在进行管理时所较少呈现的。一些行政学家甚至指出，在当代社会里，传媒、舆论已经构成了行政组织运作的基本信息环境，它们对行政组织的意义，就像市场、价格信息对经济组织的意义一样，不再是可有可无。有学者将其概括为“鱼缸效应”，即社会借助电视、广播、报纸、网络的普及，使得政府及其官员像鱼缸中的金鱼一样，始终处于公众的监视之下。

（五）行政组织是具有内在扩张冲动的权力组织

当代社会里，行政活动广泛涉及社会生活。在市场失灵和政府失灵的交替驱动下，行政组织为应对社会管理危机而作出的最常见反应，就是不断地增加行政职能和行政部门、不断地扩大行政机构的权力和预算。由于行政组织无产权约束、无明确的经济考核指标，加之公共产品的真实成本不公开、投入与产出之间不存在清晰的关系以及社会对行政组织进行监督比较困难等因素的作用，行政部门不断扩张权力、规模和开支已成为一种趋势和顽症，其速度远远超过同为国家权力部门的立法机构与司法机构。在许多国家，政府机构膨胀趋势不可遏制，行政组织规模日益庞大化，消耗了越来越多的行政资源。以美国和我国为例，从 20 世纪初到 20 世纪 80 年代中期，美国政府的行政成本从每年 30 亿美元增长到 1.4 万亿美元，目前已突破 2 万亿美元；我国政府的行政管理经费 1950 年仅为 13 亿元，2003 年已将近 4700 亿元，净增长 87 倍，而同期我国 GDP 只增长了 31 倍，财政收入仅增长了约 28 倍。

以上所举行政组织的一般特点，教育行政组织同样基本具备。充分理解这些特点，对于在现实生活中深刻认识和准确把握教育行政组织的基本行为轨迹、发展规律以及未来改革方向，是十分必要的。此外，由于教育行政管理活动本身所具有的某些专业性和特殊性，它所依托的教育行政组织也会在一定程度上呈现出对应于这些专业性和特殊性的特征。比如，教育行政组织应树立为学校、为公众服务的公共行政理念；作为育人机构的学校行政组织，其结构应显著弱化科层制管理色彩，以有利于促进人的全面发展目标的实现。

第二节 教育行政组织的类型

从形态和身份看，教育行政组织总体上可以划分为教育行政机关和其他教育行政组织两大类型，即政府的教育行政组织和非政府的教育行政组织。其中，每一类教育行政组织从不同的角度观察，又可以划分为不同的种类。每一种划分角度，都从一个侧面揭示着教育行政组织在教育行政过程中的性质、地位、功能、权限以及形态特点。下面分别加以介绍。

一、教育行政机关

（一）按行政职权的业务性质划分

从行使职权的职能范围和业务性质来划分，教育行政机关可以分为一般权限的教育行政部门和专门权限的教育行政部门。

一般权限部门指首脑机关，它不是专门性质的教育行政组织，而是负责统一领导所辖区域内所有行政机关的工作的组织，其职权具有全局性和综合性。在我国，一般权限的教育行政部门是指国家最高行政权力机关国务院。

专门权限部门是指一级政府所属的各职能部门，旨在执行一般权限部门下达的指示与决定，专门负责某一方面事务，其职权具有局部性和专业性。在我国，专门权限的教育行政部门是指各级国家教育行政机关；国家一级专门权限的教育行政部门是教育部，它是国务院主管教育工作的一个专门职能部门。

（二）按行政区域的范围划分

根据行使职权的区域范围，教育行政机关可以分为中央教育行政机关和地方教育行政机关。

中央教育行政机关是一个国家的中央政府在全国范围内对教育事业行使组织、领导和管理职权的机构，在我国为教育部，其主要任务是在国务院的领导下，组织、领导和管理全国的各项教育事务。

地方教育行政机关是一个国家的各级地方政府在各自管辖的区域范围内对教育事业行使组织、领导和管理职权的机构，在我国主要是指各级地方人民政府及其下属的教育行政机构。各级地方人民政府指省（自治区、直辖市）人民政府、市（地、州）人民政府、县（区）人民政府、乡（镇）人民政府。各级地方政府下属的教育行政机构指省（自治区、直辖市）教育厅（教育局）、市（地、州）教育局、县（区）教育局（科）、乡（镇）教育组。下属教育行政机构在同级人民政府的领导下和上级教育行政机关的业务指导下，负责组织、领导和管理本辖区内的各项教育事务。

教育部的内部权限结构由司（局）、处等层级构成，省教育厅和市（地）教育局的内部权限结构由处（室）、科等层级构成，县（区）教育局的内部权限结构由科、股等层级构成，乡（镇）教育组内部不分层级。未设教育行政机构的地方层级，只设专职人员。

（三）按行政系统的运行功能划分

根据教育行政机关在整个教育行政系统运行过程中所发挥的功能和作用，教育行政机关可以分为决策机构、执行机构、监督机构和反馈机构。

教育行政决策机构的主要任务是制订教育行政系统的目标与规划，对辖区内教育事务进行决策，并对整个教育行政系统实施统一的领导。教育行政决策机构行使决策权，是教育行政系统的指挥中心。

教育行政执行机构的主要任务是保障教育法律法规的实施，执行教育行政决策机构的各项决策及其交付的各项任务。教育行政执行机构一般由多个部门组成，这些部门在各自的职权范围内，分别执行决策机构下达的计划、方案、决定和规定，同时监督教育行政相对人的行为。

教育行政监督机构负责监督教育行政机关及其公务人员的管理活动，如监察教育行政执行机构对各项规章、制度的执行情况，防止和纠正在执法过程中可能出现和已经出现的偏差和失误。

教育行政反馈机构主要是为教育行政决策机构服务的，负责全面收集对决策有用的情报信息及决策实施后的效果和反应，并及时提供给决策机构，使决策能够得到及时的修改和补充。

（四）按行政职能的工作性质划分

在我国，根据教育行政机关的工作性质和内容，教育行政机关可以分为领导机构、职能机构、直属机构、办公机构和顾问咨询机构。

教育行政领导机构是指各级教育行政组织的首脑机构，负责统率本级教育行政系统，对其职权范围内的各项重要工作进行决策和领导，以贯彻执行党和国家的教育方针、政策、法令和法规等。

教育行政职能机构是领导机构的组成部门，在领导机构的直接领导下，负责具体组织和办理某一方面教育行政事务，其设立需根据行政管理的需要，按照法定程序经上级有关部门批准。

教育行政直属机构是在领导机构的统一领导下主管有关专门事务的事业单位，它与职能机构不同，不属于领导机构的组成部门。

教育行政办公机构是教育行政机关的内部办事机构，协助行政首长办理专门事项，或掌管本行政组织的综合性工作。

教育行政顾问咨询机构通常设立于各级教育行政机关内，其主要任务是调查研究、了解情况，为领导机构当参谋，对决策和执行过程提供方案和意见，完成行政首长委托办理的事项。

二、其他类型教育行政组织

（一）社会行政性质的教育行政组织

近一两个世纪以来，在全球范围内，陆续出现了一些新生的行政组织形态或形式，如行政机关法人化、行政机关独立化、行政组织私法化、社会组织类行政化①，它们在组织形式、承担行政任务的途径以及行政行为的特点等方面明显有别于传统的行政组织。总体上看，这些新型的行政组织要么直接来源于社会行政范畴，要么间接地吸收了社会行政的元素，反映了行政职能社会化的趋势。因此，有必要在这里对社会行政概念以及社会行政性质的教育行政组织做一点介绍。

1. 社会行政产生的背景及意义

社会行政范畴的产生，总体上是因为不断成长的市民社会与国家的分化、对立和互动发展②，形成了私人领域和公共领域、特殊利益和普遍利益、个体权利和公共权力的分野、冲突与整合，促进了社会公共组织的生成与发展。一般认为，英国 1834 年颁布的“新济贫法”在推动社会行政问世并逐渐兴起的历史中掀开了最早的一页。进入 20 世纪以后，在迈入现代化进程的国家里，日益活跃的社会公共组织循由诱致性制度变迁路径，从各个层面、各种领域对大量的社会关系进行梳理与调整，形成了一批重要的制度变迁结果：从传统的私人领域里，发展出新兴的公共自治领域；从原来由部分社会成员占有的特殊利益中，寻找到可以扩大为让全体社会成员享受的普遍利益；将某些私法意义上的个体权利，按照公益的需要培育成社会法意义上的社会权力。与此同时，各国对于政府行政体制的持续而热情不减的改革，也不断分化出一些原属于政府的行政职能，并向社会行政组织敞开转移、转让的大门。比如，美国克林顿总统执政时期积极推行压缩政府规模的改革，将政府部门的一些机构成建制地转移出政府，转化为社会行政性质的行政组织。正是政府和社会行政组织之间的这种“一进一退”的共识与互动，成功地实现了用社会行政职能对很大一部分政府行政职能的替代，使社会成员在同等条件下获得了更多甚至是更好的公共产品与服务。

社会行政的崛起，无论是对于完善行政组织的职能、丰富行政组织的形式，还是对于扩张行政组织承担行政任务的途径、拓展当代行政行为的类型，

---

① 吴刚. 类行政组织发展与行政体制改革[J]. 国家行政学院学报，2000(3)：22-27.

② [德]哈贝马斯. 公共领域的结构转型[M]. 曹卫东等，译. 上海：学林出版社，1999：29.

都起到了不可替代的积极作用，使行政活动覆盖到经济、教育、环境、社会保障等各个领域，对提升社会福利、维护社会公平、促进社会和谐发挥了重要作用，不但没有降低行政的地位，反而明显提高了各国国民对行政活动的依存度。

2. 社会行政组织的特点

社会行政组织的标志性特点，是在组织系统、行政职能等方面与国家行政相分离，保持法律上的独立性，并自负其责地进行管理活动（这在过去会被认为是与国家的权威分庭抗礼）。也就是在国家的眼皮底下实行自治行政，以自己的名义，独立地、不受指示地履行概括的或法律规定的公共事务，只接受国家的法律监督，而不接受专业监督。社会行政组织所拥有的行政权力，主要来源于以下三种方式：一是因接受委托而获得行政权力，二是被法律法规授予行政权力，三是通过自治规章而获得行政权力。总之，此类机构是依照一定的法律、法规、规章，或根据政府的委托，遵循独立、公开、公平和公正原则，在专门领域里从事法律、法规所允许的活动。对于社会行政组织，国家行政机关负有行政监督责任，社会公众也负有监督的义务。

改革开放以前，我国采用大一统的公有经济制度和总体性社会结构，社会利益主体高度整一化，国家权力与社会权力高度合一，国家与社会管理活动中只允许国家行政行为存在，不允许社会行政行为存在，行政组织形态自然也就很不发达，除了国家行政机关之外，几乎再无其他行政组织可言。1993 年颁布的《中共中央国务院关于深化教育改革、全面推进素质教育的决定》在对教育行政管理体制改革的阐述中，第一次肯定了非政府组织和中介机构的作用，行政体制开始触及政府与具有自治性质的公民社会的关系。

国家逐步还权于社会和人民，是人类历史发展的必然趋势。在我国，教育行政学界对新生的教育行政组织形态，特别是对过去长期遭到忽视的社会行政性质的教育行政组织形态加以关注，并研究它们的运行特点以及管理和监督机制，不仅是题中应有之义，而且具有重要的时代意义。

3. 社会行政性质的教育中介组织

在社会行政性质的教育行政组织中，教育中介组织的数量最为可观。教育中介组织包括教育决策咨询研究组织、教育信息管理组织、教育拨款审议组织、学校设置和学位评审组织、教育评估组织、教育考试组织、资格证书组织等。国际上比较著名的教育中介组织有美国的院校协会、英国的高等教育基金委员会等。就国际范围来看，教育中介组织的发展历史至少可以追溯到大半个世纪以前，由于它们可以有效地分离教育行政机关的某些专业性较强的管理职能，同时又有助于发挥社会各界参与教育管理活动的作用，客观上为教育决策提供了一种更为民主和专业化的机制，其作用和效果得到了各国的普遍肯定。

在我国，中介组织绝大多数是在计划经济向市场经济转轨的过程中，基于政府改革所产生的政府权力转移而产生的，如公证、律师、会计师机构。教育中介组织是从20世纪80年代后期起逐渐得到政府的重视和培育，成立较早的教育中介组织有全国高等教育自学考试指导委员会、全国普通高校本专科教学工作评估专家委员会等。后期成立的教育中介组织，类型及专业领域更为广泛，它们承担起相关行政领域的服务性行为、执行性行为及部分监督行为，不但对促进我国教育事业规划、教育质量评价、教育信息服务等方面的工作发挥了积极而有益的作用，而且使政府对教育的决策和管理更加科学化、民主化。

（二）学校作为教育行政组织

学校是一类独特的社会组织和教育组织，它们与教育行政之间的关系历来纠缠不清，颇具争议。学校到底有没有行政主体资格？如果答案是肯定的，它们就是教育行政组织。

我国《教育法》第三十一条规定："学校及其他教育机构具备法人条件的，自批准设立或者登记注册之日起取得法人资格"。我国《高等教育法》第三十条规定："高等学校自批准设立之日起取得法人资格。高等学校的校长为高等学校的法定代表人"。可是，由于我国法律体系并没有划分公法人与私法人，学校法人只能按照《民法通则》定性为事业单位法人，其法律含义在很多场合下通常仅被解读为民事主体地位。结果，这种理解只能解释学校尤其是高等学校在民事活动中的法律性质，而不能解释学校尤其是高等学校依据《教育法》、《高等教育法》等教育法律法规所进行的学位授予、学籍管理、违纪处分、招生等管理行为，即不能有力地解释学校作为教育行政主体的法律地位。

如果说，对不加区分、泛泛地评议"学校"这种组织是否具有行政主体资格尚存在较大争议，那么，对于高等学校是不是具有某种行政主体资格的问题，我国学界绝大多数人的看法就显得肯定得多。① 意见分歧主要是发生在对该行政主体资格的法理依据应该如何认定的问题上，目前的确尚存在诸多争议。

第一种看法认为，应比照大陆法系中的公务法人来看待高等学校。② 公务法人概念强调教育的公务性质，以公务法人与利用者之间的关系来观照学校与学生的关系，在其权利能力范围内属于行政主体。但是这种看法的麻烦在于，学校与学生的关系不仅仅是公务法人与利用者之间的关系，尤其是高等学校，

① 高等学校一律具有法人资格，而其他学校及教育机构则并不全部具有法人资格。

② 申素平. 论我国公立高等学校的公法人地位[G]//中国教育法制评论（第2辑）[M]. 北京：教育科学出版社，2003.

其学生一般视同为学校的成员，他们在一定程度上有权参与学校管理，与学校不单单是一种利用关系。

于是有学者提出第二种看法[①]，基于高等学校的特殊性，可以将高等学校法人在法律上单独列为一种类型，称为“公立高等学校法人”，相当于公法人中的一种特别法人，以培养专门人才、开展学术研究为法人目的，以公权力主体的身份行使权力、履行义务。这样做，既能够解释高等学校的自治特点，又能够凸显高等学校的本质属性。但是批评者却指出，这种定位在法理上缺乏深厚的理论作为支撑。

第三种看法是“授权主体说”[②]，认为高等学校经由国家法律法规的授权，行使国家行政权力或公共管理权力，具有法人资格，能够独立承担相应的法律责任。且高校的招生权、学籍管理权、奖励处分权、颁发学业证书权等具有明显的单方意志性和强制性，符合行政权力的主要特征。因此，高等学校具有行政主体地位，属于法律法规授权组织，其法律依据即出自《教育法》和《高等教育法》。

第四种看法认为，高等学校具有学术社团、执行教育公务、依法自主办学、完全权利能力、依法接受国家监督等公法设施的特征，一方面要完成与学术、科研及教育有关的自治行政，另一方面亦受国家之委托而执行国家任务，因而主张将高等学校视为公法社团。[③] 当它们从事属于自治行政范畴的固有事项——教学科研等事务时，它们不是行政主体；当它们从事属于国家行政范畴的委办事项时，如学位授予等事务，它们是授权行政主体。

上述看法中，第二种看法与第四种看法比较接近，渊源也比较一致，都是源自大陆法系的公法人理论和行政主体理论，都注意到了高等学校作为教育行政组织的特殊性，也都强调具有完全权利能力。

综合本节所述不同形态的教育行政组织，在独立性、执行手段、监督机制等方面存在着较大的差异。它们的存在，客观上为缩小国家教育行政机关的规模、合理分配教育行政任务、创新教育行政管理方式提供了良好的甚至是必要的条件，有利于政府和社会在各种形态的教育行政组织之间引入合理的竞争，形成教育行政活动的最优化机制。

---

① 劳凯声.教育体制改革中的高等学校法律地位变迁[J].北京师范大学学报，2007(2)：15-16.

② 湛中乐，李凤英.论高等学校之法律地位[G]//高等教育与行政诉讼[M].北京：北京大学出版社，2003.

③ 吴文灵.作为公法社团的高等学校——兼论高等学校的行政主体资格[J].首都师范大学学报(社会科学版)，2008(3)：111-115.

第三节　教育行政组织的管理

规范教育行政行为的起点在教育行政组织内部。如果教育行政组织的要素不完整、结构不合理、职权不清晰、财政不健全、编制不到位，必将严重影响教育行政组织的正常运行。

一、运作管理

（一）教育行政组织的要素与结构

1. 教育行政组织的基本要素

教育行政组织是一个由若干要素组成的有机整体，它的基本要素包括五个方面：① 组织目标，这是教育行政组织赖以存在的前提及基础，它应该是一个由许多子目标共同构成的多层次、多序列的组织目标体系；② 机构设置，这是教育行政组织的实体，也是履行教育行政职能、承担组织目标的载体；③ 人员构成，这是教育行政组织实现组织目标、完成行政任务所必需的人力资源；④ 权责制度，这是教育行政组织内部各部门之间权力分配、责任承担、相互关系、运行程序的规定与安排，直接关系到组织系统的运转；⑤ 物质因素，这是教育行政组织运行所不可缺少的经费、办公场所、设备、物资、用品等物质条件。

2. 教育行政组织的一般结构

教育行政组织的结构指组织各要素的配合及排列组合方式，包括各成员、单位、部门和层级间的分工协作以及联系、沟通方式。在组织结构中，最重要的是纵向结构与横向结构。

（1）纵向结构

纵向结构是纵向分工形成的行政组织的层级性结构，其特点是行政指挥和命令按照垂直方向自上而下地传达和贯彻，即上级直接领导下级。纵向结构的效能，一是取决于层次管理原则的贯彻程度，即能不能很好地实现层次之间的节制与层次之内的专管；二是取决于管理层次与管理幅度的协调程度，即能不能根据工作性质、领导水平、部属素质、信息手段等条件，做到管理幅度适当、管理层次少而精。

（2）横向结构

横向结构是横向分工形成的行政组织的职能或功能性结构，即组织内各部门之间的组合方式。从现代管理功能来看，教育行政组织内部必须建立起由决策、执行、咨询、信息和监督等各种功能部门组成的系统，才能够形成一个比较科学的、具有专业化管理分工特色的横向结构，进而实现整个组织系统的正常有效运行。

(3) 纵向结构与横向结构的统一

纵向结构与横向结构各有优缺点，前者具有事权集中、权责明确、指挥统一、便于控制等优点，缺点是组织内部缺乏专业化的管理分工，首长责重事繁，容易顾此失彼；后者具有专业化管理分工、减轻首长负担的优点，缺点是事权分散，容易引起推诿扯皮现象。因此，行政组织一般将二者结合起来，取长补短，形成网络直线职能型机构，使得组织内既有纵向层级，也有横向部门。

(二) 教育行政组织的运作方式

传统教育行政组织的运行范式和所有行政机关一样，是以科层制为原理的。自从马克斯·韦伯提出官僚机构的理想模式以后，庞大的规模、严格的等级、细化的分工、正式的规范、书面的文件，就成为各国行政机关的典型特征。这种如金字塔一般的组织体系主要是建立在上下层级之间的细节性命令与指示的基础之上，内部“存在着职务等级的原则，也就是说，有一个上下级安排固定有序的体系，上级监督下级”[①]。这种运行范式称为命令执行模式，它规定了单个组织内部以及多层组织之间的纵向隶属程度和联系方式。

其实，在教育行政组织系统的运行过程中，起如此重要作用的不仅仅是纵向关联结构关系，另一种结构关系——不同功能类型的教育行政组织之间的横向关联结构关系同样极为重要。比如，在教育决策审议机构与教育决策设计机构的关系规定上，如果允许前者对后者享有指挥命令的权力，将无法保证由后者设计出来的决策方案能够具有多大创新性；而在教育行政监察机构与教育行政执行机构的关系规定上，如果允许后者对前者享有豁免特权，将很难发现甚至完全掩盖掉教育行政执行中的各种失误，并在实质上取消了教育行政监察机构的职能。

因此，清晰而妥当地安排教育行政组织之间的纵向关联结构与横向关联结构的关系，对于保证教育行政系统的整体顺利运行十分重要。安排得好，会减少行政过程中的信息传播变形与组织摩擦，降低人为扭曲现象与不必要的干扰，提高行政效应畅通程度，减少教育行政体制的不稳定因素，使各种教育行政组织的功能与作用得到最大限度的整体发挥；安排得不当，各种教育行政组织的职能、职责、权限将难于形成合理而有效的配合，教育行政体制也将无法正常运行。

---

① [德]马克斯·韦伯.经济与社会(下)[M].林荣远,译.北京：商务印书馆,1997：279.

二、编制管理

（一）编制管理的定义、原因及目的

1. 编制的定义

广义的编制是指法定社会组织的职能范围、机构设置、隶属关系、规格级别、人员数额、人员结构及职位的配置。狭义的编制仅指法定社会组织内的人员数量定额、人员结构比例和领导职数规定。编制的管理状况直接影响到教育行政组织的整体结构、规模、功能以及行政效率状况。编制管理是建立精干高效的行政组织体系的重要前提，在行政组织管理中被认为居于较高的层次，有“母管理”之称。

2. 实行编制管理的原因

实行编制管理的需要，源于组织管理范式中存在的固有缺陷，政治学家和经济学家都对此缺陷做了研究与阐释。在现实中，行政组织时常会感受到下属部门的运行成本在不断增加，而自己却难以了解到部门运作的实际绩效，也就是说它们掌握部门信息的能力是有限的，无法把握组织支出在边际收益与边际成本之间的临界点，这一缺陷导致行政组织的预算及机构不断膨胀。20世纪60～70年代，这一认识随着博弈论的问世而进一步得到强化，人们开始将编制预算看做是一种上级部门与下级部门的博弈过程。在这一博弈关系中，居于信息优势地位的是下级部门一方，它们获得了弄虚作假、因人设事的便利，而上级部门一方却处于劣势，丧失了权威性和支配力。实行编制管理，正是为了扭转上级部门在编制预算博弈中的劣势。

3. 编制管理的目的

编制管理的一个重要目的，就是通过法律控制行政组织规模的过度膨胀。行政机关规模失控表面上不直接侵害公民的法定权利，但实际上直接增加了行政成本，消耗了国家大量财力，使国民不堪重负，同时还容易导致机构重叠、职能不清、人浮于事、行政效率低下、官僚主义滋生等一系列问题，引起社会的不满和政府威信的下降。政府机构编制管理工作的重要性早在我国唐代就受到了重视，《唐律·职制律》中规定：“诸官有员数，而署置过限，及不应置而置”者，若超编1人，负责人应被“杖一百”；若超编10人，则“徒二年”，可见处罚之严。日本为控制行政人员规模增长，于20世纪60年代制定并实施《公务员总定员法》，成效显著。我国应该以史为鉴、以邻为鉴，明确滥设行政机构、随意扩编人员的法律责任。

（二）编制管理的内容、原则及方法

1. 编制管理的内容

编制管理的内容包括：① 制订编制方案；② 确定各部门的职能范围，进

行科学的职能配置；③ 审批机构与人员；④ 监督编制执行情况；⑤ 做好编制统计；⑥ 制定有关的编制法规。

学校行政人员与教职工的编制主要取决于学生规模，具体标准按教育部有关编制的规定执行。中小学一般设教导、总务两个职能部门；高校的职能部门大都在十个左右，人员编制一般按校本部人员、专职科研人员、实验实习工厂人员、直属单位人员等类型划分列编。

2. 编制管理的原则

(1) 精简原则

一是精简机构，减少层次，凡是重叠或可有可无的机构与层次，应合并或撤销；二是精简人员，合理定编定员，严格按照编制数额配备适合的工作人员。

(2) 统一原则

一是统一领导，不得制定违背国家编制政策和法规的“土政策”、“土制度”、“土办法”，任意扩大编制；二是统一职能目标，保证同类行政事务由同一行政机构负责，避免政出多门；三是机构设置统一完整，形成有机的整体，不得自立称号，随意升格。

(3) 立法原则

做好编制立法，对各级各类教育行政机构的设置、人员配备、审批手续及违纪惩办等事项作出明确规定，使之有法可依。

3. 编制管理的方法

(1) 行政方法

编制管理部门按照组织系统对教育行政机构的机构设置与人员规模实行总量核定和控制，坚持和完善增人申编许可和计划申报制度，防止机关人员规模反弹。

(2) 经济方法

按照物质利益原则，运用经济手段，实行编制与工资挂钩、编制包干等管理办法，鼓励和支持机关单位空编运行。

(3) 法律方法

抓紧制定编制管理方面的法规，将机构设置、人员配备、审批程序纳入规范化道路，使法律规定之外的机构和人员在教育行政体系中失去立足之地。

我国县以上各级政府都设立了机构编制委员会，对编制工作进行具体的管理；政府“三定”方案（定职能、定机构、定人员）中，就有两项与编制管理直接有关，不能说我国不重视编制管理的作用。但是，由于缺乏法律的硬性约束，行政部门管理层次过多、机构重叠、人员增长失控的现象长期以来并没有从根本上得到解决。不少理论研究者与实际工作者都呼吁应该进一步健全行政组织法，通过制定行政组织法下的编制单行法，来对行政编制加以全面规范。

三、财政管理

财政的简约含义，就是以政府为分配主体的“以政控财，以财行政”的公共资金分配制度。我国实行以国家为负担主体的多渠道筹措办学经费的教育投入体制，教育经费具有预算内资金和预算外资金共存的体系特点。预算内资金就是教育财政资金，预算外资金主要是各级各类学校获得的社会捐赠、企业赞助、校产收入等。因而，教育行政组织的财政管理实际上涉及对不同性质来源的资金的管理活动，本书只限于介绍教育财政资金的管理情况。

（一）教育财政资金的分配与管理

教育财政资金是由国民经济向教育部门分配的财政资源，主要用于教育行政部门办公、公立学校教育事业、学校基本建设以及教育专项开支等支出，其分配与管理过程可大致分为预算编制与审批、资金筹集使用和管理、财政监督评估等不同环节。不同隶属关系的学校，由不同层级或地区的政府主管部门负责预算编制、审批及管理。

1. 预算编制与审批

教育预算是指经法定程序批准的、政府机关在一个财政年度内的教育财政资金收支计划，教育预算编制是政府通过协商来完成对教育行政机关及学校的资金分配，其流程大致如下：首先是财政部门下达一个总控制数给教育部门或学校，学校按照不同专业和层次的在校学生数来制订预算，并将预算草案报教育部门，教育部门审查后将学校的预算申请书报呈财政部门，经由同级人民代表大会最终审批，最后再经财政部门、教育部门下达给学校，学校对下属机构按学生数、行政经费数核拨（参见图 2-2）。

政府在预算核定上主要是综合考虑学校办学规模、生师比、预算外收入水平、政策性增资等因素进行测算，对同类学校实行按同一定额标准核定，避免规模相当的学校定额差异过大。在实际的财政预算编制过程中，教育行政部门由于只有事权、没有财权，能够起的作用相当有限，很多时候对预算编制、审议以及经费分配等情况的了解，都只能依靠财政部门反馈，即使掌握一些分配和管理权，范围也很小。因此，有人建议扩大教育部门在教育预算编制上的权限，促进教育财权与事权的统一。

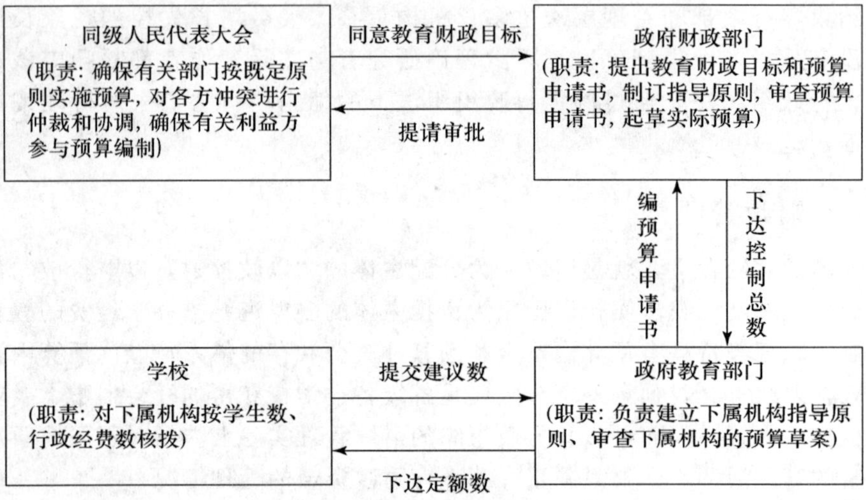

图 2-2　教育预算编制程序及职责

2. 教育财政资金的使用和管理

教育财政资金的来源主要是政府财政拨款，支出方面除用于教育行政部门办公经费外，主要是作为国家拨给各级各类学校的教育经费。教育经费的内容通常分为两个部分：一是教育事业费，二是教育基本建设费，两者的比例目前大约为 9∶1。

教育事业费又称教育经常费，在我国财政部门一般按照高校经费、科研经费、留学生经费、中学经费、小学经费、幼儿教育经费、职业教育经费、成人教育经费、特殊教育经费等十五项分列；分配到各级各类学校之后，学校按人员经费和公用经费两种用途进行开支。这两者的比例目前大约平均为 7∶3，业务性支出比重明显偏低，亟待提高。

教育基本建设费在我国属于国家基本建设费用项目，需由计划部门每年根据批准的申请立项，由计划部门通过建设银行按照核定计划数拨给学校，其开支项目包括土地征购、校舍校园新建扩建、大型维修、教学固定资产征购等。教育专项经费和教育基本建设费一样，需由计划部门根据当年批准的申请立项或给教育造成重大损失的某些突发事件，按照核定计划数拨给相关学校或地区，款项必须专款专用。

目前教育经费的资金拨付与使用方面虽然实行“零基预算”要求，但很多时候还是按照传统的“基数加增长”编制方法，拨付数额以此前若干年的基数为基础进行核拨，没有用完的经费还要上缴回去，并未真正从公用经费定额制改为生均综合成本定额制度。由于预算过程中并没有对经费产生过程及成本进行实际计算，常常会出现如下现象：一些单位钱不够用，甚至因经费不足而难以正常办公和开展工作；而另一些部门的钱又花不完，必须变着名目把钱花出去，以便来年申请更多的经费。此外，由于教育业务主管部门只负责管理本部门所属学校的经费，对于其他部门所属学校的经费则无权调配、无力统筹，这对教育经费的整体使用效益也有一定的不利影响。

（二）教育收费管理制度

我国自 20 世纪 80 年代后期推行教育收费制度，教育收费是学校教育事业收入的主要来源之一，而教育事业收入属于教育财政收入的组成部分，因而其使用也是纳入教育财政资金的范围。

1. 义务教育收费

历史上，我国义务教育曾先后实行过收取学杂费或免收学费、只收杂费的收费制度。1986 年，《中华人民共和国义务教育法》颁布，明确规定“实施义务教育，不收学费、杂费”。但是由于现实的国力所限，此后二十多年里，这项规定一直未能完全得到执行，除了全国普遍收取杂费外，一些地方还以借读费、择校费、建校费等名义向学生及其家庭乱收费。国务院自 2003 年起，已陆续免除西部、中部和东部地区农村义务教育阶段学生的杂费。从 2008 年秋季学期起，这一政策的优惠对象扩大至城市中小学学生，以减轻城市低保家庭、下岗职工、外来务工人员家庭的负担。这样，全国 2.59 万所城市义务教育阶段学校的 2821 万名学生，平均每生每年可免交 190 元至 350 元不等的费用。① 这应该视为我国义务教育免费制度名实不符的历史现象正式宣告结束，至此，在全国范围推行完全的免费义务教育。

2. 高等教育收费

高等教育属准公共产品，可以收取一定的学杂费和住宿费。按照有关的收费管理规定，高校收费标准的审批权限在省级人民政府，操作方式一般由教育行政部门提出收费方案，由物价和财政部门负责审核，收费资金须按国家有关规定全额上缴同级财政专门账户或国库，实行“收支两条线”管理。据中国教育经费统计资料，高校所收学杂费占高等教育经费的比例，1990 年至 2000 年期间，从 0.48%上升到 37.2%②，表明学费收入已成为我国高等教育经费的重要组成部分。

（三）教育财政监评制度

教育财政预算的基本目标是加强财政总额控制、按战略优先顺序配置财政

---

① 吴晶，王茜. 免除城市义务教育学杂费[EB/OL].（2008-07-31）http://www.gov.cn/jrzg/2008-07/31/ content_1061253.htm.

② 资料来源：《中国教育经费统计年鉴 1990—2000》。

资源、提高财政资金使用效率，这也就是教育财政监评监管的主要内容。当前我国的教育财政经费监评监管还缺乏足够的规范性和法治性，监评监管主体主要是各级人大和政府部门，教育行政部门对学校组织也负有规范收支活动的财政监督职责，并应定期向财政部门报告预算执行情况。但是，在实际履行职能和日常管理事务中，这些监评职责往往不到位或者缺位，而学校的自我监评又缺乏制度约束。由于缺乏健全的财政管理监评机构、监评体系及绩效考核指标，评价结果的科学性往往打了折扣，降低了政策参考价值。

根据我国行政职责划分，教育收费的监管部门是教育部门和财政部门，但是相关法律规范尚缺失。教育收费应遵循法定、公平、合理的原则，由于教育收费与学校的利益有着微妙的关联，更须实行严格的监管，以使其与不当利益脱钩。按照财务制度，教育事业收入应实行收缴分离，学校必须先将收费资金如数上缴财政部门，在财政部门审查完毕并依法返还资金以后，学校才能够确认其为事业收入，并才有权使用。目前，我国普通高校年生均学费水平在五千元左右，对一部分居民家庭已构成经济压力，因而受到社会的广泛关注。公众对教育收费的意见主要是收费方案的制订及执行过程缺少透明度和公众参与程序，也缺乏必要的外部监督。

（四）教育行政组织的财政调控

在我国，教育行政组织的财政体制与我国独特的单位制度相匹配，主要是根据各个组织的层级与规模，“一刀切”式地分配财政预算，财政预算与该组织的工作绩效关系不大，基本没有考虑通过财政制度的设计来激励或掣肘教育行政组织的活动，这与实现教育财政预算的基本目标有一定差距。

发达国家依赖绩效指标对行政机构实施财政调控，早已被视为确保行政机构迅速而有效地提供公共服务、降低行政成本的有力工具。为此，我国有学者提出，为促进行政组织更好地实现行政任务，应采取财政管理的行政任务取向，财政计划应适当体现特定行政任务要求的个性化特征，在考虑行政任务最终结果的生产成本基础上，确定适当的财政预算。具体做法是：财政控制不再拘束于行政过程的具体环节，而应锁定在预期目标能否达成之上。各级政府在审议预算时，可与教育行政部门的负责人签订协议，明确教育行政任务的实现成本，并以此作为日后监督的基础。协议的内容不必过于细化，以保障在广泛预算运用权限下，教育行政组织拥有对行政任务的自主支配权，包括如何确定分配于人员或业务的费用比例、是否援引外部给付等权力。①

在教育行政组织的财政调控管理中，还应注意对社会行政性质的教育行政

① 参见：薛刚凌. 行政体制改革研究[M]. 北京：北京大学出版社，2006.

组织坚持经费来源社会化的方针，以防止这类组织因过多接受政府财政资助而成为新的政府职能部门，或由政府控制了组织的人事任免权，失去其原有意义和第三方身份。[①]

四、人事管理

教育行政组织中的人事管理主要涉及两大类型：一是教育行政机关中的公务员管理，二是学校里的教师管理。

（一）教育行政机关的公务员管理

1. 公务员及其权利义务

我国从20世纪80年代后期提出建立国家公务员制度的目标，2006年1月1日正式实施《中华人民共和国公务员法》。按照该法第二条的界定，我国公务员是指“依法履行公职、纳入国家行政编制、由国家财政负担工资福利的工作人员”[②]。公务员享有作为国家公务人员因执行公务需要而获得的法定义务与权利，并与国家机关间建立一定的义务与权利关系：其义务表现为法律关于公务员在执行国家公务的活动中必须作出一定行为或不得作出一定行为的约束，如模范遵守宪法和法律，不得贪污受贿等；其权利表现为法律关于公务员可以享受某种利益或可以作出一定行为的许可与保障，如非因法定事由，非经法定程序，不被免职、降职、辞退或处分等。

2. 公务员的职位分类

职位是指组织机构中依法担任一定任务和责任的工作岗位，职位分类就是把组织机构中所有职位按其工作性质、职权范围、资格条件，用系统的方法分门别类地确定名称、评定等级，制订规范。每个公务员的职位都有来自制度规定的明确职责和权限。公务员职位分类一般包括职位类别与职位设置两个方面的内容。

（1）按职位性质和特点分类

我国公务员职位类别按职位性质和特点分为综合管理类、专业技术类、行政执法类三类。

综合管理类公务员职位指履行综合管理以及内部管理等职责的职位，一般分布在规划、咨询、决策、组织、指挥、协调、监督和机关内部管理等岗位

---

① 国内外经验都表明，增强社会行政组织的独立性是确保其规范运作的前提条件。政府一旦成为社会行政组织的主要资金来源，就会使其蒙上官办色彩，甚至与权力机构及其官员结成滋生新型腐败的利益共同体。

② 我国公务员的范围与西方国家不同，最明显之处，是将法官、检察官以及各党派机关工作人员等也纳入其范围。对此，有人认为这有公务员范围泛化以及使司法从属于行政之嫌；但是也有人认为这恰恰体现了我国现行政治制度的基本特点。

上。专业技术类公务员职位指从事专业技术工作、履行专业技术职责、为实施管理提供专业技术支持的职位，如教育考试机构研究人员、网络信息管理人员。行政执法类公务员职位指直接履行监管、处罚等现场执法职责的职位，主要分布于基层单位。

(2) 按职务序列分类

我国公务员职位设置分为领导职务和非领导职务两个序列。领导职务序列按级别分为国家级正、副职，省部级正、副职，厅局级正、副职，县处级正、副职，乡科级正、副职。非领导职务序列因职位类别而异，其中综合管理类的非领导职务按级别分为巡视员、副巡视员、调研员、副调研员、主任科员、副主任科员、科员、办事员；专业技术类和行政执法类公务员的职务序列由国家另行规定。

3. 公务员管理体制

公务员代表行政机关依法组织与管理行政事务，因此，建立一支优秀、廉洁、稳定的公务员队伍，对于确保行政机关处于最佳运转状态至为重要。就公务员管理体制而言，各国制度不一。西方国家公务员管理机构的设置主要采取部外制（管理权属行政部门外部的主体）、部内制（管理权属行政部门内部的主体）和折中制（除考试录用权外，管理权属行政部门内部的主体）三种方式①，但每一种方式都只允许实行单线制领导，即由一个机构行使对同级所有公务员的管理权。我国由于基本政治体制的特点，公务员管理权实行双线制——党委管理一条线和行政管理一条线。两条线中，党委管理权高于行政管理权。

4. 公务员管理要求

第一，应在科学分类的基础上，建立一整套公务员的考试、录用、薪酬、任免、培训、晋升、奖惩、救济、退休、退职等制度，提高社会对公务员制度的评价；第二，应贯彻行政首长负责制，把公务员的履职状况与行政首长的履责考评有机地结合在一起，督促行政首长积极履行管理职责；第三，实行公务员岗位责任制，针对不同类别和职位的公务员制订不同的考核指标体系，以工作实绩与执行制度状况作为考核的重点，引入竞争激励机制，削弱“无过便是功”的机关潜规则效应；第四，建立正常的公务员退出机制，解决能上不能下、能进不能出、官多兵少的难题，促进公务员队伍的新陈代谢和结构调整；第五，完善专业化培训和在职进修制度，围绕《国家公务员通用能力框架标准（试行）》，切实加强公务员九种通用能力的培养，提升公务员队伍的行政水平；第六，发挥自上而下监督与自下而上监督相结合以及横向监督机制的作用，通

① 杨川.中外国家公务员管理制度的差异性分析[J].法制与社会，2007(6)：414-415.

过内部监督、外部监督以及党内监督等多种监督形式，督促公务员廉洁守法。

（二）学校教师管理

教师的身份在不同国家里是有差别的。在有些国家如法国、德国，教师属于国家公务员。在我国，1993 年以前，教师职位的审批权在政府人事管理部门，政府与教师之间构成行政机关与公职人员之间的行政法律关系。1993 年以后，根据当年 10 月 31 日颁布的《中华人民共和国教师法》，教师职业的性质发生了改变，该法第三条规定“教师是履行教育教学职责的专业人员”，第十七条规定“学校和其他教育机构应当逐步实行教师聘任制”。这表明，《教师法》没有确认教师的公务员身份，公立学校教师在我国是被纳入国家事业编制而不是纳入行政编制来管理的。但是，对于公立学校教师的工资福利待遇，《教师法》明确地以公务员作为比照对象，需由国家统一规定，并非可由学校自行安排。如《教师法》第二十五条规定“教师的平均工资水平应当不低于或者高于国家公务员的平均工资水平”，第二十九条规定“教师的医疗同当地国家公务员享受同等的待遇”。民办学校以独立举办者资格[①]聘任教师，双方签订聘任合同，教师待遇依法由举办者自行确定并予以保障。无论教师属不属于公务员，各国对教师都采用不同于公务员的独特管理制度。

1. 教师资格制度

教师资格是对教师任职条件的基本要求。我国《教育法》、《教师法》规定我国实行教师资格制度，1995 年国务院颁布的《教师资格条例》进一步具体化了相关法律规定。教育部建立了教师资格考试和颁证制度，中小学和中等学校的教师资格由县级以上人民政府教育行政部门组织认定工作，高校教师资格由省级以上人民政府教育行政部门组织认定工作。资格要求的内容包括：① 必须具有中华人民共和国国籍；② 热爱教育事业且能够为人师表；③ 具有教育教学能力；④ 具备相应的学历并通过资格考试。认定的程序为申请、受理、颁证，对合格者颁发由教育部统一签署的教师资格证书，作为国家对符合教师资格条件的公民依法授予教师资格的法定凭证，各级各类学校教师岗位聘任必须以持有教师资格证书为必备条件。持证人如果丧失教师资格或者被撤销教师资格，其教师资格证书由县级以上人民政府教育行政部门收回。

实行教师资格制度的目的，一是有利于提高教师素质，二是有利于师资选拔，三是有利于提高教师职业声望，并使我国教师管理体制与国际惯例接轨。

---

① 目前，我国各省绝大部分民办学校持有的、被视为具有独立法人资格效力的证书，既不是事业单位法人证书，亦不是社会团体法人证书，而是民办非企业单位登记证书，其依据是国务院 1998 年 10 月 25 日以国务院第 251 号令颁布实施的《民办非企业单位登记暂行条例》。该条例将民办非企业单位界定为事业组织的一种形式，要求其设立法人代表，但对其法人地位的表述比较模糊。

2. 教师的职称评定与专业技术职务聘任

"专业人员"是教师的身份特征，而最能体现其身份的方式，就是教师的职称与专业技术职务评聘。

教师职称是指给予教育教学人员从事教育教学工作的专业技术称号，它具有知识性、专业性、标准性、法定性，其评定没有数额限制。我国高等学校的教师职称设教授、副教授（以上为高级职称）、讲师（为中级职称）、助教（为初级职称）四个等级；中学的教师职称设中学高级教师（为高级职称）、中学一级教师（为中级职称）、中学二级教师、中学三级教师（以上为初级职称）四个等级；小学的教师职称设小学高级教师（为高级职称）、小学一级教师（为中级职称）、小学二级教师、小学三级教师（以上为初级职称）四个等级。中小学教师职称评定行为的主体是当地教育行政主管部门。高校则分两种情况：具有授权的高校可以自主实施教师职称评定；不具有授权的高校，评定主体只能是主管教育行政部门或其委托的教师职务评审委员会。

教师专业技术职务是指将具体的教育教学岗位给予具有一定职称的人员，其聘任有岗位数额限制。在计划经济时代，教师任用制度是一种行政任命制。1993 年，《中国教育改革与发展纲要》正式提出推行教师聘任制，简而言之，就是由学校或教育行政部门根据教育教学需要设置工作岗位，再根据岗位要求和应聘者资格，以合同形式聘任教师的任用制度。聘任双方实行平等合意原则，聘书中明确约定双方的责任、权利和义务，包括职位描述、工资待遇、任用管理、争议处理等内容。聘任形式主要有招聘、续聘、解聘、辞聘等。教师聘任制的目标是适应市场经济体制，打破教师终身制，引进竞争机制，提高教师的教育教学水平和工作效率。实行教师聘任制还必须有一系列与之配套的制度与法律，如专家系统、长久职位制度、教师申诉制度等。

3. 教师的权利义务

教师的权利包括：① 教育教学权，即进行教育教学活动、开展教育教学改革和实验的权利；② 科学研究权，即有权承担课题、著书立说、参加学术团体和学术交流活动；③ 管理学生权，即教师在教育教学活动中使自己居于主导地位的权利，包括指导、评价学生；④ 获取报酬权，包括按时足额获取工资报酬、享受寒暑假期带薪休假以及国家规定的福利待遇；⑤ 民主管理权，有权参与学校的民主管理，并对学校及教育行政部门提出批评与建议；⑥ 进修培训权，等等。

教师的义务包括：① 遵守宪法、法律和职业道德，为人师表；② 贯彻国家的教育方针，遵守规章制度，执行学校的教学计划，履行教师聘约，完成教育教学任务；③ 对学生进行宪法所确定的基本原则的教育以及爱国主义教育、法制教育、思想品德教育；④ 关心爱护全体学生，尊重学生人格，促进学生在德、智、体等方面全面发展；⑤ 制止有害于学生的行为或其他侵犯学生合法权益的行为，批评和抵制有害于学生健康成长的现象；⑥ 不断提高思想政治觉悟和教育教学水平，等等。

教师的权利与义务是一种法定的职业性权利与义务，始于受聘，终于解聘，中途不得随意放弃。

4. 教师绩效评估

教师绩效评估是影响教师晋升降职、薪酬奖励、培训计划的重要依据，由学校根据职位工作目标或绩效标准，采用系统、科学的方法，对教师在教学、科研等工作岗位上表现出来的工作态度、业务水平、学术创新意识及成果等方面进行客观的专业性评价，建立个人绩效档案并将评价结果反馈给教师本人。

绩效评估指标的设置，可以遵循在英美等国绩效管理中普遍使用的"SMART"原则。"S"表示"specific"，要求绩效指标应是具体的、明确的、切中目标的；"M"表示"measurable"，要求绩效指标是可衡量、可测算的，能够形成数量指标或行为强度指标，验证绩效的数据或信息是可获得的；"A"表示"achievable"，要求绩效指标既不过高也不过低，在付出努力后是能实现的；"R"表示"realistic"，要求绩效指标是现实的，可以证明和观察；"T"表示"time bound"，要求绩效指标规定完成期限，具有时效性。

教师绩效评估可采取教师自评、教师互评、学生评价、家长评价、专家评价、领导评价、社会评价等多种形式，具体评估方法有自我报告法、业绩评定表法、因素考核法、面谈考核法、360度考核法、工作标准法、行为等级评定法，等等。

我国教育行政组织应本着借鉴国外先进经验、尊重本国国情条件、适应未来发展趋势的精神，积极推进自身的管理改革与创新。

第四节 教育行政组织的改善与创新

我国有着世界上最大的教育行政系统，承担着规划、投资、管理和发展中国教育、为公民提供教育机会的重任。教育行政组织在为社会和公众提供大量不可或缺的公共服务的同时，也时常会给社会和公众带来一些"非理性的行政组织结果"，比如行政组织官气十足、行政职权界定不清、行政机构四处林立且规模失控、行政管理能力平庸、行政服务意识淡薄、行政成本居高不下，等等。

只要行政活动存在，行政组织的持续改革就不可避免。教育行政组织的改善与创新，是指教育行政组织为了适应社会环境，或是为了高效、公平地处理公共教育事务，而调整内部体制和组织结构，重新进行权力配置，并调整自己与社会关系的过程，通常也是将新观念、新方法、新制度应用于教育行政的过程。追求公共利益和公众满意，是现代政府的基本职能和合法性基础，也是公共行政和公共管理的出发点。所以，教育行政组织的改善与创新，是教育行政体制改革中的一个重大主题。党的“十七大”决议提出了深化行政管理体制改革的任务，总体目标是到2020年建立起比较完善的中国特色社会主义行政管理体制，通过改革实现政府职能向创造良好发展环境、提供优质公共服务、维护社会公平正义的根本转变，实现政府组织机构及人员编制向科学化、规范化、法制化的根本转变，实现行政运行机制和政府管理方式向规范有序、公开透明、便民高效的根本转变。这也是教育行政组织改善与创新的根本方向。

我国正处于体制转型时期，处于里格斯（Riggs，1961）所描述的过渡的、棱柱型社会形态阶段①，社会结构、价值系统和行为模式等都进入内发的或外发的巨大变迁之中，各种不同形式的社会矛盾此起彼伏，教育行政组织面临着许多不可预知因素的严峻考验，它们要怎么样做才能够实现自身的改善与创新，建立起廉洁、勤政、务实、高效的运作系统，最大限度地满足社会的需要呢？

一、教育行政组织理论的创新

在20世纪60年代以前，组织理论经历了重视组织制度规范的古典组织理论和重视组织行为的新古典组织理论两个发展阶段，分别出现了泰罗、法约尔、韦伯和梅奥、巴纳德、西蒙等耳熟能详的代表人物。20世纪60年代后，组织理论研究引进系统论、控制论、信息论的成果，使西方组织理论进入了新的发展阶段，主要有以卡斯特（F. E. Kast）②、罗森茨维格（J. E. Rosenzweig）③ 为代表的系统分析组织理论和以劳伦斯（P. Lawrence）、洛西（J. Lorsch）④、伍德沃德（J. Woodward）⑤ 为代表的权变组织理论。⑥ 系统分析组

① Fred W. Riggs. The Ecology of Public Administration[M]. Bombay：Asia Publishing House，1961.

② ［美］弗莱蒙特·E. 卡斯特，詹姆斯·E. 罗森茨韦克. 组织与管理：系统与权变的方法[M]. 李柱流等，译. 北京：中国社会科学出版社，1985：124-125.

③ Flemont Kast，James Rosenzweig. Contingency Views of Organization and Management[R]. Chicago：Science Research Associates，1973.

④ P. Lawrence，J. Lorsch. Developing Organizations：Diagnosis and Action[M]. Reading，MA：Addision-Wesley，1969；J. Lorsch，P. Lawrence. Studies in Organizational Design[M]. Homewood，IL：Irwin and Dorsey，1970.

⑤ J. Woodward. Industrial Organization：Theory and Practice[M]. London：Oxford University Press，1965.

⑥ 参见：［美］丹尼尔·A. 雷恩. 管理思想的演变[M]. 赵睿等，译. 北京：中国社会科学出版社，1986：503-505.

织理论运用系统分析方法来研究组织，认为行政组织不是一个自我封闭的系统，而是一个有机的开放性系统，同时又是一个“结构化的社会技术系统”，由许多分系统组成，是受社会、经济、文化等环境影响的生态系统，它在与社会环境的互相作用中建立和维护自身的工作流程，从而保持组织功能与社会环境的动态平衡；如果割断行政组织与环境的联系，行政活动就失去意义。权变组织理论认为行政组织及其活动在很大程度上受到特定的环境因素的影响和作用，它们不是社会这个庞大的系统中一个独立的、可自我活动的系统，而是与社会系统有着各种密切的关联，并受其制约；组织权变关系依据环境自变数和管理因变数间的函数关系来确定，行政组织与行政环境之间通过“输入—转换—输出”方式实现相互作用，不同的组织模式和管理方法的有效性一般会随组织内外各种因素的变化而变化。因此，组织必须随机应变，没有统一的、一成不变的组织模式，也不能生搬硬套某种只在特定环境中有效的组织模式和方法。

现代组织理论注重从社会整体联系、环境影响、发展变化等方面拓展组织研究的领域，在重视研究组织的制度、规范、行为的基础上，引入了宏观的、综合的、开放的研究方法与研究视角，从强调组织的正规性、标准化转变为注重组织的灵活性、多样性，揭示了组织发展战略与组织环境协同演进的重要性。[①] 虽然这些新的理论与研究方法在实际应用方面目前尚不能说已达到成熟的地步，但是它们将行政组织的视野从行政组织内部拓展到对行政组织环境的关注，从而提高了行政组织回应社会呼声的紧迫意识，使人们对当代行政组织的性质和一般规律有了更深刻的认识，对于教育行政组织的改善与创新实践而言，不失其一定的指导意义。未来教育行政组织的创新轨迹是否会超出人们现有的认知与实践范围，也还有待于进一步探索。

二、教育行政组织社会身份的创新

行政组织的重要特征之一，就是无须面对其他社会组织的竞争。传统的政治学理论认为，政府拥有即使是最有势力的公民也不可能分享到的资源——“国家可以通过文明社会中的法律所允许的唯一方法——税收——来获取金钱，还可以在未经同意的情况下决定家庭和厂商的经济决策”[②]。无须竞争的特殊地位，使得行政组织极易无所顾忌地扩张其职能与规模，而在其职能与规模的扩张中，往往又伴随着巨大的浪费。

---

① Ehrlich P. R.，Raven P. H.. Butterflies and Plants：A Study in Coevolution[J]. Evolution，1964(18)：586-608.

② [美]乔治·J. 施蒂格勒. 产业组织和政府管制[M]. 潘振民，译. 上海：三联书店，1989：212.

然而如今，情况已经大为改观。在当代社会里，随着国家行政职能呈现逐步缩小其范围、公共行政职能呈现逐步扩大其范围的变化，公共服务职能已不再仅仅为政府一家所有：国家职能与社会职能的持续分化，产生了诸多分担公共事务的社会自主性领域，不仅市场成为一种可以抗衡行政的力量，而且出现了既不完全受国家干预、又不完全受市场干预的第三部门，而学校等教育机构正好属于这一部门。这样一来，教育行政组织的社会身份更加具有公共服务性：不仅体现在它们是具有手段公共性（消耗公权力与公共资源）的组织，而且体现在它们是具有主体公共性（身为公共组织）、目标公共性（实现公共利益）与价值公共性（维护公平正义）的组织，其存在以超越局部利益、为全社会公共利益服务为前提，而不必非得是政府机构。在当代，政府之外的各种公共组织，如各种基于群众自愿、以公共利益为纽带、为解决社会管理问题而组织起来的民间公益组织、社区组织和基金会、协会等，由于或多或少地具备上述公共身份特征，因而它们也能够承担一定的教育管理和公共服务职能。

我国目前的情况是，虽然经过 30 年的改革开放，社会和私人的力量逐步在成长，但是相比较而言，政府力量依然很强势，社会和私人的力量依然较弱小，这在根本上是不利于建设“小政府，大社会”的。所以，今后一个时期，我国的改革重心是需要作出调整的，形势的发展将要求政治改革和经济改革并驾齐驱。在这种情形下，可以预见，未来的教育行政组织很可能将不再能够像过去那样独享垄断地位，而不得不有条件地面对其他社会组织的竞争。它们将必须证明自己确实同时具备权威、公正、服务这些基本要素，必须证明自己具有优秀的公共品格和成本优势，同时还必须证明自己对教育行政领域里的新矛盾、新问题具有敏锐的回应性，才有可能在竞争中获胜，否则就有可能产生社会身份认同危机。

三、教育行政组织形态再造的创新

邓小平曾尖锐地指出：“我们所特有的官僚主义的一个总病根，就是高度集权的管理体制。”① 这种体制使所有社会事务的管理权都集中到了党政机关，管了许多管不了、管不好、不该管的事务。要实现“小政府、大社会”的理想，必然要求提升公共部门生产力，同时对国家行政机关进行行政减量和“组织瘦身”，使政府能够专注于公共政策制定与监督执行这些基本职能。我国中央政府的部门数量与规模超过某些国家的 2～3 倍，政府管理成本按国民负担比例计算，达到了许多西方强国的数十倍。从公务员与 GDP 的比例指标来看，

① 中共中央文献编辑委员会.邓小平文选：第二卷[M].北京：人民出版社，2001：97.

我国公务员数量大大超过发达国家，“超标”近 20 倍。从财政供养人员与 GDP 之比看，目前我国为 39 人/百万美元，美国为 2.31 人/百万美元，日本为 1.38 人/百万美元，指标同样也是大大高于发达国家。[①] 还有研究表明，1999 年至 2005 年间，我国行政成本对经济增长的作用达到－1.73%。[②] 根据现代各国的一个普遍经验，政府行政成本居高不下，是公众不信任政府的一个重要根源，因为它从一个侧面反映出政府通过税收、审批、行政垄断等方式，从社会财富的大蛋糕上切走得太多。而教育行政成本过大，必然严重挤占政府在教育方面的社会福利支出。这个问题已经引起我国中央政府的注意，但是改革起来并非易事。

对于这一类问题，国际社会较通行的解决思路是进行“行政组织再造”，即在组织、职能等方面使一部分行政组织获得法律上的独立性，从而与国家行政相分离，自负其责地在其领域内进行管理活动并接受司法审查。“行政组织再造”的具体途径一般有两条：一条途径是推进行政机关法人化，另一条途径是建立仅具有执行性质的独立行政法人制度。德国、日本和我国台湾地区走的是前一条路线，英国和加拿大走的是后一条路线。两条途径的技术路线都采取以中立性、专业性的行政组织取代政治性行政机关的变革思路，都能够起到大量裁减政府公务员并将其转移为一般行政组织成员的作用。

在这类改革中，行政法人或独立行政机构虽然已不再是政府机构，但是原来的行政责任不允许移转，组织的公共性不允许打折扣，组织在其业务运作范围内享有一定的自治权能，运行经费依靠财政与社会捐助共同提供，组织有一定财务自主权，但是财务收支需报请监督机关审核。这类行政改革必须依靠政府的决心和法律来提供保障，而且一般不是短期内即可见效，更不可能毕其功于一役。同时，为了避免行政法人或独立行政机构与政府结成利益共同体，形成权力机构和官员共同参与寻租的腐败平台，必须健全与其运作和监督有关的法律规范，铲除其政社不分的体制基础。日本为了实施行政机关法人化改革，前后经历了数十年，颁布了六十多项法律与之相配套，始获得转型成功。

就行政组织负有的社会职能与业务范围来看，教育行政组织在各种行政组织中比较具有“行政组织再造”的优先性和有利条件，而行政机关法人化和独立行政法人制度等“再造”途径，对于我国教育行政组织的形态创新具有一定参考价值。

① 数据来源：专家析中央机构大部门制：权力制衡将成改革焦点[EB/OL].(2007-12-19)http://www.sina.com.cn.

② 大部制改革方案可能提交两会审议[EB/OL].(2008-01-21)http://www.sina.com.cn.

四、教育行政组织运行机制的创新

传统的教育行政组织在运行中采用命令执行模式，但是这种模式在运行中也暴露出来一些显著的弊端：由于层级控制过严，组织成员倾向于对上级负责，看重执行任务过程中的规章细则，“按部就班”的习气深重，而对任务本身却相对地持一种功利主义态度。因此，命令执行模式虽然能够保证教育行政组织内部上下级之间的一致性，却也容易滋长“唯长官意志是从”的现象，助长下级机关及单位的被动性、消极性及形式主义作风，而这种倾向又往往会得到上级机关的默许甚至鼓励，从而导致组织的运行活力和创造力进一步下降。

里格斯认为行政系统的形式主义特征在过渡（转型）社会期间会达到它的顶峰，一旦与官僚权力相接触，则更加弊端丛生。① 当代公共行政改革实践对行政效能的倡导，使得公众对行政组织的判断标准开始发生变化。公众以往看重的是行政组织有没有忠实地落实上级命令与指示，而如今看重的却是它有没有妥善而出色地完成行政任务——对前者的重视已经让位于对后者的重视。许多新诞生的教育行政组织甚至不存在严格意义上的直接上级，更无所谓细节化的上级命令与指示，组织的扁平化趋势越来越明显，其内部运作方式正在“向有利于实现行政任务的方向变迁，即由原来的命令执行模式转化为对特定行政任务负责的整体性控制模式”②。

整体性控制模式主张最大限度地赋予教育行政组织以主动性和弹性活动的空间，认为在法律规定或约定的特定行政任务领域内，对于某一教育行政组织来说，最重要的是它必须完满地完成规定或约定的目标。至于达成目标的具体细节，应该由教育行政组织自己来决定。

对于学校这类担负着一定的教育行政职能的社会组织来说，运行机制的创新更具有现实性与迫切性。如果学校完全沦为科层化组织体制的俘虏，死守僵化的科层规范要求，严格按照官僚等级权威结构去运行，必将对其履行教育教学职能产生巨大障碍。未来，教育行政组织在运行机制的创新中，对科层制管理所倡导的一系列行政理性价值，必须立足现实，批判性地继承和创新：既要对上级负责，贯彻执行上级的指示和决策；又要对学校、学生的发展以及社会其他成员的教育要求与教育利益负责，积极主动地提供服务。

---

① Fred W. Riggs. The Ecology of Public Administration[M]. Bombay: Asia Publishing House, 1961.

② 郑春燕. 行政任务变迁下的行政组织法改革[J]. 行政法学研究，2008(2)：32-38.

五、教育行政组织服务职能的创新

我国在计划经济时代形成的是一种权力本位的教育行政模式——政府高高在上，它以“命令行政”为主要特点，不能很好地为学校和公众提供应有的服务。在当代社会里，随着经济发展和社会转型，公共行政的理念已发生巨大变化，行政执法方式的强制性和单方性等权力色彩有所淡化，而说服性和非强制性等行政服务色彩日渐浓厚，即使是传统意义上强制性的权力行政方式，也随着公众参与、听证制度、时效制度、复审制度等民主程序制度的建立与完善，而逐步失去其昔日的威严。行政执法方式的非权力化趋势也越来越明显，行政权作为服务权的观念和制度——政府不得高高在上，官员不许作威作福——日益深入人心。教育属于社会公益事业，教育行政的非强制性和服务性比其他公共服务领域更为突出，非强制性行政手段在现代教育行政法制建设中将扮演越来越重要的角色。

首先，必须坚定教育行政机关的服务理念。教育行政组织如果职能太广，就会消耗过多的稀有资源，陷入过多的无谓活动。当前，我国行政体制改革正在由权力行政走向服务行政。随着政府由“无限政府”向“有限政府”的转换，教育行政机关必须进一步突出其服务者的身份，将注意力集中于宏观管理调控，减少对学校内部事务的直接干预，尊重各类学校在教育体系中的中心地位，按照便民原则，无缝隙地面对服务对象，主动、积极、周到、热情地向社会做好各项服务工作，在管理中提供服务，在服务中实现管理。

其次，必须重视教育行政组织的结构再造。一个时期以来，我国行政机构在组织结构上存在着重经济、轻公益和重管理、轻服务的倾向。以中央行政机关为例，国务院的机构设置由办公厅、组成部门、直属特设机构、直属机构、办事机构、直属事业单位等六大序列构成，而截至 2008 年，在六大序列中的前四大序列里，经济类部门的数量占 39.21%，社会管理与公共服务类部门仅占 27.45%。这种现象在教育行政机构中也相当程度地存在，有些教育行政机关的内部机构设置给人的感觉，似乎不是在办教育，而是在办官府。这种状况在将来必须得到显著改变。

最后，必须重新明确教育行政组织的基本责任。传统上，衡量行政组织的绩效是一件十分困难的事情，这也使得行政组织创新的动力和方向常常不明。其实，教育行政组织存在的根本理由，就是要有效地执行国家法律，有效地动员教育资源。因此，教育行政组织原则上不应有属于自己的实体性目标，而应将相对方权利的实现作为自己的重要任务和目标，将组织的基本责任定位于为学校和公民实现各自的教育目标提供有力的法律框架和执行机制，目的是维护教育活动的有效与正义，并且以此作为衡量自身绩效的重要标准。如果行政活动出现差错或造成损失，教育行政组织应依法承担相应的责任。

六、教育行政组织行政程序的完善

行政程序能最大限度地避免教育行政组织在行使行政权的过程中陷于混乱、无序、违法状态，在依法行政的前提下大大提高行政效率与行政公平。在我国，行政服务与管理权力常常混为一体，行政服务的程序化严重缺失，使得行政服务演变为可裁量的管理权力。当前，我国教育行政管理中出现的许多问题都与行政程序存在瑕疵密切相关，许多教育领域的讼案都涉及程序合法性问题。

长期以来，我国法律很少规定行政机关有公开其文件、权力内容的义务和责任，逐渐形成了内部行政、秘密行政的习惯做法，这种弊端在教育行政领域也不同程度地存在。比如，一个时期以来我国高校在自主办学的环境中自主管理，对于依法行政却没有引起足够的重视，严格执法的意识不强，有些高校的领导人甚至热衷于搞“暗箱行政”。广州市法院在审理高校学生因招生争议、严重惩戒争议、学历学位颁授争议而诉高校的行政诉讼案件中发现，在诉讼中败诉的学校，多数都是在行使法律法规授予的职权时缺乏行政行为程序意识，部分管理行为甚至缺乏最基本的告知程序，更不用说在直接影响相对人权益时依法履行所必需的申辩、听证等行政程序。① 高等学校必须意识到，凡涉及学生重大权利、影响学生未来前途的教育管理行为，均不属大学自治权范畴，而是相当于行使教育行政部门的法定职权，必须依法严格履行程序，以行政程序规范教育行政行为，让“暗箱行政”变为“阳光行政”。

所谓“暗箱行政”，是指主要依靠暗箱操作和双面手段来进行施政的一种行政范式，流行于大众传媒和公民社会不发达的传统社会，往往是滋生流弊和丑恶现象的温床。随着互联网的扩张和大众传媒的普及，暗箱行政的技术基础和社会基础都已逐渐被颠覆，而不断壮大的网络化技术和不断发育的公民社会为实现“阳光行政”奠定了技术基础和社会基础。

所谓“阳光行政”，就是教育行政程序更加重视法典化，教育行政组织的权力授予与行使程序都应有来自行政法的严格约束和规范，教育行政做到程序化、公开化与透明化。教育行政组织及其人员必须不断扩大社会参与的途径，建立社会共同参与的有效机制。除了履行公开教育行政权力内容的义务和责任、推进教育行政听证会制度化、拓展公民参与并监督教育行政活动的空间之

① 刘跃南，鞠晓雄.超越理论争议和现行法律制度局限的实践——广州市两级法院裁判学生诉高校行政案件的实证研究[J].中国高等教育，2005(15/16)：13-15.

外，教育行政部门还应该建立和健全各种利益表达机制，促进行业性质而非官方性质的教育咨询机构的建立和发展，对各个阶层、各种集团的教育诉求进行调查，听取尽可能广泛而多样的民意，对各种教育利益进行综合，从而提高教育行政执行的可行性。教育行政组织通过“阳光行政”可以增强其合法性，展示其行政绩效，即便遇到问题或行政不当，也可以借此袒露苦衷和难处，获得社会和公民的谅解，化解社会矛盾。

七、教育行政组织内部管理的创新

现代教育活动随着知识体系的高度发展、社会职业分工的日益细密、科技信息的全球海量传播，正变得越来越动态和复杂。集权与分权的矛盾、稳定与变化的矛盾、单一性与多样性的矛盾，将成为教育行政组织经常要面临的压力。

从组织的信息与决策管理看，当代教育行政组织身处信息极其丰富的环境之中。由于任何组织都不可能同时注意所有的信息，也很难同时考虑各种看上去都需要加以认识和完成的决策任务，因此，教育行政组织必须建立和健全信息处理系统，有选择地注意和吸收那些为组织的长期战略决策所必需的信息，通过合理的议事安排，区分紧迫的决策任务和期限较为灵活的决策任务，并通过信息沟通网络将它们及时传递给组织内部的相应部门。与此同时，上层组织应充分运用分权方法和授权手段，将必要的责任与风险下达至下层组织，消除下层组织及其工作人员在集权状态下通常会屏蔽、扣留“不利于组织的信息”的动机，使组织能够全面、有效、及时地掌握真实信息，更好地应对可能发生的危机。

从组织的人事管理制度看，目前不少教育行政组织的公务员职业稳定性过高，绩效考核机制明显欠缺，不仅激励手段和方法单一，而且多是以保护部门或单位利益为出发点。而过度的奖赏措施又往往强化了攀比心理，促使行政人员竭力进入政策所鼓励的领域，却不一定是他本人所擅长和能够做好的领域。为此，应健全相关法律法规，改革教育行政组织的人事制度。

从组织成员的协作关系管理看，教育行政组织的运行需要聘用种类多样、范围广泛的专业人员，尽管行政效率会随着专业化的增强而提高，但是极端的专业化也会导致教育行政组织之间滋长“狭隘的局部观念”，进而拖延应该为行政对象提供的公共服务。霍哲（Marc Holzer，2004）认为，消除这种障碍的有效办法之一，是施加压力推进组织内部的水平协作。[①] 在水平的组织结构

① Marc Holzer. Public Productivity Handbook-Public Administration and Public Policy[M]. New York：Marcel Dekker，1992：8-20.

中，成员们比较容易建立起相互之间的理解，并且能够学会进行超越部门边界的合作。

八、教育行政组织问责管理制度的创新

行政问责是指特定的问责主体针对各级政府及其公务员承担的职责和义务的履行情况而实施并要求承担否定性结果的一种责任追究规范。我国宪法关于责任行政的原则是明确的和完全的，但是缺乏确保“责任行政”得到贯彻的系统而完整的法律体系，因而难免陷入“集体负责”而实际上谁都不负责的体制窘境。国际经验表明，对重大责任事件追究官员的行政责任，较之法律责任更能对官员施加压力，更能使之恪尽职守。只有行政责任和法律责任并重，才能使教育行政部门的行为具有确定性和可预见性，同时对官员实现有效的制约与监督。

从组织的问责管理制度看，目前我国教育行政组织基本上仍处于非完全责任的体制状态。我国至今尚没有关于行政问责制的统一的法律、法规，《公务员法》亦未涉及这一问题，在这方面目前可适用的只有政府规章，这对于行政问责制度的健康发展非常不利。目前我国各地行政问责采取的方式比较混乱，有引咎辞职、劝其辞职、责令辞职等，但都非法律、法规所规定的方式。其中，引咎辞职为中共中央办公厅 2004 年颁布的《党政领导干部辞职暂行规定》所规定，而该规定既非法律法规，亦非完善的问责制规范性文件，对党政官员政治责任的追究主体、方式和程序等均缺乏全面系统的规定。中国民建中央法制委员会课题组的一项研究表明①，我国在行政问责制度建设方面存在着行政问责与政纪处分的关系不明确、行政问责的主体不统一、行政问责的客体缺乏规范、被问责人的责任与行为之间因果关系较为间接、行政问责的安抚功能多于警示功能、震慑功能等问题。

行政问责制度不仅仅是行政部门内部上级管制下级的手段，它还必须回应公众的期待和要求，必须有利于提高教育行政机构的公信力，建立责任政府的良好形象。应尽快地推动行政问责的法制化和规范化，改变只有低位阶的政府规章可适用的局面，制定全国统一的行政问责法，提高行政问责法的位阶。

① 民建中央法制委员会课题组. 健全行政问责制度的法律思考[J]. 经济界，2008(1)：15-20.

第三章　教育行政过程

一个完整的教育行政过程（education administrative process），应该是教育行政决策、教育行政执行、教育行政监督三个阶段之和。贯穿这个过程的基本元素，是教育行政行为（education administrative behaviour）。

作为三个先后有序、地位并列、内容相对独立而又相互关联的不同阶段，教育行政决策、教育行政执行、教育行政监督构成了本章的三个实质性单元。考虑到三个单元的阐述均有必要以教育行政行为这一元素作为铺垫和理解的基础，本章把有关教育行政行为及其领域的内容独自成节，并置于教育行政决策、教育行政执行、教育行政监督三节之前，希望它有助于学习者融会贯通地理解本章中的各种相关问题。

第一节　教育行政行为及其领域

一、教育行政行为概述

“行政行为”一词最早出现于法国行政法学，但作为一个含义明确的理论概念，则是由德国近代行政法学权威奥拓·梅耶（Otto Mayer）运用概念法学的方法提炼、概括出来的。梅耶认为，行政行为是指行政机关运用公共权力，对具体行政事务适用法律、作出决定的单方行为。[①]

国内大部分与教育行政学有关的教科书都未对教育行政行为的概念进行界定，甚至很少提及，这不能不说是一个遗憾。极少数学术论文注意到了这个概念，比较教育学家霍尔斯（W. D. Halls，1973）在20世纪70年代提出，教育行政行为是教育行政主体为实现教育行政目标而行使权力的方式、方法、形式

① 在这里，梅耶实际上是将“行政行为”的概念限定在具体行政行为的范围。参见：奥拓·梅耶. 德国行政法[M]. 刘飞，译. 北京：商务印书馆，2004：97-108.

意义上的总称。[①] 这一定义突出了教育行政行为的分类学视角，但是对教育行政行为的要件和法律效果却几乎丝毫没有涉及。李帅军认为教育行政行为“是指教育行政机关依法实施行政管理、直接或间接产生法律效果的行为”[②]。这一看法显然是把有资格的教育行政行为主体限制在国家行政机关范围之内，虽然提到了教育行政行为的法律效果，但是对于“法律效果”的内涵及外延，仍表达得比较笼统含糊。

更多的研究者并没有直接界定教育行政行为，而是通过另一个与它有着密切关系的概念“教育行政执行”，间接地涉及了它。比如，李连宁、孙保森将教育行政执行看做是“国家教育行政机关依照法定职权和程序，针对特定[③]事项和特定的教育行政管理相对人，适用教育法律规范并产生法律效力的活动”[④]；李晓燕将教育行政执行界定为“是指国家有关行政机关及其工作人员按照法定职权和程序所采取的直接影响公民、社会组织或其他社会力量有关教育的权利和义务，或者对其教育权利与义务的行使和履行进行监督的具体行政行为”[⑤]；徐广宇等人主张“教育行政执行是各级政府和教育行政机关及其他相关行政部门在其职权范围内，依照法定程序，将教育法适用于特定对象，并影响相对人权利和义务的行政行为”[⑥]。这些针对“教育行政执行”概念而作出的概括表述，虽然并不能代替对“教育行政行为”的定义，却从不同侧面丰富和充实了“教育行政行为”的内涵及特征，有助于人们更好地理解这个概念，至少启发人们意识到以下重要现象及特征：① 教育行政行为里包含着教育行政执行，但是显然不限于这种行为；② 教育行政行为的主体已经不限于国家行政机关范围；③ 教育行政行为的相对方也不只限于某一类组织或个人，而是具有序列的广泛性，等等。

由于教育行政执行属具体行政行为范畴，不包括抽象行政行为，所以它不能完全覆盖“教育行政行为”概念。原《最高人民法院关于贯彻执行〈中华人民共和国行政诉讼法〉若干问题的意见（试行）》第一条对具体行政行为是这样定义的：“国家行政机关和行政机关工作人员、法律法规授权的组织、行政机关委托的组织或者个人在行政管理活动中行使职权，针对特定的公民、法人

---

① W. D. Halls, Edwards Brian Holmes, John van de Graaff. Culture and Education: The Culturalist Approach to Comparative Studies. Relevant Methods in Comparative Education[M]. Los Angeles: Reginald, 1973: 119.

② 李帅军. 教育行政法治化探析[J]. 教育评论，2002(5)：22-24.

③ 引文下方的着重号为本书作者所加，本页下同。

④ 李连宁，孙保森. 教育法制概论[M]. 北京：教育科学出版社，1997：123.

⑤ 李晓燕. 教育行政执法[J]. 人民教育，1997(10)：32.

⑥ 徐广宇，宫丽艳，李国旗. 教育行政执法论[M]. 天津：天津人民出版社，1999：4.

或者其他组织，就特定的具体事项，作出的有关公民、法人或者其他组织权利义务的单方行为。”这一司法解释虽然被法学界人士认为存在某些缺陷，但是并不妨碍我们依据它去理解和把握具体行政行为。

具体行政行为的一个最重要特征，就是它的行为对象是特定的。可是，在现实生活中，教育行政主体不仅有针对特定对象的行为，而且有针对不特定对象即一般对象的行为。教育行政立法与教育政策制定行为就不是仅仅针对某些特定对象的行为，而是针对普遍对象的行为。所以这一类活动就不是具体行政行为，而是抽象行政行为。可见，教育行政行为既包括具体行政行为，也包括抽象行政行为，它是具体的教育行政行为与抽象的教育行政行为之和。

如果要给教育行政行为下一个定义的话，本书可以这样概括：它是指教育行政机关以及其他教育行政主体在其职权范围内，适用教育法律规范并产生法律效力的活动，这些活动既包括针对特定的行政相对人并影响其权利与义务而实施的具体行政行为，也包括针对不特定的行政管理对象而实施的抽象行政行为。

按照一部分行政法学家的说法，行政行为最基本、最重要的元素特征是“行政权作用和法律效果”①，因而教育行政行为的实施必然会对行政相对人的权利义务产生影响。一般来说，具有强制性或单方性的教育行政行为对相对人权利义务的影响比较明显和直接，而具有服务性或指导性的教育行政行为对相对人权利义务的影响则不那么明显，比较间接。

二、教育行政行为分类

不同的行政法学家从不同角度对行政行为作出相应的分类，比如将行政行为分为抽象行政行为和具体行政行为、依职权行政行为和依申请行政行为、羁束行政行为和裁量行政行为、作为行政行为和不作为行政行为、行政法律行为和行政事实行为，等等。

有一些从事教育行政实际工作的研究者提出，对教育行政行为的分类应尽可能穷尽教育行政部门的所有管理行为②，这一意见是完全正确和富有建设性的，有利于促进教育行政教学与教育行政实践的结合。下面选择部分分类予以介绍。

（一）抽象教育行政行为和具体教育行政行为

教育行政行为以其对象是否特定为标准，可分为抽象教育行政行为和具体教育行政行为。抽象教育行政行为和具体教育行政行为的划分基础，是普通行政学里的抽象行政行为和具体行政行为之分野。

---

① 叶必丰.行政行为的分类：概念重构抑或正本清源[J].中国政法大学学报,2005(5)：36-46.

② 朱坚.规范教育行政行为的思考与实践[J].教育发展研究,2008(3)：1-5.

1. 抽象行政行为与具体行政行为

(1) 抽象行政行为

抽象行政行为指教育行政主体针对不特定行政管理对象实施的行政行为，它所形成的法律关系是以行政机关为一方、以不确定的行政相对方为另一方，其行为的结果是行政规范性文件（包括行政立法、行政决定、行政命令等）的制定与发布，其特点是普遍性与后及性。所谓普遍性，是指它不是针对某一具体的行政相对人，而是针对从事行政规范所指向的活动的所有的人；所谓后及性，是指它一般没有前溯力，只对行政规范发布之后发生的行为生效。

(2) 具体行政行为

具体行政行为指教育行政主体针对特定的行政相对人作出行政决定的单方行为，实际上就是教育行政执行，其特点是具体性与前溯性。所谓具体性，是指它必须指向具体的相对人，否则就不可能存在；所谓前溯性，是指它不仅对行政规范发布之后发生的行为生效，而且对行政规范发布之前已经发生的情况也具有法律效力。

2. 抽象教育行政行为与具体教育行政行为

(1) 抽象教育行政行为

抽象教育行政行为可具体划分为教育行政立法和制定教育规范性文件两种行为。其中，在我国，教育行政立法行为包括国务院制定教育行政法规的活动、教育部等中央部委制定与教育有关的部门行政规章的活动、具有行政立法权的省级政府与较大市级政府制定与教育有关的政府规章的活动等；制定教育规范性文件，通常指各级教育行政部门为贯彻落实法律法规而制定的具有普遍约束力的文件。

(2) 具体教育行政行为

具体教育行政行为的范围广泛、内容丰富、种类繁杂，可以按宽口径将它们简化地划分为教育行政管理行为、教育行政服务行为、教育行政司法监督行为三大类，然后还可以进一步细分。

教育行政管理行为具有自上而下的刚性特点，强调上下级行政关系，是上级对下级实施的行政行为，包括教育行政指导（行政规划、行政计划、行政检查、行政协调）、教育行政执行（行政许可、行政处罚、行政强制、行政裁决）等行为。

教育行政服务行为具有平行、柔性的特点，是教育行政主体依职能、职责向社会提供的一种服务行为，不强调上下级行政关系或不存在上下级行政关系，在一定程度上允许相对方对服务内容进行协商和讨论，这类行政行为包括教育行政给付、教育行政资助、教育行政奖励、教育行政合同等。

教育行政司法监督行为在严格意义上不属于具体行政行为，但考虑到它们有可能撤销或改变原先发生的行政行为，因此将上级行政机关改变或撤销下级组织的行政决定的教育行政司法监督行为也列入具体教育行政行为之列，具体包括教育行政申诉（教师行政申诉、学生行政申诉）、教育行政复议等。

以上角度的教育行政行为分类体系可用图 3-1 表示：

- 教育行政行为
  - 抽象教育行政行为
    - 教育行政立法
      - 教育行政法规(国务院)
      - 教育部门规章(教育部等)
      - 教育政府规章(省、市政府、行政部门)
    - 制定教育规范性文件(教育部、省、市、区县教育行政部门)
  - 具体教育行政行为
    - 教育行政管理行为
      - 教育行政决策(规划与计划)
      - 教育行政执行
        - 教育行政许可
        - 教育行政处罚
        - 教育行政强制
        - 教育行政裁决
        - 教育行政确认
      - 教育行政指导
      - 教育行政检查
    - 教育行政服务行为
      - 教育行政给付
      - 教育行政资助
      - 教育行政奖励
      - 教育行政合同
    - 教育行政司法监督行为
      - 教育行政申诉
        - 教师行政申诉
        - 学生行政申诉
      - 教育行政复议

图 3-1　抽象教育行政行为与具体教育行政行为细分示意图

（参考资料：朱坚．规范教育行政行为的思考与实践［J］．教育发展研究，2008（3）：1-5.）

3．抽象教育行政行为与具体教育行政行为的法律含义区别

在教育行政活动中，具体教育行政行为与抽象教育行政行为在主体、相对人、程序、内容、效力和法律救济等诸多法律特性方面存在着重要差异。比如，在行政行为主体方面，实施具体教育行政行为的主体是各级教育行政机关及其授权、委托的组织，而实施抽象教育行政行为的主体只能是国家最高教育行政机关及地方各级立法机关；在效力和法律救济方面，具体教育行政行为可以引起行政诉讼，而抽象教育行政行为不能引起行政诉讼，即具有不可诉性。二者的区别如表 3-1 所示：

表 3-1 抽象教育行政行为与具体教育行政行为的法律特性差异

	抽象教育行政行为	具体教育行政行为
行政主体	国家最高教育行政机关及地方各级立法机关	各级教育行政机关及其所授权、委托的组织
行政相对方	抽象的、不确定的相对人，包括自然人和拟制人	具体的、确定的相对人，包括自然人和拟制人
启动程序	行政立法程序	行政执行程序
行为内容	针对不特定行政管理对象实施的行政行为	针对特定的行政相对人作出行政决定的单方行为
行为效力	以行政规范性文件形式而存在的普遍约束力	以指向具体相对人的行政执行行为形式而发生的实际约束力
法律救济途径	具有不可诉性，不能引起行政诉讼	教育申诉、教育行政复议、教育行政诉讼等途径

（二）羁束性教育行政行为和自由裁量性教育行政行为

教育行政行为以受法律规范拘束的程度为标准，可分为羁束性教育行政行为和自由裁量性教育行政行为。

1．羁束性教育行政行为

即法律、法规对实施教育行政行为的范围、条件、标准、程序和形式等已经作了详细而具体的规定，教育行政主体只能严格按照这些规定实施行政行为。

2．自由裁量性教育行政行为

即法律、法规仅对行政行为目的、范围等作了原则性或留有余地的规定，教育行政主体在实施行政行为时除遵守这些规定外，允许根据自己对问题的判断，在法定范围内决定行政行为的幅度与方式，拥有一定的自主选择权。

20世纪以来，由于能动法治主义思想在全世界的影响一直在上升，行政机关在行政管理中的能动性大大增强，自由裁量行政行为也因此而迅速增长，表现形态复杂多样。不过，自由裁量权是一把双刃剑，自由裁量行政行为涉及行政主体相对自由的权力使用方式，裁量不当容易导致滥用权力、以合法形式夹杂非法目的或是故意延迟裁量等不良行政现象发生。例如，对于两个同样存在违法行为的个体当事人，教育行政机关决定对其中之一进行调查或予以制裁，而对另外一个个体不采取任何行为；或者对于具备类似条件的申请人，教育行政机关批准某个人的请求但驳回另外一个人的请求。国内外大量事实表明，自由裁量权滥用与发生在行政部门及其工作人员中的腐败现象存在必然联系，这就对教育行政部门及其工作人员的责任心、职业道德以及监督机制提出了更高要求。

（三）要式教育行政行为与非要式教育行政行为

教育行政行为以有无法定形式的要求为标准，可分为要式教育行政行为与非要式教育行政行为。

1. 要式教育行政行为

要式教育行政行为指法律等规范性文件规定必须以某种法定的方式或遵守一定的法定程序才能成立并生效的教育行政行为。比如，高校教师职称评定行为的主体是主管的教育行政部门和一部分得到授权的高等学校，也就是说只能以合法主体的名义行使职称授予权并承担法律后果，但是按照我国《高等学校教师职务施行条例》的规定，还必须成立专门的教师职务评审委员会负责具体评审工作，方符合法定程序。要式行政行为就其形式而言是一种羁束性要求，因为若不具备相应的形式，就会因形式违法而被宣布无效。

2. 非要式教育行政行为

非要式教育行政行为指法律未规定具体行为方式及程序，允许教育行政机关自行选择行为方式及程序的行政行为。非要式行政行为就其形式而言是一种自由裁量性规定，究竟采取何种行为方式或程序，教育行政主体有选择的余地，原则上不发生因形式而违法的问题。但是，“同样有可能发生不公正或不合理的问题”①。

（四）作为教育行政行为与不作为教育行政行为

教育行政行为以是否改变现有法律状态为标准，可分为作为教育行政行为和不作为教育行政行为。

1. 作为教育行政行为

作为教育行政行为指教育行政主体以肯定、积极的作为方式表现出来的行政行为，其意思表示可以是正面的，如教育行政奖励；也可能是负面的，如教育行政强制。

2. 不作为教育行政行为

不作为教育行政行为指教育行政主体以消极不作为方式表现出来的行政行为。不作为行政行为与失职、渎职行为是有区分的，不一定就是失职、渎职行为，有时候这种行为方式被行政主体刻意地作为一种意思表示。

划分作为方式与不作为方式的行政行为，体现了行政法的精神，有利于明确行政行为的范围，也有利于行政职责的履行和对相对方权益的保护。

（五）自为的教育行政行为、授权的教育行政行为和委托的教育行政行为

教育行政行为以行政职权的来源为标准，可分为自为的教育行政行为、授

① 应松年. 依法行政论纲[J]. 中国法学，1997(1)：29-36.

权的教育行政行为和委托的教育行政行为。

1. 自为的教育行政行为

自为的教育行政行为指教育行政机关根据法律规定的职权自行作出的行政行为，其法律责任由教育行政机关承担。

2. 授权的教育行政行为

授权的教育行政行为指非行政机关性质的组织依据法律等规范性文件所授予的从事教育行政活动的权力而实施的行政行为，该行政行为的法律责任可由被授权组织自行承担。

3. 委托的教育行政行为

委托的教育行政行为指经教育行政机关委托，由非行政机关组织或公民个人从事教育行政管理活动而实施的行政行为，该行政行为的法律责任不能由具体实施主体承担，而须由委托机关承担。

自为的教育行政行为、授权的教育行政行为和委托的教育行政行为的划分意义在于：一是表明行政行为并非只能由行政机关实施；二是授权的、委托的行政行为属于行政外部分权性质，其职权来源与自为的行政行为不同，存在着法律责任归属上的差异。

除了上述分类之外，教育行政行为还可以按照下述方式进行划分：以行为启动是否需要相对人先行申请为标准，分为依职权教育行政行为与应请求教育行政行为；以行为有无限制性附加条件为标准，分为附款教育行政行为与无附款教育行政行为；以行为对行政相对人利益的不同影响方向为标准，分为授益教育行政行为与负担教育行政行为；以行为是否需要其他行为作为补充为标准，分为独立教育行政行为和需补充教育行政行为；以行为的相对人身份为标准，分为内部教育行政行为和外部教育行政行为，等等。

当然，也可以取更宏观的视角，以教育行政行为的法律范畴为标准，分为教育行政立法行为、教育行政执法行为与教育行政司法行为；以教育行政行为在教育行政系统中的功能为标准，分为教育行政决策行为、教育行政执行行为和教育行政监督行为；以教育行政行为的意思表示情感色彩为标准，分为教育行政指导服务行为（褒义或中性）与教育行政命令处分行为（贬义或强制性）。这里恕不一一介绍。

还有一些行政学家认为[①]，传统的行政行为概念已不能适应当代公共行政方式的易变性和多样性，主张对“行政行为”概念采取“外松内紧”的处理。“外松”，即赋予“行政行为”概念以必要的弹性，以便将各种因为时代发展而

① 参见：宋功德. 聚焦行政处理——行政法上“熟悉的陌生人”[M]. 北京：北京大学出版社，2007.

出现的新型的、应当受制于行政法调整的行政活动都纳入其体系；“内紧”，是指用“行政处理”这一中观概念来概括行政征收、行政许可、行政处罚、行政强制等典型行政行为。

三、教育行政行为的领域

教育行政行为的领域，即教育行政行为指向的对象及其范围。以往多数学者对于教育行政行为领域的看法，一般定位于政府教育行政领域和学校组织行政领域所管理的事务，即由政府和学校作为主体而产生的教育行政行为所指向的对象及其范围。不过，有一些教育行政专家，如古伯利（E. P. Cubberiey）却认为，教育行政的领域除了包括政府教育行政活动和学校组织行政活动之外，还应包括发生在课堂上的教师管理学生的行为。[①] 本书认为，这种看法将微观教学领域的管理活动也放进教育行政领域，应谨慎对待，否则会有过于宽泛之虞。因为，微观教学领域（课堂活动、班级活动）里的管理规范多与学生认知发展及其管理需要有关，而宏观教育行政领域里的管理规范多与教育社会关系及其管理事务有关，两种管理规范之间存在着极大差异，根本不可相提并论。所以，即使是在某些特定情况下（比如，因教师在课堂上的不妥或不端行为而导致学生提出行政诉讼）必须把某些课堂管理行为归之于教育行政领域，也必须首先对其加以甄别，将不属于教育社会关系性质的管理行为予以剥离。

不过，在当代，如果仍然固守只将教育行政的领域看成是政府管理教育的行政活动和学校组织的行政活动所对应的管理事务这一类看法，恐怕也无法完整地涵盖教育行政现实中的真实状态。至少，这种观点就不能反映和包容许多国家的非执政党所从事的教育政策活动以及许多社会自治组织所担负的教育行政工作。如第二章所述，随着当代社会的发展和各国政府向社会主体的分权，社会行政活动已经逐渐渗透到经济、教育、环境、社会保障等各个领域，教育行政领域已经不再是政府和学校的专有领域了。

故此，本书主张将“教育行政行为的领域”界定为**政府教育行政领域、学校教育行政领域、社会教育行政领域以及微观教学领域中少量确实与权利义务关系有关的管理事务的总和**。大致地讲，这些事务主要包括教育方针、教育体制、教育制度、教育政策、教育行政规章等宏观教育行政规范的制定、实施与监督；教育法律、法规等法律规范的实施与监督；各种教育行政组织的设置、管理与监督；各级教育行政官员和学校校长的任免、考核、奖惩与监督；各种教育经费及其他重要教育资源的筹集、分配、管理与监督；各种课程标准、国

① 参见：陈永明．教育行政新论[M]．上海：华东师范大学出版社，2003：286.

家考试标准的制定以及与教育教学改革有关的行政管理活动；与招生、学籍管理、学历认可、学位授予、学业奖惩、助学贷款、就业指导等学生行政有关的事务，等等。

综上所述，教育行政行为是理解教育行政理论和教育行政过程的基础性概念范畴之一，而教育行政行为处处皆与法律规范有关系。正如一些行政专家指出的那样，“关于行政行为的理论是全部行政法学理论的精髓和柱石”[①]。了解教育行政行为及其领域，正是为了科学地认识教育行政行为的主体和客体、对象及范围、目的和功能、程序和效力、内容和形式、依据和责任等众多复杂现象，进而深刻地理解“依法行政”的内涵，真正地懂得什么叫做“依法行政”[②]。

第二节　教育行政决策

教育行政决策（education administrative decision）的范畴，主要是教育行政立法、教育行政决定与教育政策制定活动。

一、教育行政立法

教育行政立法是指行政机关制定与教育有关的行政法规和行政规章等具有普遍约束力的行政规范性文件的行为，不包括全国人大及其常委会以及地方立法机关制定与颁布教育法律、法规的立法行为。在我国，行政组织除享有行政权外，部分行政机关还享有一定的立法权；有权制定行政法规的行政机关只有国务院，有权制定教育行政规章的行政机关只能是国家最高教育行政机关及地方各级政府。具体地说，我国由行政立法产生的教育行政法规，是指由国务院制定与颁布的与教育有关的行政规范性文件；而教育行政规章是指由教育部及地方政府制定与颁布的与教育有关的行政规范性文件。

（一）教育行政立法的范围

我国《立法法》对行政立法的范围作出了具体规定。其中，国务院制定的行政法规可以就下列事项作出规定：一是为执行法律的规定需要制定行政法规的事项；二是宪法规定的国务院行政管理职权下的事项。教育部制定的行政规章的规定范围为：本部门权限范围内属于执行法律或者执行国务院的行政法

① 张树义．行政法学新论[M]．北京：时事出版社，1991．

② “依法行政原则”要求行政主体使用行政权采取行动时，必须有法律授权始得为之；而对没有法律授权的行政主体涉权行为，法律保留追究的权力，亦称法律保留原则。

规、决定、命令的事项。地方政府（指省、自治区、直辖市和较大的市）教育行政规章可以就下列事项作出规定：一是为执行教育法律、教育行政法规、地方性法规的规定需要制定规章的事项；二是属于本行政区域的教育行政具体管理事项。

教育行政立法所制定与颁布的行政规范性文件，一般以条例、暂行条例、实施办法、通知的名义出现。如我国国务院制定的《学位条例暂行实施办法》、《普通高等学校设置暂行条例》、《高等教育自学考试暂行条例》、《教学成果奖励条例》、《教师资格条例》等行政法规；教育部制定的《教育行政处罚暂行条例实施办法》、《高等学校收费管理暂行办法》、《高等学校本科专业设置规定》、《研究生院设置暂行办法》、《高等学校教师培训工作规程》等行政规章；省级人民政府制定的与教育事务有关的行政规章等。教育行政立法范围大多限定在对各级教育行政机构的组织形式、权限分配、隶属关系的规定方面，以及对法律法规未能详尽规定的、专业性或具体性较强的教育有关问题的补充解释和界定方面，在我国发挥作用的领域甚广，且效能颇强。

（二）教育行政立法的程序

在不同的国家，行政立法权的情况不完全一样。英国、美国等普通法系国家，行政权原则上不包含行政立法权。行政机关不要说是制定法规，就连制定行政规章也必须得到议会的明确授权，即委任立法。但是大陆法系的法国，却以宪法形式确立了行政立法制度，政府不仅享有立法权，而且立法权限还比较广泛。我国《立法法》肯定了行政机关拥有立法权，并规定了行政立法的范围。

依照我国《立法法》的规定，国务院行政法规的制定程序是：起草过程应采取多种形式广泛听取有关机关、组织和公民的意见；起草工作完成后，草案及各方面的不同意见及其他有关资料送国务院法制机构进行审查，由审查部门向国务院提出审查报告和草案修改稿；行政法规的决定按国务院组织法的有关规定办理，由总理签署国务院令公布。

国务院部门规章和地方行政规章的制定程序是：部门规章应当经部务会议或委员会会议决定，地方行政规章应当经政府常务会议或全体会议决定。国务院部门规章由部门首长签署命令予以公布，地方政府规章由省长或自治区主席或市长签署命令予以公布。

国务院行政法规签署公布后，应及时在国务院公报以及在全国范围内发行的报纸上刊登标准文本；国务院部门规章签署公布前，应报国务院备案，并及时在国务院公报或部门公报以及全国范围内发行的报纸上刊登标准文本。省级行政规章签署公布前，应分别报国务院和本级人民代表大会常务委员会备案，并及时在本级人民政府公报以及在本行政区域范围内发行的报纸上刊登标准文本。较大的市（指省政府所在地）的人民政府制定的行政规章，应同时报省、自治区的人民代表大会常务委员会和人民政府备案。

虽然行政立法在各国实践当中是不可缺少的，但是由于行政立法不是由民意代表而是由行政机关直接制定的，在立法过程中民众参与的机会少，程序相对简单，使得某些权力主体同时拥有了制定和执行规范性文件的权力，容易导致行政专横，故行政立法一般只应在有限的范围内使用。正是在这个意义上，2003 年颁布的《中华人民共和国行政许可法》对行政规章是否享有行政许可设定权作出了限制，规定省级行政规章只能设定临时性行政许可，设定年限不能超过 1 年；国务院部门规章和较大的市级行政规章不得设定行政许可。

我国《立法法》虽然规定了必须由国家行政机关立法的专属事项，但是没有就法律规范的事项和行政立法规范的事项作出明确分工，因而行政立法的权限仍不是非常清楚。为此，我国行政法学家应松年、薛刚凌教授都曾呼吁，从行政立法的性质考虑，应当对行政立法权的范围予以明确规定。①

（三）教育行政立法的效力

根据《立法法》第五章的规定：宪法具有最高的法律效力，法律的效力高于行政法规、地方性法规和规章，行政法规的效力高于地方性法规和规章，地方性法规的效力高于本级和下级地方行政规章，省、自治区的人民政府制定的行政规章的效力高于本行政区域内的较大的市的人民政府制定的行政规章。部门规章之间、部门规章与省级地方行政规章之间具有同等效力，在各自的权限范围内施行；部门规章之间、部门规章与地方行政规章之间对同一事项的规定不一致时，由国务院裁决。教育行政立法形成的各种规范性文件，按照上述类型体系对照定位，即可确定各自的具体法律效力等级。

关于教育行政法规与教育行政规章之间立法效力的差异，是因为虽然两者同属行政机关制定的规范性文件，虽然行政相对人对两者都必须服从，但是教育行政法规调整的对象一般是教育行政管理领域带有普遍性、全局性、原则性以及意义重大的问题，属于法律范畴；而教育行政规章的调整对象限定于行政管理领域中某些特殊的、局部的、具体的问题，属于“准法”、“参照法”的范畴，即法律下位的规范性文件。两者制定主体要求上的差别，也就是因此而来的。依照我国《行政诉讼法》规定，行政法规是人民法院进行行政审判的重要依据，行政规章对于行政审判活动则不具有绝对的约束力，而只供法院参照。

教育行政法规、规章有下列情形之一的，由有关机关依照权限予以改变或

① 应松年，薛刚凌．论行政权[J]．政法论坛（中国政法大学学报），2001(4)：54-65.

者撤销：① 立法行为超越权限的；② 立法内容违反上位法规定的；③ 对同一事项的规定与其他法规、规章不一致，经裁决应当改变或撤销一方的规定的；④ 所作规定被认为不适当，应予以改变或者撤销的；⑤ 违背法定程序的。就改变或撤销的权限而言，国务院有权改变或撤销不适当的教育部规章和地方教育行政规章；地方人民代表大会常务委员会有权撤销本级人民政府制定的不适当的教育行政规章。

二、教育行政决定

教育行政决定是指国家及地方教育行政机关，为实现教育行政目标、履行教育行政职能，就具体的教育行政事项而制定行政方案、斟酌行政措施、作出行政决定的过程。这些“具体的教育行政事项”分布于资源分配、行政规范与调控、行业监管等各个方面。

(一) 教育行政决定的类型

按教育行政主体地位的不同，可将教育行政决定分为高层决定、中层决定和基层决定。按照赫伯特·西蒙（Herbert A. Simon，1950）的看法，在较低的管理层次上，作出决定所依据的参照系在很大程度上是给定的，要评价的因素已被列出来了，剩下的工作无非是确定它们在具体条件下的价值；在较高的管理层次上，管理任务是艺术性的和富于创造性的，在那里，必须选择和权衡新的价值要素，评价新型管理结构的可能性。[①]

按教育行政客体范围的大小，可将教育行政决定分为宏观决定、中观决定和微观决定。按教育行政决定的动因，可将教育行政决定分为常规性决定和非常规性决定。按教育行政决定的背景和条件，可将教育行政决定分为确定型决定、风险型决定和不确定型决定。

(二) 教育行政决定权的分配

教育行政组织中各种决定的形成是一个相互影响的过程。西蒙指出：“在组织决策当中，几乎没有任何一项决策是由单独一个人制定出来的，即使采取某一行动方案的责任明确地落在某人肩上，我们也总能够通过研究其决策制定的方式，发现决策各部分的内容是从参与其前提形成的很多人那里，经过正式的或非正式的沟通渠道，传递而来的。”[②]

西蒙认为分配决策权限的基本原则是“把每项决策任务安排到这样的地方——在那里，该项任务必定被当做效率问题来考虑”[③]。当一个组织按照上

① [美]赫伯特·西蒙. 管理行为[M]. 杨砾，译. 北京：北京经济学院出版社，1988：210.

② [美]赫伯特·西蒙. 管理决策新科学[M]. 李柱流，译. 北京：中国社会科学出版社，1985：19.

③ [美]赫伯特·西蒙. 管理行为[M]. 杨砾，译. 北京：北京经济学院出版社，1988：208.

层—中层—下层分别设立决策机构时，其决策权力的分配具有明显的直线制特点；而当一个组织按照信息—参谋—决断的结构设立决策机构时，其决策权力的分配则具有明显的职能分工制特点。如果决策体制按“一长制”运行，决策机构的职权就只能集中在某一个成员身上；如果决策体制按“合议制”运行，决策机构的职权就势必要由两个以上成员分担。

（三）教育行政决定的透明化

教育行政主体应该将教育行政决定的程序、内容和结果向相对人乃至社会公开，以确保相对人和社会的合法权益不受到侵害。

在目前情况下，教育行政决定公开的方式主要有：允许公民个人或团体旁听教育行政机关作出决定的有关会议或观看实况录像；允许报纸、杂志、电视、手机短信和其他方式的媒体对教育行政机关的各项活动进行告知、转播和评说；允许公民个人或团体查阅各级教育行政机关的相关文件资料，等等。

教育行政决定的公开程序主要有：教育行政机关依职权向社会公开其议事活动及结果的程序；依教育行政相对人申请向对方或社会公开自己在各种会议上通过的决议、决定、命令、文件以及作出决定的依据，等等。教育行政决定的公开，有助于消除和杜绝教育行政权力运行的主观性、随意性，化解公众的疑虑并获取其持久的支持，进而提高教育行政的运行效率。

三、教育政策制定

教育政策属于国家教育行政宏观规范，具有调整和规范教育活动、教育社会关系以及规范与调整教育主体的权利与义务的功能。在教育行政活动中，对于那些急于解决、尚未定型的教育问题，宜采取制定教育政策的方式去处理。教育政策的制定主体除了国家权力机关以外，还可以是政党、社会团体等其他主体。

教育行政决策范畴下的教育政策制定，专指教育行政机关对某个或某一组较为重要的教育问题作出具有指导作用的行政决定，属于较高层次上的教育行政决策。与教育行政决定相比而言，教育政策行为有以下不同：① 行动范围不同，教育行政决定主要是在教育行政机关及组织的职权范围内进行的，而教育政策制定的范围则要广得多；② 主体层次不同，教育行政决定的主体是各级行政人员，而教育政策制定的主体是高级行政人员及其他社会人物；③ 行政结果不同，教育行政决定的结果包括大量操作性的计划方案、行动方案或具体行政措施，而教育政策制定的结果主要是政策类规范性文件。

（一）影响教育政策制定的因素

1. 政治因素

政治因素主要指国家或地区的政治制度，不同的政治制度就其根本而言是由不同的政治理念造成的。政治是国家意志的表达，政治理念是制定教育政策的思想基础，而政治制度决定了教育政策必须符合国家的政治需要。意识形态是政治理念的构成部分，意识形态对教育政策的影响既要能够体现政治理念，也要考虑到符合广泛接受的社会标准。我国实行社会主义制度，改革开放以来，社会主义执政理念在新形势下得到了丰富和发展，在马克思主义思想的基础上，“自由、民主、平等和人权”也逐渐成为支撑我国政治发展与改革的基本价值内涵①，共同构成我国制定教育政策的思想基础。

2. 经济因素

经济因素是指国家或地区的经济制度和人均经济实力，这是制定教育政策的最主要的物质基础。简化地看，经济实力从“入口”和“出口”两个方面，即从教育投入和毕业生就业两个方面制约教育的规模、结构与质量；经济制度从计划体制或市场体制的不同角度建构教育与经济的联系方式，影响教育资源、教育机会的分配状况以及教育发展的效益。因此，教育政策的基本立场、构想、框架、途径、手段等，都要受到经济因素的制约。

3. 法律因素

法律对教育权利义务关系作出了基本规定之后，在相当长时期内需要稳定在这一范围内，这是法律在发挥社会控制功能方面的一个重要特点。教育政策是对法律作用的重要补充和调整，在社会转型和改革时期尤其如此：一方面，教育政策制定要接受法律的约束，不允许违背法律精神与原则而行事；另一方面，教育政策又必须对法律未能详尽规定的教育权利义务问题作出反应、加以调整，以满足处于不断变动中的社会需要。对于基于社会发展而新出现的一些教育权利义务问题，政策的作用恰恰在于要超前于法律进行干预。那些超前于法律进行干预的教育政策，在经过实践检验和时间沉淀之后，一部分具有非临时性意义的政策会经过立法程序而上升为新的教育法律、法规。教育行政主体制定和实施教育政策的根本目的，就是为了在法律、法规的基础上，按照现代法律的实质精神，对不同社会主体的教育权利义务进行必要的调整，将实现教育资源、教育机会、教育利益的分配正义作为最高目标。

4. 利益因素

教育政策是教育利益分配的具体体现，这是教育政策的本质属性。教育利益分配并不直接体现为金钱、物质、权力、地位的分配，而是表现为受教育权利的分配，即个体身心的发展权利、发展机会、发展条件的分配和发展水平与资格的认定。② 在现代社会里，教育不仅是促进经济与社会发展的重要因素，

① 参见：俞可平. 思想解放与政治进步[N]. 北京日报，2007-09-17(3).

② 刘复兴. 我国教育政策的公平性与公平机制[J]. 教育研究，2002(10)：45-49.

而且是影响人群收入差异进而影响社会分层的重要因素，它具有人力资本投资性质，能够提高受教育者的未来经济收益，同时也是个人参与社会生活、获得相应社会地位的重要杠杆①，而教育资源特别是优质教育资源的稀缺性，更使得受教育权利日益成为当代社会竞争的焦点，也成为教育政策的焦点之一。

参与教育政策制定的个人、组织和各种利益集团，受各种内在经验和外在利益的束缚，必然自觉或不自觉地以己方权利及利益的实现为主要标准，去制定或影响教育政策。教育活动中的诸多不公现象，最终都可以还原为教育政策制定中的利益博弈。

5. 文化因素

人类社会已有的知识和已经建立起来的伦理道德无法通过生理遗传机制向下一代传递，这是教育活动产生并存在的千古不易的根本道理。但是，教育以传递什么样的知识与伦理道德为己任，则完全取决于教育价值观。所以，影响教育政策态度的另一个重要因素是教育价值观，教育价值观一般又受制于人类社会的文化、伦理、道德等传统，其中文化传统对教育政策制定的影响最为明显。比如，对特定理想人格的永恒追求和对自由教育的固守坚持，会使大学教育政策染上保守主义色彩；而对认识新现实、提出新见解、建立新理论的倡导崇尚，会使大学教育政策带有激进主义气息。注重个人价值本位的教育价值观，其教育政策重点往往向“培养精英”倾斜；而注重社会价值本位的教育价值观，其教育政策目标势必向“普惠大众”转移。

6. 舆论因素

社会舆论、新闻舆论对教育政策制定的影响也非常大，有时候甚至可以起到“临门一脚”的效果。然而应该看到，舆论效果其实是政治、经济、法律、文化等因素的作用在某一个时段集中爆发出来的反映，其根源还在于前面那些因素所产生的影响。此外，宗教信仰、民族气质、国民心理、法治传统、教育观念等因素，也都会在一定程度上对教育政策制定产生某些影响。

（二）教育政策的种类及制定主体

1. 教育政策的种类

按照吴志宏《教育行政学》一书的划分方式，教育政策可以分为总政策、基本政策和具体政策三大类。总政策是指一个国家的总的教育方针或指南，基本政策是指对教育工作具有普遍指导意义的各项基本方针，具体政策是针对教育工作的某一方面问题而制定的各项实际政策。② 这种划分方式贴近现实，也比较好理解和掌握。

---

① 龚怡祖.学历的社会功能与历史形态初探[J].教育研究，2002(2)：31-37.

② 吴志宏.教育行政学[M].北京：人民教育出版社，2000：203-204.

这三大类政策之间实际上存在着一定的关系，一般而言，总政策高度概括化、原则化，其政策影响力会长期覆盖跨度较广的某个历史发展阶段，并在深层次上规定着基本政策和具体政策的具体内容与发展方向；基本政策是总政策的具体化和合理延伸，涉及范围较广，数量较多，对政策内容的稳定性要求较高，它们一方面受总政策的指导，另一方面又在一定程度上制约具体政策的发展方向，其政策影响力的持续时间一般较长；具体政策是教育政策中最活跃的部分，它们涉及领域更广，内容更加具体，可操作性更强，且往往有一定的灵活性，而持续性则比较容易受到形势变化的影响，政策重点也因此而经常发生转移。

就具体范围而言，在我国，教育总政策就是我国现行的教育方针；而像义务教育政策、职业教育政策、教育财政政策、思想政治教育政策等政策，属于教育基本政策范畴；至于农民工子女受教育政策、高校扩招政策、高校毕业生分配政策等政策，则属于教育具体政策的范围。

2. 教育政策的制定主体

由于教育政策体系庞大，各国国制也不尽相同，因而制定教育政策的具体主体也不尽相同，一般可分为两种情况：一种是单一政体国家政策制定主体类型，一种是联邦政体国家政策制定主体类型。

在单一政体国家，教育总政策的制定主体是国家最高权力机关或执政党。教育基本政策可由国家最高权力机关或执政党制定，也可由国家教育行政部门制定。教育具体政策一般由国家或地方教育行政机关制定，它们是完全由教育行政决策活动而产生的教育政策。

在联邦政体国家，由分权的教育行政体制所决定，一般不存在教育总政策，即便存在近似性质的政策，对下级教育部门也不具有实质性的约束力。教育基本政策和具体政策则均由地方政府或地方教育行政机关制定，属于比较典型的教育行政决策范畴类型。但是，各种利益团体对教育政策制定过程的影响力极大，由于利益和信息表达的多元化，经常发生意见不统一的情况，因此非常重视发挥专家委员会的作用。

需要指出的是，无论是在单一政体国家还是在联邦政体国家，实际的教育政策制定活动都远远超出行政机关活动的范围，涉及立法机关、政党等众多社会主体的广泛参与。一般认为，参与或影响教育政策制定的利益团体通常包括教育行政机关、立法机构、政党、法院、专业机构以及其他社会团体，这与教育行政决定活动完全是在国家行政机关的职权范围内进行的情形十分不同。与此相应，教育政策的规范效力也就显得较为复杂，主要表现为由国家权力机关制定的教育政策具有普遍约束力，而由政党或其他利益团体制定的教育政策则只对政党或团体的组织及其成员具有约束力。

（三）教育政策制定的模式

严格地说，不存在专门用于教育政策制定的模式。教育政策制定者在实践中一般是参考或借用一系列由政策学家研制出的、由比较系统的理论、方法与技术构成的所谓政策制定模式。下面选择几种影响较大的模式作一简要介绍。

1. 全面理性决策模式

这是以追求最佳政策为目标的决策模式，也称为科学决策模式，其倡导人物最早可以追溯至英国古典经济学家亚当·斯密，后来西蒙对这一理论提出了修正。该模式假定决策者面临的是一个既定的问题，以优选理论为基础，以系统分析为主要技术，实施方法和步骤是：① 政策制定者全面地掌握决策所需的信息；② 政策制定者尽可能客观和量化地分析信息；③ 提出各种政策方案；④ 对各种方案的利弊及实施后果进行评估；⑤ 筛选出最佳政策方案。

这一模式假定决策的每一个步骤都是理性的，因而最后选中的方案也必然是最理想的。然而，这一模式在实际应用中存在着大量困难：一是社会事务领域的决策复杂多变，很多政策问题都是新问题，并非简单的“既定问题”，决策者很难全面把握与此相关的信息和知识，技术上也存在很多困难；二是所谓最优的标准不切实际，因为社会价值常常彼此冲突。比如，对于21世纪我国高等教育实行的“985工程”政策，有的大学认为它是最大限度利用了高等教育资源，体现了应有的政策重点；另一些大学却感到它是马太政策效应的突出表现：穷者愈穷，富者愈富。正因如此，在理性决策模式的执行过程中，决策者最后往往不得不放弃所谓最佳目标，而改取更为务实的态度。也就是放弃全面理性，在不歪曲政策问题性质的前提下简化问题，改用西蒙加以修正的“有限理性”[①]。

2. 渐进决策模式

渐进决策模式是在批判理性决策模式的基础上发展起来的，它试图弥补后者的不足，其决策思想是，在制定政策时只对以往的政策作局部调整和修改，使新政策成为既往政策的延伸和发展，而不是全面颠覆过去的政策，积小变为大变。这种模式的理论基础是超理论主义，主要采取断续渐进策略分析方法，代表人物是美国政治学家和经济学家林德布洛姆（Charles E. Lindblom）。[②]

---

① 有限理性是西蒙的重要决策思想。参见：[美]西蒙.管理行为[M].杨砾，译.北京：北京经济学院出版社，1988：19-20；[美]西蒙.管理决策新科学[M].李柱流，译.北京：中国社会科学出版社，1982：34，118.

② 参见：[美]查尔斯·林德布洛姆.决策过程[M].竺乾威，胡君芳，译.上海：上海译文出版社，1988：42-44；C. C. Lindblom. The Policy-Making Process (2nd. ed.)[M]. Englewood, Cliffs, NJ: Prentice Hall, 1980.

采用渐进决策模式的优势在于：第一，可以大大简化决策过程，决策者不必去设计和评估所有的方案，只需考虑与改进有关的内容，即通过一连串适当的政策加减，逐渐完成政策目标的改变，因而可节省很多时间、精力与成本；第二，新政策具有原政策的连续性，是稳中求变，不需要像实施新政那样进行大量宣传与解释工作，民众的心理障碍较小，接受度较高，显得比较稳妥。这些优点使渐进决策模式成为当今许多国家行政决策的基本模式。它的缺点主要是：如果社会对现行政策已经普遍不满且强烈要求变革时，继续固守于这种模式则是不明智的，会激起更高的不满情绪。政策学界特别是有“政策科学之父”美称的德罗尔（Yehezkel Dror，1980）对它的批评也主要集中在此点。因此，渐进决策模式只适用于稳定的或变化缓慢的社会环境，而不适用于急剧变革的社会环境。[①]

3. 综合审视决策模式

综合审视决策模式又称“第三种决策方法”，是将全面理性决策模式和渐进决策模式结合起来、取长补短地加以应用的结果，其基础是混合扫描理论，代表人物是美国管理学家阿米泰·埃奇奥尼（Amitai W. Etzioni，1967）。

该模式的技术思想与方法是：先运用理性决策模式的系统分析技术对政策问题的一般性要素，如目标、对象和手段，进行广角扫描，目的是分清主次，选取重点突破方向；然后，再运用渐进决策模式的重点分析方法，对决策者认为具有较大难度或风险因而必须深入调查、谨慎行动的特殊项目或方案进行聚焦扫描，即找出“根据当时情况和最广泛的影响来确定的‘重要的决定’”[②]。通过这种方法，决策者既可以避免忽略基本的政策目标，保持政策所需要的洞察力和敏锐性，保留“对详尽研究的领域采取综合行动”[③] 的能力；又可以尽最大努力对最艰难的政策环节做深入细致的科学分析和妥善安排，避免提出不切实际的政策目标。

综合审视决策模式试图结合全面理性决策模式和渐进决策模式两者的优势，并根据政策环境来灵活运用决策方法，以达到提高政策制定质量、合理控制政策风险的目的。

上述三种政策制定模式，都是行政决策者经常实际运用的方法，各有其适用的范围和条件，应根据具体的政策环境灵活地运用。

---

① ［以］叶海卡·德罗尔.政策研究的基本概念[G]//［美］斯图亚特·S.那格尔.政策研究百科全书[M].北京：科学技术文献出版社，1990：13.

② Amitai Etzioni. Mixed Scanning：A Third Approach to Decision-Making[J]. Public Administration Review，1967(5) Vol. 27.

③ 同上。

（四）教育政策制定的流程

一般而言，制定教育政策的程序可分为五个步骤。

1. 发现政策问题

即具有公共性的教育问题是怎样引起政策诉求的，这是制定教育政策的第一步。教育领域存在着形形色色的问题，但并不是所有的问题都是政策问题，需要决策者去发现和确认。如果某一问题已经影响到公众的利益，或者成为社会舆论关注的中心，那么这类问题应引起重视，列入政策优先考虑范围。在不少情况下，很多政策问题要么藏而不露，要么由于政府机关忙于例行公事而无暇过问，这时政策研究机构的作用就尤为重要。

2. 分析政策问题

即解决特定教育问题的政策意见是怎样形成的。发现问题并不意味着被发现的问题都可以进入到制定政策的范围，需要对这些问题进行分析和筛选。需要分析的问题包括：所发现的问题属于哪一类性质？是属于教育内部的还是外部的？是区域性问题还是全国性问题？是体制性问题还是技术性问题？主要的政策对象是谁？……为此需要大量收集信息，并对信息进行详细分析与评估。

3. 形成政策目标

即政策制定者是如何找到政策的重点和灵魂的。如果教育行政主体认为自己所发现的问题很重要，需采取有效措施加以解决，就必须形成政策目标和解决思路。在形成政策目标的过程中，决策者既要考虑政策的理想状态，也要考虑政策的实际可行性，避免在设计政策方案时走弯路。

4. 设定政策方案

即通过政策议程实现政策方案的提供、选定与合法化。教育行政主体根据政策目标和实际情况，经过对各种方案的后果进行周密预测和评价并充分考虑到可能出现的问题及应对措施之后，从多种可以考虑的政策预案中挑选出最合适的一个。政策拍板一般是由决策层来完成的，一旦政策正式出台，政策制定阶段便告结束。

（五）教育政策制定过程例释

下面，试以我国转型时期出现的农民工子女受教育问题为例，简要解说该问题从成为政策议题、进入政策议程、形成政策决定到付诸政策实施及完善的过程。

我国大量农村留守儿童、城市流动儿童的出现，是20世纪80年代末以来我国工业化、城镇化进程和农村剩余劳动力转移过程中所带来的社会问题，从而衍生出农民工子女受教育问题。这一问题从20世纪90年代起引起社会的广泛关注和国家教育行政机关的注意，由此开始产生政策诉求。1995年，原国家教委颁发《城镇流动人口中适龄儿童少年就学办法（试行）》，首次将解决流动人口子女受教育问题列入当年议事日程。2001 年，教育部颁布《中国儿童发展纲要（2001—2010 年）》，明确规定要对流动儿童全面实施九年义务教育，并提出了具体目标。同年，国务院作出了《关于基础教育改革与发展的决定》，强调要重视解决流动儿童少年接受义务教育的问题，并提出了具体的政策意见，即实行以流入地政府管理责任制为主，以全日制公办中小学为承担主体，采取多种途径，依法保障流动儿童少年接受义务教育的权利。2002 年 8 月，教育部在杭州召开全国进城务工就业农民子女接受义务教育工作经验专题交流会，就这项政策展开进一步调研，调查政策的运行反馈情况，以进行必要的信息加工和再决策，并通盘考虑这项政策的调整及完善工作。2003 年 9 月，国务院办公厅根据全国农村教育工作会议的精神，转发教育部等六部门《关于进一步做好进城务工就业农民子女义务教育工作的意见》，第一次将政策对象指向"进城务工就业农民子女"。2006 年，国务院颁发《关于解决农民工问题的若干意见》，其中要求"保障农民工子女平等地接受义务教育"，敦促各地政府应将农民工子女义务教育纳入当地教育发展规划。在中央政府一系列相关政策推动下，各地政府也纷纷因地制宜，就农民工子女教育问题出台具体的政策，如采取农民工子女教育券制度、流出地政府以转移支付形式向流入地进行教育财政补贴等措施，切实保障国家有关农民工子女的教育政策落到实处。

总之，教育政策制定过程是教育决策主体在大量现实问题中不断进行主动选择，同时与利益相关者不断进行互动的过程。只有当这一过程真正体现了主体与客体的相互适应、主观条件与客观条件的逐步趋近、专家选择与社会选择的辩证统一、特殊价值与普世价值的兼顾融合，才能够获得良好的社会效果。

第三节 教育行政执行

教育行政执行（education administrative performance）是教育行政决策阶段之后的重要工作内容，也是教育行政主体为贯彻实施教育法律法规、教育方针政策和执行教育行政决定而开展的活动。过去一个历史时期，学者们往往片面地把注意力过多投入到立法和政策制定上，直到后来兴起了"执行运动"，才使人们更多地看到了执行的重要性。因为，执行是直接联系行政目标和行政效果、达到取信于民的"不可缺失的一环"①。怀特（Leonard D. White,

① "不可缺失的一环"为拉姆·查兰之语。参见：[美]拉姆·博西迪，拉姆·查兰. 执行——如何完成任务的学问[M]. 刘祥亚等，译. 北京：机械工业出版社，2007：16.

1955）甚至将行政看做“就是公共事务的执行”，旨在“使公共计划得以最迅速、最经济、最圆满地完成”[①]。

教育行政执行是教育行政组织实施教育行政行为的基本形式和主要手段，是对特定对象作出能直接产生法律效果的执法行为。本书对教育行政执行概念的定义是：它是各级政府及其教育行政机关和其他有关行政部门以及法律法规授权的组织，依照法定职权和程序，适用教育法律规范以及其他相关法律规范，针对特定的人或组织所采取并直接影响其有关教育的权利及义务的具体行为，或是对其教育权利与义务的行使与履行情况进行监督的具体行为。这一定义基本描述了教育行政执行行为在法律关系主体、法律规范依据、法律效果等方面的主要特征，说明了它是以教育行政主体为一方主体、以被采取措施的相对人为另一方主体的一种行政法律关系。

一、教育行政执行的主体

由于教育行政执行属具体行政行为，因而实施该行为的主体就不像实施抽象教育行政行为的主体那样严格限于国家最高教育行政机关及地方各级立法机关，而是包括了各级教育行政机关及其授权、委托的组织，也就是根据具体执行的内容，所有具备教育行政主体资格的机构都可以在法律所规定的范围内担当执行主体，其范围比较广泛。单就教育行政机关类别的主体而言，就包括了中央教育行政机关、省级教育行政机关、市级教育行政机关、县级教育行政机关和乡镇级教育行政机构等。

这里面还有几点是需要予以注意和辨别的：

第一，教育行政执行主体是指依法成立、具有教育行政执法权力、能够以自己的名义实施教育行政执法行为并能够承担由此产生的相应责任的组织。把教育行政执行主体界定为国家教育行政机关过于简单，因为一些非行政组织经法律、法规授权后，也可以成为教育行政执行主体，并发挥不可替代的作用。

第二，根据《教育法》的规定，可能成为教育法律关系主体的社会组织或个人具有社会广泛性，其中相当一部分组织或个人不一定在教育行政部门直接管理范围之内；此外，教育法规中确定的一部分行政制裁措施的执行，也不是教育行政机关所能操作的，如责令停止营业或吊销营业执照的处分须由工商管理机关执行，行政拘留须由公安机关执行等。因而，根据具体的执行内容，一部分其他行政机关也将成为教育行政执行主体。

---

① Leonard D. White. Introduction to The Study of Public Administration[M]. New York：Macmillan Company，1955：45-48.

二、教育行政执行的对象

《最高人民法院关于贯彻执行〈中华人民共和国行政诉讼法〉若干问题的意见（试行）》第一条对具体行政行为的定义是："国家行政机关和行政机关工作人员、法律法规授权的组织、行政机关委托的组织或者个人在行政管理活动中行使职权，针对特定的公民、法人或者其他组织，就特定的具体事项，作出的有关公民、法人或者其他组织权利义务的单方行为。"

根据这一司法解释对于行政执行对象的表述，可以将教育行政执行的对象界定为与特定的教育事项发生了法律关系的公民、法人或者其他组织，其中也包括与上一级教育行政机关相对应的下一级教育行政机关或组织，它们是教育行政执法的相对方，是教育行政法律关系中的另一方主体。

也有人认为教育行政执行对象还应当包括"特定的事项"，这种看法是不妥的。"特定的事项"与教育行政执法关系中的双方主体不在一个逻辑层面上，应该属于教育行政执行的内容范畴。

三、教育行政执行的内容

教育行政执行是发生在教育行政机构与公民、法人或其他组织之间，因与教育有关的特定事项，以教育行政机构为行为主体的，具有法律效果的行政行为。教育行政执行具体表现为：一是对相对人行使与教育有关的权利和履行与教育有关的义务的情况进行检查监督，并依法作出决定或采取措施；二是为相对人提供与教育有关的行政指导和服务。

教育行政执行的内容并不是教育行政主体的所有活动，而只是教育行政主体对与教育有关的国家事务和社会公共事务所实施的那一部分管理活动，如发生在学前教育、义务教育、普通高中教育、中等职业教育、高等教育、继续教育等领域里的管理活动。而教育行政主体与管理职能无涉的活动，比如它与其他社会行为主体之间基于借用、租赁、买卖等关系而发生的各种行为，则不是教育行政执行的内容，而属民事性质的行为。

就教育行政机关而言，各级教育行政执行的主要内容是：中央教育行政机关对省级教育行政机关及其他权利义务主体行使权利和履行义务的情况进行检查监督并依法作出决定和采取措施；省级教育行政机关对本省下一级教育行政机关及其他权利义务主体行使权利和履行义务的情况进行检查监督并依法作出决定和采取措施；市（地）教育行政机关对本地区下一级教育行政机关及其他权利义务主体行使权利和履行义务的情况进行检查监督并依法作出决定和采取措施；县级教育行政机关对本县下一级教育行政机关及其他权利义务主体行使权利和履行义务的情况进行检查监督并依法作出决定和采取措施；乡级教育行政机关对本辖区相关权利义务主体行使权利和履行义务的情况进行检查监督并依法作出决定和采取措施。各级教育行政机关检查监督的重点是落实义务教育工作，保障适龄儿童、少年按时入学。

四、教育行政执行的依据

一般来说，教育行政执行的主要依据是教育法律、教育法规和教育行政规章等法律规范。但是，将教育行政执行的依据完全限定在专门的教育法律规范范围之内是不全面和不准确的。其他许多法律规范虽然不是专门针对教育作出的，却依然对教育工作具有规范性、指导性的作用。比如，教育行政机关和审计机关在教育行政过程中所实施的统计、审计等行政行为，在执行时适用的就是《统计法》、《审计法》等。可见，教育行政执法的依据由两部分组成：一类是专门的教育法律规范，这是我国教育行政执行的最主要、最大量的法律依据；另一类是其他涉及教育工作的法律规范。因此，将教育行政执行依据“表述为教育法律规范和其他相关法律规范，比较符合我国教育行政法制的实际情况”[①]。

从 20 世纪 80 年代开始，我国逐步加强教育法制建设工作。全国人民代表大会及其常委会先后制定了《中华人民共和国学位条例》、《中华人民共和国义务教育法》、《中华人民共和国教育法》、《中华人民共和国教师法》、《中华人民共和国职业教育法》、《中华人民共和国高等教育法》、《中华人民共和国民办教育促进法》等法律，其中《中华人民共和国教育法》第九章“法律责任”条款对教育行政机构的执法内容和权限作了明确规定；国务院颁布了《普通高等学校设置暂行条例》、《高等教育自学考试暂行条例》等教育行政法规；教育部发布了教育行政规章二百余种；地方政府制定或发布的地方性教育法规或地方教育行政部门制定或发布的行政规章更是数量众多。随着我国教育法制工作的加强，教育行政执行越来越成为一项重要的教育行政职能。

五、教育行政执行的要件

教育行政执行必须按照法定的职权进行，如果超越法定权限，即是无效行为甚至是违法行为。同时，教育行政执行还必须严格按照法定程序进行，执法程序的作用在于通过程序之公正来获得结果之公正。

---

① 陈应鑫.教育行政执法若干基本理论问题探析[J].广西师范学院学报：哲社版，2007(4)：72-80.

（一）实体要件

教育行政执行的实体要件包括：① 执行主体合法，必须是适格的教育行政主体，并且没有超越法定职权范围；② 执法内容合法，具备充分的事实依据，完全符合法律法规的效力规则；③ 执法行为是执行主体的真实意思表示；④ 行政相对人具有法定的行为能力。

简单地说，就是主体合法、内容合法、对象合法和意思表示真实，且这四个要件必须同时具备。

（二）程序要件

教育行政执法行为不仅要在实体上合法，而且要在程序上合法。行政的合法性越高，其统治成本就越低。当代各国行政越来越认识到以行政程序控制行政权的重要性，并逐步建立了行政程序法律制度。由于我国目前还没有制定行政程序法，教育行政执行只能依据具体行为所适用的法律、法规、规章对具体执行所规定的程序作出。行政程序一般包括法定程序和必备形式，如履行调查、听证、告知义务，不得构成侵权。在执行教育行政处罚时，须遵循《行政处罚法》、《教育行政处罚暂行实施办法》① 所规定的程序，严格执行告知、受领等步骤，否则执法行为是没有效力的。一般而言，行政执法行为的程序要件有：该行为是否经过必要的步骤；是否采用了合法的方式；是否在法定期间内按照法定的程序完成。

教育行政机构严格按照法定职权和程序行使权力和履行职责，是加强和改善教育行政的基本要求和根本保证。美国的教育行政程序非常完善，每个重要的教育法案的酝酿和产生都有程序的具体规定，都要经过一个较长时间的深入调查和科学研究的阶段。我国为了加强教育行政执法的规范性，大部分省、市教育行政部门成立了教育政策法规处（室），专门负责这方面的调研工作。

六、教育行政执行的种类

教育属于社会公益事业，教育行政领域与其他行政领域相比，既有行政领域必然会有的强制性，也有比较突出的服务性。参照本章第一节对具体教育行政行为的分类，同时兼顾教育行政执行的内容范畴和强制性程度，本书将常见的教育行政执行种类划分为教育行政指导、教育行政转移、教育行政管理、教育行政服务和教育行政处分五类。

---

① 该实施办法由原国家教委于 1998 年 3 月颁布。

（一）教育行政指导

教育行政指导类行为是指教育行政主体依法对相对人进行指导并间接影响相对人权利义务的行为，包括教育行政指导建议、教育行政规划、教育行政检查、教育行政协调等，它们虽然具有一定的强制力，但都不强调强制力的作用。

1．教育行政指导建议

教育行政指导建议是指教育行政主体就特定事项依法对相对人提出指导性建议，供相对人参考采纳。在市场经济体制下，由于市场调节具有局限性，政府干预具有节制性，因而行政指导建议往往可以发挥其独特的行政价值。教育行政指导建议只要做到准确权威，一般情况下，相对人都会予以重视并充分采纳。在我国，教育行政指导建议行为尚不够发达，教育行政机关应该对哪些事项提供指导建议？指导建议应遵循何种程序进行？指导者应负何种法律责任？这些问题都有待进一步完善。

2．教育行政规划

教育行政规划是指教育行政主体通过对未来教育发展作出预测性总体构想和提出战略框架的方式，来指导和影响本地区、本系统、本部门的教育行动方向、方式、方案与重点，达到调节教育规模、教育结构、教育质量、教育效益的目的。

3．教育行政检查

教育行政检查是指教育行政机关为保障有关教育的法律、法规、规章、政策在其所管辖的地区、部门、系统内的正确贯彻执行，依法对下级教育行政机关及所属学校等相对人遵守法律、法规、规章和执行行政命令、行政决定的情况进行检查监督的行为。这种行为具有强制性，具体内容是对相对人是否正确行使权利和履行义务进行单方面了解，常见的形式有检查、督导和评价等。

4．教育行政协调

教育行政协调是指教育行政主体对发生在教育行政执行部门之间的、与执行职责或执法适用依据有关的争议进行协调，以及对在履行执行职责中各执行部门衔接和配合等事项进行协调，目的是提高行政效率，保障政令畅通。行政协调能够达成一致意见的，应形成会议纪要或其他文件，报送同级政府备案；行政协调不成的，由负有协调责任的行政部门根据协调事项的具体内容，分别向同级政府的编制管理机关、法制机关或其他机关提出上交协调申请。这些机关仍协调不成的，则提请同级政府决定。

（二）教育行政转移

教育行政转移是指教育行政主体将自己拥有的法定权力或职能依法转移给其他行政机关或组织等外部管理主体的行为，如行政授权、行政委托等。这类分权行为如今在教育行政管理活动中已经运用得相当普遍。

1. 教育行政授权

教育行政授权是指教育行政主体将某些教育行政职能依法授予非教育行政机关去行使的法律行为。在教育行政授权行为中，被授权者本身也是行政主体，它对所授的职权可以自主行使，并依法独立承担行使该职能所带来的法律后果。如我国《高等学校教师职务施行条例》明确规定，高校教师职称评定行为的主体是教育行政主管部门，如教育部和各省、自治区、直辖市的教育厅；但是该条例第十五条又进一步作出授权规定："部分高等学校经教育部会同省、自治区、直辖市主管部门批准，有权审定副教授任职资格，或有权审定副教授、教授任职资格。"也就是说，经过批准的授权高校能够以自己的名义实施教师职称授予行为，并承担由此所产生的法律责任。

2. 教育行政委托

教育行政委托是指教育行政机关可依法将自身享有的教育行政职权委托给非行政机关行使的法律行为。在教育行政委托行为中，被委托者不是行政主体，它只能以委托它的行政机关的名义来行使某项行政职能，所产生的法律责任也只能由委托机关承担。仍以高校教师职称评定为例，《高等学校教师职务施行条例》已明确认定教师职称评定行为的主体只能是主管教育行政部门或部分经过授权的高校，但是具体操作过程一般都委托给一个叫做"教师职务评审委员会"的机构去进行。该组织是一个临时机构，不具有独立法律人格，也不能以自己的名义行使职权或承担责任，其身份为行政被委托者，在最近几年发生的有关行政诉讼案件中，我国法院也都是这样认定的。

（三）教育行政管理

教育行政管理是指上级对下级、或国家对公民实施并直接影响相对人权利义务的行政行为，需以一定的国家强制力为保障，包括教育行政许可、教育行政审批、教育行政征收、教育行政干预等行为。

1. 教育行政许可

教育行政许可是指国家教育行政机关根据相对人的申请，依法赋予其从事教育法律法规所一般性允许的某些活动的权利和资格，其形式为颁发许可证或执照。比如，我国《教育法》第五十二条规定："国家鼓励社会团体、社会文化机构及其他社会组织和个人开展有益于受教育者身心健康的社会文化教育活动"；同时在第七十五条又规定："违反国家有关规定、举办学校或其他教育机构的，由教育行政部门予以撤销”。这就说明，从事这一类教育法律法规所一般性允许的活动，如举办学校或其他教育机构，是需要得到行政许可的。①

2. 教育行政审批

教育行政审批是指国家教育行政机关根据相对人的申请，依法对其所请求行使的、教育法律法规所特殊性允许的某些权利和资格进行审核，并作出准许或不准许的决定。行政审批在我国计划经济时代和转型初期使用得较多，一度出现过多过滥甚至官员借审批之名“设租寻租”的弊端。因此，行政机关原则上应进行“自我革命”，逐步缩小行政审批的范围，取消不必要的审批事项；同时，审批条件必须明确，政策裁量必须科学，审批手续必须简化，后续监督必须到位。我国自 2002 年起，国务院开始清理各类行政审批项目，第一批共计清理 4159 项，取消约 800 项。截至 2008 年，国务院已累计对行政审批项目开展了四次取消和调整工作。②

3. 教育行政征收

教育行政征收是指国家教育行政机关根据公共教育利益的需要，依法以强制形式无偿获得相对人的财产所有权的一种行政执法行为，因而是一种侵益性行政行为。行政法上的征收行为一般包括税收或捐收征收、公用或公益征收、准征收三类行为。

教育行政征收共分两类：一类是教育费、教育税的征收，如我国为扩大地方教育经费的资金来源，从 1986 年 7 月 1 日起向缴纳产品税、增值税、营业税的单位和个人按 1%的附加率征收教育费附加（2005 年 10 月 1 日以后附加率调高到 3%）。据统计，1985 年至 1999 年，我国向农民提取的教育附加税达到 1100 亿元、教育集资达到 516 亿元。③ 农村税费改革之后，由农民负担的教育事业费附加被取消。另一类教育行政征收是因被征收者违反、触犯教育法律法规的规定而引起的征收，一般视违法的具体情况和情节而定。

---

① 例如，2005 年 9 月至 2006 年 7 月期间，上海市松江区出现了全日制的现代私塾“孟母堂”，其教学内容以读经为主，语文课读《易经》、《论语》等古代传统典籍，英语课以莎士比亚的《仲夏夜之梦》起步，数学由外聘教师根据读经教育的需要重组教材、编排数理课程，体育课以瑜珈、太极之类修身养性的运动为主。2006 年 7 月 17 日，松江区教育局以该学堂未提交任何办学申请材料办理申请，因而违反办学许可的有关规定；家长未按规定把子女送到经国家批准的教育机构接受义务教育，因而违反《义务教育法》的有关规定；“读经教育”的内容和方法不符合国家教育方针提出的培养目标，教学活动违背学生的认知规律以及身心发展特征；学堂未经有关物价部门审核，擅自向学生家长收取高额费用，违反了国家有关教育收费的规定等事由，向“孟母堂”下达行政告知书和公函，责令其停止办学。

② 资料来源：国务院法制办公室. 积极开展行政许可（审批）项目清理工作，深入推进行政审批制度改革[EB/OL].（2009-07-24）http://www.chinalaw.gov.cn.

③ 辜胜阻. 农村教育的结构性矛盾与化解对策[J]. 教育研究，2004(10)：3-8.

4. 教育行政干预

教育行政干预是指国家教育行政机关根据国家教育发展战略和公共教育利益的需要，运用间接手段，依法对教育发展活动中出现的某些现象进行调控。比如，在发现高校之间出现盲目趋同、盲目攀升的恶性竞争现象后，教育行政权力应当介入，运用政策措施引导高校理性、合理地定位，消除过度竞争。教育行政机关在进行行政干预和调控时，强调禁止其在确定调控目标时受到集团、部门利益的左右，尤其禁止教育行政机关从自身特殊利益出发作出行政干预决定，以确保干预措施符合教育和社会的长远利益。

（四）教育行政服务

教育行政服务是指教育行政主体依法为相对人提供各种服务并间接影响相对人权利义务的行为，包括教育行政统计、教育行政给付、教育行政合同等行为。

1. 教育行政统计

教育行政统计是指教育行政机关或委托机构对教育发展情况进行统计调查和统计分析，其基本任务是向政府、社会和公民提供教育统计资料和统计咨询意见，并实行统计监督。教育行政统计是教育行政管理的基础性工作之一，教育统计数据是编制教育发展规划、进行教育决策的重要参考依据，教育统计工作的重要职能就是满足教育的科学管理与决策的需求，提供准确的统计数据，提供有价值的统计服务。

2. 教育行政给付

教育行政给付是一种行政救助行为，是受教育的公民在遭遇特殊情况时，由教育行政机关履行积极义务向其提供物质帮助，而给付相对人不必支付任何对价，即给付行为是无偿、单向的，给付资金来源于国家财政。行政给付制度存在的根本目的，是塑造公平正义的社会环境。例如，2008 年 5 月我国四川省汶川地区等地发生特大地震灾害以后，我国政府立即向灾区学校和学生提供了巨大的教育行政给付服务。

教育行政给付在本质上属于“授益性行政活动”，是最能够体现教育行政服务性的行为，除了直接给予物质帮助之外，取消行政限制、免除义务等方式也可作为给付形式。比如，我国继 2006 年、2007 年先后免除西部、中部和东部地区农村义务教育阶段学生的学杂费后，国务院又决定从 2008 年秋季学期起免除城市义务教育阶段的杂费。这两项教育行政给付行为共惠及全国 40 万所农村中小学的近 1.5 亿名学生和 2.59 万所城市中小学的 2820 万学生，对于实现义务教育公平起到了积极作用。

不过，在教育行政给付实践中，由于相对人可以不付出任何代价而获得相关权利和利益，因此必须准确认定给付对象，严格把握给付条件。

3. 教育行政合同

教育行政合同是一种运用市场机制的新型行政方式，近年来在我国已有相当程度的发展与应用，指不对等主体之间基于公务或公益目的而产生的公法效果合意，包括教育行政机关与民事主体之间的外部公法合同，以及教育行政组织之间的对等契约或行政协定。教育行政机构订立行政合同，是为了实现教育行政活动的目标，而相对方则是在保证教育行政活动目标实现的前提下，合法地获得自己的利益。行政合同的双方在地位上具有不对等性，行政机构一方对于已签订的行政合同如欲变更或中止，可以不与相对人协商，而是直接根据行政职能的需要来作出决定。为此，行政合同双方在行使权利时，要贯彻平等、择优、公益优先和公务均担的公法精神，同时完善司法救济途径。

（五）教育行政处分

教育行政处分是指教育行政主体依法对相对人追究违反教育法律法规的责任之行为，包括教育行政处罚、教育行政强制等行为，它们须以国家强制力为后盾。

1. 教育行政处罚

教育行政处罚是指国家教育行政机关对犯有轻微违法行为、尚不够刑事处分的社会行为主体或违反内部纪律的教育领域公务人员所给予的一种行政或法律制裁，如：取消颁发学位、学历及其他学业证书的资格；责令改正；罚款；没收违法所得；吊销执照，等等，目的是强化法律禁止的效力。① 根据《行政处罚法》的规定，在行使处罚权力时，必须贯彻处罚法定原则和“一事不再罚”原则，注意防止处罚执法主体的权限不明确、处罚范围过宽、处罚种类和名称过滥、处罚适用规则不科学、处罚程序不规范等现象。

2. 教育行政强制

教育行政强制是指教育行政机关对应履行而不自觉履行教育法律法规所规定义务的相对人，依法强制其履行该义务的行政行为，包括限制人身自由（如隔离，不过这种强制行为一般不直接由教育行政机关执行）、限制行使财产权

---

① 1998年原国家教委发布的《教育行政处罚暂定实施办法》第九条规定了十类教育行政处罚，包括“（一）警告；（二）罚款；（三）没收违法所得，没收违法颁发、印制的学历证书、学位证书及其他学业证书；（四）撤销违法举办的学校和其他教育机构；（五）取消颁发学历、学位及其他学业证书的资格；（六）撤销教师资格；（七）停考、停止申请认定资格；（八）责令停止招生；（九）吊销办学许可证；（十）法律法规规定的其他教育行政处罚”。

（如查封、扣押、冻结财产，这类强制行为一般也不直接由教育行政机关执行）、强制执行（如在义务教育中强制家长送被监护人入学、责令学校退还不当收费等）。

教育行政强制是预防及纠正教育违法现象、确保已确定的教育法定义务得到履行和教育行政管理活动正常进行所必要的一种行为。依法强制执行，必须以相对人不履行其应承担的义务为前提，必须以法律为准绳依法进行。比如，我国《义务教育法》规定："凡年满六周岁的儿童，不分性别、民族、种族，应当入学接受规定年限的义务教育。"对负有上述监护责任却没有送儿童上学的当事人，《义务教育法实施细则》第四十条规定：如果当事人不提出诉讼，又不履行惩罚决定的，要采取强制措施使儿童上学。

一般来说，教育行政机关并不具备直接的强制执行权。在普通法系国家，强制执行权归属于法院；而在大陆法系国家，基于效率的考虑，法律把某些行政强制执行权赋予行政机关。我国现行做法是以申请人民法院强制执行为原则，以行政机关自行强制执行为例外。强制执行一般要经过决定、告诫和执行三个步骤。

以上对教育行政执行种类的划分角度，与本章第一节对具体教育行政行为的分类角度大体保持一致，但也有不尽一致之处，两种角度都可供参考。

七、教育行政执行的效力

如果没有强有力的教育行政执行，教育法律法规就成了束之高阁的法律文本，国家的教育意志就难以得到实现。教育行政执行具有公定力、确定力和拘束力，旨在使法律所确立的相关主体的教育权利与义务从"应然"变成"实然"[①]，具体包括提供权利实现的途径与条件，排除权利实现的障碍。

（一）公定力

只要是行政行为，就具有公定力。公定力概念最早由日本学者美浓部达吉首创。[②] 在学界，按照是否应对行政行为之公定力设置边界的不同立场，分为"完全公定力说"、"有限公定力说"和"公定力不必要说"等三种理论。

"完全公定力说"认为行政执法行为一经作出，即对任何人都具有被推定为合法、有效而必须予以尊重的法律效力[③]，尽管它并不意味着该行政行为绝对正确。也就是说，即使该行为遭到起诉，也不停止执行，教育行政相对人必须服从，除非该行为由有撤销权限的机关变更或撤销。

---

① 姜明安.行政执法研究[M].北京：北京大学出版社，2004：22-29.

② [日]美浓部达吉.公法与私法[M].黄冯明，译.北京：中国政法大学出版社，2003.

③ 叶必丰.论行政行为的公定力[J].法学研究，1997(5)：86-91.

公定力是民事法律行为所不能够具有的，它确定了行政行为的权威性，但同时也阻碍了相对人在第一时间获得救济的迅捷性，因此一直有一部分学者对此表示质疑，并提出了“有限公定力说”，其基本观点是：如果行政执行行为具有严重瑕疵，则法律上应该判其无效。

“公定力不必要说”则完全否定给予行政行为“公定权威”地位的必要。

（二）确定力

确定力指行政执行行为的不可争力和相对稳定性。教育行政执行作为一种法律行为，它是教育行政机关行使国家行政权力依法单方面作出的决定，一经有效作出便产生法律效果，行政主体非依法不得随意变更或撤销，除非相对方提起行政复议、行政仲裁或行政诉讼并且获得胜诉，否则不得改变。行政执行的确定力来源于法律的确定性，法律忌讳“朝令夕改”。

确定力可分为形式确定力与实质确定力：前者指相对人不得任意请求变更、撤销或废止让自己受到拘束的行政行为，后者指行政主体不得任意否定自己已作出的意思表示或是置其他行政主体已经作出的意思表示于不顾，亦称“一事不再理”。即使认为该行政行为违法，也应提请有变更、撤销或废止权限的机关处理。

不过，一般认为，行政行为的确定力比不上司法判决的确定力，因为它是相对的，不是绝对的。因而，在有些立法严谨的国家，如德国，它只被称为存续力。行政执行如果发生变更、撤销、废止，且给相对人造成了损害的，要给予补偿或赔偿。

（三）拘束力

拘束力指行政执行的内容对执行机关和相对人（以及利害关系人）的约束力。教育行政决定一旦作出，即必须执行，且对相对人和执行主体具有相同的拘束力，双方都负有服从该行为内容的义务，不能被轻易推翻。如果相对人拒绝履行义务，则将受到包括武力在内的强制执行，不需要考虑其个人意志。在行政执行中，拘束力早于公定力、确定力发生，是具体行政行为生效的标志。不过，其作用仅限于拘束作出该行政行为的执行主体和该行政行为所指向的相对人，对其他主体没有拘束力。

除了公定力、确定力、拘束力之外，一些行政法学家认为行政执行还具有先定力和执行力，这里不一一介绍。

八、教育行政执行的制度保障

邓小平同志曾指出："制度好可以使坏人无法任意横行，制度不好可以使好人无法充分做好事，甚至会走向反面。"[①] 在教育行政执行过程中，为了防止行政权的滥用，体现人民主权和权力制衡理念，应当设置一系列保障正当执行的制度，建设法治行政。

（一）知情权制度

由于具体行政行为直接影响相对人的切身权益，执行过程应该对当事人、利害关系人及社会公开。广义的知情权泛指一切权利义务主体均依法享有了解与自身利益相关的信息的权利和自由，包括信息主张权和信息接受权。知情权的义务主体为教育行政机关及相关组织。知情权制度一般由行政信息公开制度、行政会议公开制度、听证制度等具体制度构成。只要不属于豁免性的国家信息，当事人都有权了解，豁免性文件范围必须由法律明确指定。从各国法律制度来看，知情权制度还是有待于进一步发展和完善的新事物，其发达与否，反映出一个国家的民主宪政和透明政府的建设水平。我国国务院常务会议于2007年1月17日通过《中华人民共和国政府信息公开条例》；行政程序法（草案）也在论证之中；一些地方如广东、上海，已经通过了地方规章级别的《政府信息公开规定》；2008年4月17日，湖南省正式颁布《湖南省行政程序规定》，这是我国第一部地方的统一行政程序法规。

（二）抗辩权制度

这里的抗辩权不是《合同法》、《担保法》里所设置的不安抗辩权，而是指广义的"阻碍他人行使其权利的抗拒权"，即行政相对人借助合法、正当的手段和程序，阻碍行政主体对其行使行政处分权。一般认为，在法治社会里，承认相对人的抗拒权地位有助于对行政机关滥用职权的行为形成一种遏制压力。安排抗辩权制度的实质意义是，在行政执法过程中保证当事人有提出异议和自我防御的机会，享有对处分进行辩解、质证及委托代理人的权利，必要时还应享有听证权利。

（三）防偏私制度

偏私阻碍公正的形成并破坏公正的实现，行政执行过程中应当保证行政相对人享受到公平对待的权利，行政主体应当保持中立、公正、无私的态度，并且确实处于中立的、无利害关系的状态。在大多数国家，防偏私的具体途径是实行行政职能分离制度和行政回避制度。前者指行政决定、行政执行、行政监

① 中共中央文献编辑委员会. 邓小平文选(第二卷)[M]. 北京：人民出版社，1989：293.

督等职能应该由不同机关分别行使；后者指相对人有权对可能存在偏私、不公之心或具有对其不利的社会关系背景的行政执法人员提出回避要求。

（四）说明理由制度

说明理由制度是行政执行程序中不可或缺的重要制度，它是指行政主体在作出对相对人合法权益产生不利影响的行政决定时，除法律有特别规定之外，必须向相对人说明其作出行政行为的事实与法律依据，以及进行自由裁量时所考虑到的政策、公益、形势、习俗等因素，即清楚地陈述作出该行为的“有关事实、法律依据、对实质问题的调查结果和结论的记录、自由裁量的理由或基础”①，等等。对于不履行说明理由义务的行政行为，一般要给予撤销、责令补正、确认违法等处分。执法主体必须保证自己的执法决定出自充分的法律理由，能够达到自洽和合理，这是现代行政法治向民主化发展的一个必然趋势，其目的是让行政主体不但要有效地作出行政行为，而且要有效地作出使相对人满意并服从的行政行为，它是建立行政主体与行政相对人和谐关系的重要手段。目前，我国《行政许可法》、《行政处罚法》等单行法已经提及该项制度，只是还没有给出十分明确的概念。

总之，教育行政执行是教育行政主体贯彻教育法律、教育方针、教育政策、教育行政决定以实现既定目标的实践能力，它既体现着教育行政主体的工作水平，又影响着教育法律关系主体的守法自觉性。在实践中，教育行政主体不仅要运用好行政执行活动所需要的经济资源、信息资源、社会资源和文化资源，更要运用好诸如权力、合法性、有效性等政治性权威的资源。②

显然，本节在讲述教育行政执行时，将由国家权力机关制定的教育政策的执行也看做是教育行政执行的一部分。但需说明的是，教育政策的规范效力在强制性上要弱于法律、法规和教育行政决定，不像后几者那样刚性、不允许打折扣。深而言之，任何国家在教育政策的贯彻落实过程中，都会出现所谓象征性执行、附加式执行、残损式执行、替代式执行等政策执行的增损、变样现象。有时候，教育行政主体鉴于实际情况还主动允许教育政策的变通式执行，却不必担心引起法律责任后果。这是教育政策执行中一个很显著的特点，本书将在第四章第三节的“教育政策过程中的‘策略空间’”一小节中具体论及。

① ［美］欧内斯特·盖尔霍恩等．行政法和行政程序概要［M］．黄列，译．北京：中国社会科学出版社，1996：143.

② 丁煌．政策执行阻滞机制及其防治对策［M］．北京：人民出版社，2002：43.

第四节　教育行政监督

教育行政监督（educational administrative supervision）主要是指对教育行政决策和教育行政执行的过程予以监督，目的是确保教育法律法规和教育决策的正确实施，纠正教育行政执行过程中的违法行为，防止权力滥用和制止侵权。

一、教育行政监督的主体和对象

教育行政监督的重心和实质是监督教育行政主体①，指依法享有教育行政监督权的监督主体对教育行政机关、教育行政授权主体及其工作人员行使教育行政权力的行为所实施的监督，具体包括国家监察部门与司法部门对教育行政部门、上级教育行政部门对下级教育行政部门、教育行政部门内部专司监督职能的机构对内部其他部门、教育主管机构对存在隶属关系且具有行政主体资格的学校等教育组织的监督活动。②

由此可见，教育行政监督的主体是“依法享有教育行政监督权的监督主体”，包括行政系统和司法系统中享有层级监督权和专门监督权的各种主体，如国家权力机关、司法机关；广义的监督主体还包括政党团体、社会组织以及公民。教育行政监督的对象，则是“行使教育行政职权的行政主体及其工作人员”。

简言之，教育行政监督实际上是享有教育行政监督权的监督主体对监督对象是否依法进行教育行政管理活动所实施的执法活动，“是依法治官而非治民，是依法治权而非治事”③，所追求的是国家和社会公共利益的实现，当然其活动也必须符合法定的权限范围，遵守法定的程序，符合法律原则和精神。

二、教育行政监督的内容及范围

当下，我国并无专门的教育行政监督法律或者法规、规章，有关教育行政监督的规定散见于单行的教育行政法律规范中，概括其内容，主要有以下几个方面：其一，监督教育行政决策是否合法、科学；其二，监督教育行政管理行

① 完整地理解教育行政监督，也许应当同时包括对教育行政主体和对教育行政相对方的监督。但是，对教育行政相对方的监督一般已经在教育行政执行过程中得到了体现，所以才将教育行政监督的重心放在监督教育行政主体上。

② 我国《教育法》第二十九条第六款规定了学校及其他教育机构有义务“依法接受监督”。

③ 应松年．依法行政论纲[J]．中国法学，1997(1)：29-36．

为，包括抽象行政行为和具体行政行为，是否合法、合理；其三，监督教育行政部门及其工作人员是否廉洁勤政、失职渎职；其四，监督行政自由裁量权有没有被违规滥用。

上述第二个方面的监督内容，涉及对具体行政行为的监督。比如，对学校及其他教育机构的财务、收费、招生进行监督检查。这种监督的需要，在现实生活中面广量大，发生最频繁，其执法效果与执法人员对法律尺度与程序标准的把握有密切关系。以下是我国部分省份人民政府规定的行政监督责任范围内须予以制止、纠正或追究行政责任的行政程序及行为①，可供教育行政监督工作参考：

① 行政执行主体不合法的；② 超越或者滥用行政职权的行为；③ 违反法定程序执法的行为；④ 认定事实不准确、适用法律依据错误的行为；⑤ 无行政执法证件从事执法活动或者违法使用行政执法证件的行为；⑥ 不使用法定收费、罚款、没收财物票据的行为；⑦ 不落实罚缴分离规定及擅自挪用或者处理没收扣押财物的行为；⑧ 不使用统一执法文书格式、执法案卷不完整不规范的行为；⑨ 拒绝、拖延上级行政机关依法作出的行政决定的行为；⑩ 拒绝、推诿依法应当受理的查处公民、法人及其他组织对行政执法投诉或举报的行为；⑪ 行政执行决定在生效的行政复议决定或行政诉讼判决里被认为违法或被变更、撤销以及引起行政赔偿的行为；⑫ 法律、法规和规章规定的其他违法行政行为。

对教育行政组织的行政监督内容，还可以按照职务监督、专业监督、合法性监督去划分。教育行政监督对象在接受监督时，只保留公权力主体和国家工作人员的身份，个人身份及事务不在监督范围之内。需要注意区分的是，对相对人行为的监督活动，不属于教育行政监督范畴，而属于教育行政执行范畴。

三、教育行政监督的形式

按照监督主体范围的不同，教育行政监督分为教育行政内部监督和教育行政外部监督。

（一）教育行政内部监督

教育行政内部监督，是指上级教育行政机关对下级教育行政机关、专司监督职责的教育行政机关对一般的教育行政组织、教育行政部门对工作人员所实施的监督活动，其组织基础是层级隶属关系。在我国，教育行政内部监督体系除了一般行政机关都采用的行政监察制度之外，还有教育督导、教育审计、教

① 对下述违法违规行为的归纳，参考了我国部分省份人民政府出台的《行政执法责任制办法》。

育巡视等比较有教育系统特色的监督制度。一般认为，由于内部监督的监督主体与监督对象之间存在着领导与服从的关系，因而这种监督力度强、效率高，并且具有事先监督、监督成本低的优点，尤其是层级监督的作用比较显著。

1. 教育行政监察

行政监察是指在行政系统中设置的专司监察职能的机关对行政机关及其公务员的行政行为进行监视、督察和惩戒的活动。行政监察权为监察机关所专有，我国监察系统由国家监察部以及按照行政层级设置的省监察厅、市监察局等地方监察机关组成，在国务院的统一领导下工作，并不存在专门的教育行政监察制度。所谓教育行政监察，是指教育行政系统内部的行政监察，是针对教育行政主体的一种专门的监督制度。高等学校等享有法律授权的教育行政主体地位的教育机构，也在教育行政监察制度的规制范围之内。

教育行政监察是一种经常性的、全面的、统一的监督，主要包括两个方面：一是对教育行政效能的监督，即对监督对象是否遵守法律规范、贯彻落实政令进行监督；二是对教育行政廉政的监督。监察机关享有检查权、调查权、建议权、处分权以及受理控告、检举、申诉的权力。教育行政系统内的行政监督属于行政监察制度的一部分，完全遵照一般的行政监察制度。行政监察的法律依据主要有《行政监察法》以及 1998 年由国家监察部制定的《监察机关调查处理政纪案件试行办法》等。

2. 教育督导

教育督导制度源于美国，最早可溯及纽约州在 1812 年设置教育督察长一事，由此开创了教育督导的先河，如今该制度已成为世界各国普遍认可的一种教育管理制度。在中国和法国，教育督导制度的功能不仅仅是“提供专业判断”，它还“能够发布命令”，具有行政监督功能。根据 1995 年《中华人民共和国教育法》第二十四条的规定，我国实行教育督导制度。我国有关教育督导工作的法规文件是原国家教委 1991 年颁布的《教育督导暂行规定》，新制订的《教育督导条例（征求意见稿）》经国务院批准，已于 2008 年 2 月起向社会广泛征求意见，尚未颁布。教育督导制度包括督学和督政两项职能，在我国是以督政为主。

督政职能即相当于教育行政监督，其任务是监督和检查下级政府、教育行政部门以及学校贯彻执行国家的有关法律、法规、方针、政策的情况，评价它们的管理水平，向政府和教育行政部门反馈下级部门和基层教育工作者的意见和要求。教育督导的主体是国家教育督导团、省级教育督导团、地（市）教育督导室和县教育督导室四级督导机构网络。按照规定，国家教育督导团设总督学、副总督学和国家督学；省级督导机构设主任督学、副主任督学和省督学；

地级和县级督导机构分别设地区（市）督学和县（市、区）督学。教育督导机构的性质为政府派出机构，在制度设计原则上，它们有权直接代表本级政府去监督下级政府的教育工作，但在实践中并非完全行得通。因为，教育督导机构的行政级别只与同级教育行政机关平级，负责人一般也由该级教育行政机关首长兼任。教育督导监督的对象是各级政府及其教育行政机构以及各级各类学校，督政的具体内容包括对本辖区范围内义务教育法的实施进行视察、督促和指导，对下级政府及其教育行政部门和各级各类学校执行国家教育法律、方针、政策的情况以及其他事项进行现场调查，对本辖区内的中等及以下各级各类学校和其他教育机构的办学方向、办学条件、办学水平等教育教学工作进行督导和指导，等等。督导条例规定，督政中如发现有违法违章行为的，督导机构及其代表有权予以制止，责令其改正或通报批评；情节严重的，由有关单位按照管理权限对相关负责人和责任人员给予行政处分；构成犯罪的，依法追究刑事责任。

法国的教育督导制度也分为督学和督政两个部分的事务。督政职权由国家行政总督学执掌，其主要职责是对教育部、学区、公立学校及所有隶属于教育部或得到教育部资助的机构，负责监督和检查其行政、财务、会计等事务的运行情况，处理违纪现象，并有义务对涉及上述机构的行政诉讼案件向行政法院提出咨询意见。

3. 教育审计

审计监督是行政系统内部的一种监督方式，是一项专门的经济监督活动。教育审计是国家各级审计机关依据财经法规对教育部门的财务收支及其有关经济活动进行审核与评价的管理与监督活动，“依法独立检查被审计单位的会计凭证、会计账簿、会计报表以及其他与财政收支、财务收支有关的资料和资产，监督财政收支、财务收支真实、合法和效益的行为”①。教育审计的主体既有教育部门内的审计机构，也有教育部门外的审计机构，其监督性质要看具体情况而定。教育审计监督的对象则包括国务院教育行政主管部门、地方各级政府及其教育行政主管部门以及学校和其他教育机构。教育审计的目的是维护教育财政经济秩序，促进和规范教育财务管理，提高教育经费使用效益，确保教育资金安全，及时发现和清除教育单位违规投资借款、乱收费、私设“小金库”等违法乱纪行为，预防教育领域里的职务犯罪，促进教育领域的廉政建设。

教育审计的范围包括政府教育经费的投入、筹措、使用和管理情况，与教

① 参见：《中华人民共和国审计法实施条例》第二条。

育相关的事业费、附加费、科研经费、专项补助费、世界银行贷款等教育教学以及科研经费的管理及使用情况，教育主管部门和教育事业单位的财务及外汇收支计划及其执行情况，教育基建投资情况，教育预算外资金的使用情况，国家用于教育的固定资产的管理及使用情况等，涉及财务预算执行与决算审计、重大项目审计、教育收费等专项资金审计、建设工程项目审计、国有资产审计、校办企业审计、领导干部经济责任审计等众多方面。经常采用的审计方法有核对法、审阅法、比较法、抽样法、推理法等。

我国教育审计的法律依据是《中华人民共和国审计法》和《中华人民共和国审计法实施条例》、国务院颁发的《审计工作条例》、教育部制定的《教育系统内部审计工作规定》和《教育系统内部审计规范》以及其他教育审计类规范性文件。审计机关享有要求报送权、检查权、调查权、制止并采取措施权、通报权等职权。审计机关在审计后应提交审计报告或出具审计意见书，对不经济、不合理的行为提出解决措施，对违法、违规行为在职权范围内作出审计决定，或向有关部门提出处理、处罚意见，并且应当自审计决定生效之日起3个月内，检查审计决定的执行情况。①

当代教育部门与社会经济活动的联系与交往正变得日益广泛和密切，教育投入的一个突出特点是经费筹措渠道日益增多，教育资金面临的风险增大，教育经费使用问题备受社会高度关注，公众越来越要求将教育经济活动纳入教育审计的范围。这些年来，我国教育审计的社会效益十分明显，2006年仅安徽省教育审计项目就达到3878项，审计总金额达到101.5亿元，审计共查出有问题资金7976.5万元，核减基建、修缮项目工程款2.5亿元，促进增收节支达2.7亿元。②

4. 教育巡视

教育巡视制度是一种行政内部监督行为，其特点是上级教育权力机关派员，采取流动的方式到各级学校巡察，通过系统内的“异位监督”方式，在一定范围内割断监督者与被监督者的利害关系，实现对下级组织的有效监督，教育部部长周济把这项工作比做是对学校的“健康体检”。2007年下半年以来，教育部派出巡视组分期分批对直属高校开展巡视试点工作，巡视组采取“听、查、访、谈”等多种形式，就学校处理改革、发展、稳定的重大问题、执行民主集中制、选拔任用干部、党风廉政建设等六个方面的情况，对直属高校负责人特别是党政一把手进行监督检查。在国外，也有类似的教育巡视机构，比如

① 法国的审计体制是由国家审计法院对教育部和高等学校的预算和决算进行审计，教育部和高等学校如果对国家审计法院的裁定不服，可上诉至国家行政法院。

② 张沛. 我省教育审计创效2.7亿元[N]. 新安晚报，2007-02-08.

荷兰有高等教育视导团。教育巡视制度中的“异位监督”，不同于教育行政外部监督中的“异体监督”，因为巡视制度范围里的监督主体与被监督对象之间，依然存在着行政隶属关系。

5.“母子行政主体”间的监督

在发生行政授权关系和行政委托关系的行政主体之间，“母行政主体”对“子行政主体”也必须依法承担和履行监督义务，具体内容如：授权机关有权撤销被授权机构制定的超越授权范围的规章或违背授权目的的行政行为，必要时可撤销授权；委托机关有权撤销被委托机构超越委托范围或违背委托目的的行政行为，必要时可撤销委托。

（二）教育行政外部监督

内部监督虽然具有一定的优点，但由于它是自律性的自我监督，势必存在不可克服的局限性。教育行政监督应当具有社会性和广泛性，而这正是外部监督发挥作用之处。

教育行政外部监督，是指由教育行政组织以外的各种监督主体对教育行政组织及其工作人员的管理活动所实施的异体监督。外部行政监督的主体是独立的，它们与被监督的行政机构之间没有行政隶属关系。由于通常情况下行政权力极易被扩张使用，无论是从发展民主政治的需要看，还是从依法行政的需要看，教育行政行为都应受到外部力量的制约与监督，以利于对行政相对人合法权益的保护更加有力。

1. 立法机关监督

立法监督是指由国家立法机关对教育行政机构实施的监督，在我国就是人大监督，指各级人大及其常委会对教育行政机关及其工作人员是否坚持依法办事进行监督。根据我国宪法，人大监督是我国最高层次的、最具权威以及享有最高法律效力的监督，人大监督不受同级政府和上一级监察机关的领导。

立法机关监督的方式主要有：① 改变或撤销本级政府制定的同宪法、法律相抵触的教育行政法规、决定和命令；② 听取和审议政府工作报告中有关教育的内容；③ 审查和批准本行政区的教育发展规划、教育财政预决算以及监督它们的执行情况；④ 对教育行政机关及其主要领导人提出质询和诘问；⑤ 视察和检查教育行政部门的工作；⑥ 组织对特定问题的调查；⑦ 罢免或撤销有关人员的职务；⑧ 受理人民群众对教育行政机关及其工作人员的申诉、控告、检举和意见，发现教育行政工作中存在的问题，责成督促其改正改进。

2. 社会监督

社会监督包括公民监督、社团监督、舆论监督，分别指公民、社团、媒体作为监督的主体，对教育行政管理活动实行广泛的监督。公民监督的依据是宪法和法律所规定的公民权利，社团监督的依据是宪法和法律所规定的公民权利和结社权，舆论监督的依据是宪法所规定的公民言论自由权和民主社会所要求的新闻自由。

社会监督能够起到其他监督方式无法替代的监督作用。我国转型时期发生的许多教育不公和腐败现象，如高校乱收费、优质中小学招生名额分配过程中的钱权交易等，在相当程度上受保护于信息不公开的行政制度，直接影响了人民群众、新闻媒体和教育主管部门对教育公平现状的了解、判断和督察，也成为导致某些教育利益集团损害教育公平、谋取小集团和个人利益的重要因素。必须切实加强和完善社会监督，努力创造让公众监督教育行政活动的环境与条件，包括实行教育政务信息公开，组织公民个人或团体旁听教育行政机关的各种会议，允许公民个人或团体查阅法律所准许的各级教育行政机关的档案资料，依教育行政相对人申请向其或社会公开有关教育政策出台的程序及依据，建立接受举报、投诉的快速反应机制，建立能够广泛、准确、及时地表达人民群众看法的民意测验机制，鼓励新闻舆论监督，等等。在很多国家里，独立监察机构的门前都设置有隐蔽的举报按铃，公民、法人或其他组织要对行政机关的违法行政行为进行投诉举报，十分方便和安全。监督机关对公民、法人或其他组织的投诉和举报，应在审理完毕之后，将追究情况与处理结果告知投诉人或举报人，有重大影响的案件还应向社会公布。

3. 其他监督形式

教育行政外部监督的重要形式还有司法机关监督（相关内容见本书第五章第四节的“教育行政救济”部分）、政党监督等，在此不一一介绍。

（三）内部与外部监督形式的比较

教育行政内部监督的优点是：监督内容全面、方式多样，主体的敏感性和过程的时效性强，有利于及时、高效地发现并处理问题；缺点是：监督的基础和机制都属于本体监督，或称自我监督，监督行为只对上级负责，始终处于教育行政部门的控制之下，存在着偏袒的可能性，公信力弱于外部监督。在教育行政内部监督情况下，监督主体行使的是行政监督权，它对被监督对象的合法性与适当性都有权进行监督。例如，上海市教委为完善行政监督机制进行了新的尝试，2008 年经批准成立了市教育督导事务中心，又称上海市教委行政执法中心，专门负责教育督导与教育行政执法中的有关事务性工作，加强教育行政执法监督的力量。

教育行政外部监督的优点是：在体制上不存在偏袒的基础，避免或减轻了利害关系网的干扰，有利于发现和纠正内部监督发现不了或纠正不了的问题，公信力高于内部监督；缺点是：发现和处理问题需要有一个过程，时效性不如内部监督，且监督内容也容易受到一定局限。在教育行政外部监督情况下，由于监督主体与被监督主体之间并无行政隶属关系，监督主体只能就合法性问题进行监督，而不能像对待下级机关那样，在合法性监督之外，同时行使相对而言比较严苛的适当性监督。①

可见，这两种监督形式各有利弊，在实践运用中应该互相结合、不可偏废，以形成相辅相成的整体效应。

四、教育行政责任的确定、追究及处置

如前所述，教育行政监督的目的在于纠正行政过程中的违法行为，防止权力滥用和制止侵权。其重要前提之一，是必须查明和分清教育行政责任，然后才能惩戒相关责任者。

（一）教育行政责任的概念

行政责任的概念是随着法治社会的建设而逐步产生并深入人心的，最早出现于19世纪70年代，其产生与发展经历了行政无责任、行政有限责任、行政完全责任等不同历史阶段。② 伴随着这一历史进程的，是社会对“绝对权力论”、“国家无过错论”、“主权责任豁免说”、“政府特权论”等落后的行政观念的质疑、非议和抛弃。罗伯特·克利特加德（R. Klitgaard，1988）总结出的著名的行政权腐败公式（腐败条件＝垄断权＋自由裁量权－责任制）③，更是从反面深刻地凸显了强调行政责任对于维护当代行政公正廉洁形象的极端重要性。如今，行政责任在各国普遍得到宪法和法律的肯定，最高层次的行政责任追究可导致立法机构对国家最高领导人的弹劾。

教育行政责任与整体的国家责任相联系，是现代行政体制的重要组成部分。④ 广义地讲，教育行政责任指教育行政主体及其公务人员对国家所承担的职责和义务；狭义地讲，教育行政责任指教育行政主体及其公务人员在代表国家实施行政管理活动的过程中，因其违法或未履行相应职责和义务时所应承担的否定性的、政治的、行政的、法律的后果。只有当教育行政主体及其公务人员对其违法行为承担了应有的后果，才能够说教育行政责任得到了追究。

作为一种制度安排，教育行政责任必须建立一套保证其实现的内外部控制机制，内部机制主要指自律监督，外部机制就是立法与司法监督。

---

① 行政法的基本原则主要有两个，即合法性原则与适当性原则。合法性原则适用于纠正违法的行政行为，而适当性原则适用于纠正不当的行政行为。

② 张国庆.行政管理学概论[M].北京：北京大学出版社，2000：496-498.

③ [南非]罗伯特·克利特加德.控制腐败[M].杨光斌等，译.北京：中央编译出版社，1998：106.

④ 故对于本部分有关“教育行政责任”的内容，也可以将其作为“教育行政体制”一章的一个组成部分来阅读和理解。

（二）教育行政责任的确定

行政责任是一种法定的责任，必须藉由法律、法规的确认才能够认定。所谓教育行政责任的确定，是指根据一定的原则，通过法定的方式和程序，来判定在具体的事件中教育行政责任是否存在、成立以及责任的主体与内容。教育行政责任的归责原则一般有：

1. 过错责任原则

过错责任原则指教育行政行为存在着故意的过错或过失的过错，归责时可适用主观过错标准与公务过错标准去衡量。在具体把握上，公务过错标准明显优于主观过错标准，可为受害人提供较多的救济机会。

2. 无过错责任原则

无过错责任原则也称危险责任原则，指在教育行政活动中，只要有损害事实的存在，教育行政主体就得承担责任，而无须考虑行政机关及其公务人员是否有过错。实行无过错责任原则的目的，在于转移由公务行为造成的相对方风险损失，以实现行政责任的社会化。

3. 违法责任原则

违法责任原则指以教育行政主体及其公务人员职务行为违法作为追究责任的标准，即只看该行为是否违反法律规范以及违反人权、诚信、公序、良俗等原则，而不问侵权的机关或公务人员有无过错。

在上述三种归责原则中，由于“违法责任原则”的客观性、可操作性相对而言强于其他两个原则，我国多数学者赞成采用违法责任原则，在法律规范和司法实践中也以该原则为准。①

（三）教育行政责任的追究与处置

教育行政监督机关对所发现的违法或不当的行政执法行为，必须追究执法者的责任。教育行政监督机构可以独立地予以追究处分，也可以由本级人民政府或被追究对象的上级主管部门进行处分——有的是行政追究，有的是司法追究，这要根据实际生效的教育行政监督体制所规定的处分主体及其权限来决定。

在行政追究范畴，监督机关在经过立案、调查、审理之后，对违法、违规实施行政行为的责任人和具体执行人员，其责任追究与处分可遵循和参照以下原则及做法：

对违法、违规行政行为责任人的处分，一般按情节轻微、情节严重、情节特别严重三种类型，分别采取批评教育、离岗培训、调离教育行政执法岗位、

① 如我国《国家赔偿法》第二条规定：“国家机关和国家机关工作人员违法行使职权侵犯公民、法人和其他组织的合法权益造成损害的，受害人有依照本法取得国家赔偿的权利。”

停职、警告、记过、记大过、降级、撤职等相应的行政惩罚措施或纪律处分，或移送司法机关查处。对具体执行人员的责任追究，按照不同情况分别处理：① 由行政执法人员自行直接作出的违法或不当行政行为，由行政执行人员承担全部责任；② 经行政机关负责人批准而作出的违法或不当行政行为，负责人承担主要责任，承办人负次要责任；③ 执行机构负责人指使或授意造成的违法或不当行政行为，负责人承担主要责任，承办人承担轻微责任；④ 行政执行机关集体讨论作出的违法或不当行政行为，由行政机关的主要负责人承担主要责任；⑤ 在行政执行过程中提出并坚持正确意见但未被采纳的人员，不承担责任。

在司法追究范畴，则必须在受到侵害的行政相对方提起行政诉讼的前提下，由人民法院通过立案审理，审查被诉具体行政行为的合法性及损害结果，来追究相关行政主体及其公务人员的责任（具体内容详见本书第五章第四节的“教育行政诉讼”与“教育行政赔偿”部分）。

五、教育行政监督体制的缺陷及其完善

在封建时代，统治者总是绞尽脑汁，用各种方式和手段监督下属和老百姓，但从不允许下属和老百姓对他们进行监督。真正意义上的行政监督机制是在资产阶级革命之后诞生的，行政监督理论渊源于分权制衡论、人民主权论、社会契约论、宪政论等社会科学学说①，这些学说开启和确立了人类社会以权力制约权力、以权利制约权力、以道德制约权力的行政思想、思路与实践。我国已经初步建立了教育行政监督体系，并在保障教育行政活动合法、有序、健康运行中发挥了很大作用，但是也还存在着一些需要改进和加强的地方。比如，怎样进一步提升教育行政监督的社会性和广泛性，从而真正实现“各类国家机关、社会组织或公民依法对宪法有关教育条款、教育法律、教育行政法规及规章实施情况进行的监督”②，进而保证体现全国人民意志的教育法能得到普遍、正确和切实的实施。

（一）教育行政监督如何加强其法制基础

教育行政监督是一种法制监督，这不仅意味着教育行政监督是对教育行政机关是否依法行政的监督，也意味着教育行政监督本身应当依法进行，即监督程序具有法定性。改革开放 30 年来，我国在行政监督立法方面已迈出了一大步，先后制定和颁布了一批有关行政监督和反腐倡廉方面的法律法规，行政监督体制在形式上初具系统性，这对保障法律法规的正确贯彻执行，预防和纠正

---

① 代表人物有洛克、孟德斯鸠、杰斐逊、卢梭、霍布斯、康德、罗尔斯等。

② 李连宁，孙保森. 教育法制概论[M]. 北京：教育科学出版社，1997：227.

行政机关及其工作人员的工作失误发挥了重要作用。但从总体上讲，行政监督立法的缺位还很严重，实施监督所需要的法制规范还很不完备，从而导致行政监督专门化、法制化程度低，尤其是缺乏像监督法、行政监督程序法这类能够明确监督标准和实施细则的专门法，使得具体的监督活动包括教育行政监督活动缺乏可操作性，难以判断和及时纠正被监督对象的违法行为，同时也会造成对监督权力本身缺乏有效约束的弊端。就落实社会监督作用的法制条件而言，我国宪法中规定的有关人民群众的监督权利还没有通过专门法律加以具体规定，公民监督的作用难以真正发挥。当前，有必要尽快健全行政监督法规，使教育行政监督落到实处。

（二）教育行政监督体系如何提高其独立完整性

我国教育行政监督未脱离一般的行政监督而形成相对完整、独立的制度体系，目前还属于一种多元化的、多层次的、多渠道的、立体型的监督体系。多元化突出体现为监督主体多元，在内部监督中，监督主体既有上级主管部门，又有所属政府，还包括同级其他行政部门；既有专门的监督主体，又有一般的行政机关的监督。这种状况不仅不利于教育行政监督权限的划分、职能的配置、组织结构和运行方式的整体建构以及教育行政监督效能的整体提高，相反，容易造成“漏监”、“难监”、“虚监”等监督落空的现象。监督主体的广泛性使监督渠道也呈现多样性，如有关教育行政监督的法规、命令往往“政出多门”，有时候不但令相关部门和被监督对象无所适从，有的命令、规定还相互矛盾；具体监督措施则既有审计监督，又有教育督导，还有各种检查监督，一定程度上存在着交叉重叠、浪费监督执法资源的现象。

以上特征说明我国教育行政监督体制与体系的独立完整性都显得不够，亟待改进和提高，将来应该向监督机构只向授权组织负责、不受同级政府领导、不受其他机关干扰的方向努力。

（三）抽象教育行政行为如何改进其监督难状况

我国目前针对抽象行政行为监督的法律较少，有些领域甚至是空白，就连《行政诉讼法》也明确地将抽象行政行为排除在司法审查范围之外。在这种情况下，教育行政机关对于判断自身的抽象行政行为是否合法，其标准只能来自教育行政机关系统的内部自我评价，这就使得监督的民主性、有效性大打折扣。历史经验和事实证明，任何缺少行政相对人参与和外部力量制约的权力监督，都不可能达到有效监督的目的。在现实生活中，人们有时候会看到，一些严重不合理的具体行政行为，仅仅因为其依据的抽象行政行为不允许触动而无法得到及时纠正①；一些教育行政机关更是通过抽象行政行为随意扩张本部门的行政权限，致使规范性文件的系统性、权威性、有效性受到严峻挑战，削弱了行政行为的公定力。许多研究者认为，今后我国应当扩大司法权对行政权的审查范围，将抽象行政行为逐步纳入司法审查范畴。

（四）教育行政外部监督如何提高其实际效力

按照宪法精神，我国行政机关的一切行政行为都必须接受人大监督。人大监督在我国法制建设中已经发挥了重要作用，但是在政治体制改革进程中，我国还处于进一步加强人大地位的历史阶段。改革开放以来，人大监督"法律地位高而实际地位低"的状况已经得到一定程度的改善，并有望在今后的历史阶段中进一步得到改善。有不少人大代表著文指出，如果我国人大机关能以客观的态度借鉴西方立法机关的一些有效工作方式与机制，如加快人大代表的质询权、罢免权的落实，人大的监督职权将可以行使得更好。②

有研究者认为，我国近期在这方面可供选择的方案是提升教育督导机构层级，将教育督导机构改变为由人大领导的一个督查机构，使其不但能够对教育行政机关进行监督，而且能够对同级政府进行监督，有权向人大报告政府违反教育法规的现象，以便追究政府有关领导人的责任；教育审计工作也应确保审计机构及人员与被审计单位之间不存在任何经济利益或行政隶属关系，以免影响审计过程和结果的真实性与公正性。

（五）教育行政监督方式如何克服单一化弊端

教育行政监督是一项经常性工作，应当贯穿于教育行政组织及其工作人员的行政活动全过程。但实际上，在我国教育行政监督工作中，是追惩性的事后监督在唱主角，忽略教育行政行为发生前的预防和教育行政行为过程中的控制。国内外经验表明，如果总是等到大量违法违规的教育行政行为已经对教育事业乃至社会造成危害、行政偏差和行政腐败现象已经形成事实之后才去采取制止、查处和惩罚的措施，在很大程度上已经失去了监督的意义。必须实现以事后监督方式为主向事前预防、事中控制方式为主的转变，尽可能将违法、违规、违纪和腐败现象消灭在萌芽状态。同时，各种监督主体之间应该进一步加

---

① 比如，对于改革开放以来我国教育行政机关允许其他类型高校改名，却严禁农林院校改名的做法，有些研究者提出了不同看法和批评意见，认为这种做法表面上虽未超出政府宏观调控权力的允许范围，但由于行政主体没有考虑这一行为给行政相对方造成了长期的实际不利地位，亦未对因此而带来的损失给予相应的政策补偿，因而缺乏足够的正义性。具体参见：① 龚怡祖．弱势教育部门"国民待遇"问题的政策研究[J]．高等教育研究，2005(2)：32-38；② 刘海峰．院校合并、升格与发展中的更名问题[J]．高等教育研究，2005(11)：21-26；③ 巫丽君．农业院校更名问题的公共政策研究[D]．南京：南京农业大学硕士学位论文，2006.

② 转引自：蒋劲松．改革开放以来人民代表大会制政体的成长[J]．湖南社会科学，2009(2)：29-42.

强协调性，消除教育行政监督工作中的“死角”和“盲区”，提升教育行政监督的整体效能。

六、我国教育行政监督的新课题

对处于经济转轨、社会转型时期的我国来说，教育行政监督对象还包括大量的学校组织，尤其是那些具有法人资格、办学自主权比一般学校及教育机构大得多的高等学校。[①] 众所周知，这类组织不同于一般行政组织，它们通常具有某些重要而独特的身份特点——既与教育行政机关之间保持一定的行政隶属关系，又不完全受这种行政隶属关系的约束。对于这一类“准行政性质组织”的庞大群体，显然无法完全适用一般的教育行政监督模式，而需拓展不以行政隶属关系为前提的监督模式，即外部监督形式。[②]

通常，判断外部监督法律关系是否成立的标准，是看监督主体与被监督主体之间是否存在着法律所规定或约定的行政任务的一致性。如果两者的行政任务具有一致性，同时又存在着相关的法律事实，即可推定两者之间存在着法律所认可的监督关系。但是，如何在转型时期运用和完善外部监督法律关系，去管理好、监督好高等学校这种组织，对于我国教育行政监督工作而言仍是一个新课题。我国高校在市场经济体制及现行法律规定下，不但享有公权主体资格，而且享有私权主体资格，客观上潜伏着角色串通的可能性，在自律失效和他律不足的情况下，极易发生法人滥权和经济性失范行为。今后需在法律上清晰界分高校自主权的公、私职能，制定出可司法的高校权利与义务范围，完善教育行政监督机制，对高等学校实施更有效的行政监督和社会监督。

综上所述，教育行政过程并不是一个个单一、孤立、静止的教育行政行为，而是一系列不断运动、相互关联、具有承接性的教育行政环节和阶段，每一个环节和阶段都具有特殊的法律意义，需要遵循不同的法律规范。一个完整的教育行政过程，一般总是包括教育行政决策、教育行政执行、教育行政监督三个相互关联、具有承接性、不断运动的环节和阶段，在整个过程中，怎样协调好这三个环节或阶段，特别是如何平衡决策、执行和监督这三种权力，是一个比较棘手的问题，也是当代行政体制改革中一直在着重探讨的问题。

---

① 高等学校与其他学校及教育机构的区别之一在于：高等学校一概具有法人资格，而其他学校及教育机构则并不全都具有法人资格。

② 我国《教育法》第二十九条规定：“学校及其他教育机构应当履行下列义务……(六)依法接受监督。”《高等教育法》第四十四条规定：“高等学校的办学水平、教育质量，接受教育行政部门的监督和由其组织的评估。”第十条规定：“在高等学校中从事科学研究、文学艺术创作和其他文化活动，应当遵守法律。”这说明，高等学校并不享有“治外法权”，同样要接受法律监督。

第四章　教育政策分析

作为教育行政决策的教育政策概念，已经在第三章里作了适当介绍。本章除第一节为教育政策概述外，其余各节的重点均放在对规范化的教育政策分析范式（paradigm of educational policy analysis）的介绍上。

第一节　教育政策概述

教育政策和教育法律法规一起，集中地体现了国家关于发展教育的意志和行动。教育政策是公共政策的重要组成部分，公共政策又是政策的下位概念。所以，对教育政策的定义，有必要从对政策的理解方面着手，并一层层递进。

一、教育政策的定义

（一）政策的定义

关于政策的定义有多种，研究者一直相互争论而不能得到统一、明确的结论。美国著名政策学家托马斯·戴伊（Thomas Dye，1972）认为，政策就是“政府选择要做或者不做的”[①]。这一定义道出了最重要的政策主体——政府，而它的明显不足之处也在于此：过于强调政府的政策主体地位而忽略了其他社会政治团体也具有一定的政策主体地位。因此，威廉·詹金斯（William Jenkins，1978）将政策的定义修正为“由政治行动主体或团体在特定的情境中制定的一组相关联的决策”[②]，以便将非政府政策主体包括进来，同时强调政策的“组合拳”特点。另一位美国著名政策学家哈罗尔德·拉斯韦尔（Harold D. Lasswell，1951）认为政策是“一种含有目标、价值与策略的大型计划”[③]，这一定义揭示了政策中的目标、价值、策略等要素，但是容易使人在政策和计

① Thomas Dye. Understanding Public Policy[M]. Englewood Cliffs，NJ：Prentice Hall，1972：2.

② William Jenkins. Policy Analysis：A Political and Organizational Perspective[M]. London：Martin Robertson，1978：27.

③ The Political Writings of Harold D. Lasswell[M]. Glencoe，IL，USA：Free Press，1951：125.

划两个概念之间产生混淆。我国学者陈振明采用批判复合主义的方法论，将政策定义为“国家机关、政党及其他政治团体在特定时期为实现或服务于一定社会政治、经济、文化目标所采取的政治行为或规定的行为准则，它是一系列谋略、法令、措施、办法、方法、条例的总称”[①]。

上述定义从不同的角度概括了政策的内涵，但是也有一些批评者认为它们有一个共同的缺点：就是都偏向于把政策理解为一个“静态”的文本，过于强调政策的目标取向而忽略政策的过程特点。于是，詹姆斯·安德森（James E. Anderson，1984）将政策描述为“一个或一群行动主体解决问题或相关事务的、有意识的行动过程”[②]，其实质是把政策看成是一个“由目标到结果”的线性过程。可是，再到后来，就连这样一种描述，一些学者也感到不够科学了。因为，所谓“线性过程”的理解，仍有可能遗漏政策实施过程中必然会出现的各种政策变化情况，容易对政策分析者造成误导。他们不赞成将政策看做是一个简单的线性过程，而主张看做是一系列复杂的“政策圆圈”[③]，这些“圆圈”包括文本的形成、修正、实施、变异的过程以及结果等要素，是一个“连续或断续”的非线性过程。从线性过程的认识论发展到非线性过程的认识论，表明政策的动态特点对政策分析学的意义越来越受到学术界的重视，同时也说明在现实生活中，政策目标与政策结果往往具有一定的非对称性。

对“政策”究竟如何定义，会对政策分析的性质和结果产生重要影响，埃贡·G.古贝（Egon G. Cuba，1984）甚至认为，政策分析的结果在很大程度上取决于政策分析者所遵循的是哪一种政策定义。[④]

（二）公共政策的定义

美国著名政策学家戴维·伊斯顿（David Easton，1957）对公共政策有一个权威性的定义：“公共政策是对全社会的价值作有权威的分配。”[⑤] 在这里，他强调政策是对“全社会的价值”进行分配，而所谓“全社会的价值”，显然是指这种价值的公共性。可见，公共政策区别于一般政策之处，就在于其公共性，具体体现为政策价值的公共性、政策目标的公共性、政策主体的公共性、政策对象的公共性、政策手段的公共性，等等。

综合大部分相关定义，可以将公共政策看做是国家、政府和公共组织为实

---

① 陈振明.政策科学[M].北京：中国人民大学出版社，1998.

② James Anderson. Public Policy Making: An Introduction(3rd ed.)[M]. Boston: Houghton Mifflin Company, 1984: 3.

③ [美]戴维·伊斯顿.政治生活的系统分析[M].王浦劬，译.北京：华夏出版社，1999：37.

④ Egon G. Guba. The Effect of Definitions of Policy on the Nature and Outcomes of Policy Analysis[J]. Educational Leadership, 1984 (Vol. 42).

⑤ [美]戴维·伊斯顿.政治生活的系统分析[M].王浦劬，译.北京：华夏出版社，1999：129.

现社会公众的公共利益，经由一定的法律程序，制定、颁布和实施的政治行为或规定的行为准则，它是一系列谋略、法令、措施、办法、方法和条例的总称。教育是公共政策的主要产生与应用领域之一，按照美国政策分析学家威廉·邓恩（William N. Dunn，1994）的表述，公共政策的其他应用领域还包括能源与环境、外交、市政、卫生与健康、交通、刑事审判、劳动就业、社会福利、经济与社会发展、科学与技术、通信，等等。①

（三）教育政策的定义

在各国的公共政策体系中，教育政策被视为是地位仅次于国防政策、经济政策的重要公共政策。目前国内学者或相关文献对教育政策的定义主要有：①教育政策是“负有教育的法律或行政责任的组织及团体为了实现一定时期的教育目标和任务而规定的行动准则”②；②“教育政策是一个政党或国家为实现一定时期的教育任务而制定的行为准则”③；③“教育政策是一种有目的、有组织的动态发展过程，是政党、政府等政治实体在一定历史时期为实现一定的教育目标和任务而协调教育的内外关系所规定的行动依据和准则”④；④“教育政策是有关教育的政治措施，是有关教育的权利和利益的具体体现”⑤。其他一些重要文献如《辞海》，大多把教育政策解释为“政府或政党所规定的行动准则”。

从上述定义来看，大多数是从文本角度去理解教育政策的，反映了长期以来我国教育政策的思维模式，即对教育政策概念主要作单面的静态理解，突出其作为“行为准则”的强制性。然而，这种政策思维模式对于认识或反映教育政策的本质常常是不够全面、不够灵活的。政策文本仅仅是教育政策的表面形式，尚不能清楚、准确地表达教育政策所包含的本质意义或实质性内容，更无法反映政策过程中多个实践主体和要素之间相互作用、相互博弈的关系。因此，有的学者提出⑥，应从现象形态、本体形态、过程特点和特殊性质四个维度去理解教育政策：在现象形态上，教育政策是教育领域政治措施组成的政策文本及其总和；在本体形态上，教育政策是关于教育利益的分配；在过程形态方面，教育政策是一个动态连续的主动选择过程；在特殊性质方面，教育政策对受教育者进行的利益分配并不体现为金钱、物质、权力、地位等利益，而是

① 参见：William N. Dunn. Public Policy Analysis：An Introduction[M]. Englewood，Cliffs，NJ. Prentice Hall，1994. 中文版见：[美]威廉·N. 邓恩. 公共政策分析导论（第二版）[M]. 谢明等，译. 北京：中国人民大学出版社，2002.

② 成有信等. 教育政治学[M]. 南京：江苏教育出版社，1993：201.

③ 袁振国. 教育政策学[M]. 南京：江苏教育出版社，1996：115.

④ 孙绵涛. 教育政策学[M]. 武汉：武汉工业大学出版社，1997：1.

⑤ 张新平. 简论教育政策的本质、特点及功能[J]. 江西教育科研，1999(1)：36-40.

⑥ 刘复兴. 教育政策的四重视角[J]. 清华大学教育研究，2002(4)：13-19.

表现为对个体身心发展机会与条件的分配以及对个体身心发展水平的权威性认定——受教育者凭借这些“认定”，便可以在社会生活中进一步获得其他的物质利益和精神利益。

至于教育政策的外延，学界中有狭义和广义的不同理解。狭义的理解只限于官方主体制定的教育政策，如“教育政策是由政府及其机构和官员制定的、调整教育领域社会问题和社会关系的公共政策”①；广义的理解则将教育政策界定为“从国家的最高行政机构到最小的学区行政机构做出的、影响到两个以上学校的行为的行政决定”②。

（四）教育政策与教育法律的区分

虽然教育政策与教育法律都集中地体现了国家关于发展教育的意志和行动，但是两者有着重要的区别：① 教育政策为行政规范，教育法律为法律规范；② 教育政策的制定主体不像教育法规那样限于国家权力机关，还可以是政党等其他主体；③ 教育政策的执行方式主要是行政手段，其强制力不如教育法律法规；④ 教育政策的规范效力显得较为复杂，由国家权力机关制定的教育政策具有普遍的约束力，而由政党等其他主体制定的教育政策，则只对政党组织及其党员具有约束力；⑤ 教育政策所要解决的问题与教育法规所要解决的问题在性质与特点上有明显差异，对于一些尚未定型而又亟待解决的教育问题，宜通过教育政策的途径去处理，而对于那些性质需要严格界定的、比较稳定的教育社会关系，宜采取制定教育法规的方式去处理。

应当说，教育政策和教育法律都是人类管理教育领域里社会事务的工具，但是一般认为，在一个法治化的社会里，应当是由法律调整与管理的社会关系和社会事务范围逐渐趋宽，而由政策调整与管理的社会关系和社会事务范围逐渐趋窄。

二、教育政策的本质

（一）教育政策属于国家教育行政宏观规范

教育政策不是一般的教育行政规范，它属于国家教育行政宏观规范，是国家较高决策层会同相关的社会力量，为实现教育目标并依照一定程序而制定的教育事务的行动纲领和准则，是教育方针的具体化，也是制定教育法规的依据。它虽然不是直接的教育法律、法规，但是也具有调整和规范教育活动、调整和规范教育社会关系以及教育主体的权利义务的功能，这是一般的教育行政规范所不具备的。

---

① 刘复兴.教育政策的边界与价值向度[J].清华大学教育研究，2002(1)：70-77.

② 袁振国.教育政策分析与当前教育政策热点问题[J].复旦教育论坛，2003(1)：29-32.

（二）教育政策是有关教育权利与利益的具体体现

教育政策是有关教育权利与利益的具体体现，这是教育政策的本质属性，政策的本质是不会偏离利益这个核心轨迹的。教育政策的根本目的，是在全社会范围内进行教育利益的分配。无论在何种时代、何种社会制度中，政策都始终与人们的权利和利益密切相关，而教育政策则具体地代表了不同人群在教育领域中的权利与利益，真实地记录和反映了不同时代、不同社会制度中不同阶级、阶层的人们接受教育的基本状况。

为什么说教育政策是有关教育权利与利益的具体体现呢？具体来说，在现代社会里，教育不仅是促进经济与社会发展的重要因素，而且是影响人群收入差异和社会分层的重要因素，它兼具人力资本投资性质和精神力量的创造价值性质，能够提高受教育者的未来经济收益，同时也是个人参与社会生活、获得相应社会地位的重要杠杆。① 教育资源总是具有稀缺性，这一特点不会因为社会制度或经济体制不同而改变，甚至也不会因为教育大众化进程而改变。在教育大众化过程中，稀缺性会由一般稀缺领域向优质稀缺领域转移，而稀缺状态本身并不一定解除。这一特点使得教育机会在当代社会更加成为“拥挤的公共产品”，“拥挤”一词贴切地注解了政策学家对“公共政策实际上是在任何特定时候，通过集团斗争而形成的一种均衡，在它所代表的这种均衡之下，派别和集团不断为获取自己的最大利益而斗争”的诠释。② 许多教育不公平问题，最终都可以还原为政策问题，因此更需要高度重视教育政策的公平性。

（三）教育政策是政治行为和社会经济因素综合影响的产物

教育政策的制定和实施是一种重要的政治行为，同时又是各种政治行为综合影响的产物，它从根本上反映统治阶级的愿望和要求。在当代西方政策学研究中，也有学者认为，政策与其说是政治斗争的产物，毋宁说是社会经济等多种因素作用的结果，这种观点以托马斯·戴伊为代表。我国学者袁振国认为，作出教育政策的决定之所以困难，主要不是因为技术问题，而是源自价值上的冲突。③ 比如，有人觉得国家出面办重点中学很不公平：这样做等于把优质教育资源集中在少数学校，而大部分孩子却进入不了这样的学校。可是，能够进入这种学校的家庭则持有完全不同的观点：他们认为自己的子女有权利接受更好的教育，况且这一部分孩子发展起来以后，对国家的贡献会更大。这两种截然对立的政策选择立场，其实源于不同社会阶层的公平价值观。

政府是一个社会里唯一掌控着调整利益分配杠杆的力量。教育政策能否充

---

① 龚怡祖.学历的社会功能与历史形态初探[J].教育研究，2002(2)：31-37.

② [英]米切尔·希尔.现代国家的政策过程[M].赵成根，译.北京：中国青年出版社，2004：198.

③ 袁振国.教育政策分析与当前教育政策热点问题[J].复旦教育论坛，2003(1)：29-32.

分适应国家经济与社会发展的形势，在必要时及时进行调整和转向，既保障统治阶级的利益，又不以牺牲其他阶级和集团的利益为代价，这是当代各国教育政策制定者必须考虑的重大现实问题。例如，从 20 世纪 80 年代起，受经济非均衡发展的影响，我国的基础教育基本上是沿着非均衡发展格局演进的。非均衡发展政策对我国的教育发展产生了巨大推动作用，使得各级各类教育都得到迅猛发展。但到了 21 世纪，随着我国国民经济发展水平不断提高、国民公平价值观不断进步，基础教育非均衡发展的负面效应越来越凸显，它所导致的地区差距、城乡差距以及学校差距都严重影响了教育公平以及社会公平的实现。在这种情况下，为顺应时代发展的需要，基础教育非均衡发展战略须逐步淡出，取而代之的应是着力推进基础教育均衡发展的教育政策。

美国政治学家曼瑟尔·奥尔森（Mancur Olson，1984）在其《国家的兴起与衰落》一书中谈到[①]，任何一个国家，只要有足够长时间的政治稳定，就会出现特殊利益集团，而且，这些特殊利益集团在对最重要的公共政策进行操纵方面，会变得越来越有技巧。我国政府在制定教育政策时，既应考虑全体公民的根本利益和长远利益，也应充分考虑到不同阶层公民接受教育的愿望和要求，特别是要保护弱势群体接受教育的权利与利益，统筹兼顾，综合平衡，这样才有利于国家和社会的稳定与和谐发展。

三、教育政策分析科学

（一）政策分析科学的产生

1. 教育政策分析是公共政策分析的分支

教育政策分析是公共政策分析的一个重要分支。19 世纪 80 年代以前，西方的政策研究还只是附属于经济科学；19 世纪 80 年代以后，政策研究进入了公共行政领域。美国是最早建立公共行政科学的国家，因而政策研究较早地在美国公共行政科学中得到发展。

现代政策研究是在“二战”以后逐步出现的，它的建立与哈罗尔德·拉斯韦尔分不开。美国早期公共行政科学的代表人物威尔逊（Thomas W. Wilson）和古德诺（Frank J. Goodnow）都否认政治是一门科学，他们把公共政策的制定看成是一种非理性过程，而只将公共政策的执行看做是理性的过程。[②] 拉斯韦尔最早打破了政策过程无法分析的思维定式，提出了政策是需要研究，而且

---

① Mancur Olson. The Rise and Decline of Nations：Economic Growth，Stagflation，and Social Rigidities[M]. New Haven：Yale University Press，1984.

② Frank J. Goodnow. Politics and Administration：A Study in Government[M]. Manchester：Russel & Russel，1900.

是可以研究的学术主张。20世纪50年代，拉斯韦尔与另一位著名学者拉纳(D. Lerner)合著的《政策科学：范围与方法的新近发展》一书，首次对政策科学的学科性质、研究内容、发展方向作了详尽论述[①]，西方学术界普遍认为该书是政策科学诞生的标志。当代学术界认为，作为一门新的综合性学科的西方政策科学的产生，应归功于"二战"后一些大国为解决战争和其他社会问题而产生的决策需要，特别是由于这些决策越来越大范围地涉及公共利益，从而引起公众与日俱增的关注。由于当时许多社会科学家基于老式研究方法提出的政策建议大多不痛不痒、不切实际，"无法适应制定政策的需要，并且不能适当地处理科学知识、政治权力以及两者之间相互关系的问题"[②]，因而无法为决策者所采用。这促使各国政府和各种科研机构下决心投入大量的人力、物力去从事公共政策科学研究，试图通过对公共政策的运用，去控制和推动社会朝一定的目标发展。在这一过程中，教育政策分析作为公共政策分析的一个重要分支，也得到了迅速的发展和应用。

2. 教育政策分析是教育政策科学的分支

教育政策分析还是教育政策科学的一个分支。按照政策研究的对象、方法、侧重点等不同角度，国外往往在政策科学体系内部划分出纷繁不一的研究部类，并因此而常常令学习者感到难以区分和把握。袁振国在其所主编的《中国教育政策评论》(2000)中，将政策科学的体系界分为三类：一类称为政策研究(policy studies)，专注于对政策过程的研究，通常采用描述性研究方法；另一类称为政策分析(policy analysis)，专注于对政策因素、政策策略的研究，通常采用规范性研究方法；而介乎这两者之间的，是第三个研究部类——政策评价(policy evaluation)。[③] 这种划分角度可供参考，但也不是绝对的，因为对政策科学体系界分问题持不同观点甚至截然相反看法的权威性观点，也并不鲜见。其实，无论是对于研究者还是对于学习者，重要的是理解"政策分析"概念与"政策科学"概念之间所存在的差异，弄清这两者之间所反映的分支与整体的关系，以及在此基础上所呈现的不同政策研究流派及其方法特色。

拉斯韦尔主张政策科学应当走学者与政府官员相结合的道路——既重视理论研究，又重视实践经验；既强调运用分析模型、数学工具来提高政策研究的科学性，又强调在高层次上将知识加以整合，使之成为理性思维与技术手段相

---

① Harold D. Lasswell, D. Lerner. The Policy Science: Recent Development in Scope and Method [M]. Stanford, CA: Stanford University Press, 1951.

② [美]R. M. 克朗. 系统分析与政策科学[M]. 陈东威，译. 北京：商务印书馆，1986.

③ 袁振国. 走向政策研究[G]//袁振国. 中国教育政策评论(2000)[M]. 北京：教育科学出版社，2000.

结合的学科。他的这种看法，恐怕在很大程度上正是为了阐明政策科学领域里广泛存在着的“整体与分支”的复杂关系，不乏深刻性。

（二）教育政策分析的含义及特点

所谓教育政策分析的含义，是指要对“教育政策分析到底是什么”这样一个问题作出清晰的回答。而对于这个问题的解答，目前国内外争论比较多，以下只是整理一些观点供参考。

1. 教育政策分析的含义

关于教育政策分析的含义，最普遍的解释有三种：① 认为教育政策分析就是对政策方案的分析，旨在系统地比较政策候选方案的优劣，从中遴选出最优方案——这种解释显然只将教育政策分析看做是一种事前分析；② 认为教育政策分析是对政策全过程的分析，不仅包含政策方案的选择，而且包含对政策执行过程及其结果的分析——这种解释将事前、事中和事后分析都包括在教育政策分析中；③ 认为教育政策分析是对政策研究方法的分析，需要运用各种方法，还需要构建理论模型，特别是要选择和形成一套反映教育政策特点的方法论，属于方法论范畴的研究——这种解释超脱了单纯的事前、事中和事后范畴。

上述三种观点尽管存在着明显的差异——有的侧重于政策分析对象，有的兼顾到政策分析的主体、方法和目的，但有一点是一致的，即教育政策分析者的工作与责任不是制定和规范教育政策，因为那是教育政策制定者的事情。政策分析者与政策制定者的关系是从知识到行动的关系，政策分析者不承担决策的责任。

政策分析者不承担决策的责任，并不意味着政策分析对决策行为不产生影响。事实恰恰相反，教育政策分析工作对决策的影响是显而易见的，教育政策分析必须确立属于自己的社会责任范畴。克莱尔·哈姆（C. Ham，1984）和米切尔·希尔（Michael Hill，1984）都曾就此问题发表过如下看法：政策分析是一种实际活动，政策分析者应该在宏观上关注政策与社会的关系，在微观上关注政策如何形成以及转变为行动，重点在于如何整合这两个方面。[①]

无论持哪一种看法，显而易见的是，教育政策分析必须运用科学的方法及技术，借助相关的理论构架，通过系统分析的步骤及方法，才能够完成对一定的教育政策问题、计划、方案的分析，起到帮助决策者提升教育政策水平的作用。

---

① 参见：C. Ham，M. Hill. The Policy in the Modern Capitalist State[M]. Brighton，Sussex：Wheatsheal Books，1984. 另参见：[英]米切尔·希尔（又译为黑尧）. 现代国家的政策过程[M]. 赵成根，译. 北京：中国青年出版社，2004：158-159.

2. 教育政策分析的特点

美国行政学家维尔达夫斯基（Aaron B. Wildavsky，1969）认为，政策分析有如下特性：一是描述性，二是规范性，三是主观性，四是客观性，五是创造性。① 贝克曼（Malin Beckman，2004）认为政策分析具有科学性、综合性、预测性、决策取向和以服务为导向的特性。② 美国政策分析学家威廉·邓恩将政策分析的特性归纳为：第一，它属于应用社会科学，涉及事实、行动、价值三个层面；第二，政策分析须运用多种调查与研究方法，产生和转换有关的政策信息，藉以在具有政治意义的环境里分析政策问题；第三，政策分析有一定的模式架构，通常需要针对政策问题、政策未来、政策行动、政策表现及政策结果予以论证。③ 克朗（R. M. Krone，1980）认为，只有在政策分析中引入政策制定模型分析、价值分析、超理性因素分析、政治可行性分析、交叉文化分析、未来分析等因素，才能够使政策选择符合要求。④

我国台湾学者中有人认为，对教育政策分析特性的认识歧义主要体现在三个方面：一是政策分析究竟是否已构成一门学科，还是仅仅作为一种研究活动而存在；二是政策分析究竟是描述性的，还是规范性的；三是政策分析者应该是政策的倡导者，还是政策的推介者。⑤

（三）教育政策分析的基本要素

政策的基本要素为政策目标、政策对象和政策手段，一项好的政策应该目标明确、对象界定清晰、手段有效而可行。政策分析要素则不同于政策要素，按照威廉·邓恩和爱德华·奎德（Edward Quade，1975）等人的看法，教育政策分析一般包括五个基本要素：政策目标、政策备选方案、政策效果、政策准则、政策模型。⑥

1. 政策目标分析

政策目标指决策者在政策制定中希望达到的目的，政策分析人员的首要任务就是要搞清这些目标。如教育部 1998 年 12 月制订、国务院 1999 年 1 月批转的《面向 21 世纪教育振兴行动计划》由六大工程组成，即跨世纪素质教育

---

① Wildavsky Aaron. Rescuing Policy Analysis from"PPBS"[J]. Public Administration Review,1969 (29)：189-202.

② Malin Beckman. Policy Briefs：Policymaker and Stakeholder Convenings.

③ [美]威廉·N. 邓恩. 公共政策分析导论(第二版)[M]. 谢明等,译. 北京：中国人民大学出版社，2002.

④ [美]R. M. 克朗. 系统分析与政策科学[M]. 陈东威,译. 北京：商务印书馆,1986：28-46;R. M. Krone. Systems Analysis and Policy Science：Theory and Practice[M]. Wiley：Chichester ,1980：25-50.

⑤ 张芳全. 教育政策[M]. 台北：师大书苑,1999：157-158.

⑥ E. S. Quade. Analysis for Public Decisions[M]. New York：American Elsevier Publishing Co.，1975：342.

工程、跨世纪园丁工程、跨世纪高层次人才工程、“211工程”、现代远程教育工程、高校高新技术产业化工程。上述每一项工程都寓含着特有的政策目标，政策分析人员必须搞清这些目标。

在实际情况中，政策目标分析有时候比较困难，主要是因为教育政策目标有时候是多元的，甚至是相互冲突的。比如，教育政策既要促进社会稳定，又要促进社会变革；既要满足社会需要，又要满足个人需要。在这种时候，政策目标往往是政治妥协过程的产物，各种政治派别都希望教育政策目标能反映自己的利益，这在客观上造成政策目标分析的困难。在有些情况下，政策目标甚至可能刻意被加以掩饰，或者决策人故意使政策目标变得模糊不清——政治家为了给自己带来政治上的优势，在制定政策时尤其喜欢这样做。

政策目标分析可以是事前分析，但一般是事后分析。

2. 政策备选方案分析

政策备选方案是指那些提供给决策者去定夺的各种选择方案，对备选方案的分析一般要经过物色、筛选、检验和准备实施几个阶段。

物色阶段：政策分析者必须尽可能多地征求或设计出政策备选方案，才有可能从不同的角度、不同的观点去分析各种方案的优劣，然后从中发现或综合出最佳方案。

筛选阶段：通常是根据一定的分析维度，如成本—收益分析维度、教育与社会经济协调发展分析维度、社会公平分析维度等，来剔除不符合标准的政策方案。

检验阶段：分析者就政策备选方案搜集正反两方面的意见，从政治、经济、法律、技术等多个角度对政策备选方案进行可行性、整合性分析和后果预测。

准备实施阶段：这一阶段又称为“执行预测分析”，着重考虑可能对政策实施过程发生影响的目标群体、执行机构以及政策环境方面的因素。

教育政策备选方案分析属于事前分析。

3. 教育政策效果分析

教育政策效果分析是指分析教育政策的有效性。教育政策的有效性主要指教育政策活动以最小的代价获得具有最大化正价值的政策结果，也可以表述为执行某一教育政策方案所获得的结果与所消耗的成本（或代价）之比。衡量教育政策有效性的基本指标，是看教育政策能否顺利、高效地解决教育问题。教育政策效果可分为经济效果和非经济效果，教育政策效果多为非经济效果。

教育政策效果分析只能为事后分析。

4. 教育政策准则分析

教育政策准则属于教育政策分析中的价值研究范畴，是评价或选择一项政策或方案的依据，也是衡量政策优劣的重要尺度。政策分析人员的责任是根据决策者的准则，如根据决策者的效率取向或公平取向，去排列和比较备选方案，提出分析意见。

教育政策准则分析须借助一定的形式与方法。最初，分析人员是以政策的价值目标为基准，用政策目标去衡量政策准则，并对“政策准则在方案里是否已得到满足”这一问题作出判断。但由于目标往往比较笼统抽象，弹性较大，且可操作性较差，很难对其进行科学的分析。现在，教育政策准则通常采用两种表达与操作形式：一是指标体系形式（indicator system），一是概括性问题形式（general issues）；前者为定量分析方式，后者为定性分析方式。

教育政策准则分析可以是事前分析，也可以是事后分析。

5. 教育政策分析模型

奎德认为，政策分析的核心工作就是找到或构造出一种程序——分析模型，它能够预测或至少能够简单地说明：一旦人们采取某种政策方案，就会产生什么样的后果。这样看来，教育政策分析模型实际上是某种现成的、可供分析者使用的理论构架与系统分析步骤及方法合成，它们是针对行动方案所设计出来的一套数学方程式般的运作程式，能够为决策者提供分析框架（融假设、定义、描述、解析、对策于一体的逻辑关系），并预测方案效果。常见的政策分析模型有描述性模型、规范性模型、符号模型、程序模型等多种类型，通常可以运用于计算机程序。不过，事实上，由于教育政策所涉及的问题总是以社会和政治方面的考虑占据支配地位，因而一些学者认为，要想设计出尽善尽美的分析模型几乎是不可能的事情，模型所显示的反馈也未必那么明确。

（四）教育政策分析的范围与取向

1. 教育政策分析的范围

教育政策分析的范围一般包括如下几个方面：① 政策内容分析，即分析教育政策的起因、预算、内容及运作或发展，特别是要分析教育政策的重点问题——因为无重点即无政策，以及问题的纠结错综之处；② 政策过程分析，分析从发现教育政策议题到形成政策决定、再到政策实施和政策评价的过程，即教育政策的形成及合法化流程；③ 政策产出分析，即分析教育政策的经济效益和社会效益，同时了解影响政策产出的因素；④ 政策的组织分析，即分析不同的教育政策组织在政策问题上的利害关系及其政策态度；⑤ 政策信息分析，即分析政策制定过程对信息的需求以及政策制定者如何使用信息。

2. 教育政策分析的取向

西方学者一般将政策分析的取向划分为研究取向、价值取向和时间取向三个类别。

关于研究取向，珀特勒（K. E. Portney，1986）认为它是指政策分析者的研究侧重点[①]，即分析者是侧重于分析教育政策制定过程呢，还是侧重于分析教育政策的原因及结果呢？抑或侧重于研究教育政策中的处方（运用系统的技术和方法求解政策问题的答案）？

关于价值取向，一种取向是所谓无价值涉入的分析，只回答"what they are"的问题；另一种取向是一种含价值的分析，必须回答"what they should be"的问题。行为主义和实证主义学派主张政策分析要保持"价值中立"和"技术性"，因为他们认为价值无法受到经验的验证。比如，拉斯韦尔就认为政策科学的哲学基础应当建立在理性实证主义之上。专家政治协商学派也主张在运用作为一种工具的政策分析时，必须以科学性和技术性为前提，做到中立、无私。然而，与拉斯韦尔同样有着"政策科学之父"称号的德罗尔（Yehezkel Dror，1986）以及哈贝马斯（Jürgen Habermas，1973）等人，则对这种倾向进行了批判和修正。德罗尔认为，政策科学的主要任务在于关心如何理解和改善整个社会的发展方向，特别要关心对于社会发展方向具有重要意义的宏观层次的国家政策制定系统的改善。[②] 桑德拉·泰勒（Sandra Taylor，2002）等人更是进一步提出了批评性教育政策分析概念（critical policy analysis in education），主张教育政策分析不可避免地要引入价值因素。[③] 国内学者劳凯声、刘复兴等人则认为[④]，教育政策分析必须涉入价值，主要理由有两点：其一，教育政策活动是政策主体的一种主动选择，这意味着价值理性相对于工具理性具有优先性；其二，在教育领域存在着政策内生化问题，或曰教育政策的本土化、乡土化问题，因为在利益多元化的社会里，必须要有优势价值标准去整合不同的价值取向。事实上，在教育政策分析中，不涉及政策分析者价值观念的纯分析是不存在的，特别是在涉及面大、影响深远的教育问题上，政策的公平性更加令人关注。当然，为了使分析做到客观公正，应尽量减少分析者的价值判断对事实判断的干扰。

关于时间取向，有的学者将其概括为前瞻式、回溯式和统整式三种取向。

---

① Portney K. E.. Approaching Public Analysis: An Introduction to Policy and Program Research [M]. Englewood Cliffs, NJ: Prentice Hall, 1986.

② [以]叶海卡.德罗尔.政策研究的基本概念[G]//斯图亚特·S.那格尔.政策研究百科全书[M].林明,译.北京：科学技术文献出版社,1990：13;叶海卡·德罗尔.逆境中的政策制定[M].上海：上海远东出版社,1996：109;Yehezkel Dror. Policy Making Under Adversity Transaction[M]. New Jersey: New Brunswick Inc. ,1986: 98.

③ Sandra Taylor, Fazal Rizvi, Bob Lingard, Miriam Henry. Education Policy and the Politics of Change[M]. London: Routledge, 2002: 28.

④ 劳凯声,刘复兴.论教育政策的价值基础[J].北京师范大学学报(人文社科版),2000(6)：5-16.

前瞻式分析（即事前分析）是指在教育政策付诸执行前所进行的分析，目的是对教育政策的执行结果进行预测；回溯式分析（即事后分析）是指在政策执行后所进行的一种分析，目的是对政策理论、政策问题及政策目标进行分析；统整式分析则是一种综合分析，既包括事前分析的内容，也包括事后分析的内容。

第二节　文本分析：教育政策的现象形态

所谓政策的现象形态，就是用文本形式表现出来的政策形态。文本政策形态包括单项的教育政策文本、某一教育领域集合的政策文本、国家总体的教育政策文本、元教育政策文本（关于教育政策制定和实施的方法论的有关文本形式）。

一、教育政策的现象形态

（一）教育政策现象形态的内涵

教育政策的现象形态主要是指教育政策的静态的表面形式，在这个意义上，教育政策表现为文本——政策制定主体关于教育领域政治措施的政策文本或政策文本的总和，亦即一定的政治实体（如政府）关于教育领域政治决策的结果，如以文本形式表达出来而形成的措施、方针、法律、规定、规划、准则、计划、方案、纲要、条例、细则，等等。

（二）教育政策现象形态的层次

教育政策的现象形态一般有四个层次，即单项的教育政策文本、某一教育领域集合的政策文本、国家总体的教育政策文本、元教育政策文本。

单项的教育政策文本是指政策制定主体就某一单项的教育事务、事件或事态而制定的教育政策文本，如我国政府近十多年来出台的高校扩招政策、中小学“减负”政策等。某一教育领域集合的政策文本是指政策制定主体就某一教育领域或层次而制定的政策文本的集合，如素质教育政策、职业教育政策等。国家总体的教育政策文本是指一个国家教育政策文本的总和，包括基本教育政策和具体教育政策：基本教育政策是指“有关教育发展总的原则性政策，反映了一定时期内党和国家对教育事业发展的总要求，规定了教育事业发展的方向与原则”①，如《面向21世纪教育振兴行动计划》；具体教育政策是指“为解决某一范围内的教育问题而制定的政策，它们是教育基本政策的具体化”②，如幼儿教育政策、义务教育政策、非义务教育政策、职业教育政策、成人教育

---

① 成有信.教育政治学[M].南京：江苏教育出版社，1993：206.

② 成有信.教育政治学[M].南京：江苏教育出版社，1993：207.

政策、终身教育政策、师范教育政策、少数民族教育政策、农村教育政策、城市教育政策，等等。具体教育政策都是由许多单项教育政策组成的。元教育政策文本是指表达关于教育政策制定和实施的方法论的有关文本形式。

在形成教育政策文本的过程中，教育政策制定主体往往把教育政策所表达的实质性内容隐含在不同格式的合法化的文本之中，通过人们对文本的理解和遵守而达到自己的目的。所以，政策分析需要对不同的政策文本进行解释乃至解构，以挖掘出文本背后所隐含的实质性内容——政策目标和价值原则。①

二、教育政策文本

在公共政策话语理论影响下产生的文本分析，为人们挖掘政策的实质性内容提供了最为直接的工具。

（一）公共政策文本

在引入政策文本前，有必要简要说明一下其产生的理论根源——话语理论。作为20世纪最有影响力的人文社会科学理论之一，话语理论最早起源于西方语言学。从起初作为纯语言学的一个概念，话语理论发展至今，已经与政治、权力、意识形态、社会结构和社会制度等非语言因素紧密结合在一起。这其中，以巴赫金（M. M. Bakhtin）、福柯（Michel Foucault）为代表的语言学家、思想家站在哲学的高度，以一种新的视角构建了现代话语理论。而将话语理论引入公共行政和政策领域，则始于政策学家福克斯（Charles J. Fox）和米勒（Hugh T. Miller）在20世纪末期提出的公共行政话语理论。公共行政话语理论认为，公共政策对话的发生地是“公共能量场”，对话的参与者受到判断话语正当性的四个原则的约束，即对话的真诚性、切合情境的意向性、自主参与性、具有实质意义的贡献。② 在这些原则的作用之下，经由“部分人的对话”形式而实现公共政策对话是可能的。在这种话语理论的指引下，政策文本概念被从“对话”中抽象出来。就像通过分析可以将“部分人的对话”中的实质意义发掘出来一样，透过分析也可以将隐藏在政策文本背后的深层意义——存在于“能指”和“所指”之间的社会理由发掘出来。③

① 刘复兴.教育政策的四重视角[J].清华大学教育研究，2002(4)：13-19.

② [美]查尔斯·J.福克斯，休·T.米勒.后现代公共行政：话语指向[M].楚艳红等，译.北京：中国人民大学出版社，2003.

③ 能指与所指是由瑞士语言学家索绪尔(F. D. Saussure)就语言研究而提出的一对概念。索绪尔认为，语言符号即为能指与所指相联结所产生的整体。“能指”(signifier，或符号施指)即表示概念或意义的音响形象；“所指”(signified，或符号受指)即被表示的概念或意义。能指与所指均是心理性的，两者不可分割，互为依存对象，共同构成了语言符号。将能指与所指概念引入政策文本的对话中，分别表示政策文本话语及其背后的实质意义。

按照长期从事批判叙说分析研究的英国语言学家费尔拉格（Norman Fairclough，1995）的理解，文本是一种叙说，包括书面文本、口头文本以及书面和口头结合的文本。[①] 例如，当教育部举行每周例会时，文本就产生了。这类文本不仅包括教育部部长和其他与会者在会议上所说的一切，而且还包括与会相关的文件以及就某一教育问题上升为政策议题之后所作出的决定。话语理论认为，文本是指一次性说出的、具有形式整体性的话语符号。公共政策文本就是关于集体行动的规划的一种语言表述，是一种能够传播给相关集体成员并被其所理解、所认同、所遵从或反对、抗拒的话语符号信息。[②]

（二）教育政策文本

1. 教育政策文本的含义

教育政策文本是以文本形式呈现出来的教育政策的现象形态，是由教育政策主体经过完整的政策流程而形成、以话语形式表达出来的、具有实质性内容的、以不同格式呈现的合法化文本，旨在通过人们对文本的理解和遵从，从而实现某项政策目标。在此，教育政策文本既是政策的可见存在与载体，也是“超越经验—技术取向的作为文本的政策”[③]。

以文本形态表现出来的教育政策，在很大程度上都是以文件、规定、决定、办法、实施细则、报告等书面形式存在的，如《关于教育体制改革的决定》、《国家教育委员会直属高等学校科学技术研究机构管理暂行办法》，等等。这种外在的教育政策文本所提供的主要是静态的符号信息，或者说，是“点状”的现象信息，而文本产生的过程、涉及的政策目标和价值原则等实质性内容，都隐含在政策文本之中。文本解读和行为分析结合在一起，可以在很大程度上揭示教育政策活动的全貌。[④]

2. 教育政策文本的生产与解读

在话语理论的影响下，政策被看做是用复杂方式（斗争、妥协、权威干预、再解释）进行编码并通过复杂方式（行动者的解释及其历史、经验、技能、资源、背景方面的意义）进行解码的一套陈述。“编码”是“扎根理论”[⑤]

① Norman Fairclough. Critical Discourse Analysis：The Critical Study of Language[M]. London：Longman Group，1995：183-215.

② 杨正联. 公共政策文本解读的方法论[J]. 理论探讨，2007(4)：143-147.

③ 曾荣光. 教育政策研究：议论批判的视域[J]. 北京大学教育评论，2007(4)：2-30.

④ 杨正联. 公共政策文本解读的方法论[J]. 理论探讨，2007(4)：143-147.

⑤ 扎根理论（grounded theory）最早是由国外学者格拉斯（B. Glaser）和斯特劳斯（A. Strauss）于1967年在其《扎根理论之发现：质化研究的策略》一书中提出的一种质化研究理论与方法。扎根理论认为知识是积累而成的，研究者在研究开始之前一般不作理论假设，而是带着研究问题，直接从原始资料或事实中归纳出概念和命题（实质理论），然后再上升到形式理论。扎根理论为资料的分析提供了一套比较普遍适用的操作性程序，编码则是最重要的一环。

操作程序中最为重要的研究手段或研究程序，“研究者直接从原始资料中归纳出概念和命题……寻找反映社会现象的核心概念，然后通过在这些概念之间建立起联系而形成理论”①。编码分为一级编码（开放式登录）、二级编码（关联式登录）和三级编码（核心式登录）②，通过逐层深入的解码，可以从教育政策文本中解读其核心概念与命题，为确定和分析现有教育政策体系的价值特征而服务。

一项政策自始至终处于“形成中”、“是”、“从来不是”和“不完全是”的状态，教育政策文本决不是完全贯彻某个人意志的单一作品，它们通常是各种力量妥协的产物，在其形成过程中总是“伴随有决策、协商和意外”行为。③政策作为文本和话语，包含了存在着分歧的陈述、存在着矛盾的原则和冗长的结构，这会产生让决策者始料不及的结果。复杂的教育政策文本生产过程以及随后由各级教育行政部门分散执行的过程，决定了政策文本并不必然是清楚的、明确限定的，或者是完整的。④ 在我国现行的教育行政体制下，教育政策文本的生产者主要包括中共中央、国务院、国务院有关部委、地方教育行政部门、核心领导人等官方主体，以及以“政策文本读者”身份出现并以诉求性或回应性等行为参与政策文本的实际生产的社会主体，这就使得教育政策文本的生产者显现出多元性的特点。⑤

一旦政策文本被生产出来，不同的读者就会用不同的方式对文本进行解码。对于任何一个文本来说，读者的多元性必然产生文本解释的多元性。读者究竟会建构什么样的政策含义，完全取决于他们读取文本的情景及其所持有的价值理念。

香港学者曾荣光认为⑥，教育政策文本的阐释所包含的研究架构可以设置三个问题：第一，政策文本背后的意涵以及统一性是什么？第二，文本的主体是谁？文本的作者与读者是谁？他们各自赋予文本的意义是什么？他们“撰写”与阅读文本的脉络是什么？第三，文本与现实之间的“所指”关系是什么？

3．教育政策文本的类型

北京大学学者林小英以民办高校学历文凭考试试点政策为例，归纳出教育

① 陈向明.质的研究方法与社会科学研究[M].北京：教育科学出版社，2000：327.

② 同上书，332-335.

③ 林小英，陈霜叶.教育政策文本的类型及其生产——以民办高校学历文凭考试试点政策为例[J].教育发展研究，2008(24)：14-20.

④ 同上.

⑤ 同上.

⑥ 曾荣光.教育政策研究：议论批判的视域[J].北京大学教育评论，2007(4)：2-30.

政策文本的几种类型。[①] 它们主要包括：自上而下发布的全国性政策、自下而上再向全国转发的地方政策、给国家核心领导人或国务院主管领导的意见和建议、教育部领导或国务院主管领导的讲话、下情反映、请示、来函、复函等。

从严格意义上说，教育行政公文并不都是具有规范指令作用的政策文本，某些公文只是教育行政部门在不同影响范围和层次中的日常工作的程序性文件，有的涉及全国教育事业，有的只针对个别学校，它们或在决策过程中起作用，或在执行过程中起作用。之所以将它们都划入教育政策文本范围之内，是因为这些公文的"最终所指"仍然是政策对象，在实际过程中具有一定的政策效力。

（三）教育政策文本的构成

话语理论下的文本是一种外在的话语符号，如果将语义学与词汇学上的语词、语句和语段等这些文本构成的形式要素引入到政策文本分析中来，那么公共政策文本中的语词、语句和语段就被赋予了特殊的意义。

1. 政策语词

在公共政策文本中，语词是对特定的公共政策现象在概念意义上的显示。对于特定的教育政策文本而言，可以将这些教育政策语词看做是文本中的关键词，而关键词分析正是政策语词分析中最基本的内容，是基于语篇微观层面所作的话语分析。例如，从 1998 年教育部、公安部联合颁发《流动儿童少年就学暂行办法》，到 2003 年国务院办公厅转发教育部、中央机构编制委员会办公室、公安部、国家发改委、财政部、劳动保障部的《关于进一步做好进城务工就业农民子女义务教育工作的意见》，可以看出从《办法》到《意见》的语词发生了从"流动儿童少年"到"进城务工就业农民子女"的变化。这种表现在关键词上的演变，反映出政策部门对农民工子女义务教育问题的认识在逐步深入。通过对政策文本中特定语词的分析，可以发现教育政策的历时性变化及其政策意义转移。

2. 政策语句

如果说，上述具有相对独立概念意义的语词分析只是在点的层面揭示了公共政策文本中隐含着的政策含义，那么政策语句分析则是在政策语词之间的语法关联之中，对政策文本进行更加准确和完整的话语分析。对于教育政策文本而言，特定的语句在很大程度上可以看做是某一政策语词的语境。一般情况下，语句都能够相对独立地标识教育政策话语对教育事态或现象的"规范性"

---

① 林小英，陈霜叶. 教育政策文本的类型及其生产——以民办高校学历文凭考试试点政策为例[J]. 教育发展研究，2008(24)：14-20.

理解，完成政策文本在语句结构层面的“以言行事”功能。[①] 在2007年5月由国务院转批教育部制定的《国家教育事业发展“十一五”规划纲要》中，有一个表述“十一五”期间高等教育事业发展目标的核心语句，叫做“适当控制招生增长幅度，相对稳定招生规模”。这表明，在实施大力发展的扩招政策延续了多年之后，我国高等教育规模发展的指导思想已开始进入相对稳定与平衡的阶段，宣示下一步的政策重点将转移到高等教育的内涵发展——质量提升上来。这一特定的政策语句赋予“招生规模”这一语词以特定的政策意义，旨在规范下级教育行政部门在新语境下更好地“以言行事”。

3. 政策语段

语段是指在特定语义主题下的有关语句的组合。在教育政策文本中，政策语段通常有较为明确的主题语句作为标识。相对于政策语词和政策语句，政策语段具有更高程度的语义独立性，它往往负载着特定的教育政策主题。例如，在教育部制定的《国家教育事业发展“十一五”规划纲要》有关“保障措施”的内容中，有这样一个语段：“明确各级政府提供教育公共服务的职责，并按照建立公共财政体制的要求，将教育列入公共财政支出的重点领域。各级政府要依法落实教育经费的‘三个增长’，财政年度预算和执行结果都要达到教育经费支出的法定增长水平，并确保财政性教育经费增长幅度明显高于财政经常性收入增长幅度，逐步使财政性教育经费占国内生产总值的比例达到4%。”在《全国教育事业第十个五年计划》有关“主要政策措施”的内容中，也有一个意思相近的语段：“依法做到教育经费的‘三个增长’，到2005年国家财政性教育经费支出占国内生产总值（GDP）的比例达到4%，到2010年应进一步提高。”从这两个政策语段中，可以看出“财政性教育经费”、“三个增长”、“4%”是其中最为明显的政策语词，而对增长幅度作出具体限定的政策语句则标识出政策主题，它们共同构成了整个语段的语义独立性。

4. 政策语篇

李健雪认为，语篇是文本作者依据特定的视角对命题内容进行分类、重组的过程[②]，换言之，它是一个不断建立文本空间以实现命题内容概念化的过程。在王振华看来，语篇是文本/话语生产者通过文本/话语及其消费者的互动来实现社会目的的系统。[③]

依据这两种认识，我们可以将政策语篇理解为政策制定者依据特定的文本视角明确政策议题、达致社会目的的一种过程，并且它具有借助话语系统实现

---

① 杨正联. 公共政策文本解读的方法论[J]. 理论探讨，2007(4)：143-147.

② 李健雪. 元话语与语篇空间建构[J]. 淮北煤炭师范学院学报(哲社版)，2006(6)：108-112.

③ 王振华. 作为系统的语篇[J]. 外语学刊，2008(3)：50-57.

与读者互动的功能。在现代社会语言学中，语篇又被称为“文本”。政策文本自语篇起，便具有了完整的文本意义和动态的网络结构，每一个政策文本都必定是以完整语篇的存在为前提的。

5. 元政策话语

约瑟夫·威廉姆斯（Joseph M. Williams，1981）将元话语界定为“关于话语的话语，包括所有不涉及具体主题内容的东西”，并认为元话语“影响作者在语篇中代表个人、代表读者表明观点和态度的方法”①。

根据上述定义，元政策话语应该是关于政策话语的话语。在公共政策话语体系中，元政策话语指来自最高公共权力层面的公共政策话语，它处于公共政策话语活动的顶层，经常充当特定的公共政策话语系统的主题标识，对于系统内的政策话语表达发挥着规范性的语境制约功能。

特定时期的元政策话语一般是唯一的，“唯一”主要是指主题取向的同一或一致，并不强调话语文本上的单一。在话语文本层面，元政策话语往往呈现多层次的构成特征，以及呈现长远的、整体性（指地域及利益归属领域）的语境规范特征。从语句结构角度看，即使它仅被表述为某一种语句形式，也常常会衍生出系统化的语用功能。② 如党的十七大报告文本提出了“优先发展教育，建设人力资源强国”的元政策话语，后来这一话语又逐渐衍生出“优化教育结构，促进义务教育均衡发展”、“坚持教育公益性质，加大财政对教育的投入，规范教育收费”、“建设全民学习、终身学习的学习型社会”等一系列政策话语。

6. 政策语境

语境是语用学中的一个重要概念，最早提出这一概念的人，是俄罗斯学者马林诺夫斯基（Malinowski，1923）。随着语境研究范围的复杂化，语境理论经历了传统语境观、认知语境观和动态语境观三个阶段。尽管到目前为止，学术界尚未形成系统的语境理论，但是对语境的研究已开始由静态语境向动态语境转化。英国学者雅各布·梅（Jacob Mey，1993）最早提出动态语境的概念，他将语境分为社会语境和社交语境，其中社交语境在交际过程中具有动态性。③ 国内学者何兆熊在此基础上将动态语境界定为“言语交际过程中持续发展变化的场景”④，它是一种非语言因素，对话语重塑以及文本形成具有重要

① Joseph M. Williams. Style：Ten Lessons in Clarity and Grace[M]. Menlo Park，CA：Benjamin-cummings Publishing Company，1984.

② 杨正联. 公共政策文本解读的方法论[J]. 理论探讨，2007(4)：143-147.

③ J. L. Mey. Pragmatics：An introduction[M]. Oxford：Basil Blackwell，1993.

④ 何兆熊. 新编语用学概要[M]. 上海：上海外语教育出版社，2000.

影响。在现代社会语言学分析方法中，语境是“话语”和“语篇”的语言环境，语境的建构对于扩张话语和语篇的功能起到了积极作用①，通常它含有三层含义：一是指联系相邻语篇中的各种关系，二是指话语和语篇所处的情景特征，三是指外在社会系统对说话者及其话语内容的影响关系。②

把语境理论引入政策领域，意味着研究者同样需要关注非语言因素作为外在制约条件影响政策文本形成的作用，这样才能更好地理解一个完整的政策文本。特定的公共政策话语通常可以被看做是在多重语境制约背景下关于特定的元政策话语主题的具体化表达。杨正联认为，在当代中国，对于来自中央层面的元政策话语而言，有三个基本的语境构成因素，即革命斗争的历史语境、马克思主义的理论语境以及社会利益关系变迁的现实语境。在不同时期，这三种语境所发挥的制约作用有所不同：在“文化大革命”时期，居主导性地位的是革命斗争的历史语境；在改革开放时期，居主导地位的则是社会利益关系变迁的现实语境。③ 在教育政策文本解读活动中，语境分析常常被赋予揭示政策的整体性、系统性和时代性的重要功能。

三、教育政策文本的分析

教育政策文本既然是教育政策的一种现象形态，就需要对它进行深入的解读、解释与解构，以挖掘出其中所隐含的实质性内容，此乃教育政策文本分析的目的所在。教育政策文本的解读，是以现象为研究取向，而不是以问题为研究取向。在解读中，把政策文本看做是特定的教育政策现象、教育政策话语现象乃至社会政治现象，以理解、解释、揭示现象背后可能存在的意义关联和结构形式为基本目标。

（一）政策语句的分析

1. 政策语句的构成

一个在语法逻辑上完整的公共政策可以表述为：现实事态为 A，它符合价值标准 B，因此应采取行动 C，同时指出遵从与否的后果 D。这样，政策语句的构成就分解为四个相对独立的语句形式：“实是语句”、“评价语句”、“行动语句”和“后果语句”。它们是公共政策文本分析的四个基本变量，同时也构成了公共政策文本的基本语句结构。④

① 李钢. 话语·文本：国家教育政策分析[M]. 北京：社会科学文献出版社，2009：84.

② [英]戴维·克里斯特尔. 现代语言学词典[M]. 沈家煊，译. 北京：商务印书馆，2002：82.

③ 杨正联. 公共政策文本解读的方法论[J]. 理论探讨，2007(4)：143-147.

④ 杨正联. 公共政策文本分析——一个理论框架[J]. 理论与改革，2006(1)：24-26.

（1）实是语句

“实是语句”是指在公共政策话语所规划的行为发生之前，公共政策话语以陈述语气表达的公共事务或公共问题的存在状态，它是对事件或事态的现实状况表述。[①] 文本中的“实是语句”体现着教育政策话语的客观属性，是公共权力对既定教育事态或事件基本状况的认知和描述，传达了关于教育事态利益构成以及事件发生过程的信息内容。在教育部办公厅《关于禁止学校非法组织或介绍未成年学生外出务工的通知》中，第一句写道：“近来，少数地方连续发生以‘暑期实践’、‘勤工俭学’、‘教学实习’和‘社会实践’等名义组织或介绍未成年学生非法外出务工事件，严重损害了学生的身心健康，造成了很坏的社会影响。”[②] 这一“实是语句”就是教育部在对上述特定“现实事态”取得全面了解之后所作的表述。

（2）评价语句

“评价语句”是公共政策话语中体现公共权力对公共事态或公共事件的表述状况进行价值判断的那一部分，它往往代表着集体中处于主流地位的价值观念。典型的语句形式为：“事件或事态符合（或不符合）价值标准 B。”[③] 在教育部和国家发展改革委员会联合编制的《“十一五”期间中西部地区特殊教育学校建设规划（2008—2010 年）》中，第一句话是：“发展特殊教育，提高残疾儿童受教育水平是坚持以人为本、全面落实科学发展观和构建社会主义和谐社会的必然要求。”[④] 其中，“发展特殊教育是坚持以人为本的必然要求”的语句形式，就是较为典型的“评价语句”。

（3）行动语句

“行动语句”以规范性语气设定相关主体（包括公共权力的使用者和社会主体）的行为方式或行为取向，它集中体现公共政策话语“以言行事”的性质，其典型语句形式是“为了实现特定的政策目标（根据‘评价语句’得出的结论），相关行为主体应当如何作为（或不作为）”[⑤]。在教育部、财政部研究制定的《国家奖学金评审办法》中，第一条和第二条就是“行动语句”的例句：“为规范国家奖学金评审行为，保证评审工作公平、公正、依法进行，确保评审结果的权威性，特制定本办法。教育部、财政部成立评审领导小组，设

① 杨正联.公共政策文本分析——一个理论框架[J].理论与改革，2006(1)：24-26.

② 教育部办公厅.关于禁止学校非法组织或介绍未成年学生外出务工的通知[EB/OL].(2007-10-10)http://www.moe.edu.cn/edoas/website18/91/info34991.htm

③ 杨正联.公共政策文本分析——一个理论框架[J].理论与改革，2006(1)：24-26.

④ 教育部，国家发改委.关于印发《“十一五”期间中西部地区特殊教育学校建设规划(2008—2010)的通知》[EB/OL].(2007-09-24)http://www.moe.edu.cn/edoas/website18/73/info33973.htm

⑤ 杨正联.公共政策文本分析——一个理论框架[J].理论与改革，2006(1)：24-26.

立评审委员会。”[①] 作为规范性存在的教育政策话语，“行动语句”是教育政策文本中最为常见的政策语句。

(4) 后果语句

“后果语句”以断言式语气指出相关的行为主体在遵从或违背“评价语句”和“行动语句”规范的情况下，将不得不面对的利益得失前景，反映出公共政策话语预见未来事态的权威性或影响未来事态的强制力。[②] 在教育部、财政部、中央编办、人事部联合制定的《教育部直属师范大学师范生免费教育实施办法（试行）》中这样明确规定：“二、免费教育师范生在校学习期间免除学费，免缴住宿费，并补助生活费，所需经费由中央财政安排。……四、免费师范生入学前与学校和生源所在地省级教育行政部门签订协议，承诺毕业后从事中小学教育十年以上。到城镇学校工作的免费师范毕业生，应先到农村义务教育学校任教服务二年。免费师范毕业生未按协议从事中小学教育工作的，要按规定退还已享受的免费教育费用并缴纳违约金。省级教育行政部门负责履约管理，并建立免费师范生的诚信档案。”[③] 这一段文字就是一连串“后果语句”的构合，恰当地指出了相关政策对象守约或违约的后果。

2. 政策语句的有效性分析

(1)“实是语句”——真实性

由于“实是语句”体现的是公共政策话语对现实状况的客观描述，因此，话语真实与否成为衡量其有效性的基本标准。[④] 现实状况的真实性主要是指有关外界利益关系的信息是否准确和全面，它在很大程度上受制于教育信息进入教育政策话语的方式。比如，是以利益相关者为主导的信息进入，还是以政府组织成员为主导的信息进入，抑或是以第三方（如学者、媒体）为中介的信息进入。主体角色不同，因不同利益而造成的信息角度差异会对“现实状况”的真实呈现产生一定影响。应该指出，由于公共权力的强制性，“实是语句”在某些情况下本身就具有一定的“以言行事”功能，尤其是在“实是语句”得到社会公众广泛认同的情况下，它会对教育行政活动产生深远的影响。

(2)“评价语句”——符合性

在“评价语句”中，需要强调的是“实是语句”的描述与特定的评价标准之间相一致的程度，即“符合性”。对于教育民主、公平、效率这样一些价值

---

① 教育部，财政部. 关于印发《国家奖学金评审办法》的通知[EB/OL]. (2007-12-27) http://www.moe.edu.cn/edoas/website18/14/info1200291237202414.htm

② 杨正联. 公共政策文本分析——一个理论框架[J]. 理论与改革，2006(1)：24-26.

③ 教育部，财政部，人事部，中央编办. 教育部直属师范大学师范生免费教育实施办法(试行)[EB/OL]. (2007-05-09). http://www.moe.edu.cn/edoas/website18/97/info28097.htm

④ 杨正联. 公共政策文本分析——一个理论框架[J]. 理论与改革，2006(1)：24-26.

标准，绝大多数公共政策话语都不会予以否认，而是把它们当做正面的理念加以倡导。然而，利益关系所固有的复杂性，会给现实状况与它们之间的“连接”带来一定的变数。“符合性”分析有两重含义：首先，看评价标准与实际描述是否相符，如果符合，就通过公共权力赋予其合法性地位，并加以维护、保护和推广；其次，如果判定其不相符，则需提出应采取的措施，促使利益关系与价值标准向“符合”的方向演化。① 符合性问题通过对现实教育事态的价值评判，或者通过对某种教育价值标准的重新定义与解释，引导社会成员对该教育事态或价值标准的观念态度按既定方向发生变化，体现了教育政策话语的价值构建功能。

(3)“行动语句”——可行性

规划只是为人们的行为提出了一个预期的可能，要使行为真正地发生，即实现公共政策话语“以言行事”的效力，还要满足行为发生的各种要件，这就是“行动语句”的可行性。作为既定的规范性话语，“行动语句”的可行性主要体现在两个方面：理论可行性和资源可行性。② 理论可行性代表着教育政策话语中的科学性成分——政策目标在何种程度上支持政策行动的展开；资源可行性反映话语中的权力性成分——政策资源在何种程度上支持政策行动的展开。从“实是语句”到“评价语句”，再到“行动语句”，大体上代表了政策主体意向的思维发展线路，在教育政策话语中则表现为集体行动的规划性。围绕着科学性和权力性展开的可行性分析，是“行动语句”分析的基本内容。

(4)“后果语句”——权威性

教育政策话语指向未来，促使既定的教育现实状况向政策制定主体所希望的方向演进。这种未来指向在“后果语句”中又表现为权威性，指政策制定主体将其所允诺的教育利益得失付诸现实的决心和能力。从教育行政部门与利益相关者的关系角度看，教育行政部门在这一关系中居于主动的地位，因此在文本中应着力显示“后果语句”的权威性，所谓言必行、行必果。分析者透过“后果语句”的文本表述，可以探测到政策制定主体信守政策诺言的可信性或可靠程度。

（二）政策语段分析

1. 语段构成分析

在语句构成分析中，一个完整的政策语句包括四种相对独立的语句形式。同样，政策语段的构成也具有一定的相对独立性，一段完整的政策语段一般会包括政策话题、政策语义中心、政策视角与政策关联成分等四个组成部分。语

---

① 杨正联.公共政策文本分析——一个理论框架[J].理论与改革,2006(1):24-26.

② 同上。

段相对于语词和语句，具有更高程度的语义独立性和主题性，往往代表着特定的教育政策主题。下面分别来介绍一下这四个组成部分。

(1) 政策话题

语言学上的话题（topic），主要是指语段所要谈论的对象、问题或事由，是要描述的事物或现象。话题是全句结构的支撑点，其他成分都以它为核心来确定彼此的关系，因而在语段要素中十分重要。在一个政策文本中，政策话题就是政策语段所要谈论的对象、问题或事件、事态等。它可以是一个事物，也可以是一个事件或一种现象。政策话题的提出，往往直接反映政策主体对政策问题的敏感程度。

从信息角度来看，语段的功能是要起到交流思想观点的作用，不论是表达还是理解，其实质都是一个信息传递的过程：表达是信息的编码和发送，理解是信息的接受和解码。政策话题作为政策语段所要谈论的对象、问题或事件、事态，旨在以一定的思想观点传递政策的主题，而未知的新信息则围绕政策话题多角度、多层次地辐射展开。

例如，在教育部《关于做好 2009 年度直属高校产业工作的意见》中有这样一段话："希望各校要站在学习实践科学发展观的高度，推动学校产业进一步改革与发展，促进学校产业工作与人才培养工作和科研工作协调发展、相互促进。学校产业工作要继续贯彻有所为有所不为的方针，建立投入、产出、再投入、再产出的机制，充分发挥自身产学研紧密结合的优势和特色，下大力气培育和扶持一批拥有学校自主知识产权的高新技术企业进入市场、服务社会。"① 从这个政策语段中，可以明确读出该文件的政策话题——以科学发展观指导高校产业的改革与发展，这一话题同时也反映了教育部在国际金融危机影响我国经济的背景下对高校产业发展问题的政策敏感程度。

(2) 政策语义中心

对话题所作的陈述和说明，便是语段的语义中心所在，它反映语段的中心思想、观点或态度。语义中心是政策语段的主体部分，也是较为复杂的部分。在表现政策语义中心时，并不是所有的语句都起相同作用。语句如何分布排列，与政策制定者的心理、语义意图有关，是一定的思维结构的反映。

在 2008 年教育部《关于做好义务教育学校教师绩效考核工作的指导意见》中有这样一个语段："省级教育行政部门要根据本指导意见精神，结合本地区实际，科学制定本省（区、市）绩效考核办法，认真分析和解决绩效考核中存在的问题，不断总结和推广绩效考核的典型经验，努力提高绩效考核工作的水

① 教育部.关于做好 2009 年直属高校产业工作的意见[EB/OL].(2009-02-18)http://www.moe.edu.cn/edoas/website18/66/info1236838718221366.htm

平。地（市）教育行政部门要切实加强实施工作的指导与监督检查。县级教育行政部门具体负责本地义务教育学校教师绩效考核组织实施工作，要根据上级有关规定，制订本地具体实施办法，指导学校制订教师绩效考核实施方案，切实做好教师绩效考核实施工作。”[①] 从该语段中可以发现，其政策话题是义务教育学校教师绩效考核工作的组织领导，语义中心即围绕这一话题进行阐述，从省级组织领导工作指示到市级、县级组织领导工作；从制定办法、分析问题指示到制订方案、总结经验。这正是政策主体的语义意图和中心思想。

（3）政策视角

一种事物，可以从上到下进行观察，也可以从下往上进行观察；一种看法，可以正着说，也可以反着说。在语言学中视角的转换极为灵活，而在政策语段中不太容易看到各种形式的视角转换。政策主体的思维和观察角度一旦选定，就必须根据选定的角度去行文和排列语序，但这并不意味着不存在政策视角转换问题。政策视角在人称、语序、时空顺序方面的转换，原则上也是遵循与语言学一样的逻辑要求。

在2007年《教育部办公厅关于严格规范高校招生录取秩序，严密防范、严厉打击中介招生诈骗的通知》中出现这样一段话：“我部将对招生管理不严，办学秩序混乱，违规体制外招生和乱收费，以及出现严重不稳定事件的高校，建立招生、办学秩序不良记录档案，视情节严重程度予以下年度限制招生或暂停招生处理，并通过新闻媒体予以曝光。对违法违纪招生案件，要严格追究有关当事人和主管领导的责任，对发生与招生录取挂钩乱收费的高校，要先责令其主要负责人停职检查，再进行组织处理。对参与非法招生中介活动的工作人员，有关部门和高校必须依法依纪作出严肃处理。”[②] 对该语段进行分析可以发现以下特点：一是教育部是以“中介招生诈骗”的防范者与惩罚者口气在说话，二是它选择了“反着说”的阐述角度，三是在语段末尾还发生了人称转换，从“我部”转换为“有关部门和高校”，以明确各方的责任。

（4）政策关联成分

语段往往借助一定的词句表明层次和顺序、连接内容、组织材料，这些词句称为关联成分，它们是语句组合的形式标志。例如，在许多政策语段中都可以看到“由于”、“为了”、“继续”、“进一步”、“同时”、“一手……一手……”等关联成分，它们都是对逻辑关系的限定。此外，还有对时空顺序的限定，如

① 教育部.关于做好义务教育学校教师绩效考核工作的指导意见[EB/OL].(2008-12-31)http://www.moe.edu.cn/edoas/website18/39/info1233796592271839.htm

② 教育部办公厅.关于严格规范高校招生录取秩序，严密防范严厉打击中介诈骗的通知[EB/OL].(2007-07-19)http://www.moe.edu.cn/edoas/website18/87/info30987.htm

“暑假”、“寒假”、“春节期间”、“灾区”、“农村”、“中西部地区”、“中小学幼儿园”，等等。把握这些语言“标志”，可顺利地理清语序，揭示政策语段中的逻辑关系，加强读者在政策解码时的有效性。

2. 语段有效性分析

(1) 政策话题——议题性

并非所有社会问题都具有公共性，也并不是所有的公共问题都能被界定为政策问题。大多数问题都不会进入政府的处理议程，如果这些问题缺少足够的政治支持，或是处理这些问题的潜在成本过于昂贵。① 真正能得到政策主体支持并进入政策议程的问题，称为政策议题。政策议题经由政策文本分析或语篇分析而呈现，政策话题则是针对政策语段来说的，其范围要窄于政策议题。但相同的是，政策话题具有明确的议题性。对于每一个政策语段来说，该段的政策话题都是围绕政策语篇所涉及的政策议题所展开的子议题，从不同层次和角度对政策议题予以分解和阐释。

例如，在 2009 年 2 月 23 日由教育部等四部委发布的《关于继续组织实施“农村义务教育阶段学校教师特设岗位计划”的通知》中，有这样一段：“各地要采取多种方式，充分利用广播电视、报刊、互联网等各类媒体，广泛宣传‘特岗计划’的方针政策和工作成效，将特岗教师招聘工作与引导和鼓励高校毕业生面向基层就业结合起来，吸引更多优秀高校毕业生报名应聘。要大力宣传各地推进‘特岗计划’的好经验、好做法，不断创新教师补充机制。要采取切实措施，提高特岗教师教书育人的能力，帮助他们尽快成长为骨干教师，同时注意发现特岗教师中的优秀典型，加大特岗教师典型宣传力度，进一步营造良好的工作氛围。”从中不难看出，该语段的政策话题是如何营造“特岗计划”的外部环境；而该文本的政策议题是“农村义务教育阶段学校教师特设岗位计划的组织实施”。作为整个计划组织实施的重要一环，外部环境的作用不可忽视。这也就是作为政策话题的“外部环境”与作为政策议题的“计划组织实施”之间的关系所在，同时也揭示出政策语段与政策语篇的关系。

(2) 政策语义中心——实质性

在每一个政策语段中，政策语义中心的述题作为语段的核心部分，应该紧紧围绕话题的实质而展开。述题是对话题所作的陈述和说明，是语段的语义核心所在。需要注意的是，不同于政策语篇涉及主题的全面性，政策语义中心的实质性是指某一具体领域内所涉及的核心内容，其范围不及语篇广泛。比如，

---

① [美]弗朗西斯·C.福勒.教育政策学导论(第二版)[M].许庆豫,译.南京:江苏教育出版社,2007:13.

在2007年5月18日由国务院转发、由教育部制定的《国家教育事业发展“十一五”规划纲要》中，有一个语段为“严格教师资格准入制度和中小学新任教师公开招聘制度，把好教师入口关。转换用人机制，实行教职工全员聘用制，进一步改革完善教师职务聘任制度。制定和完善吸引优秀人才从教的政策措施，建立吸引优秀人才到农村任教的机制。加强中小学编制管理，合理配置教师资源。建立区域内公办学校之间中小学教师和校长定期交流和轮岗制度。完善职业教育兼职教师的聘任与管理制度，积极鼓励职业院校从行业企业招聘教师。改进高校教师人事管理制度。完善教师岗位分类管理、公开招聘、业绩评价和薪酬分配办法。健全教师考核评价机制，严格管理，不断优化教师队伍。”该语段的话题是教师管理制度的完善，整个语段紧紧围绕人事管理的实质性内容展开述题，即聘任制、交流轮岗、岗位分类、薪酬分配等。在具有实质性的语义中心内容中，不能遗漏任何重要细节。

(3) 政策视角——立场性

政策视角是政策主体在政策过程中所持的立场，具有鲜明的立场是政策语段固有的特点：它可以要求或提倡某一举措，也可以批评或禁止某一活动；可以推进某一进程，也可以阻止某一进程。比如，改革开放时期党的基本路线被概括为“一个中心，两个基本点”①。这一语段实际上就是改革开放政策的总视角，它鲜明、准确地表达了既反对左倾的干扰，也坚决排除右倾的干扰的政治立场。对于教育政策而言，政策视角的立场性不仅彰显出政策主体对某一教育问题或公共问题的权威认知与道义担当，更是政策价值取向的直观反映。人们可以在许多教育政策语段中看出其中的立场所在。仍以《国家教育事业发展“十一五”规划纲要》为例，该通知中有一个语段写道：“各级政府要在政治上、思想上和生活上关心教师，努力改善教师尤其是农村教师的工作、学习和生活条件，解决实际困难，维护教师合法权益。切实依法保障教师的平均工资水平不低于或者高于国家公务员平均水平，并逐步提高。健全教师医疗、养老等社会保障制度。大力宣传优秀教师和教育工作者的模范事迹。”这一语段表达了国家对教师地位和待遇问题的极度重视与深切关注。

(4) 政策关联成分——逻辑性

前面已经介绍，政策关联成分作为对语段内容的限定和修饰，在读者对语段乃至语篇的解读过程中起着至关重要的作用。政策关联成分在政策语段中的有效性集中体现为逻辑性的辅助建构，因果关系、递进关系、转折关系、对比关系、时空关系、隐含关系等诸多语法关系和意义关系的建构、限定和呈现，

① 一个中心，指以经济建设为中心；两个基本点，指坚持四项基本原则、坚持改革开放。1987年中共十三大作出这一概括。

都须借助一定的政策关联成分，它们是读者在解读政策语段和语篇过程中不可缺少的有效成分。

（三）政策语篇分析

1. 语篇系统动态分析

政策语篇是一个具有动态性的过程和系统，在解读政策语篇的过程中，应该针对其“动态过程”特征发掘政策语篇的内在要件。

（1）系统分析

王振华认为①，文本/话语的生产者之所以生产语篇，是要通过文本或话语以及文本/话语的消费者实现其社会目的。一个人或团体只要有语言能力，它们加工出的文本/话语就都带有目的性。文本/话语的生产、文本/话语本身、文本/话语的消费者是一个语篇必须具有的三个要件，这三个要件和语篇的社会目的共同构成语篇系统。

在政策语篇中，作为文本/话语生产者的政策主体——各级教育行政部门，同样需要借助政策文本/话语本身以及政策文本/话语的消费者的参与，才能实现其教育政策目标。这里所说的“消费者”，可以是教育政策系统内部的下级执行者，也可以是教育政策系统外部的公众。而政策执行者在整个过程中，既充当了生产者的身份，又担当了消费者的身份。由此，教育政策主体、教育政策文本/话语本身、教育政策文本的消费者这三者，再加上政策语篇的社会目的，便构成了政策语篇系统（如图 4-1 所示）。

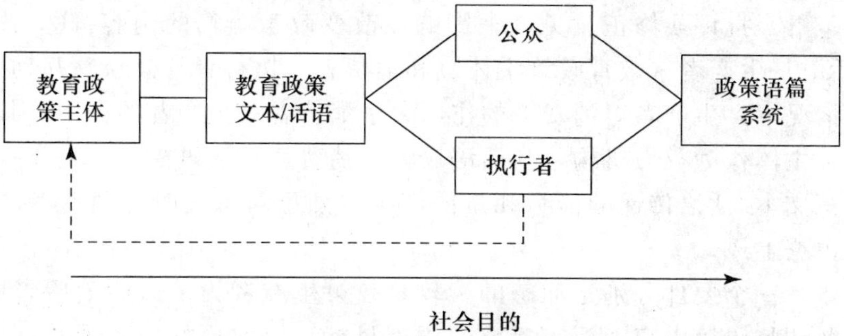

图 4-1　教育政策语篇系统

我国学者李钢将政策语篇系统中涉及的教育政策话语加以整合，围绕着它们建立了一个教育政策话语系统（如图 4-2 所示），这一系统强调得更多的是政策话语的表达者。

① 王振华. 作为系统的语篇[J]. 外语学刊，2008(3)：50-57.

教育政策的话语系统
- a. 教育政策的叙述者集合（讲述政策的主体）
- b. 上述人员有关教育政策表达的话语文本体系

教育政策叙述者集合
- 教育政策决策者、执行者及能合法参与决策的人群（由政府组织的）
- 教育政策专业研究人员、教育政策信息传媒（由社会组织的）
- 关心教育政策的社会群体（民间自发的）

图 4-2　教育政策话语系统

（资料来源：李钢．话语·文本：国家教育政策分析［M］．北京：社会科学文献出版社，2009：95.）

（2）动态分析

政策语篇系统的构成成分具有动态性。[①]

其一，无论是文本还是话语，都是对处于“意义真空”中的语言的潜在的、尚未发挥作用的功能单位的实化过程（actualization），这一过程是动态的。

其二，语篇中的三个要件，在人类社会中永远是交互作用的，表现为：①教育政策主体通过政策文本/话语直接作用或间接作用于消费者，直接作用如教育部通过政策文本或话语使下一级教育行政部门接受政策信息并执行，同时予以监督；间接作用如各级教育行政部门就某一政策文本向公众提供政策咨询与指导。② 消费者通过教育政策文本/话语直接作用或间接作用于教育政策主体，直接作用如下一级教育行政部门就某一政策的执行情况向上一级教育行政部门作出汇报或反馈；间接作用如公众通过对教育政策文本所传递的信息提出评论、争辩、批评或修正意见，来影响或改变政策语篇的内容。③ 教育政策文本/话语是生产者（教育政策主体）和消费者（执行者与公众）互动的媒介，在一般情况下，生产者对消费者的作用大于消费者对生产者的作用，其原因是教育政策主体作为权力机构，其话语权大于消费者的话语权。但是，一旦消费者对政策文本/话语传递的信息和意图产生强烈反对态度时，消费者的话语权会逐渐占据上风。

其三，三个要件分别是动态的。教育政策生产者为了适应消费者的需要，必须不断调整语篇内容、语篇策略、语篇目标，以便更好地实现其社会目的；生产者意图和文本或话语形式及意义的改变，必然导致政策文本/话语的消费者重新对文本/话语进行意义重构，从而也改变着原来的文本/话语。在这一过程中，新的政策文本/话语类型就会产生。

总之，政策语篇作为一个动态系统，分析者深刻理解并把握其动态性，可以对政策获得更强的解释力。

---

① 王振华．作为系统的语篇[J]．外语学刊，2008(3)：50-57.

2. 语篇内在结构分析

如果说系统动态分析是基于语篇系统中“人”的视角而进行，那么内在结构分析便是基于语篇系统中“事”的视角而展开。

国外学者对于语篇内在结构的研究，首推英国学者辛克莱（John Sinclair，1972）。从 20 世纪 70 年代至 90 年代，辛克莱一直致力于语篇结构的研究。同上述政策语篇系统动态分析的观点相一致，辛克莱对于语篇内在结构的研究也是基于动态过程的视角而进行的。

1993 年，辛克莱在一篇没有发表的论文（该论文被用做伯明翰大学语篇分析课的阅读资料）中，将语篇结构与人类社会活动结构相联系。他认为[①]，宏观的人类社会活动分为三部曲：第一部分是导致语篇产生的社会事件和人类行为，第二部分是由此而生的语篇，第三部分是语篇对社会的影响。语篇作为人类社会活动的产物（artifact），处于三部曲结构的中间位置，而第一部分和第三部分的性质是非语言的（non-linguistic）。基于此，辛克莱提出在话语语篇和书面语篇中都存在着一种三部曲结构（three-part structure），简称为 P-R-D 结构。其中，P 代表 posit，意为论断、假定；R 代表 react，即对 posit 的反应；D 代表 determine，意为对 posit-react 作出总体回应或评价。P-R-D 结构同时也是一个层阶结构，其排列顺序同样意味着语篇的互动性。P-R-D 结构在语篇的不同层次上的形式如图 4-3 所示。辛克莱认为，P-R-D 结构“很可能”就是语篇的内在结构，它可以检验语篇的连贯程度。

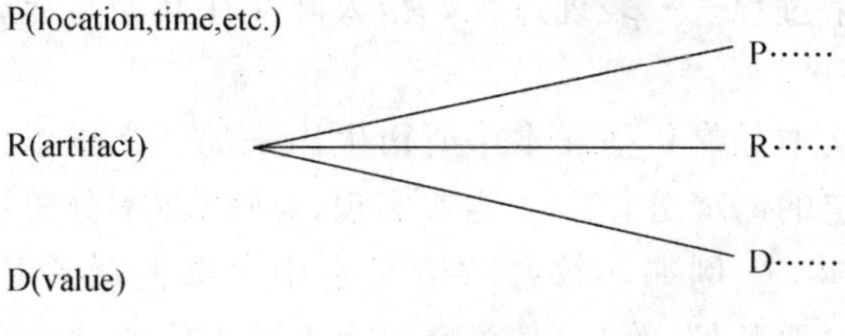

注：虚线表示再下一层次上还可能有 P-R-D 结构

图 4-3 语篇的三部曲结构

对教育政策语篇来说，P 部结构是导致语篇产生的教育事件、事态和某种现象或行为，R 部结构是由此而生的政策语篇，D 部结构则是此语篇对政策利益相关者以及整个社会的影响。如果将 P-R-D 结构视为政策语篇的内在结构，就会发现它不仅涵盖了政策语篇的语义或语法成分（语句、语段、语篇），而且包含了基于互动性而产生的社会外部评价对其产生的影响。不过，由于关

① John M. Sinclair，Michael Hoey，Gwyneth Fox. Techniques of Description[M]. London：Routledge，1993.

联、认知、语境、语篇策略等其他因素并不在辛克莱的研究范围之内[1]，还不能表明仅靠 P-R-D 结构就能实现文本/话语的连贯。将上述各种因素都考虑在内的是一直致力于话语分析研究的费尔拉格，他从文本、互动和语境三个空间向度提出了“批评的话语分析过程”，并构建了话语分析向度的关系示意图（如图 4-4 所示），以此来揭示语篇的组织结构。

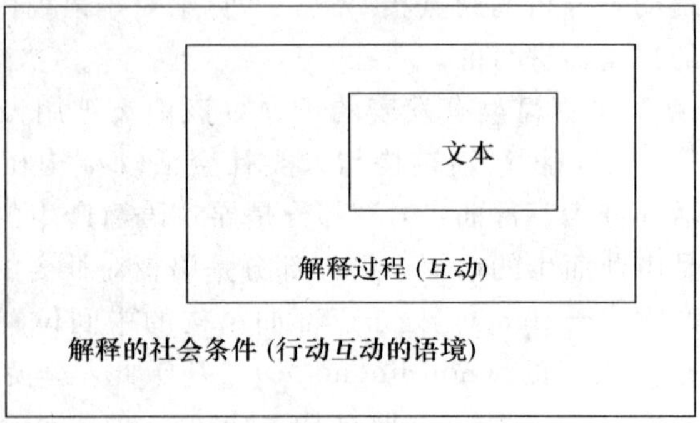

图 4-4　话语分析向度关系示意图

（资料来源：Norman Fairclough. Language and Power. Longman Group Limited，UK，1989：27.）

图 4-4 中，文本表示话语分析的第一个过程——描述过程，指与文本的正式特征相关的分析阶段；第二个过程——解释过程表示了与文本相互交往、关联的分析阶段，即将文本看做是一种知识产品的生产阶段的过程；解释的社会条件则是其第三个过程——表现过程，指人际交往互动与社会语境之间的关系的分析阶段。[2]

李钢认为，文本是靠传播文本中所衍生出来的“文本意义”而存在的，这种传播需要在一定的语境分析中才能够实现，所以文本分析被列为有关话语活动的语境分析范畴。[3] 例如，教育政策文本中的某些政策用语（如“两免一补”、“基本实现‘两基’”等），其意义只有参照上下文才能理解。他认为涉及教育政策的文本分析的内容有：文本结构分析；文本传播过程的叙事分析（包括政策文本结构的分类表述以及关联的政策组合特征，即教育政策建议的文本风格）；教育政策传播特征分析；文本的“互文性”分析（即分析文本与教育政策主题之间关系的社会语言学分析）。[4] 此外，李钢将文本信息计量分析的研究方法引入教育政策研究中，这种基于对相关文本或文献进行编码统计的文

① 赵永青，王琴. 诠释辛克莱的语篇结构观[J]. 外语教学，2006(1)：19-22.

② 李钢. 话语·文本：国家教育政策分析[M]. 北京：社会科学文献出版社，2009：92.

③ 同上书，98.

④ 同上书，96-97.

本实证分析方法在国内教育政策领域的研究中较为罕见，令人耳目一新。

在教育政策文本中，基于话语分析过程而形成的教育政策话语系统，将教育政策语篇（文本）的系统动态分析与内在结构分析结合起来，对于分析教育政策的话语主体及文本本身有着重要的作用。

综上所述，沿着语句、语段、语篇逐层构建文本分析的理论框架，便可以对教育政策文本做出完整的学理分析，简单示意如图 4-5 所示：

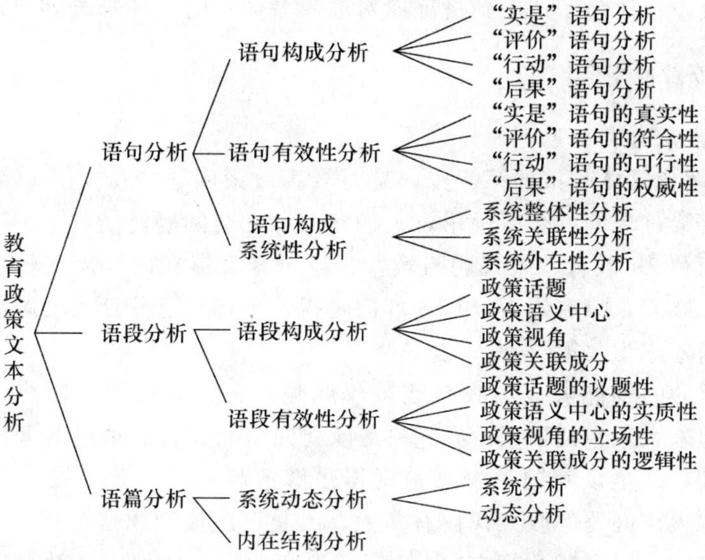

图 4-5　完整的教育政策文本分析流程

第三节　过程分析：教育政策的实践形态

任何一项教育政策都必须在其运行流程中才能确定和实现它的价值。所谓运行流程，是指教育政策从制定到实施再到修正、完善的整个过程。一项具体教育政策的运行，要求政策主体把握教育政策的全过程，处理好运行过程中各个环节的关系，任何一个环节出现问题，都会降低政策运行效率，使政策目标的实现受阻。

桑德拉·泰勒等人认为："政策的含义远远超越了政策文本，它还包括先于文本的政策过程，包括政策文本产生之后而开始的政策过程，以及对作为一种价值陈述及行动期望的政策文本的修正和实际的行动。"[①] 的确，如果完全静态地对待教育政策，过分强调文本分析倾向，会导致对存在于教育政策活动中的大量鲜活事实的忽略，失去对政策最本真的关注和探究。

教育政策在总体上会形成一种动态的周期现象，在政策过程终点与政策环境相互作用下，人们对政策结果进行评价，得出政策修正意见，并在此基础上开始新的政策过程。这说明，新的教育政策不是凭空产生的，是对原有政策的延续，是政策主体为了适应新情况而对原政策进行的一种修改或调整。

一、教育政策过程

（一）教育政策议题

"制定教育具体政策的第一步，是对教育政策问题的认定。"[②] 界定政策问题是指在政策过程的一个阶段里，人们将某一社会问题转换成一种政府能够处理的政策问题。[③] 教育政策议题与教育领域里客观存在的、需要解决的社会问题不是同一概念，只有当教育行政部门觉得需要针对这些社会问题制定政策的时候，它们才成为政策议题。

什么样的问题能够成为教育政策议题呢？它受哪些因素影响？袁振国认为，概括起来大致包括以下因素：一是该问题影响教育发展的时间和空间范围是否足够大，二是该问题是否已呈现得足够清晰，三是该问题严重到什么程度，四是解决该问题的政策代价有多大，五是解决该问题是否有一个社会认可的价值取向，足以形成政策方向。[④] 胡宁生则认为，任何一个社会的公共管理机构在一定时期都会有一个总体目标，只能将一部分公共问题确定为政策问题。只有当公共权力主体意识到某一公共问题已经在妨碍社会的整体发展，从而主动充分地去了解民意，并且认同公众的政策诉求时，该公共问题才能够成为公共政策问题。[⑤]

托马斯·格林（Thomas F. Green，1994）认为[⑥]，一个政策议题就是一个相当稳定但可更改的、目的在于对不同需求之间的冲突进行协调从而达到理想

---

① Sandra Taylor, Fazal Rizvi, Bob Lingard, Miriam Henry. Education Policy and the Politics of Change[M]. London：Routledge，2002：28.

② 马凤岐. 教育政治学[M]. 北京：人民教育出版社，2003：163.

③ [美]弗朗西斯·C. 福勒. 教育政策学导论（第二版）[M]. 许庆豫，译. 南京：江苏教育出版社，2007：156.

④ 袁振国. 教育政策分析与当前教育政策热点问题[J]. 复旦教育论坛，2003(1)：29-32.

⑤ 胡宁生. 现代公共政策学——公共政策的整体透视[M]. 北京：中央编译出版社，2007：198.

⑥ Thomas F. Green. Policy Questions：Conceptual Study[J]. Education Policy Analysis Arches. 1994(7) Vol. 2.

状态的公共问题界定。所有需求目标都要兼顾，但又不可能同时最大化。直到政策制定者能够分辨出引起问题的一套价值理念或需求，并且揭示出它们之间的差异，他们才能形成政策问题的概念，或是对政策问题有一个很完整的描述。当问题不能通过自发的秩序得到解决时，人们便会呼唤公共权威的介入；政府作为公共权威的代表协调这些不同的需求，于是相互冲突的需求问题便被构造成一个公共政策问题。

弗朗西斯·福勒（Francis Fowler，1998）认为①，与一般的问题不同，政策议题具有争议性，暗含着问题的解释和问题的价值，以及政府应当对之采取何种立场的理解。教育领导者应当懂得，任何一般性问题都可能衍生出多个政策议题。在政策问题界定阶段，对某一问题的不同理解常常相互冲突，并引发人们热烈的讨论。而在讨论之后，通常只有两三种理解会得到认可，从而成为有效的问题界定，也就成为政策议题。

（二）教育政策议程

关于政策议程的定义和类型，学者们有不同的看法。简单地说，由公共问题到社会问题再到政策问题的过程，就称为政策议程。

根据议程产生的先后次序和议程的不同功能，查尔斯·琼斯（Charles O. Jones，1984）将政策议程分为问题认定、规划、协商和循环四个议程。② 根据不同的主体和性质，考布（Roger W. Cobb，1976）和罗斯（J. K. Ross）将政策议程划分为公众议程和正式议程两个阶段。③ 公众议程是某个公共问题引起了公众的关注和争议，认为应该交由政府机构加以解决；正式议程则由一些已编列成目的项目组成，决策者正式接受了这些项目，准备就这些项目作出决定。弗朗西斯·福勒则在此基础上，将教育政策议程分为综合性政策议程与政府政策议程。④

1. 综合性政策议程

综合性政策议程是广义的，囊括了政府部门之外的所有人士正在讨论的问题。比如，如果某位大学校长希望明确教育领域中的综合性政策议程，就应该浏览教育期刊的目录，并关注大众传媒正在讨论的所有热点话题。在教育领域里，综合性政策议程又可分为三种具体的政策议程：第一种是专业性

---

① ［美］弗朗西斯·C.福勒.教育政策学导论(第二版)［M］.许庆豫，译.南京：江苏教育出版社，2007：156-157.

② Charles O. Jones. An Introduction to the Study of Public Policy[M]. Orlando：Harcourt，1984.

③ Cobb R. W.，Ross J. K.. Agenda Building As a Comparative Political Process[J]. The American Political Science Review，1976(1) Vol. 70：126-138.

④ ［美］弗朗西斯·C.福勒.教育政策学导论(第二版)［M］.许庆豫，译.南京：江苏教育出版社，2007：167.

政策议程，其主要内容是不同利益团体、教育政策网络、教育协会和教育专业工作者讨论的问题；第二种是传媒性政策议程，主要关注大众传媒希望受到重视的问题[①]，传媒性政策议程与专业性政策议程很少雷同，因为大众传媒看重的是吸引眼球，一般聚焦于各种热点问题，诸如校园犯罪；第三种是公众性政策议程，其主要内容是普通公众关注的问题，该议程与上述两种议程很少重叠，且更为简明，在较大程度上会受到大众传媒的影响。总的来说，专业性政策议程、传媒性政策议程和公众性政策议程共同组成了综合性政策议程。

2. 政府政策议程

政府政策议程主要包括政府官员在特定时期内认真对待的话题或问题[②]，包括正在认真讨论的问题，或是已列为将会采取措施来解决的问题。教育领域中有许多政府政策议程，既有国务院及教育部的政策议程，也有省级政府的政策议程。每一项政府政策议程都包括多种要素，诸如须是经上一级政府审核或通过的方案草案，须是正在审理中的案件以及政府机关即将作出的决定或发布的通知，等等。

任何一个政治体系的政策资源对于公共问题的负荷都是有限的，哪些公共问题能够进入政策程序，从而成为政策问题？这就成为政策程序中一个非常具有政治意义的问题，在一定程度上反映教育政策照顾哪些人群的利益，忽视哪些人群的利益。如果一个政治体系不能将所有公众关注的公共问题都列入政策议程，那么，它依照什么标准去选择列入正式政策议程的公共问题呢？“决策者可能会选择与自己的私利密切关联的公共问题列入政策议程，或将某些与自己有利害关系的利益集团关注的公共问题列入政策议程。如果存在这些情况，说明这个政治体系存在着严重的腐败。”[③]

政策议程的建立，实际上就是一种选择政策问题的过程。[④] 弗朗西斯·福勒指出，理解政策议程的一个重要条件，就是要知道进入政策议程是具有高度竞争性的，因此总会有一些政策问题注定进入不了政府、公众、媒体的政策议程。[⑤] 由于政策议程的容量有限，一旦一项新的问题条目进入政策议程，一般而言原有的政策议程中就要减去一项。当政策主体从一种议程转向另一种议程

---

① Mead T. D.. The Daily Newspaper As Political Agenda Setter: The Charlotte Observer and Metropolitan Reform[J]. State and Local Government Review,1994(1) Vol. 26: 27-37.

② Kingdon J. W.. Agendas,Alternatives and Public Policies[M]. New York: Harper Collins,1995.

③ 马凤歧.教育政治学[M].北京：人民教育出版社,2003：164-166.

④ 胡宁生.现代公共政策学——公共政策的整体透视[M].北京：中央编译出版社,2007：201.

⑤ Hilgartner S.,Bosk C. L.. The Rise and Fall of Social Problems: A Public Arenas Model[J]. American Journal of Sociology,1988(94): 53-78.

时，选择过程就发生了。“大多数政策议题在综合性政策议程中只受到短暂的关注，接着就永远消失了。”①

图 4-6 大致刻画了政策议程的各个环节，并用箭头描述了各个环节之间的运动模式。

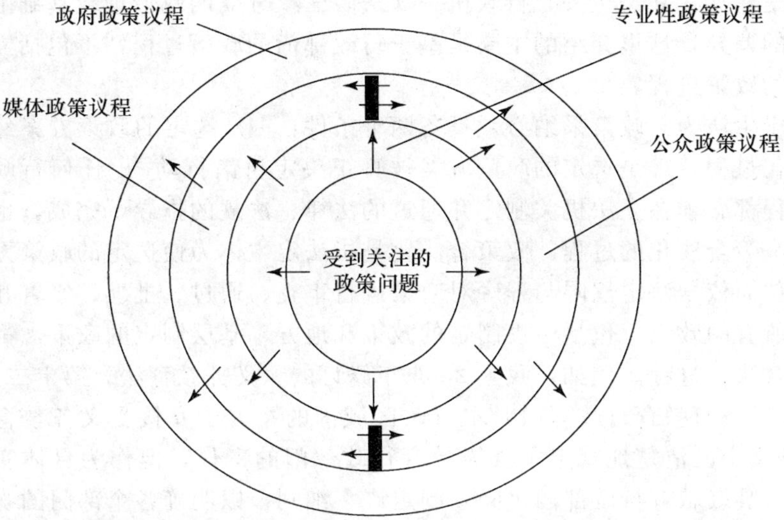

图 4-6　各种政策议程的相互关系

（资料来源：福勒．教育政策学导论（第二版）[M]．南京：江苏教育出版社，2007：168.）

在图 4-6 中，绝大多数政策议题处于专业性政策议程之中，这一环节中的政策议题超过了其他环节累积的政策议题的总和。有时，一些政策议题也会从专业性政策议程流向传媒性政策议程，并从这里进一步转变为公众性政策议程中的问题，政策制定者再从中选择一些他们愿意采取积极行动给予支持的问题。福勒认为，在绝大多数情况下，教育政策问题都是沿着图 4-6 所描述的路线发展的。

（三）教育政策的形成与采纳

政策形成与政策采纳作为政策过程中最为显著的阶段，构成了政府部门的核心工作。弗朗西斯·福勒认为，政策过程的这两个阶段是教育行政机构领导最为熟悉、最有可能努力发挥自己影响的两个阶段。②

---

① [美]弗朗西斯·C. 福勒. 教育政策学导论(第二版)[M]. 许庆豫，译. 南京：江苏教育出版社，2007：168.

② [美]弗朗西斯·C. 福勒. 教育政策学导论(第二版)[M]. 许庆豫，译. 南京：江苏教育出版社，2007：180.

福勒将政策形成与采纳划分为三个具体环节：第一是运用书面语言表述政策，其形式是法令、管理规则和法律判决；第二是经费投入；最后是政策采纳。由此可以看出，福勒对于政策的界定是广义的，同时也代表了美国政策学界的广泛共识。他们对包括政策形成与采纳在内的整个政策过程及系统的理解，均是建立在立法机关、行政机关和法院三权分立的政治理念基础上的。由于国体的差异，这里介绍的主要是基于行政部门的政策过程，不包括立法、司法机关的政策过程。

胡宁生认为，政策采纳必须具备两个条件：一是选定的政策方案经过了政策合法化过程；二是选定的政策方案被真正决定付诸行动。① 任何行政机关的政策过程都必须在立法机关制定并通过的法律、法规的指导下完成，也就是必须经过政策合法化的过程。政策合法化是指法定主体为使选定的政策方案获得合法地位而依据法定权限与程序对政策进行审查、通过、批准、签署和颁布的过程。所有的政策，包括中央制定的政策和地方、基层制定的政策，都必须经过政策合法化过程。例如，我国2006年修订的《义务教育法》第十二条规定："县级人民政府教育行政部门对本行政区域内的军人子女接受义务教育予以保障"，条文中已清楚地规定了县级教育行政部门的责任，但作为具体实施的行政机关，县级教育行政部门仍必须制定许多细则，以明确各个部门的责任、经费使用以及保障措施，然后将这些细则提交上级教育行政部门审议批准，从而使其成为具有法定效力的政策规定。

之所以选择从政策制定者和参与者的角度分析政策的形成、采纳及实施过程，是因为不论政策信息的质量如何，作为政策制定者的政治官员和其他制定者都会基于其政治者的身份在政治选择的不断变化中进行决策②；而作为政策参与者的相关人士也会在整个政策过程中发挥他们的作用。教育政策的实践形态不单单指政策过程本身，同时也包括政策制定者及参与者在政策过程中的实践工作及经历。美国教育政策学者麦迪森（J. Madsen，1994）就指出过，在美国，虽然州教育厅在形成政策规则的过程中具有主导地位③，但是各州制定教育政策或细则的过程本身仍需遵循一定的规则，并且吸收公众参与。④ 在我国，受统一领导、分级管理体制的影响，教育政策的形成与采纳过程绝大部分是在教育部、教育厅、教育局的"专有场域"中进行的，占有主导地位的是最

① 胡宁生.现代公共政策学——公共政策的整体透视[M].北京：中央编译出版社，2007：215.

② [澳]欧文·休斯.公共管理导论(第二版)[M].彭和平等，译.北京：中国人民大学出版社，2001：174.

③ Madsen J.. Educational Reform at the State Level[M]. Bristol，PA：Falmer Press，1994.

④ [美]弗朗西斯·C.福勒.教育政策学导论(第二版)[M].许庆豫，译.南京：江苏教育出版社，2007：197.

高教育行政机关——教育部。但是随着社会的发展，教育行政部门势必将越来越多地吸引其他主体参与到政策形成与采纳过程中来。

（四）教育政策实施

教育政策获得通过后，并不意味着新政策自动实施生效。教育政策必须在基层实施，通过下一级管理人员、学校的校长乃至教师的一系列具体行为而生效。

1. 教育政策实施与执行

在进入政策实施阶段之前，有必要先澄清政策实施与政策执行之间的差异。关于政策执行，长期以来形成了行动学派与组织理论学派两大流派观点。

行动学派代表人物查尔斯·琼斯提出："政策执行是将一项政策付诸实践的各项活动。在这些活动中，以组织、解释和应用这三种活动最为重要。"[①] 另外两位行动学派学者 C. E. 范霍恩（Carl E. Van Horn，1975）和 D. S. 范米特（Donald S. Van Meter，1975）也说过："政策执行是指公共团体和私人团体致力于实现既定决策所设立的目标而采取的各项活动。这些行动主要分为两种类型：一种行动是为了将政策转换为具有可操作性的实施措施而做的努力，第二种是为了实现政策所规定的变迁目的而做的持续努力。"[②] 可见，行动学派关注政策作为行动指南的指导性作用，强调政策执行的关键在于执行机关如何采取政策行动。[③]

组织理论学派则强调政策执行机构的作用，其代表人物约翰·佛瑞斯特（John Forester，1993）认为："政策规划者、政策执行机构和人员的预期分析能力，即在危急时刻或事态发生之前预感并采取相应适当步骤和程序加以有效对付的能力，实际上是对政策执行成功与否起关键作用的因素。"[④] 俄罗斯政策研究专家斯诺（C. P. Snow，2002）和特里林（Lionel Trilling，2002）认为："任何一项化观念为行动的行为都涉及某种简化工作，而组织机构正是这种简化工作的主体；是它们把问题解剖成具体可以管理的工作项目，再将这些项目分配给专业化的机构去执行。"[⑤] 可见，组织理论学派十分强调政策目标得以实现的组织基础。

---

① Charles O. Jones, An Introduction to the Study of Public Policy[M]. Orlando: Harcourt, 1984.

② Van Horn, Carl E., Van Meter, Donald S.. The Policy Implementation Process: A Conceptual Framework[J]. Administration & Society, 1975(4) Vol. 6.

③ 陶学荣，崔运武. 公共政策分析[M]. 武汉：华中科技大学出版社，2008：266.

④ Forester J.. Critical Theory, Public Policy and Planning Practice: Toward a Critical Pragmatism [M]. New York: Suny Press, 1993.

⑤ 转引自：Osborne S. P.. Public Management: Critical Perspectives[M]. London and New York: Taylor&Francis, 2002: 24.

政策实施与政策执行的关系没有公认的界定。查尔斯·琼斯认为政策实施是政策执行中的一系列行动之一，即政策的组织、解释或应用，其界定是狭义的。大多数学者认为广义的政策实施与政策执行是相同的。在教育政策领域，由于政策涉及客体范围的特殊性、广泛性和多样性，最好在政策实施者与政策执行者之间作出一定区分。通常，政策执行者在很大程度上是指政府及其相关部门，而政策实施者范围比执行者要广泛，包括正式实施者与中间人士。正式实施者通常是各级教育行政部门的官员；中间人士是指接受正式实施者的授权而协助实施政策的人士，他们处在正式实施者与政策目标群体之间并发挥作用[①]，范围相当广泛。例如，当教育部实施某项新政策时，中间人可以包括省级、市级、县级教育行政部门、学校领导班子等，在涉及具体教学的情形下还可以包括教师。这恰恰体现了教育政策实施与教育政策执行的最大不同。

2. 教育政策实施的程序

政策实施是政策过程的一个阶段。一项新政策应该如何实施呢？按照福勒的看法[②]，政策实施遵循从政策实施动员到政策实施过程本身、再到新政策的制度化这样一种逻辑顺序。

（1）政策实施动员

政策实施动员是政策实施过程中最为关键的一步，包括政策采纳、制订政策实施计划和收集政策资源三个具体步骤。

政策采纳须回答清楚三个关键问题，即采纳动机、采纳的合适程度和采纳的支持程度。关于采纳动机，伯曼（P. Berman，1978）与麦克劳林（M. W. McLaughin，1978）提出[③]，只有两种动机是好的动机：一是认定新政策有助于解决一个公认的和真正的公共问题，二是认定新政策能够促进人们认识能力的提高，从而促使其最终接受其他变革。关于政策采纳的合适程度，即判断新政策是否适合各地区（包括各级政府及其部门、各类学校及其师生等）所处的具体或实际环境。在美国地方分权体制下，教育新政策的采纳可以由学区甚至学校一级首先作出，学区和学校还可以自愿决定是否采纳州政府或联邦政府推出的教育新政策，其依据就在于政策采纳的合适程度。关于政策采纳的支持度，即正在酝酿的新政策是否在主要当事人中获得了足够支持，福兰（M.

① ［美］弗朗西斯·C. 福勒. 教育政策学导论（第二版）［M］. 许庆豫，译. 南京：江苏教育出版社，2007：248.

② 同上书，255-269.

③ Berman P.，McLaughlin M. W.. Federal Programs Supporting Educational Change，in Vol. I：A model for Educational Change［R］. Santa Monica，CA：Rand Corporation，1975.

Fullan，2001）这样表述自己对这一问题的看法："不要假设自己关于改革的主张是唯一应该或能够付诸实践的主张，相反，要假设政策实施过程的一个主要目的就是通过与其他政策实施者的相互作用，交流你自己关于'什么是应该'的真实想法。"①

制订政策实施计划。这项步骤不仅要适应人们积累的经验，而且要适应环境的变化，包括适应资源水平、政治形势的变化等。② 福勒认为，无论采用何种途径去制订教育政策实施计划，其参与者都必须将两类团体的人员包括进来——基层校长和教师代表。

收集实施教育政策的资源。在政策实施过程中，有许多困难是由资源不足引起的。政策实施过程所必需的资源主要有经费、时间、人员、空间、设备与物资等，政策实施者必须尽可能充分准备好政策实施过程所必需的这些资源。

（2）政策实施本身

只有在政策实施动员阶段奠定了坚实基础之后，政策才能够正式实施。一项成功的政策实施包括监测实施、提供帮助、处理问题三个部分。首先，凡是受到政策影响的对象都应该有渠道了解到政策实施的实际情况，应该有机会对政策的实施和变更发表意见。所以，应安排专人负责监测政策实施过程，收集相关信息并反馈给部门主管人员。其次，根据对收集和反馈上来的信息的分析，向具体工作人员提供多种多样的、持续的帮助，以解决各方面的难题。一般而言，与政策项目相关的问题较容易解决，而与环境相关的问题较难解决。再次，运用技术策略、政治策略和文化策略，及时妥善地处理政策实施中的各种问题。通常，技术策略最为有效，政治策略和文化策略效果其次。政策实施者应慎重、综合地运用三种策略。

（3）政策制度化

在政策制度化阶段，政策不再被视为一种新的或异质的事物，而已自然地融入组织之中。政策制度化不会突然出现，它是成功的政策实施阶段的结果，是新政策的倡导者努力调整组织规则及程序以使组织永恒地容纳政策变化的结果。福勒提出了政策制度化的具体步骤作为评估一项政策变革制度化的标准或指南，它们包括：政策变革融入各级学校的制度手册；主要政策项目已就必要的变革达成妥协；对行政管理人员、教师及相关人士的评价程序与政策变革方向相一致；与政策变革相关的培训项目已经列入新的计划安

① Fullan M.. The New Meaning of Educational Change[M]. New York: Teachers College Press, 2001.

② [美]弗朗西斯·C.福勒.教育政策学导论（第二版）[M].许庆豫，译.南京：江苏教育出版社，2007：259.

排；所有政策变革项目的成本已经列入各级教育行政部门或各级学校的正常预算范围，等等。

尽管福勒对政策制度化的上述界定是站在以学区或学校为主的美国教育体制的角度上，但是对于制度化本身这样一个重要的政策实施阶段，其界定是有其意义的，因为它明确了教育行政部门在政策实施过程中的正式责任。在教育政策实施过程中，有时候会因为程序或制度过于复杂而导致政策收效甚微，有时候又会因为缺乏必要的程序或制度而导致政策实施无效，政策实施主体必须把握好政策制度化的分寸。

（五）教育政策评价

在福勒看来，最理想的情形是，人们不仅对政策进行客观和全面的评价，而且基于评价结果去修正或终止政策。然而，在现实世界里，有许多政策从未接受过评价，而一些所谓的政策评价显得“粗制滥造”，根本没有人会愿意依据它们来修正或终止被评价的政策。① 由于政策评价内含政治问责意蕴，它总是会影响甚至是威胁到某些人士的利益，所以它往往也是一项极为困难的工作。

1. 教育政策评价的定义

在国内外学者的研究中，根据角度和观点的不同，教育政策评价可以分为四种定义：① 对政策方案的评价；② 对政策全过程的评价；③ 对政策效果的评价；④ 对政策误差的发现与修正。任何一种政策评价定义都涵盖三个要素：评价行为、评价项目、关系人。评价行为是指对“某一客体的价值和优点进行系统的考查”②，包括在具体场合下运用规范的研究方法和严格的研究标准以实现实用性的研究目的。评价项目是指“一段特定时间内开展的教育活动”③，而且这种活动具备组织系统和制度的特征。例如，教育部办公厅《关于组织实施 2008 年中小学班主任国家级专项培训计划的通知》中，规定教育部设立专项经费保证在项目县内开展项目规定的教育活动，这就表明这种培训活动已经具备了组织系统和制度的特征。关系人是指“参与项目系统评价或受其影响的个体或团体”④，一般是指教育行政部门官员、学校管理者、教师、学生、家长、教育行业协会以及其他利益相关者组织。

---

① [美]弗朗西斯·C. 福勒. 教育政策学导论(第二版)[M]. 许庆豫，译. 南京：江苏教育出版社，2007：278.

② Joint Committee on Standards for Educational Evaluation. The Program Evaluation Standards [M]. Thousand Oaks, CA: Sage, 1994: 3.

③ 同上。

④ 同上。

2. 教育政策评价的程序

无论是评价一项全国性的教育政策，还是评价一项地区性的、学校性的政策项目，政策评价都遵循着基本的和相同的程序，大致如图 4-7 所示。

1. 确定政策目标	5. 分析和总结数据
2. 选择评价指标	6. 撰写评价报告
3. 选择或设计收集数据的工具	7. 依据评价建议作出反应
4. 收集数据	

图 4-7　政策评价过程的基本环节

（资料来源：福勒. 教育政策学导论（第二版）[M]. 许庆豫，译. 南京：江苏教育出版社，2007：282.）

从福勒对政策评价程序的界定可以看出，政策评价作为一种方法，十分强调数据（包括数字性数据和言语性数据）的作用，有着很强的技术性和工具性。数字性数据依靠统计学方法获得，如计算平均数、全距、频率等，通过分析它们在统计上是否存在显著差异而进行评价，其结果通常以图形、曲线、表格来表示。在言语性数据方面，通常是依据评价范围中这类数据经常出现的主题进行分类，然后按照主题进行编码，以观察每个主题的发生、发展情况。可见，要使教育政策真正成为可研究、可评估的对象，必须建立公开的、健全的数据系统。至于具体的政策评价方法，本章将在第六节详细介绍。

二、教育政策过程的形式化分析

如第一节所述，戴维·伊斯顿认为“政策实际上是一个由众多的政策圆圈所构成的一个生生不息的连续（或称为断续）过程”。詹姆斯·安德森也将政策看做“是一个有目的的活动过程，而这些活动是由一个或一批行为者，为处理某一问题及其有关事物而发生的、有目的的行为过程”①。过程性是公共政策的一个重要特点，胡宁生指出：“具体的公共政策是一个处在自身系统与环境超系统相互作用下的，由政策主体与客体的活动构成的、处于变动之中的活的过程。这种变动性又决不是众多因素杂乱地交织在一起，随心所欲地产生变动，而是各种内外因素有序地结合起来，形成一个个相互依存的环节，若干环节又结合成依次延续的逻辑链条。”② 无论是“圆圈说”还是“链条说”，都反映政策过程的动态性和有序性在整个过程的运行中体现得十分明显。所谓形式化分析，就是展现政策过程中“圆圈”、“链条”的状态。

① [美]詹姆斯·E. 安德森. 公共政策[M]. 唐亮，译. 北京：华夏出版社，1990：4.

② 胡宁生. 现代公共政策研究[M]. 北京：中国社会科学出版社，2000：111.

（一）美国学者的形式化分析方法

1. 李斯特与斯图尔特

詹姆斯·李斯特（James P. Lester，1999）和小约瑟夫·斯图尔特（Joseph Stewart，1999）将政策过程归纳为议程设定、政策制定、政策实施、政策评估、政策调试和政策终结六个阶段。将这六个阶段引入教育政策领域，就形成以下教育政策过程（如图 4-8 所示）。

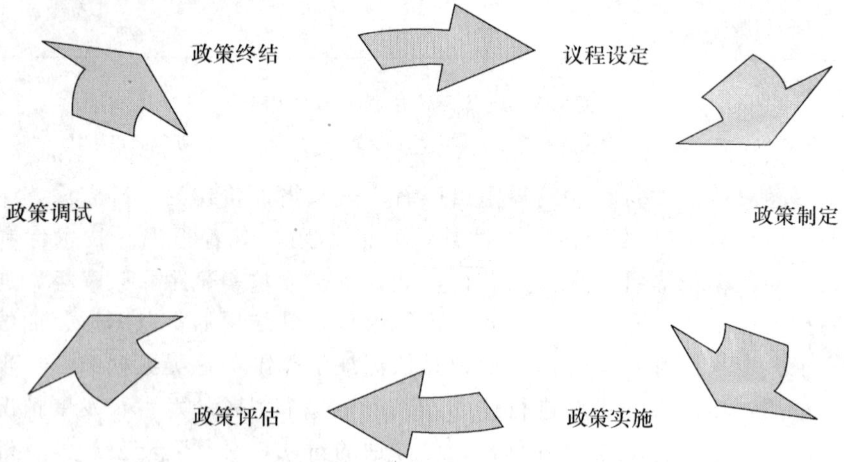

图 4-8　六阶段教育政策过程

（资料来源：James P. Lester，Joseph Stewart. Public Policy：An Evalutionary Approach (Second Edition)［M］. Baker&Taylor Books，1999.）

上述政策过程主要是从政策内部运行系统来勾画的，对于政策系统中另外两个因素——政策环境和政策利益相关者，图 4-8 中并没有直观的反映。对于教育政策系统来说，它同其他议题领域一样，是教育利益相关者通过有意识的选择所创造的产物，是表现在“可见的行动及其结果中”的客观现实。① 在勾勒教育政策过程的时候，理应将这些重要的影响因素考虑在内。

2. 巴顿与萨维基

美国学者巴顿（Carl V. Patton，1986）和萨维基（David S. Sawicki，1986）提出了一个包含六个步骤的政策过程模式（如图 4-9 所示），在研究特殊政策问题时是比较有用的框架之一，在同类模式中有一定代表性。

① Peter L. Berger，Thomas Luckmann. The Social Construction of Reality：A Treatise in the Sociology of Knowledge［M］. New York：Doubleday Books，1967：6.

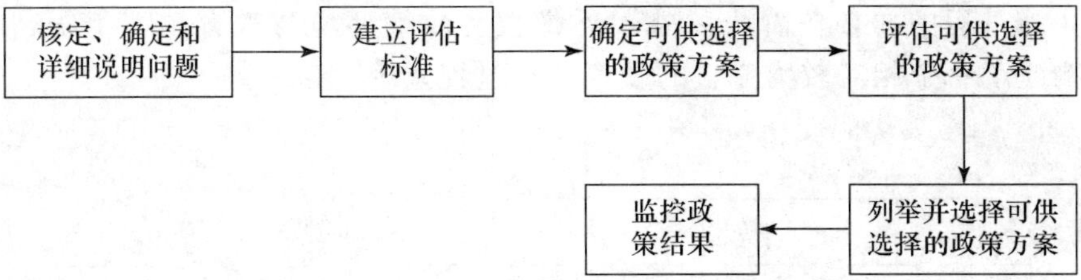

图 4-9 六步骤教育政策过程

（资料来源：Patton Carl V.，Sawicki David S.．Basic Methods of Policy and Planning [M]．Englewood Cliffs，NJ：Prentice-Hall，1986.）

第一步：核实、确定和详细说明问题，这一点近似于詹姆斯·李斯特和小约瑟夫·斯图尔特提出的“议程设定”。

第二步：建立评估标准，巴顿和萨维基在这个步骤中不是一味地关注政策成本，而是也考虑其他一些评估标准，如政策效力、政治上的可接受性、公正性等。欧文·休斯认为，在教育政策过程中增加这一步骤，可以在一开始时就说明政策中的各种价值，有助于使之最终最大化。①

第三、四、五步：对可供选择的政策方案进行确定、评估、列举与选择，突出了可供选择政策方案的重要性。由于教育领域的特殊性，在确定备选方案时，正式中选的方案有时候不一定特别有效，因而不能忽视那些非传统的备选方案，以便政策主体在方案的可行性、代价、政治条件等冲突中能够居于主动地位。尤其应意识到，技术上有优势的方案与政治上可行的方案之间是有区别的。②

第六步：监控政策结果，在实践中，没有一项教育政策是完美无缺的，在政策实施过程中可能会出现一些意想不到的困难，环境也可能会发生一些变化，早期的问题有可能发展为其他问题。例如，我国高校扩招政策在促进高等教育大众化进程之余，也不可避免地带来了校舍紧张、教师资源短缺、教育质量出现波动、毕业生就业难等问题，这些问题理应处于政策实施过程的监控范围之内。

（二）我国学者的形式化分析方法

图 4-10 是我国学者曹哲提出的教育政策运行流程③，图中除了涵盖政策制

① ［澳］欧文·休斯．公共管理导论(第二版)［M］．彭和平等，译．北京：中国人民大学出版社，2001：160.

② Patton Carl V.，Sawicki David S.．Basic Methods of Policy and Planning［M］．Englewood Cliffs，NJ：Prentice-Hall，1986：35.

③ 此流程资料系笔者根据多年前上课讲义整理而成，原文献出处已不详，经反复查找、检索，仍不可得。本书对此深表歉意，暂付阙如，以俟将来。

定与实施过程中的必备阶段以外，还将教育政策环境与教育政策组织包括进来，构建了一个相对较为完整的教育政策过程系统。

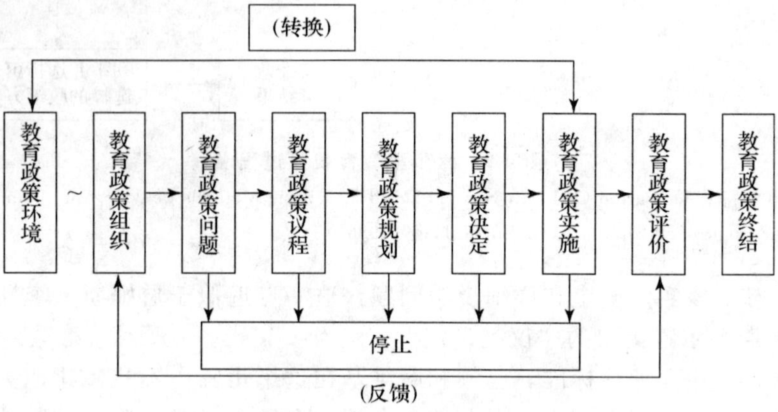

图 4-10　教育政策运行流程图

图 4-10 中，教育政策组织是政策活动的主体，它与教育政策环境之间的互动（用“～”表示）产生了（用“→”表示）教育政策问题，然后有六个形式化的阶段：教育政策议程、教育政策规划、教育政策决定、教育政策实施、教育政策评价、教育政策终结。其中，教育政策实施的结果又转化为教育政策环境，教育政策评价的信息反馈给教育政策组织，如此循环往复，构成了教育政策活动的完整过程——从明确政策环境、收集政策信息，到进行政策评价并不断反馈。

这里面，有三个阶段最为关键，它们是决策阶段、执行阶段和评价阶段。这三个阶段的主体必须适当分离，否则就会造成既当决策者又当执行者和评价者的反科学现象。

（三）形式化分析的局限性

我国有学者指出，从技术上看，在教育政策实施过程中，政策执行部门的自由裁量权、政策规范的可变通性、政策资源的可交换性，都是可能影响教育政策实施的重要因素①，因而形式化分析方法对政策过程分析的应用，并不是绝对的和万能的。

迈克尔·豪利特（Michael Howlett，1995）和 M. 拉米什（M. Ramesh，1995）就曾经指出，“将复杂的过程分解为有限的几个步骤及分步骤，可以有

① 林小英. 中国教育政策过程中的策略空间：一个对政策变迁的解释框架[J]. 北京大学教育评论，2006(3)：130-148.

利于理解公共政策的制定”，但是“实践中却不太经常出现模式中依次而进的次序”①。在现实的政策活动中，决策者的活动并不一定都能够做到非常系统化，其步骤与次序也很可能被一些意外的因素打乱，甚至完全被遗漏掉。② 英国政策学家米切尔·希尔（Michael Hill，1997）也表达过相近观点：将政策过程划分为几个阶段或者一系列步骤，可以提供一种解剖错综复杂的决策过程的方法，或至少是为政策分析提供了一种手段；但是由于政策过程在很大程度上是一个连续不断的演进过程，实际的政策过程起点可能是在很久以前的某一个历史时刻，也可能从政策系统的任何地方开始，有些政策在前期阶段就已经以十分明晰的方式确定下来了，而另一些政策则很可能是在执行阶段才逐渐明晰起来的。政策过程的各个阶段并不是截然分开的，政策主体经常需要穿插于多个不同阶段，他们所进行的政策博弈也往往是在各个不同阶段中展开的。③

而在形式化的政策过程分析中，上述这类情形是很难甚至无法得到体现的。当教育行政部门遇到某些特殊的教育政策问题时，形式化分析可以为他们提供某种指导或思路，但是它毕竟只是一种框架，而不是一种全能的方法；是一组步骤，而不是具体的方案。如果生搬硬套形式化过程的步骤模式，其政策分析效果有可能会严重背离实际情况。

三、教育政策过程中的“策略空间”

政策过程中存在着“策略空间”，“策略空间”是政策变迁的动力之一。林小英给“策略空间”下了这样一个定义：它是作为行动者的政策对象为了满足自身的政策需求，在与政策部门互动并要求其提供政策产品的过程中，通过采取策略行为而发现和利用的、由政策系统结构自身所决定的协商机会。④ 林小英还提出，产生策略空间的现实基础，主要是行政部门的自由裁量权、政策文本的可变通性和政策资源的可交换性这样一些因素。在政策实施过程中，策略空间会被政策对象发现并加以利用，以便使政策需求和政策供给协调起来。

（一）政策执行部门的自由裁量权

米切尔·希尔认为，政策体系具有相当复杂的制度结构，这意味着许多相关组织都有权利和责任来解释直至详述规则。自由裁量权作为蕴涵在规则结构体

① Howlett M., Ramesh M.. Studying Public Policy: Policy Cycles and Policy Subsystems[M]. London: Oxford University Press, 1995.

② [英]H. K. 科尔巴奇. 政策[M]. 张毅，韩志明，译. 长春：吉林人民出版社，2005：165.

③ [英]米切尔·希尔（又译为黑尧）. 现代国家的政策过程[M]. 赵成根，译. 北京：中国青年出版社，2004：21.

④ 林小英. 中国教育政策过程中的策略空间：一个对政策变迁的解释框架[J]. 北京大学教育评论，2006(3)：130-148.

系中的一种特殊权力，在政策过程中发挥着重要的作用。从传统的研究视角看，位于法律、制度、政策实施过程中的部门、机构、地方政府、学校等，都可以被看做是自由裁量的主体①，它们都有机会介入“实际规则”的制定过程。

近年，国内法律界人士大多把自由裁量权定义为“行政机关在法律明示授权或消极默许的范围内，基于行政目的，自由斟酌、自主选择而做出一定行政行为的权力。”② 学术界人士大多定义为：“法律法规通过概括性的授权，使行政机关可就职权范围内的事项自由判断做出适当处理的权力。”③ 从这些定义可以看出，自由裁量权的基本内核是“自由选择的权力”，虽然它要受到“合法合理地选择”内涵的限制，但那毕竟是一个相对模糊和主观的限制标准。这使得人们有理由相信政策执行过程中常常出现的“缩水”、“放大”、“歪曲”、“短路”等政策失真现象，都与自由裁量权的存在有着某种关联。

英国学者科尔巴奇（H. K. Colebatch，1998）认为，政策过程的一致性并非基于参与者的经验，而是基于参与者之间的博弈——不同的参与者将特定的观点反映出来，从而影响政策实施过程。④ 一般情况下，决策者并不是在一个完全封闭的纵向行政系统中去制定、执行、评估政策，乃至建立反馈循环，各种横向力量在这个过程中也起到了整合作用。各种力量的相互影响如图 4-11 所示。

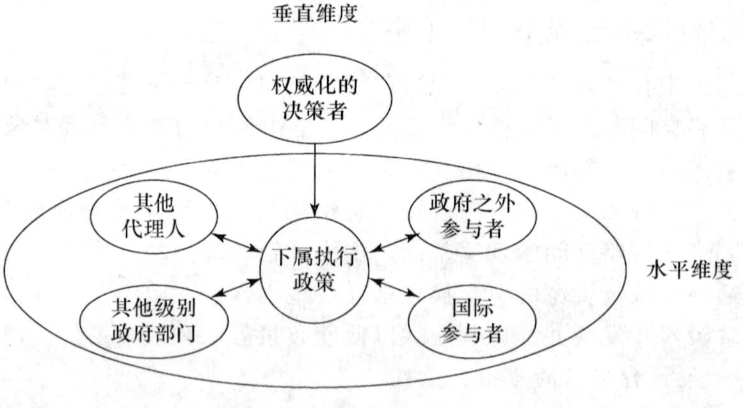

图 4-11　政策的垂直维度和水平维度

（资料来源：H. K. 科尔巴奇. 政策［M］. 张毅，韩志明，译. 长春：吉林人民出版社，2005：32）

图 4-11 中，水平维度所关注的就是垂直权威之外各种政策参与组织的关

① ［英］米切尔·希尔（又译为黑尧）. 现代国家的政策过程［M］. 赵成根，译. 北京：中国青年出版社，2004：157.

② 傅国云. 行政自由裁量与权力制约的法律思考［J］. 行政法学研究，1994(1)：34-38.

③ 杨海坤. 中国行政法基本理论［M］. 南京：南京大学出版社，1992. 437.

④ ［英］H. K. 科尔巴奇. 政策［M］. 张毅，韩志明，译. 长春：吉林人民出版社，2005：31.

系：政策过程既横跨组织的界面而发生，也在这些界面之内发生。在水平维度上，等级权威显然是不充分的，政策过程中有许多参与者，沟通和意见一致就显得非常重要。政策的垂直维度和水平维度不能相互替代，因为权威性决策的实施要求其他参与者的合作，并在水平层面上达成共识性谅解。虽然水平维度的参与者使得地方政府的政策执行过程与中央政府的意图并不完全一致，但是其结果会刺激政策对象沿着行政纵向制约系统上溯，寻求上级政策部门拿出比原来更多的政策供给。

林小英以我国民办高等教育政策的变化为案例，解读政策执行部门手中的自由裁量权对教育政策实际过程的影响[①]：教育部 1985—2002 年期间的档案显示，中共中央、国务院、国务院有关部委、全国人大、中央教育行政部门都参与或直接影响了民办高等教育政策的制定过程，它们都是制约民办高校发展的顶层政策部门。在顶层制定的政策规定中，一般都给地方教育行政部门留下了回旋余地，使得地方的具体行政行为具有较大自主性，并可能产生顶层文件中原本空缺的某些政策含义（比如，顶层文件对社会力量办学的产权性质并未予以界定，有些地方政府就利用自由裁量权将其认定为集体所有性质）。民办高校作为该项政策的对象，在利用不同途径获取办学的行政许可之后，其办学行为通常均有所“变形”（如原行政许可中不准许其跨省市招生，而结果是它们却跨省市招生了）。这些现象不仅与顶层的政策本意有较大距离，而且与地方教育行政部门的政策目标也存在一定出入，其偏离现象如图 4-12 所示。

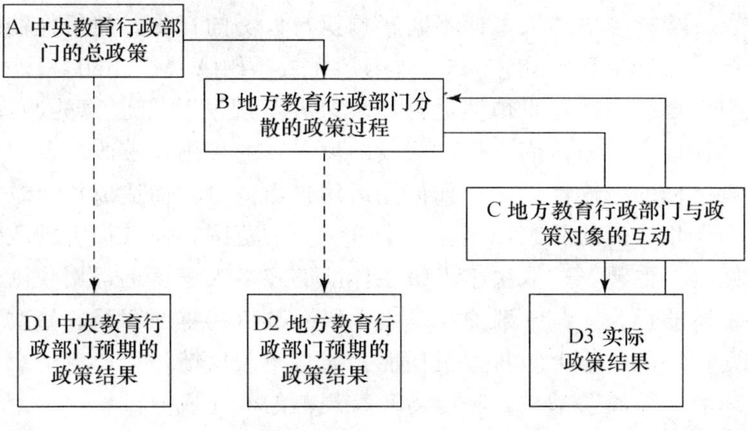

图 4-12 教育政策过程中的目标偏离

（资料来源：许晓鹏．政策过程中的目标偏离：医疗保险制度变迁中的地方政府行为分析[D]．北京：北京大学博士学位论文，2002：5.）

① 林小英．教育政策过程中的规则和自由裁量权：以民办高等教育政策为例[J]．清华大学教育研究，2007(4)：98-106.

在图 4-12 中，地方教育行政部门既是政策执行主体，又是决策主体：图中从 B 到 C 的部分，是地方教育行政部门的政策执行阶段；从 A 到 B 的部分，是地方教育行政部门的政策制定阶段。地方教育行政部门作为政策实施过程的中间环节，不仅可以对顶层决策部门的政策目标作出符合自身利益的理解，而且常常利用自由裁量权无意或有意地改变顶层的政策意图，使政策结果尽量朝着自己期望的目标靠近，实际上它们介入了政策的具体化过程。民办高校对地方教育行政部门的政策认同和服从程度不一，也会使被执行的政策发生变化。上述各种主体基于自由裁量权的博弈，造成顶层的政策预期结果（D1）、地方教育行政部门的政策预期结果（D2）与实际的政策结果（D3）无一重合，处于彼此偏离的状态。显然，顶层的政策规定及信息在行政纵向制约系统中经过各种主体的层层筛选和过滤，其一致性已逐渐受到侵害。

（二）政策规范的可变通性

政策规范是政策制定者在自身价值判断基础上所作出的一种集体选择或政府选择，作为规则，它蕴涵着政策制定者对于政策的期望或价值追求。但是，政策制定过程也很可能从一开始起就因为存在着无法达成一致的分歧和斗争，致使政策制定者有意识地不去制定更加明确的规则，以便暂时搁置争议或逃避将来的责任。即使政策规范是明确的，但是其内涵仍有可能因环境而发生变化。萨巴蒂尔（Paul Sabatier，1979）① 提出的“环境影响模式”理论，将政策执行过程看做因变量，而将环境因素视为自变量；当政策执行者实际推行某项政策时，政策环境中的因素便不断影响执行人员的行为，使得他们做出执行行为的变更。马歇尔和米切尔（C. Marshall and B. A. Mitchell，1991）发现，当“校长们在自己的地盘里悄悄地再造政策并解决法律和道德的冲突时”，政策意图随着管理者遵循他们自己“假设的世界”的规则而被改变。②

就政策过程的连续性而言，如何把运用自由裁量权而造成顶层政策目标和下层执行结果相偏离的状态控制在一个可承受的范围，使被损害的政策“一致性”得到修复和弥补？这取决于上级主体能够在多大程度上运用规则来控制和校正下级主体的行为，其一般途径是由上级行政机构重新解释、修改规则或制定新的规则；还取决于上级行政机构能否通过政策反馈过程，将下级行政机构采取的合理的“偏离”举措，吸收为政策规范的变通成分。

迈克尔·希尔指出，在公共政策分析中，必须将规则和自由裁量权融合在政策中，放在一个更广泛的社会和政治背景中加以考察，既没有绝对的规则主

① Paul A. Sabatier. Theories of the Policy Process [M]. Boulder：Westview Press，1999.

② Marshall B. A.，Mitehell B. A.. The Assumptive World of Fledgling Administrators[J]. Education and Urban Society，1991(4) Vol. 23：397.

导，也没有完全随意的自由裁量权。[①] 在教育政策过程中，上级主体为下级主体执行政策设定了原则性的价值前提和事实前提，但是上级主体对下级主体的控制并不完全，下级主体拥有比较宽泛的自由裁量权，它们通过重新解释政策或结合当地情况制定新的规则，潜在地修改了政策得以执行的价值前提，一定程度上改变了政策文本的实质含义。这种做法一定程度上有助于政策的创新和落实，同时也表明，政策规范在实际执行过程中具有可变通性。当决策主体与利益主体之间在复杂的利益关系中进行了有效的妥协和"交易"，政策规范就会由理想化选择走向理性化默契——原来存在于政策供给和政策需求之间的不协调性就会被某种"一致性"取代。

政策规范的可变通性使得政策主体的政策供给与政策对象的政策需求在表达上具有妥协与一致的可能性，也使得教育行政部门在执行过程中能够对政策规范的含义作出最大的变通。

（三）政策资源的可交换性

政策文本本身并不具有约束力，但由于它是教育行政部门用来分配资源的手段的表征，其中蕴藏着具有实质制约力的政策资源。在政策执行过程中，政策系统要受到来自政策对象的反制约影响；政策对象可以利用政策部门复杂的制约关系，对政策文本进行策略性解读，甚至与地方教育行政部门结成"共谋"关系，以自己所拥有的政策资源进行讨价还价和"交易"。相应的，地方教育行政部门也可以利用政策对象所拥有的市场资源和竞争性资源，向中央教育行政部门讨价还价，交换政策资源。在这个过程中，原有政策一般会发生实质性改变。

政策资源的交换行为实质上是决策主体与利益主体在相互作用中对利益加以协调的过程——各种利益群体将自己的教育利益诉求投入到政策系统中，由决策主体依据自身利益的需求，对复杂的利益关系进行调整和"交易"。仍以林小英对民办高校的研究为例[②]：民办高校通过正式与非正式"关系"与当地教育行政部门结成共谋关系，或利用市场资源换取当地教育行政部门的政策支持立场，通过地方教育行政部门与上级教育行政部门的讨价还价，获取有利于自己发展的政策资源，借此进一步拓展市场资源，完成体制内和体制外资源之间的交换。

总体上看，是政策部门的行政自由裁量权决定了政策文本的可变通性，而

① ［英］米切尔·希尔（又译为黑尧）．现代国家的政策过程［M］．赵成根，译．北京：中国青年出版社，2004：170-171．

② 林小英．教育政策过程中的规则和自由裁量权：以民办高等教育政策为例［J］．清华大学教育研究，2007(4)：98-106．

这两者又决定了政策资源的可交换性，三者共同构成了教育政策过程中的“策略空间”及其实现途径，简化如图 4-13 所示。

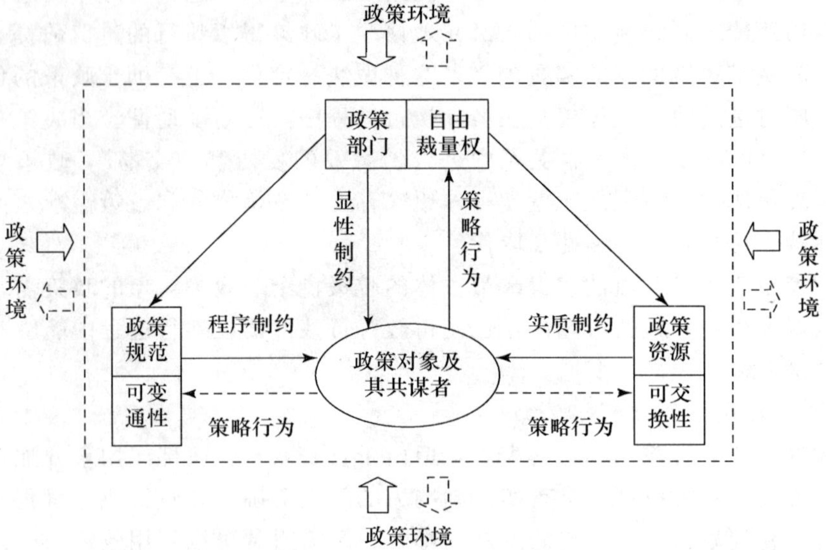

图 4-13　教育政策过程中的策略空间示意图

（资料来源：林小英．中国教育政策过程中的策略空间：一个对政策变迁的解释框架[J]．北京大学教育评论，2006（3）：130-148.）

在政策过程中，政策文本代表着一种演进逻辑，而政策实践则往往体现出另一种演进轨迹，两者之间的差异大体上可以反映政策预期目标与政策执行结果的偏离程度，或者称之为行动者在政策过程中的策略空间，它是行动者的一种反制约行为。林小英认为，由政策执行部门所拥有的自由裁量权、政策规范的可变通性和政策资源所具有的可交换性而创造出来的政策策略空间，使政策主体的政策供给真正满足了政策对象提出的政策需求，有助于政策供求关系达成暂时的平衡。不过，由于“策略空间”中的行动者一般会结成共谋关系，总是站在与顶层决策者相对立的政策对象一方，因而它也增加了政策落空的风险。①

我国地域辽阔，教育发展情况十分复杂，制定和实施教育政策的过程不可能采取一个模式。只有对教育政策过程的极端复杂性进行科学的分析，才能够把握住教育政策实践形态的真正面目。

① 林小英.中国教育政策过程中的策略空间：一个对政策变迁的解释框架[J].北京大学教育评论，2006(3)：130-148.

第四节　价值分析：教育政策的本体形态

一般来说，教育政策的价值分析主要集中在两个方面：一是分析教育政策本身的价值；二是以价值分析为工具去研究教育政策。下面从这两个方面分别介绍教育政策的价值分析。

一、教育政策的本体形态

（一）政策本体形态的含义

政策是有关教育权利与利益的具体体现，这是政策的本质属性。所以，政策的本体形态就是国家运用政策对目标中的价值或利益进行分配的关系。

有的学者认为①，教育政策的本体形态主要是指各种形式的教育政策所共同具有的目的性特征。教育政策的本体形态在人们对其进行目的性考察时便体现出来，不同的具体教育政策在各自领域里有着不同的政策目标：有的政策旨在调整教育权力的划分和使用，有的政策旨在规定受教育者的权利和教育机会，有的政策旨在指导教育经费的分配和使用，有的政策旨在安排人才选拔的模式和原则，等等。如果从政策目标的角度来概括，会发现这些教育政策具有一个共同点，就是诸如权力、权利、机会、经费、人才选拔等均属于体现在教育政策目标中的教育价值或利益，而教育政策的本质就是对上述价值或利益在不同的主体之间进行分配。这种分配教育价值或利益的目的性特征，就是教育政策的本体形态。

政策学家劳恩格（Hok Lin Leung，1985）指出："政策是价值的具体表达，其中包括资源和权力的分配。"② 政治系统分析理论创始人戴维·伊斯顿认为公共政策是对全社会的价值作权威的分配，国内学者对此都阐述了自己的理解。有学者认为，公共政策"暗含这样一个基本的政治学假设，即利益及利益关系是人类社会活动的基础，而政府的基本职能，就是对利益进行社会性的分配。公共政策就是政府进行社会性利益分配的主要形式"③。还有的学者指出："公共政策的本质是社会利益的集中反映，政策的形成过程实际上是各种利益群体把自己的利益要求投入到政策制定系统中，由政策主体依据自身利益

① 刘复兴.教育政策的四重视角[J].清华大学教育研究，2002(4)：13-19.

② Hok Lin Leung. Towards a Subjective Approach to Policy Planning & Evaluation：Common-sense Structured[M]. North Kanata：Ronald P. Frye & Company，1985：39.

③ 张国庆.现代公共政策导论[M].北京：北京大学出版社，1997：7.

的需求，对复杂的利益关系进行调整的过程。”[①] 在教育政策领域，理查德·D·范斯科德（Richard D. Van Scotter，1984）在谈到教育政策的目的时这样说：“教育政治学即通过政府的活动合法地借助权力在社会上分配（或分派）教育价值（或资源）的过程。”[②]

在教育领域里进行价值或利益分配是教育政策的本体形态，上述各种认识和观点从不同角度阐述了这一点。

（二）教育政策的价值及其基础

1. 教育政策价值的界定

对于教育政策价值的界定，有着不同的角度和方法论。有的学者从教育对人的发展作用角度指出，如果说教育是为人的未来生活做准备，那么至少就有三种教育的中心价值需要教育政策予以考虑：一是自由的价值，这是为一个人的未来文化生活做准备；二是公民的价值，这是为成为一个良好公民并有效参与政治与社会生活做准备；三是职业的价值，这是为未来就业或创业做准备。[③] 在实际教育生活中，自由的、公民的、职业的价值都被不同的政策参与者以不同的方式带入政策过程，使得教育政策的价值性更加显著，也使得教育政策在实践性和理论性之间显得更加扑朔迷离。

还有学者从价值的本质出发，认为教育政策的价值是“一般价值”的下位概念，指教育政策的客体属性是在实践中满足教育政策的主体需要的一种特定关系[④]，由此确定了教育政策价值的三个构成要素——教育政策价值的客体属性、主体需要和实践活动。他们还认为，从价值形成的过程及结果来观照教育政策的价值形态，教育政策表现为隐性价值与显性价值；从价值的理想和现实来观照教育政策的价值形态，教育政策表现为应然价值与实然价值；从价值外化的产品及其衍生产品的价值来观照教育政策的价值形态，教育政策表现为直接价值和间接价值。[⑤]

2. 教育政策价值基础的界定

按照我国学者劳凯声等人的理解，教育政策的价值基础主要是指这样两方

---

① 陈庆云.公共政策分析[M].北京：中国经济出版社，1996：5.

② [美]理查德·D.范斯科德.美国教育基础——社会展望[M].北师大外教所，译.北京：教育科学出版社，1984：71.

③ Sandra Taylor, Fazal Rizvi, Bob Lingard, Miriam Henry. Educational Policy and the Politics of Change[M]. London: Routledge, 2002.

④ 孙绵涛.教育政策论：具有中国特色的社会主义教育政策研究[M].武汉：华中师范大学出版社，2002：25.

⑤ 孙绵涛，邓纯考.错位与复归——当代中国教育政策价值分析[J].教育理论与实践，2002(10)：17-20.

面的含义：一是指教育政策的价值取向模式，由一系列价值观念和价值原则构成；二是指价值取向模式赖以存在和确立的理论依据和假设。[①] 所以，一般来说，教育政策的价值取向是由一系列层次不同的要素构成的。

还有学者认为："政策价值观念主要由政策理论、政策理想、意识形态和政策评价标准组成的。"[②] 其中，政策理论和意识形态属于系统化的政治思想体系，对教育政策在宏观层面上具有根本性的价值指导作用；政策理想则是对政策体系与政策过程的期望以及对未来发展的设计，它规定了政策动机、政策目标、政策方向和指导原则；政策评价标准则是建立在一定政策理论、意识形态、政策理想的基础之上的价值衡量标准。显然，政策理想在整个政策价值观念体系中具有承上启下的地位，它以政策理论和意识形态为背景，对教育政策的制定、实施及评价具有直接的价值指导作用，是构成教育政策价值观念体系的核心部分。本节将着重介绍基于政策理想层面的教育政策的目标、方向、原则等价值观念。

3. 教育政策的价值基础

对于教育政策的价值基础，国内外学者纷纷从不同的角度提出了自己的理解和阐释。有的学者认为，根据我国当代社会和教育发展状况、各利益主体的利益追求及其所构成的相互关系，我国教育政策应建立在"以人为本"、"教育平等"、"效益优化"、"可选择性"、"多样性"等价值观的基础之上。[③] 根据弗朗西斯·福勒的理解，教育政策的价值基础可分为民主价值和经济价值两大部分[④]：其中，民主价值包括教育政策的自由价值、平等价值、博爱价值；经济价值则包括教育政策的效率价值、促进经济增长的价值、关注质量的价值。

教育政策制定具有价值负载（value-laden）的特质，与其他公共政策领域相比，教育政策领域除了存在物质性资源分配义务，还存在着大量的价值性资源分配义务，如教育政策对社会公平与正义就负有保护和干预的义务。因此，对于人本主义、平等、效益、多样性这样一些价值观念，教育政策是应该给予关注和重视的。而对于教育政策中民主价值和经济价值的关注，则是基于西方资产阶级革命和资本主义经济制度下对教育政策价值基础的理解，现已逐渐被国际社会广泛认同。

---

① 劳凯声，刘复兴. 论教育政策的价值基础[J]. 北京师范大学学报（人文社会科学版），2000(6)：5-17.

② 陈振明. 政策科学[M]. 北京：中国人民大学出版社，1998：186.

③ 劳凯声，刘复兴. 论教育政策的价值基础[J]. 北京师范大学学报（人文社会科学版），2000(6)：5-17.

④ [美]弗朗西斯·C. 福勒. 教育政策学导论（第二版）[M]. 许庆豫，译. 南京：江苏教育出版社，2007：101-107.

国内有学者在综合分析西方研究文献后总结出了公共政策价值观的核心概念或原则，认为正义、效率、平等、民主、秩序、发展、利益等这些文明社会的基本理念，也就是公共政策价值的内涵所在。[①] 教育政策作为公共政策中的主要领域，不言而喻也需要关注这些基本的价值原则。同时，教育政策领域又是一个特殊的领域，具有自身独特的价值观，那就是它尤其需要关注人的发展。教育政策学家莫里斯·科根（Maurice Kogan，1975）曾对英国1960年至1974年期间有关教育的主要政策、法令以及政府各级负责人的有关报告、声明、白皮书、重要的教育会议记录等第一手资料进行了分析，并对许多重要的教育政策制定人物进行了访谈，从中归纳出教育价值观、社会价值观、经济价值观、学校价值观等四个方面的政策价值基础。[②] 后来有人根据科根的研究成果提出了教育政策价值的四种表现形式，即政治的价值、社会的价值、教育的价值和人的价值。[③]

教育政策价值观是教育政策制定者及其所处社会对教育政策活动中价值关系的根本性的、总的认识。教育政策的基本价值特征集中表现为教育政策价值选择的合法性问题，即按照何种价值取向去分配教育利益才是正当的、合法的？从教育政策的本体形态来看，教育政策价值选择的这种“合法性”特征，正是教育政策本身最重要的价值基础。

4. 对价值基础“合法性”的辨析

在缺乏监督的情况下，拥有权力的人会把政策作为一种资源分配给与自己同属一个利益集团的人。在利益面前，政治官僚极易与利益集团结合或被利益集团施加压力，而影响其政策制定行为。这一类在政策形式上看上去是合法的行为，却可能存在着政策价值“不合法”的问题。

对于价值“合法性”的理解，理论界一直存在分歧，更多的是在社会学和政治学领域中予以讨论。哈贝马斯1976年曾经指出：“合法性意味着对于某种要求作为正确和公正的代表而被认可的政治秩序来说，有着一些好的根据。合法性意味着某种政治秩序被认可的价值。”[④] 同样从政治秩序和统治权力的角度去界定“合法性”的人，还有法国政治学家让马克·夸克（Jean-Marc Coicaud，2002）。他认为“合法性是对统治者与被统治者的关系的评价，它是政治权利及其遵从者证明自身合法性的过程，是对统治权力的认可。这种认可

① 陶学荣，崔运武. 公共政策分析[M]. 武汉：华中科技大学出版社，2008：67.

② Maurice Kogan. Educational Policy-Making：A study of Interest Groups and Parliament[M]. London：George Allen&Unwin Ltd，1975：57-67.

③ 祁型雨. 论教育政策的价值及其评价标准[J]. 教育科学，2003(2)：7-10.

④ [德]哈贝马斯. 交往与社会进化[M]. 张博树，译. 重庆：重庆出版社，1989：184.

是建立在一系列条件基础之上的，而这些条件主要与认同、价值观、同一性及法律有关"[1]。菲利普·塞尔茨尼克（Philip Selznick，1984）将"合法性"区分于通常的权力概念，认为它的作用"是建立与赤裸裸的权力截然不同的权威。当大多数应该服从的人是自愿地和非强制地服从一个规则时，这个规则便是以权威为基础的"[2]。对于价值"合法性"的理解，有时候也因学科的立场而异：从法学的角度说，统治因为具有合法性而得到承认；而从社会学角度看，却是因为统治得到了承认才具有合法性。[3]

国内学者也展开了对于教育政策价值合法性的探讨。刘复兴认为所谓教育政策的合法性，是指教育政策的价值选择符合普遍性的规则、规范，如法律、社会价值观、意识形态、传统典范乃至社会习俗等，以及由此而在社会范围内被承认、认可、接受和遵守的程度。[4] 合法性是教育政策被承认的基础，是教育政策价值选择存在的价值依据和理论基础，也是教育政策合法化的前提，它容纳了教育政策价值选择的正当性、有益性和公正性等特征。教育政策的合法性的本质是教育政策价值选择的合目的性，也就是价值选择符合人们的需要、理想和追求。

教育政策价值基础的合法性的实现，取决于政策系统内部各要素（决策主体、执行主体、利益主体等）在政策运行过程中的价值互动。其中，决策主体和执行主体对教育政策价值选择的认可并遵从具有必然性，因为如果不是它们代表国家赋予教育政策以价值原则并努力推动其合法化，它们自身的合法性就会受到质疑或威胁；利益主体对教育政策价值选择的认可则具有"或然性"（也可以称之为自愿性和非强制性），因为只有那些符合并最终能够满足其需要和利益的政策价值，才会被他们认可和自觉服从。

二、教育政策的价值分析

（一）教育政策分析中的价值

对于政策分析中的价值，大多数政策分析者意识到可以用社会科学的方法来研究，但也有一些人持价值相对主义的观点，认为关于平等、正义和自由的陈述不能被"经验"证明，最好是把它们看做个人愿望与情感的非理性表述。[5] 按照这种观点，政策分析者所能做的一切，就是把价值视为服从于分析

① ［法］让马克·夸克. 合法性与政治［M］. 佟心平，译. 北京：中央编译出版社，2002.

② Philip Selznick. Leadership in Administration：A Sociological Interpretation［M］. California：University of California Press，1984.

③ 苏力. 规制与发展：第三部门的法律环境［M］. 杭州：浙江人民出版社，1999：313.

④ 刘复兴. 教育政策的价值分析［M］. 北京：教育科学出版社，2003：47.

⑤ Arnold Brecht. Political Theory［M］. Princeton，NJ：Princeton University Press，1959：132-135.

者的“资料”[1]，如同化学、物理和生物实验中的分析材料“服从于实验者”那样。政策分析中还存在一种科学的工具主义观点，主张政策分析方法是一种中立的工具，可以被“与政策问题无利害关系”的分析者客观地使用。[2]“事实”和“价值”在分析政策问题的过程中应严格分开，分析者应该也必须把某种价值作为“既定的”东西而予以认同，因为价值本身不能被理性地讨论。基于这一逻辑，政策分析的作用自然便仅限于发现实现政策目的的手段，原因是政策价值是既定的，政策目的也就是既定的，是不能讨论的。

当代大多数政策分析者都认识到，政策分析中的确有固定而规范的成分，人们借助于分析，可以探求政策行为的结果及其对人们的影响。[3]但是，在政策分析的理论与实践中，人们同样也发现，政策分析者同政策实践主体一样，在政策分析过程中不仅不可能超然于价值选择之上，而且必须进行价值选择。邓肯·麦克瑞（Duncan MacRae，1976）就说过：“政策分析是依赖于价值的，它也可以是批判价值的，价值和事实都可以被理性地讨论。”[4]拉斯韦尔在其“政策定位”一文中也指出，分析家必须澄清政策中的价值目标。[5]诺贝尔经济学奖得主缪尔达尔（Gunnar Myrdal，1968）则更进一步肯定地说：“价值赋予永远与我们同在，不带任何偏向的研究从来没有过，也不可能有。我们的价值取向决定了我们解决问题的途径，决定了概念的意义、模型选择以及对观察的挑选等。”[6]这实际上表明，即使是实证研究也受到价值规范的约束。威廉·邓恩也指出，对价值的系统的、理性的和批判性的检测，是政策分析的必要成分。

在教育政策分析的价值背景中，威廉·邓恩将其划分为个人、一般、理想三种类型：个人的价值背景仅仅反映个人愿望或偏好的价值表达；一般的价值背景反映特定情况下一般的个人或群体的价值观点（例如，大多数贫困家庭的学生认为免费师范教育是一项好政策）；理想的价值背景则涉及分析者的价值判断，依赖于对政策的对与错、好与坏进行“全景式”判断，需要超越个人、一般及群体的偏好。

---

① [美]威廉·N.邓恩.公共政策分析导论(第二版)[M].谢明等，译.北京：中国人民大学出版社，2002：135.

② Martin Rein. Social Science and Public Policy[M]. New York：Penguin，1976.

③ [美]卡尔·帕顿，大卫·沙维奇.公共政策分析和规划的初步方法(第二版)[M].孙兰芝等，译.北京：华夏出版社，2002：24.

④ Duncan MacRae. The Social Function of Social Science[M]. New Haven：Yale University Press，1976：77-106.

⑤ Harold D. Lasswell，D. Lerner. The Policy Science：Recent Development in Scope and Method[M]. Stanford，CA：Stanford University Press，1951：9-10.

⑥ Gunnar Myradal. Value in Social Theory：A Selection of Essays on Methodology[M]. London Routledge & Kegan Paul，1968.

（二）教育政策的价值分析

尽管人们知道教育政策分析中充满价值的性质，但无论是在理论上还是在实践中，却很少看到关于价值影响教育决策的系统思考。由于教育政策分析的产生同公共政策的产生一样，都是源于一些经验原则，而这些原则是建立在科学客观性和价值中立假定的基础之上。一些分析家尝试将规范或价值问题纳入分析系统之中，按照费舍尔（Frank Fischer，1987）和弗雷斯特（John Forester，1987）的描述，"一方面就'政策分析'这个词的经典意义而言，它是实证的，但不是严格科学的；另一方面它又与规范和价值的实现基本上相关联，但它本身不是伦理的。政策分析正好介于科学和伦理之间"①。

目前，国内的教育政策价值分析主要存在两种倾向：一种倾向是致力于对教育政策的价值系统进行理论上和方法上的探讨，从而试图建构一种分析教育政策价值的理论框架，规范实际的教育政策研究；另一种倾向更多地关注现实中教育政策的利益分配和利益关系，针对具体政策进行合法性、有效性和价值选择的验证性分析，倾向于从公平、公正的价值角度去考量现有的教育政策，更多地具有应用研究的性质。从实际情况来看，后者多，前者较少。这种状况一方面验证了教育政策分析是一个具有极强实践性和问题导向性的研究领域，同时也反映了我国教育政策研究中对价值问题的分析缺乏理论构建与现实解释的有机结合，对实质价值的研究较多，而对于程序价值的研究甚少，更多地流于一种感性的批判、理念的探讨，而理论建构和实际分析相结合、分析深入且有力度的佳作不多。目前这种类型的教育政策价值分析只能算是教育政策分析的一个视角，或者说是一种分析理路，它虽然对教育政策分析走向成熟范式阶段发挥着应有的作用，但还不能称其为一种相对成熟的教育政策分析范式。

这里，从价值分析作为研究教育政策的工具的角度，介绍一下教育政策的价值分析。

1. 价值分析的理论

对于价值的理性讨论与判断，已经是现今"多元化"理念所必须面对的事情。人们对价值问题的诸多定位、判断、选择的标准都在多元的声音下产生了极大的冲突。因此，对旨在解决和分析价值冲突的价值分析理论本身进行研究，就显得尤为重要。

早在20世纪70年代，价值分析理论就被国外学者比较完备地予以阐述。例如，1971年美国"全国社会科学教育学会"会刊就对这一理论作过介绍。

① Frank Fischer, John Forester. "Volume Editors' Introduction", in Confronting Values in Policy Analysis: The Politics of Criteria, ed. [M]. Newbury Park, CA: Sage, 1987: 10-13.

诸多国外学者对价值分析理论作出了贡献，如弗伦克（Jack Fraenkel）、亨特（Mauriee Hunt）、梅特卡夫（Lawrenee Meteaif）、奥利佛（Donald Oliver）、谢费（James Shaver）、库布斯（Jerrold Coombs）、考夫曼（Dana Kurfman）、梅克斯（Milton Meux）、查德维克（James Chadwiek）以及纽曼（Fred Newmann）等人。价值分析理论的发展历程是在反对道德专制主义以及逻辑实证主义的基础上，向法理学教育传统的回归，最常用于法理学上对于法律中价值问题的研究，这是自然法学派的重要研究方法。不过如今，价值分析理论已广泛应用于其他领域的研究，包括管理学、经济学、社会学领域以及稍后的教育政策领域。

价值分析理论的主要观点有：① 价值判断过程是各种价值冲突的根源。对某一个价值对象的价值判断，可能是基于不同的价值标准。这些标准使我们能够对价值对象的不同方面的特征作出独立评价，但是它们并未提供整体评价的基础。[①] ② 连接价值判断与事实判断。价值分析理论对价值判断进行分类，让事实判断与价值判断建立联系，从而回避可能发生的对价值判断的两个误解：一是试图用证明事实判断的方式来证明价值判断，二是误认为价值判断仅仅表达了评价者的态度或情感。[②] ③ 价值分析的程序和价值冲突的解决。价值分析理论认为价值判断的合理性是可以接受分析的，通过适当程序能揭示价值判断过程所涉及的各组事实描述、价值标准，由于价值判断过程也是各种价值冲突的源头，所以这个分析过程也就是发现和解决价值冲突的过程。[③]

2. 公共政策的价值分析

价值分析引入公共政策领域后，政策科学的理论家们对公共政策的价值分析都作了界定。R. M. 克朗认为[④]，价值分析在于确认某种目的是否值得为之争取，采取的手段是否能被接受以及改进系统的结果是否良好。它要回答的问题包括：因为什么？为了什么目的？为谁？许诺什么？多大风险？应优先考虑什么？等等。国内有学者指出[⑤]，价值分析的作用主要是制定和应用评判标准来评价政策价值观与政策选择，主要内容是提出价值论点正确的评判标准，中心问题是用什么样的标准去衡量政策行为的正谬、害益或公正与否。有的学者认为，价值分析是考察人们和社会的价值观念及价值规范并确定价值准则的一

① Coombs J. R.. Objectives of Value Analysis. In L. E. Metcalf. Values Education: Rationale, Strategies, and Precedures[R]. Washington D. C.: National Council for the Social Studies, 1971: 1-28.

② 同上。

③ 丁道勇. 价值分析理论：观点与应用[J]. 思想理论教育，2008(7)：15-19.

④ [美]R. M. 克朗. 系统分析和政策科学[M]. 陈东威，译. 北京：商务印书馆，1985：50.

⑤ 陈振明. 政策科学[M]. 北京：中国人民大学出版社，1998：509.

个研究过程与方法。[①] 还有的学者则指出，公共政策中的价值分析主要是决定某项政策的价值，提供的信息是评价性的。[②]

从以上这些对公共政策价值分析的界定来看，大多数人的注意力集中在公共政策价值问题所涉及的标准和准则上，也就是较多地涉及选择与判断范畴，而对于价值分析作为一种政策分析领域内的方法或工具，则研究得较少。价值分析理论的内涵表明，价值分析不仅仅是作为政策分析的重要内容（即涉及与公共政策有关的价值问题）而存在，而且它也作为一种对公共政策活动中的价值问题进行确认和研究的研究方法和方法论而存在——无论对前者还是对后者，价值分析都起着重要的作用。

3. 教育政策的价值分析

如果将价值分析理论引入教育政策领域的研究中，那么主要可以从价值事实、价值规范、元价值几个方面进行分析。

（1）教育政策的价值事实分析——描述性分析

描述性分析又称为经验型分析，主要是针对价值现象或价值事实、具有价值倾向性的行为方式进行描述、分类和概括的一种分析方法，该分析方法试图形成一种针对价值问题的人性理论。

对教育政策价值进行描述性分析，特别是对教育政策文本的价值含义进行描述和分析时，强调对既定教育政策内含价值的成因进行解释和预测。如分析者在描述、解释财政性教育经费对某一层次或某一类别教育的倾向性时，以及在描述、解释免除义务教育阶段学杂费、实施免费师范教育等政策时，在分析中需要以价值事实为依据，提供的信息在特征上是描述性的。

对教育政策的价值事实进行描述性分析时，一般可以采用文献法、解构法、“编码”及“理解”的方法。文献法是一种传统的教育科学研究方法，“是对文献进行查阅、分析、整理从而找出事物本质属性的一种研究方法”[③]。以教育政策文本为对象进行文献研究，是对教育政策价值选择、政策行为方式进行描述和分析的一条重要途径。传统的文献研究法往往只揭示政策文本的表面含义，即只能揭示和理解政策文本的具体特征、现象形态和政策文本包含的具体价值含义，研究者往往会受到政策文本所包含的整体价值观念及其“隐喻”的左右。在教育政策活动中，决策主体总是需要利用政策文本来表达和传播自己的价值观念和价值选择，决策主体的价值选择总是隐含在话语和由话语构成的政策文本形式之中，如果读者或研究者想要真正了解教育政策所包含的价值

① 沈承刚. 政策学[M]. 北京：北京经济学院出版社，1996：230.

② 陈庆云. 公共政策分析[M]. 北京：中国经济出版社，1996：82.

③ 李秉德. 教育科学研究方法[M]. 北京：人民教育出版社，1986：136.

选择的全部意义，就必须研究政策话语及其文本结构的性质——话语的特征、隐喻、文本结构等，还要研究政策文本与它的生产者之间的关系、研究政策文本与它的消费者的关系，等等。这类文献研究范式就是当代西方“批评理论”(critical theory) 所提倡的批评性研究，其中，解构主义的代表雅克·德里达(Jacques Derrida，1967) 创立的解构方法是“批评理论”最著名的研究方法。[①] 按照德里达的解构理论，在教育政策研究中，教育政策文本的结构须加以“消解”——政策文本所表达的表面意义、思想和价值须加以“搁置”，藉以揭示其被掩盖的“隐喻”，从而挖掘出政策文本背后“隐藏着”的价值目标、价值原则和真实的利益关系。

价值事实分析本质上是对人类“生活意义”的研究。在教育政策的价值分析中，解释与理解的方法对于摸清政策主体和利益主体的价值倾向，如需要、态度、情感、动机及其差异所造成的价值冲突，对于把握教育政策活动所必须依赖的价值澄清、利益衡量、价值平衡等问题，具有重要作用。“理解”具有两方面的意义：首先，它是对包括言词表达在内的主观意义等非理性情感所作的直接观察理解；其次，它也可以是解释性的理解，人们可以根据动机来理解某一政策命题的意义，从而理解政策制定者为何恰恰在此时、此情况下这样做。

(2) 教育政策的价值规范分析——规范性分析

在现实的政策活动中，常常有许多问题属于“价值规范”的范畴，也就是价值或伦理的规范性分析。这一领域被界定为“一种将个人行为、制度实施和行为方式正当化的系统性研究”[②]。价值的规范性分析强调行为的正当化，并为选择好的或正确的政策方案提供指导，而不是为行为寻求一种因果解释。尽管事实是形成道德决策所必需的，但规范性分析强调价值判断而反对事实判断。[③] 也就是说，规范性分析的主要目的是确定对政策行为进行评价的规范标准，它要回答的是：依照怎样的标准去评判政策行为的对与错？什么样的政策行为才算是好的、公正的、最有效的？有效的政策行为应遵循何种规范标准？[④]

在教育政策领域中，价值的规范性分析提供和描述了教育政策价值的应然状态，为教育政策活动提供具体的价值指导。那么，如何去判断一项教育政策在道德上或价值上是不是正确呢？人们已广泛承认不能完全用规则来限制价值

---

① 肖锦龙.德里达的解构理论思想性质论：文化的视角[M].北京：中国社会科学出版社，2004；[法]雅克·德里达.书写与差异(上、下)[M].张宁，译.北京：生活·读书·新知三联书店，2001.

② Eugene J. Meehan. Ethics for Policymaking：A Methodological Analysis[M]. New York：Greenwood Press，1990.

③ Joan C. Callahan. Ethical Issues in Professional Life[M]. Cambridge：Oxford University Press，1988：10-14.

④ 刘复兴.教育政策的价值分析[M].北京：教育科学出版社，2003：84.

上是正确的政策行动，即不能完全从传统或习惯经验中寻求指导，还必须考虑那些本该支配我们行动的价值原则或标准。教育政策价值的规范性分析所秉持的价值原则或标准可分为三种[①]：义务论标准、目的论标准、本质论标准。

义务论标准，即主张依据一些具有先验性而不证自明的基本原则进行价值判断。义务论标准具有理性主义特征，它更多地关注过程，认为判断一项教育政策行动是正确还是错误，只能从这一行动的性质出发，而不问其结果如何。例如，评判高校扩招政策所内含的教育公平是否具有客观性，就只看它本身的动机是否公平，不计其实施之后所带来的实际效果是否公平。义务论标准由于很少涉及政策结果，所以遭人诟病，加之它要求所有人都要遵循同一个准则，因而对政策分析实践的影响比较有限。

目的论标准，主张依据政策行为的后果来评价政策选择和政策行为。目的论标准具有功利主义或实用主义特征，它关注产出的效益，认为任何一种教育政策行动的道德价值是其行动结果的一个功能，必须与目的相符。同样是评判高校扩招政策所内含的教育公平是否具有客观性，目的论标准就只看其实施后所带来的实际效果是利大还是弊大，不管它原来的动机有多么公正。因此，为了判断某项教育政策是否正确，必须首先了解规范意义上什么是好的，而后再来判断被讨论的政策是否能带来好处。[②] 但是，由于“规范意义上的好与坏”有时候很难界定，所以目的论标准在一定程度上也受到了人们的批评。

本质论标准，主张依据政策行为的本质，即其内在价值或自身的良好性进行评价。然而，在这一标准里，对政策行为本质的确认又成为一个新的价值判断问题，需要借助于义务论标准或目的论标准作为其前提。所以，有一些学者认为本质论价值分析是一种难以把握的、主观性很强的价值判断类型。[③]

因此，在教育政策价值规范分析中，将义务论标准和目的论标准相结合，应被作为主要的选择。以决策主体地位而存在的政府，需要在规范性价值分析之前先确定政策的类型，以便对应于不同的政策问题，使政策问题及其暗含的需求、冲突和价值追求浮现出来，从而更科学地做出规范性分析。当然，政策类型是对政策问题的回应，同时也会改造政策问题的性质，反之亦然。政府在提供教育这种准公共产品时，究竟应该采取哪一种供给方案，这在理论上属于规范性问题，在实践中则受制于财政承担能力和政府的主观意愿[④]，从中反映出政策主体对不同教育价值偏好的选择。

---

① [美]斯图亚特·S.那格尔.政策研究百科全书[M].林明，译.北京：科学技术文献出版社，1990：643-645.

② Frankena William K.. Ethics[M]. Englewood, Cliffs, NJ: Prentice Hall, 1988: 13.

③ 刘复兴.教育政策的价值分析[M].北京：教育科学出版社，2003：84.

④ 龚怡祖.教育的产品属性和教育产品的消费与供给机制[J].中国农业教育，2005(5)：12-15.

(3) 教育政策的元价值分析——批判性或元伦理学分析

在哲学的思维中,“什么是价值”与“有什么价值”是两个层面上的话语判断。前者属于元价值话语判断,而后者则属于具体价值(或规范价值)话语判断。也就是说,二者是建立在不同层面的话语基础之上的。[①] “元价值”是指哲学本体论意义上的价值,是“作为价值的价值”。前面已经介绍,价值分析是基于不同价值标准或规范所做出的关于价值判断、选择并解决价值冲突的分析理论及实践。

基于对“元价值”内涵的理解,可以这样理解元价值分析:它是一种批判性的或元伦理学的价值分析,也称为超伦理观的分析;它强调逻辑的、认识论的或语义学的问题,论述伦理和价值判断的建立和正当化。[②] 运用逻辑和语言学方法分析道德概念、判断的性质及意义,而不像传统的规范伦理学那样,为了向人们提供道德原则或行为目的并倡导某种生活方式,而直接研究道德或价值的实质性内容——这样一种道德哲学理论就称之为元伦理学。元伦理学旨在建立分析基本价值词语单位的意义或用法,研究具有何种性质的判断才能够构成价值判断,探讨价值论点的正当理由应当以何种语言方式来表达。而分析价值词“善”的意义,是元伦理学家的首要的和基本的工作。[③]

联系到教育政策的元价值分析,亦即对教育政策所进行的批判性的或元伦理学的价值分析,应当以教育政策价值选择的判断标准——某种价值规范或伦理规范作为研究对象,进行评价、分析和研究。[④] 简单说,是研究和分析关于价值标准的价值标准。例如,教育公平是当代各国政府制定教育政策的最为基本的出发点,可是要真正领会和把握好教育公平理念,就需要对“教育公平”的价值标准作元价值分析。大多数元价值分析学者循由公平理论进入分析过程,在对“公平”的属性、内涵进行分析解构的基础上,逐渐形成了教育公平的核心命题——教育机会均等,从而形成了具有系统性的教育公平理论。詹姆斯·科尔曼(James S. Coleman, 1968)[⑤]、托尔斯顿·胡森(Torsten Husen, 1984)[⑥]、亨

① 张军.元价值与规范价值话语基础之分析[J].北京师范大学学报(社会科学版),2008(6):94-100.

② Frankena William K.. Ethics[M]. Englewood,Cliffs,NJ: Prentice Hall,1988: 4.

③ 刘尚明.元伦理学对价值词的语言分析及意义[J].兰州学刊,2005(1):88-90.

④ 刘复兴.教育政策的价值分析[M].北京:教育科学出版社,2003: 85.

⑤ James S. Coleman. The Concept of Equality of Educational Opportunity[J]. Harvard Educational Review 1968(1) Vol. 38: 7-22.

⑥ Torsten Husen. Educational Research and Policy: How Do They Relate[M]. Oxford: Pergamon Press, 1984.

利·列文（Henry M. Levin，1994）① 等国外有影响的教育学者都曾对教育公平的内涵、属性作出了自己的阐释。这一类有关“什么是教育公平”、“教育公平的属性及意义是什么”的研究工作，虽然并未具体涉及教育公平的实质性内容，却恰恰是对教育公平的元价值分析，是确立教育政策价值标准和规范的先导工作。

第五节 教育政策分析工具

教育政策分析从本质上说是一种教育政策的研究活动和评价活动，它是运用一定方法与技术对教育政策的诸方面进行研究，从而促使教育政策达到预期目标的活动。② 威廉·邓恩从政策分析程序的角度提出了在各个阶段可以利用的政策分析工具，他认为，政策分析程序被一系列方法和技术所支撑，由此在复杂的背景下促生和转变政策相关信息。③ 教育政策分析同公共政策分析一样，都有属于各自领域的分析工具。

一、教育政策分析工具的基本概念

（一）政策工具与政策分析工具

关于政策分析工具的定义，由于研究者的认识角度不同，所提出的政策分析工具的定义也各不相同。国外学者对“工具”的理解比较广泛，最广义的界定是荷兰学者胡杰沃夫（A. Hoogerwerf，1984）提出的定义：“行为主体为实现一个或多个目标所利用的或者可以潜在利用的一切事物”④，即各种不同形式的有用东西都被认为是工具，如财政管理与控制工具、人力资源政策与目标管理工具、政策实验工具，等等。

国外学者更多的是对政策工具予以界定。里格林（A. B. Ringeling，1998）将政策工具的概念描述为“致力于影响和分配社会进步的具有共同特性的政策活动的集合”⑤，有人认为这种定义扩大了政策工具的范围，同时也模糊了“政策”与“工具”的界限，并认为最好是将政策工具限定在实现政策目标或

① Levin H. M. . The Necessary and Sufficient Condition for Achieving Education Equity, In Berne R. The Road to Outcome Equity in Education [M]. Thousand Oaks, California: Corwin Press, 1994.

② 孙绵涛. 关于教育政策分析若干理论问题的探讨[J]. 教育研究与实验, 2002(2): 1-6.

③ [美]威廉·N. 邓恩. 公共政策分析导论(第二版)[M]. 谢明等, 译. 北京: 中国人民大学出版社, 2002: 12-13.

④ Hoogerwerf A. . Beleid berust op veronderstellingen: De beleidstheorie[J]. Acta Politica, 1984 (4) Vol. 19: 93-531.

⑤ Peters B. G. , Frans Nispen. Public Policy Instruments[M]. Northampton: Edward Elgar Publishing. Inc. , 1998: 14.

结果的手段这一特性上。[①] 欧文·休斯则将政策工具定义为“政府的行为方式，以及通过某种途径用以调节政府行为的机制”[②]，但这一定义被批评范围过于狭窄，因为在现实生活中，不只是政府，其他主体也可以拥有其政策工具。[③] 由此可见，政策工具既可以被界定为是一种客体，又可以被界定为是一种行动；它服务于实现政策目标的手段，而不是目标本身；它的主体不仅可以是政府，还可以是其他组织。

由政策工具的定义不难看出，学者们大多是从政策系统中的政策环境、政策主体的角度来界定，这也是政策工具与政策分析工具最大的区别。作为政策系统中的要素之一，政策分析在其中起着至关重要的作用。对于政策分析工具的含义，很少有学者予以界定。学者关注更多的是政策分析的方法及其运用。本书认为，那些隶属于每种政策分析方法的各种不同的具体的技术或手段，就是政策分析工具。

由此，可以将政策分析工具看做是政策分析人员为解决某一社会问题或实现某一公共政策目标在政策分析过程中所采用的各种具体的手段、方式或技术的总称。

（二）教育政策分析工具的定义

威廉·邓恩认为，公共政策分析的过程包括问题构建、预测、建议、监控和评估五个程序。教育政策作为公共政策体系中的重要组成部分，在基于教育政策文本分析、过程分析与价值分析的基础上不难看出，教育政策分析同其他领域的政策分析一样，在其分析过程中都需要借助一些特定的政策分析工具。

在上述有关政策分析工具的定义基础上，本书对教育政策分析工具作如下定义：教育政策分析工具是教育政策分析人员为解决、调整教育领域里社会问题或实现教育政策目标在教育政策分析过程中所采用的各种具体手段、方式或技术的总称，它们可以为教育决策主体对政策方案、政策过程、政策执行及其结果进行分析提供帮助。

二、教育政策分析工具的类型

在20世纪80年代，一些学者提出了四种政策分析类型[④]，分别是监控、预测、评估和建议。这基本上与威廉·邓恩对于政策分析的理解相一致。在邓

---

① 陈振明.公共政策分析[M].北京：中国人民大学出版社，2002：49.

② [澳]欧文·E.休斯.公共管理导论（第二版）[M].彭和平等，译.北京：中国人民大学出版社，2001：99.

③ 陶学荣，崔运武.公共政策分析[M].武汉：华中科技大学出版社，2008：223.

④ William D. Coplin, Michael K. O'Leary. Basic Policy Studies Skills[M]. Croton-on-Hudon, NY: Policy Studies Associates, 1981.

恩看来，政策分析可以被看做一个质询过程，它包括五种（问题构建、预测、监测、评价、建议）可以相互转换的政策信息成分。[①] 如果按照政策分析的质询过程性质来对教育政策分析工具进行分类，大致可以分为预测工具、建议工具、监测工具和评价工具四类。下面简单介绍这几类工具。

（一）预测分析工具

预测政策未来的能力对政策分析和改进决策至关重要。在邓恩看来，政策分析中的预测是指以政策问题的先前信息为基础，生成有关社会的未来状态的真实信息的过程，主要分为推断、预言和猜测三种预测形式。其中，推断是基于目前和历史的趋势向未来进行外推；预言是以明确的理论假设为基础进行预测；猜测是根据专家对未来社会状态的判断进行预测。无论是用哪一种预测形式，预测分析都需要对未来社会状态进行估计，包括可能的未来、合理的未来、规范的未来。[②] 可能的未来是将来可能发生（未必必然发生）的社会状态；合理的未来是在政策制定者不干预事件发展方向的条件下，以对自然和社会的因果假设为基础被认为是有可能发生的社会状态；规范的未来是指与政策分析人员对未来的需要、价值观和机会的构想相一致的潜在的和合理的未来。规范的未来缩小了“合理的未来”的范围，从而将预测与具体目的和目标联系起来（如图 4-14 所示）。在这里，不妨将邓恩所说的“未来社会状态”理解为政策事件的延续与结果。

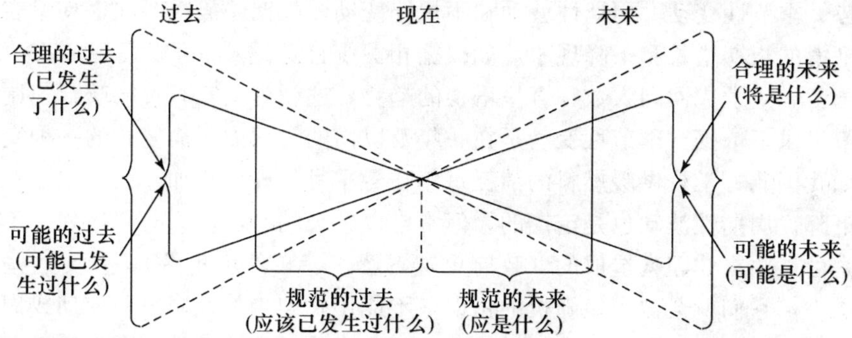

图 4-14　未来社会的三种状态：可能的未来、合理的未来和规范的未来

（资料来源：威廉·N. 邓恩. 公共政策分析导论（第二版）[M]. 谢明等，译. 北京：中国人民大学出版社，2002：219.）

根据威廉·邓恩的描述，政策预测的根据是一套假设或数据，用来对现行

① [美]威廉·N. 邓恩. 公共政策分析导论(第二版)[M]. 谢明等，译. 北京：中国人民大学出版社，2002：80.

② David C. Miller. Methods for Estimating Societal Future, in Kurt Finsterbusch, C. P. Wolf. Methodology of Social Impact Assessment[M]. Dowden: Hutchinson& Ross, 1977: 202-210.

政策或新政策的结果、内容或利益相关者的行为合理性进行估计，包括趋势外推、理论假设、有见地的判断等预测模式。趋势外推是指用观察到的过去趋势推测未来，假设在没有新政策出台来干预事件发生过程的条件下，过去发生的事情在将来也会发生，其逻辑是归纳推理；理论假设是被系统地构造并在经验上可以测试的一套规律或建议，以一个事件为基础来预测另一个事件的发生，其逻辑是演绎推理；有见地的判断是指在理论或政府数据缺乏的情况下，由专家以经验和洞察力为基础来表述的知识，其逻辑既不是演绎推理也不是归纳推理，而是逆向推理。[①] 三种预测方法各有一套适当的技术工具。

1. 外推预测的工具

外推预测是政策分析者根据现在和历史的数据，把现在的发展趋势外推到未来，做出关于未来社会状况的投射。外推预测的主要工具或技术主要以时间序列分析和线性回归分析为基础。

(1) 传统的时间序列分析

传统的时间序列分析的要点是将预测目标的历史数据按照时间顺序排列并分析其变化趋势，外推预测目标的未来值。由此，影响预测目标变化的一切因素就都由"时间"来描述了。它实际上是一种统计指标的数值按照时间顺序排列起来的数列[②]。在进行外推预测时，可以将任何时间序列看做四个组成部分——长期趋势、季节性变动、周期性波动和不规律变动。长期趋势在时间序列里表现为一种平滑的长期增长和下降现象，如根据相关统计数据[③]，可以发现 2000—2005 年我国留学生学成回国人数一直呈增长的趋势，这就为国家教育行政部门制定相关政策提供了依据。季节性变动是在一年及以内的时间内周而复始的一种变动现象，如我国北方学校供暖燃料的消耗每年在冬季月份开始增加，而在次年 3 月份开始下降。周期性波动也是定期的，但常常以较长的时段作为时间序列。不规律变动是由某些未知因素造成的（政府更迭、罢工、自然灾害等），只要这些因素未被考虑，它们就会被当做随机的错误，不能用长期趋势、季节性变动或周期性波动来解释，如"文化大革命"期间我国教育事业受到的重创。不规律变动指出了时间序列中隐含的社会历史和政治事件影响的重要性。

(2) 线性回归趋势分析

线性回归趋势分析是外推预测的一个标准技术工具，它是以时间序列中持续、规律性的观察值为基础，利用回归分析来取得对未来社会状态的精确的数

---

① [美]威廉·N. 邓恩. 公共政策分析导论(第二版)[M]. 谢明等，译. 北京：中国人民大学出版社，2002：222-225.

② 陈振明. 公共政策分析[M]. 北京：中国人民大学出版社，2002：143.

③ 中华人民共和国国家统计局. 中国统计年鉴(2006)[M]. 北京：中国统计出版社，2006.

学分析。根据影响因素或自变量的数量，可以将线性回归趋势分析分为一元线性回归和多元线性回归。

比如，用线性回归来预测我国实施高校扩招政策十年后（2010 年）大学生就业市场的需求趋势，可选取 2000—2008 年共九年排列时间年度 X，时间序列里用每一年度与整个时段中部（2004 年）的差数（x）来表示时间值代码，即 2004 年的数值为 0，表示从它开始。以当年大学毕业生人数作为观察值 Y，然后计算时间值代码与观察值的乘积（xY）、时间值代码的平方（x^2），最后计算出时间序列变量（Yt）的趋势值，它形成的是一条直线。趋势线公式如下：

$$Yt=a+b\ (x)$$

$\sum$ (Y)

式中 $a=\dfrac{\sum(Y)}{N}$（即当 $x=0$ 时 Yt 的值）

$b=\dfrac{\sum(xY)}{\sum(x^2)}$（趋势线斜度，表示单位时间内 Yt 的变动）

N 为所观察的时间序列的年数

还可以通过上述线性回归模型来分析未来年份（如 2011 年）大学毕业生的数量，再引进工资率来预测大学生就业市场的供给与需求。

(3) 剧变分析法

用线性回归来预测增长和下降趋势，必须满足一个条件：即分析所试图理解和推测的过程必须是平滑和连续的。然而，在日常的政策预测过程中，尤其是在教育政策预测领域，许多时间序列是不连续的，即有可能是不规律的变动，而剧变正是其中最具特点的一种非线性序列。剧变是指某一变量的小变动引起另一个变量的突然剧烈的变动。[①] “剧变”的时间序列数据的主要特征，是表现出突如其来的剧烈中断。剧变分析法的创立者法国数学家勒内·汤姆（Rene Thom，1968）所进行的研究，不只涉及沿时间顺序发生的非线性变化，也涉及突然中断的变化模式。比如，在分析新中国成立以来普通高等学校招生规模变化趋势时，当时间序列进入 1966 年后，会发现规模急转直下的现象，这时候就应当采用剧变分析法。剧变分析法是一种对不连续的教育政策未来进行思考的重要工具。

除了时间序列和线性回归这两种最主要的预测分析工具以及非线性序列外，还有一些技术工具也被广泛使用，如幂的加权、数据转换，等等。

2. 理论预测的工具

与外推预测不同，理论预测则是在假定过去出现的东西将在未来重现或可

① [美]威廉·N. 邓恩. 公共政策分析导论(第二版)[M]. 谢明等，译. 北京：中国人民大学出版社，2002：242.

能发生的基础上，根据各种理论中所包含的因果关系以及现在和历史的数据对未来社会状况做出预测和判断。理论预测的主要工具或技术有因果模型、回归分析、相关分析等。

(1) 因果模型

因果模型是用来解释和预测公共政策因果关系的简化的理论表达形式，其基本假设是：两个或两个以上变量的相关变动是潜在的原因和结果的反映，如我国人均收入增加与用于教育消费支出增加的相关变动关系。因果模型现已广泛用于教育政策问题领域，在模型中包含着规律和意见，它们表达原因和结果之间的关系。

因果模型中一项主要的统计程序是路径分析，路径分析是使用多个而非单个独立变量的特殊的线性回归法，通过路径分析以确定单独的自变量（如家庭收入），或与其他变量（如经济形势）相结合，以此来决定因变量（如助学贷款的发放数额）的变化。自变量被认为是因变量的原因，对因果的估计称为路径相关系数，在自变量和因变量之间表示单向的因果关系。没有原因的变量称为外生变量，所有其他变量则称为内生变量。

路径图是描述因果关系的一个标准方式，其优势在于它可以使对基于原因的理论假设及其结果进行预测成为可能。图 4-15 是一个模拟公共选择矢量的路径图，旨在说明作为明确原因的标准学生人数与作为结果的标准公用支出、标准生均培养成本之间的因果关系，以便为政府教育投入作出政策预测分析。

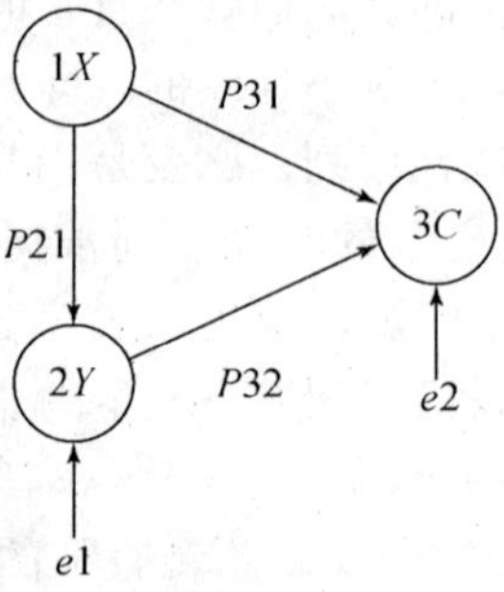

1. 标准学生人数(X) 2. 标准公用支出(Y) 3. 标准生均培养成本(C)

图 4-15　说明公共选择模型的路径图

注：① 符号 P 代表因果路径及其方向，$P31$ 指变量 3 由变量 1 引起变化，符号 e 是一个偏差条件，指考虑了路径图中某一内生变量之前的内生变量的影响后剩余的、不能解释的（残留的）变动部分。偏差条件之间以及与其他变量之间，不能有任何联系。

② 根据国家发展改革委员会《高等学校教育培养成本监审办法》（发改价格［2005］1008 号），标准生均培养成本包括标准生均人员支出（Q）、标准生均公用支出（Y）、标准生均对个人和家庭的补助支出（E）、标准生均固定资产折旧（G）和标准学生人数（X）。

路径分析的程序也有其局限性，它不能通过估计变量之间的关系来推导因果。此外，因果模型与路径分析在实际应用中还常常需要借助回归分析。实际上，在公共政策分析中有许多标准的符号模型可以帮助进行理论预测，如线性规划模型、投入—产出模型、计量经济模型、微观经济模型、系统动态模型等。

（2）回归分析与相关分析

此前，我们已经在外推预测中介绍了线性回归趋势分析。而在理论预测模型中，作为一种一般性的统计程序，回归分析是指估计变量之间线性关系的一项有用的技术工具。在回归分析中，分析人员使用一种散点图的形式描出自变量（X）与因变量（Y）的值，在散点图中显示出线性或非线性的关系（如受正规教育年限与教育成本收益之间的关系）、关系的方向（正相关或负相关）、相关的程度（强、中、弱）。线性趋势估计与回归分析的差别在于：回归分析用于分析两个实际变量；而线性趋势估计中的一个变量，是既定的时间。

相关分析是一种经常与回归分析方法结合使用的理论预测工具。回归分析散点图表明的是关系的模式、方向和强度，而相关分析则进一步提供有关方向和强度的准确计量，并据此预测变量之间的关系究竟有多密切、有多可信。例如，可以通过相关数据计算普通高等院校毕业生的增长速度与 GDP 增长速度之间的相关程度，得出两个数值：可决系数 r^2（用于解释由自变量 X 的平方根引起的因变量 Y 变动的总体衡量指标，范围从 0 至 1）与相关系数 r（用于说明自变量 X 与因变量 Y 之间关系的方向和强度，其范围介于 -1 与 1 之间）。

$$可决系数\ r^2 = \frac{b(\sum xy)}{\sum(y^2)}$$

相关系数 $r=\sqrt{r2}$（$r=0$，说明两个变量不相关；r 越接近 1，说明两个变量相关性越大；r 越接近 -1，说明两个变量相关性越小）。

3. 判断预测的工具

与外推预测、理论预测不同，判断预测所依据的是判断、直觉、灵感、洞察力等创造性思维。分析者从一个猜测的事态出发，然后寻找支持这一猜测的数据和假定。判断预测的主要工具或技术有德尔菲技术、交叉影响分析、可行性评价等。

（1）常规德尔菲与政策德尔菲

常规德尔菲。德尔菲技术是一种获得、交换和发展关于未来事件的认识的直觉预测程序，其过程是利用一系列简明扼要的问卷和对所获得意见的有控制的反馈，从而取得一组专家的最可靠的统一意见。它最早是由兰德公司开发的，最初被应用于军事战略问题上，后来逐步扩展到其他决策领域。

德尔菲法强调五个基本原则：① 匿名——所有专家都匿名发表意见；② 循环往复——个人的判断经过汇总，在两轮或两轮以上程序中传递给参加讨论的每个专家，以便相互交流、修正意见；③ 反馈控制——汇总的判断或意见以调查表的形式进行传递和交流；④ 统计性的小组反馈——个人意见用中心趋势（中位数）、离中趋势和频率分配的形式加以表述；⑤ 专家共识——创造特定的条件，让专家在这些条件下尽可能达成最终的某种一致性共识。

政策德尔菲。政策德尔菲是在常规德尔菲技术的基础上发展新的程序，试图解决复杂的政策问题。新的原则有：① 选择性匿名——参与者在不同的政策替代方案提出以后，被要求公开进行争辩；② 有见地的多种倡议——对参与者的选择以兴趣和知识为标准，尽可能挑选由知情人代表组成的德尔菲小组；③ 两极分化与构建冲突——在总结个人意见时，使用一些手段有目的地强化分歧和冲突，鼓励利用分歧来创造性地探讨各种方案及其结果，尽量将各种假设和争议予以公开化。

常规德尔菲与政策德尔菲的具体实施步骤大致可以分为：第一步，明确问题，分析人员首先要决定什么样的教育问题（现假定为设立独立学院问题）应该由有见地的参与者提出；第二步，利用“拓展”抽样法，将与设立独立学院问题有关的利益冲突各方的代表选择出来；第三步，第一轮问卷设计，就设立独立学院问题而言，可以包括预测项（如答卷者就独立学院设立对高校、学生、社会有无积极影响作出主观判断）、问题项（如答卷者对设立独立学院的重要性进行排序）、目标项（就设立独立学院的各项指标、任务、目标的可行性进行磋商）、选择项（就备选方案予以明确或提出意见）；第四步，分析第一轮问卷结果，在进行总体衡量时，不仅要表现答卷中心化的趋势，也要表现出离中或两极分化的趋势，同时还要说明在必要性与可行性之间存在的矛盾冲突；第五步，设计后续问卷，使全部参与者都有机会观察到前一轮的结果，从而审视自己与别人不同立场的理由，确保不遗漏那些非主流、非常规却独具慧眼的意见，所有人重新作出评价，允许改变立场；第六步，召集所有参与者面对面地展开讨论，为集中反馈创造气氛和条件；第七步，准备最终报告，报告应审查各种可行方案，确保所有不同立场和意见都能得到陈述，虽然不能保证最终达成一致意见，但必须取得创造性意见并呈报给决策者，作为其决策的一个信息来源。

(2) 交叉影响分析

交叉影响分析，也称为交叉影响矩阵法，是另一种广泛应用的判断预测技术，也是由兰德公司开发的。同常规德尔菲一样，交叉影响分析通过考虑事件的相互作用来预测事件发生的概率，或者说，它根据相关事件发生或不发生对未来事件的发生概率进行直觉判断。交叉影响分析的目的在于对那些将促成或制约其他相关事件发生的条件加以确认，是专门为补充常规德尔菲而设计的。

交叉影响矩阵是交叉影响分析的基本工具，是一个将所有相关事件沿行和列的开头对称展开的表格，特别适用于一系列相互依赖的事件，它所依据的是条件概率原则。条件概率是指一个事件发生的概率依赖于其他事件的发生，也就是说，两个事件都不是独立的，它可以用“P（$E1/E2$）”来表示（读作“在第二个事件 $E2$ 发生的条件下，第一个事件 $E1$ 发生的概率”）。

交叉影响分析法的预测程序是：① 利用专家的主观判断和估计（如德尔菲技术）考虑事件及其概率，并且确定事件之间的相互作用；② 用矩阵的形式描述各种事件之间的逻辑关系，用概率的变化表示各事件相互影响的强度，并分析各事件之间相互发生作用的时间；③ 根据各事件之间相互影响的结果，修正各事件发生的概率，并作出预测。

（3）可行性评价

可行性评价是为了对利益相关者的未来行为提出构想而专门设计的，它可以帮助分析人员预测利益相关者支持/反对不同政策方案的采纳/执行时的可能影响。[①] 在权力和其他资源分布不平衡的条件下，可行性评价特别适合于那些要求对政策方案合法化结果进行评估的问题，也可以用来预测利益相关者在政策制定过程中任何一个阶段（包括政策的采纳和实施）的行为。同其他判断预测的方法一样，可行性评价以主观估计为基础，关注政治和组织行为的重要性、可利用资源与相对资源排序等方面。由于其目的是要预测政治行为冲突条件下的行为，所以确定谁是具有代表性的利益相关者就十分重要。在政策的制定过程中，分析人员通常从不同地区、掌握不同资源、具有不同作用的组织中选取利益相关者的代表。随后，让所有代表在具备直接可比性的不同政策方案之间分别就问题重要性、可利用资源、资源排序等项目进行评价，通过计算平均值得出可行性指数，进而对不同的政策方案作出预测和判断。

现假设，国家要对 2010 年本科生或研究生招生规模政策就扩招和不扩招两种不同的政策方案做可行性评价。按照可行性评价步骤，可以选取教育部代表、高校代表、企业代表、公众代表（包括学生及其家长以及媒体）、独立研究机构五类利益相关者，分析人员通过各利益相关者对方案的支持（+1）、反对（−1）或不关心（0）作出概率的估计，然后对每一种利益相关者可利用的资源作出主观估计。由于利益相关者可能对某一方案提供支持的可能性很大

① Michael K. O'Leary, William D. Coplin. Teaching Political Strategy Skills with "The Prince"[J]. Policy Analysis, 1976(1) Vol. 2: 145-160.

（比如学生及其家长可能十分支持扩招），但他们没有能力去影响政策的采纳和实施，因而可利用资源应以利益相关者掌握的总体资源的分数来表示（范围由0到1.0），分析人员按照对资源的拥有程度来决定每一种利益相关者的相对位置。这种排序是对利益相关者“权力”或“影响”的衡量，由于某些利益相关者掌握的资源有限，尽管他们以自己手中较高比例的资源去支持某项政策方案，却未必能够对政策的采纳和实施产生重大影响。

将所有的数据相乘，再除以利益相关者的数量，便会得到可行性指数。在最后阶段，有必要对指数作一定的调整。比如对问题重要性的评价这一项数据，会因支持或反对情况而呈现正负不同数值，该数值实际上代表着不同立场之间的力量对比，所以应将其数值再折算进去，计算出可行性指数的最大值。[①]

邓恩也指出，各种预测工具，包括技术上比较复杂的计量经济模型，都不能排除因下列原因而出现的错误，比如预测中采取了错误或不合理的假设，预测者忽视了机构激励机制中的错误放大效应，以及普遍存在于卫生、福利、教育、科技、环境等政策议题中日渐增加的复杂性。[②]

（二）建议分析工具

政策分析建议程序使分析人员能够提供关于未来行动将对个人、团体或社会整体产生有价值的结果的可能性。建议分析工具主要有以下两种：

1. 成本—收益分析

成本—收益分析是一种进行政策建议的方法，分析人员通过将政策的货币成本和总的货币收益量化来进行比较和提出政策建议。成本收益—分析已被广泛运用于许多不同的公共项目和工程，在教育政策分析中它具有以下特征：① 试图衡量所有成本和收益——包括那些很难用货币计量的无形部分；② 经济理性——以全面经济效率为最常适用的标准，并使用私人市场作为公共项目建议的出发点；③ 社会理性——关注公平标准，衡量再分配的收益。成本—收益分析有很多具体的技术工具，以下介绍几种：

(1) 成本要素构建

成本要素构建是对建立和运行一个项目所需的成本进行分类和描述的一种方法[③]，目的在于建立一个能够穷尽一切且互相排斥的要素的列表，从而避免

---

① 参见：威廉·N.邓恩.公共政策分析导论（第二版）[M].谢明等，译.北京：中国人民大学出版社，2002：271-275.

② 威廉·N.邓恩.公共政策分析导论（第二版）[M].谢明等，译.北京：中国人民大学出版社，2002：214.

③ H. G. Massey, David Novick, R. E. Peterson. Cost Measurement: Tools and Methodology for Cost-Effectiveness Analysis[M]. Santa Monica, CA: The Rand Corporation, 1972.

忽略和重复。成本要素结构包括两个主要部分：主要（直接）成本和次要（间接）成本，主要成本又分为一次性固定成本、投资成本和循环成本，如表4-1所示。

表 4-1　成本要素结构

Ⅰ. 主要（直接）成本	Ⅱ. 次要（间接）成本
1. 一次性固定成本 研究 规划 发展、测试和评价 2. 投资成本 场地 建筑和设施 设备和工具 岗前培训 3. 循环成本 薪水、工资和外部收益 场地、工具和设备的保养 再培训 给代理人的直接支付 对支持性服务的支付 各种材料、供给和服务杂项	1. 对其他机构和第三方造成的成本 2. 环境退化 3. 社会制度的混乱 4. 其他

（资料来源：威廉·N. 邓恩. 公共政策分析导论（第二版）[M]. 谢明等，译. 北京：中国人民大学出版社，2002：333.）

（2）成本估计

成本估计是提供成本要素结构中的每个项目的货币价值的办法，需对业务活动、材料、人员及其成本的数量关系作出准确衡量。其中最简单的是单位成本，如校舍等建筑用地每亩地的成本、每平方米设施的成本和在特定岗位中每个教职工的成本等。成本估计对政策建议至关重要，因为它使分析人员能够用完全一致的方式来比较政策方案。同时，它还被用来构建成本模型，描述启动或维持一个项目所需的部分或所有成本。图 4-16 是启动教育投资的一个简化的成本模型。

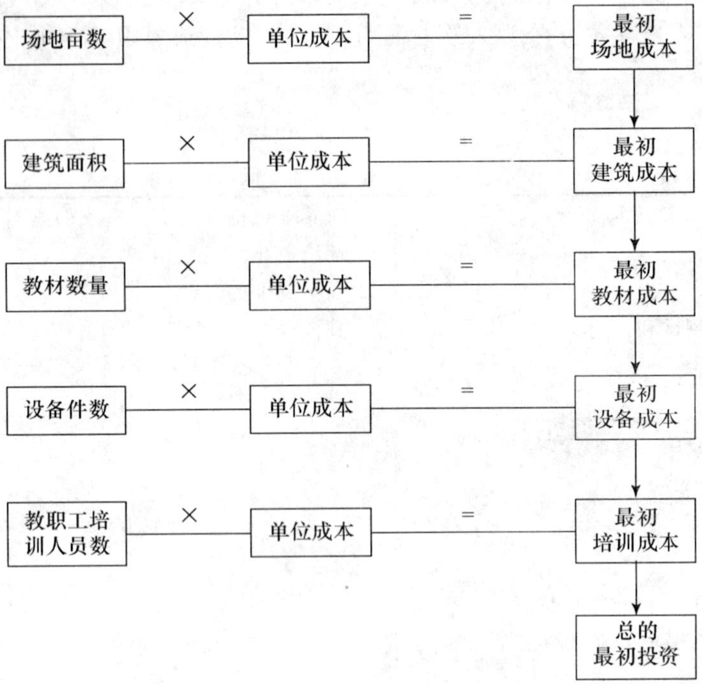

图 4-16　启动教育总投资的简化成本模型

（资料来源：威廉·N. 邓恩. 公共政策分析导论（第二版）[M]. 谢明等，译. 北京：中国人民大学出版社，2002：334.）

（3）影子价格

影子价格是在不能取得市场价格或市场价格不可靠时，对成本和收益的货币价值进行主观估计的工具。在某些情况下，市场价格不易取得，对教育这种准公共物品来说，由于它提供的服务是无形的，分析人员此时便可以使用影子价格的相关工具对这些无形物品的价格进行估计。影子价格主要包括：①可比价格——分析人员使用可比价格或类似项目的市场价格，例如，当需要估计某地区高校贫困大学生毕业之后的还贷能力和期限时，可用该地区的工资率来计算大学毕业生进入劳动力市场后的货币价值。②消费者选择——分析人员通过观察个人在规定情形下的行为，来估计无形物品的价值，即个人被迫在给定的无形物品和货币之间进行选择时的行为，例如，观察学生在继续深造和立即就业之间的实际选择，来估计机会成本以及招生政策的经济价值。③调查分析——用访谈或问卷的方式对教育消费者进行调查，了解其愿意为某项教育服务支付费用的水平（如接受高等教育所要缴纳的学费）。④外部成本的补偿——通过补偿外部成本所需要的行为的价格来估计无形的价值，例如以政府实施扩招政策所需的校舍、建筑用地等花费来估计扩招前后大学生就业的收入损失。

除了上述三种工具以外，成本—收益分析还有制约因素图形化、成本内部化、折现、敏感性分析、合理性分析等技术工具。

2. 成本—效益分析

国内大部分学者都将研究视角放在了政策建议的成本—效益分析上，有人认为成本—效益分析只针对政策备选方案的预期成本和预期效益，通过比较确定相对最优方案①；也有人认为成本—效益分析就是对各种备选方案的成本及其达到特定目标的有效性程度（即效益）进行比较，如果其货币价值可计算出来，那么最符合需要的、最有效的政策方案（包括非行动②）就是那个可提供最大纯效益（全部效益减去全部成本）的方案。③ 而在威廉·邓恩看来，不同于成本—收益分析试图用统一的价值单位来衡量所有因素，成本—效益分析使用两个不同的价值单位，分析人员通过量化各种政策方案的总成本和总效果，来对它们进行对比并提出建议。在成本—效益分析中，成本用货币来计量，而效益则用单位产品、服务或其他手段来计量，因而适合于目标不能用收入性收益来表示的情况。成本—效益分析与成本—收益分析的最大不同点在于：收益可以被折换为现值，而效益则无法用货币或现值来计量。此外，成本—效益分析常用的充分性标准是最低成本和最大效益。

总之，这些区别只是与决策标准的选择有关，一些适用于成本—收益分析的具体技术工具对成本—效益分析也适用，兹不赘述。

（三）监测分析工具

监测是用来提供有关公共政策的原因与结果的信息的政策分析程序。由于监测使分析者能够描述政策实施情况与结果之间的关系，它成了获取政策执行状况信息的首要来源。监测最为关注的是确定公共政策的事实前提，还要提供政策执行情况和最终结果的中间报告或最后报告。

在给定的政策问题领域监测公共政策，需要有相关的、可靠而且有效的信息。如果想了解为弱势家庭儿童（如进城务工人员子女）提供受教育机会的某项计划的结果，分析人员不仅需要证明获得受教育机会的一般信息，还需要找出哪些是政策制定者可以控制并能够产生更多受教育机会的具体因素的信息

---

① 陶学荣，崔运武. 公共政策分析[M]. 武汉：华中科技大学出版社，2008：396.

② 即维持现状的方案。

③ 张金马. 公共政策分析：概念·过程·方法[M]. 北京：人民出版社，2004：630.

源，它对于进行监测分析尤为重要。政策监测在政策分析中处于核心地位，在教育问题领域中，一项教育政策能否得到有力的执行，在很大程度上将取决于监测工具的选择与使用。威廉·邓恩将监测工具分为社会系统核算、社会实验、社会审计和综合实例研究四种形式，下面简单介绍这几种工具及其具体技术。

1. 社会系统核算

社会系统核算是允许分析人员对主观和客观社会状况变化进行监测的一种方式和一套技术方法，其主要分析因素是社会指标，即利用社会指标进行分析。关于"社会指标"最有用的定义是："社会指标是衡量总体各部分社会状况及其随时间变化的统计量。这里的社会状况是指在一个既定社会里人类存在的外在的（社会和自然的）以及内在的（主观和感觉的）环境。"① 在教育领域有着很多具有政策意义的社会指标，如 25 岁及以上的高中毕业生比例、应届毕业生就业比率、贫困大学生比例，等等。

使用社会指标有几个好处：首先，开发适宜的社会指标可以提醒监测者关注那些信息不充分的领域，如学生对校舍、食堂、图书馆服务质量的满意度；其次，当社会指标所反映的政策目标群体受到影响的信息是可靠的时候，如监测者发现 25 岁以上高中毕业生比例在增加，而受教育人群的社会流动性却并未改变，这时候对政策进行修正就成为可能。社会指标也有其自身的局限，例如，对社会指标的选择可能带有政治偏见，对主观的社会状况的监测不力，或工具性价值不足，等等。

2. 社会实验

社会实验是系统控制政策行为的过程，从某种程度上讲，它可以获得关于政策结果变化源头问题的近乎准确的答案。社会实验以物理学传统实验中运用的程序变形为依据②：① 直接控制——分析人员直接控制实验（政策行为），并将各种处理的差别最大化，以求产生区别最大的效果。② 对照控制——实验中采取两个组或多个组对照，一组称为实验组，接受实验处理；其余组称为控制组，不接受实验处理或接受与实验组显著不同的处理。③ 随机分配——对不是由实验处理产生的潜在差异因素，通过随机选择实验组和控制组以及随机分配处理方法而加以消除。例如在对研究生培养费用承担方式进行改革之

---

① Land Kenneth C.. Theories, Models, and Indications of Social Change[J]. International Social Science Journal, 1975(1): 15.

② Donald T. Campbell, Julian C. Stanley. Experimental and Quasi-experimental Designs for Research [M]. Chicago: Rand McNally, 1966.

前，实验人员可以将自费学生与公费学生随机指定到实验组和控制组，来实际监测两组学生在校期间的学术表现以及就业行为，如果实验结果证明实验组（自费生）的最终情况要好于控制组（公费生），就可以为研究生培养方式新政策的出台提供依据。

3. 社会审计

社会审计可以克服上述两种工具的一个共同局限，即它们都忽视了政策执行过程或者将其过于简单化。社会审计清楚地监测着投入、过程、产出及影响之间的关系。社会审计技术现已被美国兰德公司和国家教育研究院的分析人员用于分析教育政策和青少年政策。例如，在关于学校内部不同层次的教学资源投入对受教育机会均等影响的研究中，社会审计可以提供关于学校内部发生事件的重要信息，从而实现对政策过程的监测。社会审计对政策过程有两种监测类型：资源分离监测与资源转换监测。在资源分离过程中，通过行政体系对资源的转移，使最初的投入与预定目标群体和受益者相分离；在资源转换过程中，资源与目标群体的实际接受额可能相等，但是它们对项目官员的意义和对目标群体的意义可能完全不同。

4. 综合实例研究

教育政策问题领域还可以用综合实例研究来综合处理信息，该监测分析工具包括对政策执行结果进行系统的整理、对比和评价，其相关信息来源主要有两个：① 对政策形成与执行过程的案例分析；② 阐述政策行为与政策结果之间联系的研究报告。

当用于案例分析时，分析人员用案例编码表对政策的投入、过程、产出及影响等要素作出分类，以鉴别和分析能够解释政策采纳和执行过程发生变异的原因。当用于获得研究报告时，分析人员一般以调查研究或综合评价为基础，即通过研究调查表格对与创新、有计划的变革以及政策产出相关联的因素进行辨析，从而比较和评估过去一个时期的政策研究成果。

除了上述四种已被广泛应用于教育政策问题领域的监测工具之外，还有一些具体的技术工具，如图示法、表格法、指数法，它们大部分同时适用于上述四种监测方法，具有对一个或多个政策行为或结果变量进行形象化表达、衡量一个指标或一套指标与基期相比随时间的数值变化等效果。不过，指数法不适用于综合实例研究，因为它无法提供一个系统地将政策结果变化同先前政策行为联系起来的方式。

（四）评价分析工具

与监测相比较，政策评价分析的中心内容是对政策的有用性或价值作出判定。美国教育政策学家弗朗西斯·福勒说："政策必须接受评价。最理想的情形是，人们不仅对政策进行公正的和全面的评价，还基于评价结果制定、修正或终止政策。"①

威廉·邓恩将政策评价分为伪评价、正式评价和决策理论评价三种形式。伪评价的主要工具有社会实验、社会系统核算、社会审计及综合实例研究等监测工具，这是由于在政策分析过程中有很多被描述成"评价"的活动在本质上其实是非评价性的，上述监测工具经常被错误地当做政策评价工具。正式评价的主要工具有发展评价、实验评价、回顾性过程与结果评价等。决策理论评价的主要工具有评价力估计、多属性效用分析等。② 教育政策分析人员在进行教育政策评价时亦有大量的方法和技术工具可以借用，像前面所介绍的预测工具、建议工具、监测工具都可以用于政策评价。下面介绍几种专门用于教育政策评价分析的工具。

1. 用户调查分析

用户调查分析是从用户或其他利益相关者收集关于政策项目评价力信息的一套程序③，它是评价力估计及其他形式的决策理论评价的核心技巧和工具，其收集信息的主要工具是一份带有一系列开放式问题的面谈协议书。在教育问题领域，用户调查分析面谈协议书可以在涉及相关教育服务的教师群体或学生群体之间运用，以完成对某项教育政策项目的评价，并将评价力估计提交给教师或学生。

2. 准实验模型④

前面介绍了社会实验方法的使用，该方法也适用于政策评价。当真正的实验不能进行时，即当评价者不能随机指定实验组和控制组人员时，可以考虑采取准实验模型作为评估工具。由库克（Thomas D. Cook，1979）和坎普贝尔（Donald T. Campbell）提出的准实验模型提供了这一工具的广泛应用范围和设计选项，包括对设计进行统计测试的描述。⑤ 有两个基本设计方法非常有用：

---

① [美]弗朗西斯·C. 福勒. 教育政策学导论(第二版)[M]. 许庆豫，译. 南京：江苏教育出版社，2007：278-279.

② [美]威廉·N. 邓恩. 公共政策分析导论(第二版)[M]. 谢明等，译. 北京：中国人民大学出版社，2002：437-445.

③ Joseph S. Wholey. Evaluability Assessment as part of a "Sequential purchase of information"[J]. American Journal of Evaluation，1979：44-49.

④ 参见：[美]卡尔·帕顿，大卫·沙维奇. 公共政策分析和规划的初步方法(第二版)[M]. 孙兰芝等，译. 北京：华夏出版社，2002：285-289.

⑤ Cook & Campbell. Quasi-experimentation Design and Analysis Issues for Field Settings[M]. Chicago：Rand McNally College Publishing Company，1979：95-293.

一是非等价控制组设计（nonequivalent control group design），二是中断时间系列设计（interrupted time-series design）。

非等价控制组涉及实验组和一个相似组（不是随机选择的）在政策实施前后的比较。例如，某市要追加一项群众教育基础设施建设投资（扩建或新建图书馆），分析人员对预案便可采用非等价控制组设计的方法进行评估，即选择一个没有这种投资项目的城市进行比较。由于评估是在投资实施后进行，属于事后分析，所以分析人员将不得不确定许多可比较的城市，亦即选择一个相似组进行对比评估。

中断时间系列设计则涉及对实验组在政策实施前后的多次比较，按照预先设定的周期对适当的指标进行测试，通过观察指标等级和方向的变化趋势来衡量政策效果。例如，教育行政部门在实施一项防控中小学学生近视眼的工作方案之前，测得中小学生中近视眼的比例指标为20%，而在实施防控方案半年之后，该指标下降为15%，一年之后进一步下降为10%。

3. 回顾性过程与结果评价

回顾性过程评价是指在政策执行一段时间之后对其进行监测和评价的一种工具，其预设前提是有一个可靠、有效、完善、可提供连续信息的内部信息系统。比如，教育行政部门可以采用回顾性过程评价，根据信息系统来源确定地方学校中贫困家庭学生所占的比重，来确定向地方学校系统提供救助资金的比例。该工具的特点是通过间接的方式或对统计手段的控制，利用定量方法将不同因素的影响分离开来，具体的技术包括横向综合与纵向综合。目前，横向综合已广泛运用于教育政策问题领域，像美国为学龄前儿童提供辅助教育的启蒙计划（Project Head Start）与著名的科尔曼报告（Coleman Report）都使用过这种方法。

4. 评价力估计与多属性效用分析

评价力估计与多属性效用分析均是决策理论评价中的主要工具。其中，评价力估计是一套用于分析决策系统的程序，这个决策系统被假定能够从绩效信息中获得并澄清衡量绩效所必需的目的、目标①，而分析工作所要回答的基本问题是评价对象是否可以被评价。多属性效用分析是引出利益相关者对政策的各种结果出现的概率以及相应的价值做出主观判断的一套程序，它先通过确定利益相关者、明确决策问题来指证不同的政策结果，然后引入价值属性加权分

① Joseph S. Wholey and others. Evaluability: When Is It Really Needed[J]. Evaluation, 1975(2): 89-94.

数标准，对每一种政策结果的效用值进行测算，最后将测算结果提交给相关的决策者。多属性效用分析的优势在于它使分析人员能够系统地处理多个利益相关者相互冲突的目标，这对于教育政策分析领域来说尤其有价值。[①]

由于政策科学产生于国外，近二十年来才大量涌入国内学术界和公共管理领域，从介绍、引进到应用不过十分短促的时间，加之政策分析不仅技术性强，而且与政治体制的关联性也强，其间如果缺乏足够的主动消化、吸收、筛选的过程，必然难免出现夹生不熟甚至食洋不化、生吞活剥的现象，这种现象在同期我国教育政策分析领域乃至政策分析领域的研究文献中并不鲜见，一定程度上也增加了国内对这类课程的教学难度。教育政策分析虽然看似极其复杂，但是任何对这种复杂性的判断都必须以常识为基础。在政策学界有一句话说得好：所有与常识为敌的决策，都将付出灾难性的代价。要真正形成具有中国特色的政策分析乃至教育政策分析科学体系，恐怕还有待一定时日。

① 参见：[美]威廉·N.邓恩.公共政策分析导论(第二版)[M].谢明等，译.北京：中国人民大学出版社，2002：443-445.

第五章　教育行政与法

公元前，亚里士多德（Aristotle）在他的《政治学》一书中最早明确提出"法律的统治而非人的统治"① 的法治理念。19 世纪末，奥拓·梅耶更是直截了当地提出："只要触动了法律的最高权威，行政这个处于法制之下的概念就走到了尽头。"② 至当代，法治已经成为各国公共生活中的一个基本信念和制度基础。随着依法治国、建设社会主义法治国家的基本方略的确立，依法行政已成为我国政府行政的基本要求和主要形式。根据依法行政的目标、原则、要求和任务，各级政府及其有关部门以及其他教育行政主体在实施教育行政的过程中，越来越依靠运用法律手段来规范教育行政行为，以保障相关主体的合法权益，促进教育事业全面、协调和可持续发展。

第一节　教育法律关系

教育行政要实现法治化和制度化，就必须确保其统一性、连续性和稳定性，由人治向法治转变。国家通过教育立法手段，建立起社会所需要的各种教育法律关系，确认各类教育主体的权利与义务，并规定这些权利与义务的性质、类别、范围和实现途径。教育行政的实质，就是使教育立法所确立的教育主体的权利与义务得以充分实现，包括提供权利与义务实现的途径和条件，排除权利与义务实现的障碍，防止权利滥用和制止侵权，追究侵权者的责任和给予被侵权者以救济，最终使教育主体的权利与义务真正成为现实。因此，了解并熟悉各种教育法律关系及其规范，对于现在或未来将置身于教育行政活动之中的人，或是现在或未来将肩负教育行政职能甚或肩负推进教育行政发展的职责的人来说，都是极为重要的。

---

① 参见：Ernest Barker. The Political Thought of Plato and Aristotle[M]. Dover：Dover Publications，1959：112；亚里士多德. 政治学[M]. 吴寿彭，译. 北京：商务印书馆，1965.

② 奥拓·梅耶. 德国行政法[M]. 刘飞，译. 北京：商务印书馆，2004：13.

一、教育法律关系的相关概念

（一）法律关系

教育法律关系（legal relationship in education）的上位概念是法律关系，即教育法律关系是法律关系中的一种。法律关系作为一个基本的法律概念，是指法律规范调整一定的社会关系而在特定的法律主体之间形成的权利义务关系。其内涵要义是：法律关系以一定的社会关系为基础，以法律规范为依据，通过一定的法律事实而形成，在特定的法律主体之间建立起一种相对明确的权利义务关系。可见，法律关系来源于社会关系，是以主体之间的权利与义务的形式表现出来的特殊社会关系。

（二）社会关系与法律关系

按照《辞海》的解释，社会关系是“人们在共同活动过程中所结成的以生产关系为基础的相互关系的总称……物质关系是社会关系的基础，在这基础之上，发生政治、法律、道德、艺术、宗教等各种关系”[①]。不过，在现实生活里，并不是所有的社会关系都能够成为法律关系，只有那些对国家来说不体现自己的意志就不足以维护正常的社会生活与社会秩序的社会关系，法律才会去规范和调整其权利义务。所以，只有受到法律明确规范的社会关系，才能够成为法律关系；如果没有受到法律的有效调整，而仅仅是依靠道德的方式、宗教的方式、习俗的方式或其他方式去进行社会调整的社会关系，是不可能形成法律关系的。自近代以来，调整性社会关系主要表现为法律关系。法律之所以成为一种压倒其他调整方式的社会关系调整方式，首先源于其具有权利义务性、普遍适用性、公权强制性等重要特征，适合于规范那些需要严格界定、严肃对待、稳定性要求强的社会关系和社会事务。

（三）教育社会关系

教育社会关系（social relationship in education）是教育领域中因办学主体从事办学活动、因教育主体从事教育教学活动、因管理者管理办学活动而形成的各种社会关系。在上述活动中，各级各类学校是办学主体，教师和学生是教育主体，国家的身份则是管理者。这样，就至少产生了三个方面的教育社会关系：国家与办学主体之间的关系、国家与受教育者之间的关系、办学主体与教育主体之间的关系。

由以上三种基本的教育社会关系，衍生出许多具体的教育社会关系：教育行政部门与学校之间的关系、学校与教师及其他教育工作者之间的关系、学校

① 辞海[M]. 北京：中华书局，1999.

与学生之间的关系、教师与学生之间的关系、学校与社会用人单位之间的关系，等等。这些社会关系不但具有典型的教育场域性，即离开了教育，它们便不复存在，而且具有教育权利义务上的角色对立性，因而往往需要法律从教育角度予以特别的关注。而教育领域中的另一些社会关系，如学校与学校之间的关系、教师与教师之间的关系、学生与学生之间的关系、学校与服务单位之间的关系、学生与社会用人单位之间的关系，虽然也具有一定的教育场域性，但是并不具有教育权利义务上的角色对立性，因而不需要法律从教育角度予以特别的关注，而是可以适用相应的其他法律。

（四）教育社会关系与教育法律关系

教育法律关系来源于教育社会关系——当教育社会关系受到相关法律的关注并且以某种规范加以调整时，教育法律关系就产生了。那么，哪些教育社会关系应该受到法律的关注呢？有些学者提出[①]，只有“那些对‘教育目的的实现’有重大影响的教育关系”才应当被设定为法律关系。可是，这种界定不但在立法实践中可操作性差，事实上也很不准确。因为，我们知道，发生在教育教学领域里的各种大量认知活动，对实现“教育目的”同样具有重大影响，然而这类活动中形成的教育关系却未必需要法律去干预，甚至根本不应该由法律去“多事”。

必须强调，真正需要法律去关注的，不是教育学意义上的教育关系，而是教育社会关系，或曰社会性教育关系——它们是人们在从事办学活动、教育教学活动中形成的、具有权利义务上的角色对立性的特定社会关系。因此，本书将教育法律关系定义为：它们是法律在调整教育领域中各种具有权利义务对立性的社会关系的过程中所形成并确认的一组特定关系，旨在规范和调整各种相关主体在办学活动、教育活动过程中形成的教育权利与义务。换言之，教育法律关系是教育领域中各种社会关系在法律上的表现形式，是上升为国家意志的教育社会关系。在大多数教育法律关系中，贯穿其中的核心问题是受教育权。

具体而言，现实生活中的教育法律关系主要包括教育行政部门与学校之间的法律关系、学校与教师及其他教育工作者之间的法律关系、学校与学生之间的法律关系、教师与学生之间的法律关系、学校与社会用人单位之间的法律关系，等等。而学校与学校之间、教师与教师之间、学生与学生之间、学校与家长之间、学生与社会用人单位之间、学校与服务单位之间等法律关系，一般适用相应的其他法律。

---

① 周光礼，刘献君．政府、市场与学校：中国教育法律关系的变革[J]．华中师范大学学报，2006(5)：131-136.

教育法律关系以主体间的权利与义务为重要内容，这种法律关系具有鲜明的意志特征，通过主体单方或者多方的意思表示才能够实现。

二、教育法律关系的构成要素

德国著名法学家卡尔·冯·萨维尼（Freidrich Carl Von Savigny，1840）在其未竟的巨著《当代罗马法体系》一书中表示："法律关系具有一种有机本质，表现在与之相互负载的或者互为条件的要素上。"①

（一）教育法律关系的主体

所谓教育法律关系的主体，是指在教育法律关系中具有法定的权利能力、行为能力、责任能力的行为主体。依照法学常识，在各种法律关系中，其主体一为自然人，二为各种拟制人（或曰社会组织），教育法律关系的主体范围亦然。又依照法理常识，任何法律关系的主体都必然是双向的、对称的：有法律关系此一端的行为主体，就必然有法律关系彼一端的行为主体，双方共同构成一定的权利义务关系或共存于一定的法律关系之内。就法律关系主体的地位而言，并没有主客之分，法律关系的两端皆为法律主体——即使是在通常认为"具有不平等性"的行政法律关系中，行政相对人一方也依然是该法律关系的主体之一。教育法律关系的主体，自然也不例外。

（二）教育法律关系的客体

法律关系的客体与法律关系的主体相对应，是指法律关系主体之权利和义务所指向的对象。法律关系的客体一般必须具有客观性、满足主体需求性、能够被主体控制或利用、能够被法律所调整等特征，才能够称其为法律关系客体。法学界认为法律关系的客体可以是物、非物质财富、行为结果，也有学者认为"法律关系的客体是无限多样的"，包括物、国家权力、人身、人格、行为、法人、精神产品、信息等，不应该作狭隘的限制。由于教育活动具有人的精神劳作等特殊性，因而在教育法律关系中，精神产品、行为结果被作为客体的情况显得较为普遍。

萨维尼将法律行为定义为"行为人为创设其所意欲的法律关系而从事的意思表示行为"②，法律关系客体在法律关系中的意义，在于它使法律关系主体有了行为对象，使法律关系的内容得到物化或具体化，从而具体地外显了法律主体之间的权利义务矛盾运动。

---

① 卡尔·冯·萨维尼.当代罗马法体系(第一卷)[M].1840：6.转引自：[德]萨维尼.论立法与法学的当代使命[M].许章润,译.北京：中国法制出版社,2001：22-30.

② 同上书。

（三）教育法律关系的内容

所谓法律关系的内容，是指法律关系主体所享有的权利和所承担的义务，有关权利和义务的规范和调整是整个法律关系的核心问题，全部法律关系都是以这一核心而展开的。所以，教育法律关系的实际内容就是体现为教育权利与义务的调整活动：教育法律主体通过法律关系享受教育权利、承担教育义务，而教育法律关系客体则实际地担当法律权利和法律义务的载体。

对于法律权利，学术界有着极不相同的表述和主张。在这些主张中，较有影响的是“资格说”。“资格说”认为法律权利是指法律主体依法从事某种行为或不从事某种行为，或要求他人从事某种行为或不从事某种行为的法律资格。法律权利是主体根据法律和其自由意志进行选择的一种资格，是主体自由意志得以表达的规范条件和方式。法律权利既涉及主体对自身行为和财产的选择，亦涉及对他人的请求及其选择。

法律义务是指法律主体依法从事某种行为或不从事某种行为的强制性。法律义务的创设，是为了规定旨在实现社会和谐秩序的主体需求。法律义务具有公权强制性和必行性，这与法律权利是不同的。

在教育法律关系中，权利与义务一般是并存的，特别是在平等主体之间产生的法律关系，往往相互享有权利和承担义务：权利是义务的目的，而义务是实现权利的手段。因此，法律关系中的权利与义务具有对应性、相对性、统一性等特征。

三、教育法律关系的性质

学术界对教育法律关系的性质看法不一，一直存在着一定的争议，概括历史与现实的观点，大致出现过行政法律关系说、民事法律关系说、特别权力关系说、综合法律关系说等不同的主张。

（一）行政法律关系说

教育行政法律关系说也称为行政隶属说。在大陆法系各国，按照公法和私法的划分标准（调整公共权力、公共利益、管理关系、强制关系的法为公法；调整个人权利、个人利益、自由选择、平权关系的法为私法），将教育法归入公法，视为行政法的一个分支。教育行政法律关系说认为教育法律关系反映的是作为教育行政主体的政府机构或其他具有教育行政职能的组织，在对教育事务进行管理时与行政相对方（包括下属机构、相关社会组织、个人）所形成的权利义务关系：教育行政主体（政府及其授权机关）处于管理者的地位，其命令与决定具有必须遵守和履行的效力；而行政相对方处于被管理者的地位，必须遵守和服从教育行政主体的命令与决定。这一观点的基本依据是国家教育权理论，该理论认为：教育自近代以来，经由教育国家化进程已成为各国公共事业，是一项需要国家通过公权力的行使才能够进行的行政活动，教育法所调整的各种社会关系是公法关系，教育责任往往是行政责任，教育管理往往采用警告、罚款、责令停止办学、开除等行政手段，因而教育法律关系被认为是行政法律关系的一种。

“教育行政法律关系说”的产生背景与一定的经济体制和教育体制密切相关。如果教育完全由国家直接进行投入、管理和控制，就像我国改革开放之前那样，那么教育领域里的社会关系就非常单一，学校成为一个封闭的、与市场无涉的、从属于政府的活动领域，教育法律关系的内容必然只能局限于从行政隶属关系角度去调整国家、教育机构、受教育者三者之间的权利义务关系。在这个意义上，不妨认为“教育行政法律关系说”是可以成立的。但是，该观点忽略了在市场经济体制及其与之相适应的教育体制条件下教育活动中产生其他法律关系的可能性与必然性，因而不够全面、过于狭隘，存在着明显缺陷。

（二）民事法律关系说

教育民事法律关系说认为，教育活动领域里存在着双方当事人地位平等、以财产所有和流转为主要内容、基于当事人自愿而发生，并在一定程度上体现等价或有偿原则的社会关系，或者说主要就表现为这种自由交易的社会关系，通常应由民法加以确认和调整。当学校作为民事法律关系主体时，它可以是民事诉讼的原告，也可以是民事诉讼的被告。①

教育民事法律关系的活跃程度，与经济体制、教育投资体制的性质以及学校主体地位及其民事独立行为能力的存在有关。在市场经济体制下，在教育领域特别是非义务教育领域里，教育民事法律关系涉及面颇广，例如部分类型的学校特别是高等学校，其财产与土地管理、人才培养合同、学生后勤服务、科技开发与科技成果转让乃至学校创收行为中所涉及的权益，都会发生民事主体所有和流转上的必然联系。自我国改革开放以来，随着我国市场经济的充分发展和教育体制改革的深入进行，随着教育投入体制从排斥非财政资金到鼓励社会投资，以及随着学校及其他教育机构法人地位的确立和办学自主权的进一步扩大，我国教育法律关系的格局正逐步发生变迁，其中一个重要变化就是教育民事关系在整个教育社会关系中的比重大大增加。我国《教育法》第二十八

① 关于学校作为与学生发生争议的民事诉讼的原告，近年来有 2008 年上海交通大学向上海市浦东新区法院诉本校研究生叶某违反教育合同（留学协议）要求赔偿违约金案等；关于学校作为与学生发生争议的民事诉讼的被告，近年来有 2004 年南京艺术学院学生刘芳（化名）向南京市鼓楼区法院诉学校没有尽到培养责任要求退还学费案、2006 年成都理工大学学生王某向成都市中级人民法院诉学校侵犯教育消费知情权案等。

条、第四十二条、第四十六条、第六十条等条款中的许多相关条文，就是具体反映了社会各方对教育民事行为的规范需求。

"教育民事法律关系说"将教育法律关系的性质完全看成是民事法律关系，从而否定教育活动中客观存在的、而且通常是起着更为重要作用的行政法律关系，显然也不正确。

（三）特别权力关系说

"特别权力关系说"在教育领域曾经有过一定的影响，该说源于大陆法系，产生于19世纪的德国，集大成者是奥托·迈耶（Otto Mayor，1895）。"特别权力"的意思是：国家和公共团体等行政主体基于特别的法律原因（因法律之规定、因个人自愿、因其他理由），在一定范围内对相对人享有概括的、命令的强制权力，而另一方则负有必须绝对服从的义务。

在实行过"特别权力关系说"的国家里，历史上有三种关系曾被纳入"特别权力"的管理范围：① 公法上之勤务关系，如政府与公务员之间的关系；② 公营造物（veranstaltungen des staate）之利用关系，如大学与教师、大学与学生之间的利用关系；③ 公法上之特别监督关系，如监狱与犯人的关系。

学校既然为公营造物，一旦适用"特别的法律原因"，自然就会把教育法律关系看成是"特别权力关系"。在"特别权力关系"体制下，教育行政主体享有免于法律保留原则的拘束的特权，得以特别规则约束相对人，而不必持有具体法规之依据；行政相对人对行政主体的管理行为则必须遵从，"负有绝对忍受的义务以保持此行政领域内之效率与完整"[①]，即使受到惩罚，也不得争诉。这种体制在客观上为行政主体侵犯相对人的合法权益留下了极大空间。

将教育法律关系的性质看成是一种特别权力关系，这种观点不仅与现代法治理念和人权思想格格不入，而且违反行政法治原则，对学生一方明显不公。这种思想即使是在德国及其他大陆法系国家，后来也逐渐受到社会的批判并逐渐淡出，现在真正持这种观点的人已经极少。

（四）综合法律关系说

"综合法律关系说"不同意将教育法律关系笼统武断地定性为某种单一性质的法律关系，如定性为教育行政法律性质或教育民事法律性质，而认为这种法律关系在整体上具有相当的复杂性或综合性，主张视其所代表的具体的教育社会关系，作出正确的分析和判断。

在根本上，教育法律关系的性质是由教育社会关系的性质和内容决定的：教育社会关系的性质单一，教育法律关系的性质也必然单一；教育社会关系的

① [德]奥托·迈耶. 德国行政法[M]. 刘飞，译. 北京：商务印书馆，2002.

性质复杂，教育法律关系的性质也必然复杂。但是，无论是以单一性质视之，还是以复杂性质视之，有一点则是肯定无疑的：如果将教育法律关系简单地理解为某一类性质的法律关系，将会使得对实际生活中产生的其他性质的教育社会关系的调整无法可依。

改革开放以来，我国经济体制和教育体制都发生了深刻变革。在新的经济环境与法律制度条件下，新类型的教育社会关系不断产生，教育领域里的社会关系日益错综而复杂，这在客观上要求调整这些关系的教育法律更加丰富和完备。事实上，我国教育法律已经逐渐突破了单一的教育行政法的框架，形成了一个由若干具体的教育法律制度构成的综合体系，教育法律关系越来越表现为一种综合性的法律关系——不但包括宪政性质与行政性质的法律关系，而且包括民事性质和刑事性质的法律关系。如果仍然停留在过去的观念上，单一地依赖行政法律手段对教育社会关系的各个方面进行干预和控制，将根本无法解决现实生活中已经涌现出的大量教育法律矛盾。

因此，对于教育法律关系性质的认识，必须随着社会的发展而不断深化和更新，“综合法律关系说”显然更加符合当代我国教育社会关系的现实状况。在复杂的教育社会关系的格局下，为了对相关法律主体的教育权利义务进行有效的规范与调整，必须正视教育法律关系的综合性，并且使之在教育法律体系的综合性上得到充分体现。

四、教育法律关系的分类及体系

教育法律关系可以有多种分类角度，不同的分类角度构成了教育法律体系的不同侧面，反映着不同侧面的特征差异，这为人们完整而深入地审视和理解作为一个整体的、具有内在复杂性与统一性的教育法律体系提供了可能。

（一）按部门法范围划分

依照所属部门法的不同，教育法律关系可以划分为教育宪政法律关系、教育行政法律关系、教育民事法律关系、教育刑事法律关系等不同的类别。

1. 教育宪政法律关系

教育宪政法律关系是指按照一定的宪法规范、在教育宪政法律关系主体之间产生的、以宪法上的权利义务为内容的教育法律关系。由于国家与公民之间的关系是宪政社会中最基本和最核心的政治关系，教育宪政法律关系的主体主要是国家以及作为公民的教师与学生。因此，教育宪政法律关系主要包括国家教育权与公民受教育权的关系，以及国家教育权与社会教育权的关系。有些学者认为，教育宪政法律关系还应当包括国家教育权与学术自由权之间的关系。教育宪政法律关系的救济制度包括非诉讼性程序审查制度和宪法诉讼制度。

2. 教育行政法律关系

教育行政关系经教育法确认后便成为教育行政法律关系。教育行政法律关系反映的是各种教育行政主体在对教育事务进行管理时与教育行政相对人所形成的法律关系。这种关系主要包括两大方面：一是政府与学校、教育中介组织、教师、学生之间的教育行政法律关系；二是学校作为授权主体与教师、职员以及学生之间的教育行政法律关系。教育行政法律关系的特点表现为双方地位不对等，行政相对人必须服从行政主体的管理。教育行政主体在与教育行政相对方发生关系时，以国家的名义出现并行使法律规定的职权；在行政相对方不履行规定的义务时，教育行政主体有权强制其履行。而教育行政主体如果不履行职责，教育行政相对方只能请求其履行，或向有关国家机关寻求救济。教育行政法律关系的救济制度一般包括教育申诉制度、教育行政复议制度、教育行政诉讼制度以及教育行政赔偿制度。

3. 教育民事法律关系

教育民事关系经教育法确认后便成为教育民事法律关系。教育民事法律关系所对应的是教育领域中平等主体之间所形成的财产所有和流转以及人身关系等社会关系，这些社会关系主要发生在非义务教育领域，包括私立学校与教师之间的教育民事关系、私立学校与学生及家长之间的教育民事关系、公立学校与学生之间在后勤服务等方面发生的民事关系以及各类学校相互之间发生的民事关系，等等。在这类关系中，双方主体享有民事权利并承担民事义务，其救济渠道是民事调解制度和民事诉讼。

4. 教育刑事法律关系

严格地说，并不存在独立的教育刑事法律关系。无论在哪个国家，刑法都是一个独立的部门法。除了司法部门之外，其他部门一般不可能享有刑法意义上的司法权。所以，所谓的教育刑事法律关系，其实是指在教育领域里或在教育教学活动中发生了引起刑事责任的行为，如发生了行政人员贪污或挪用教育经费、教师和学生殴打对方致伤致残、教育管理部门或工作人员严重渎职而导致学生或其他人员群死群伤等事件，使得这些教育社会关系必须适用刑法才能够得到依法处理。

（二）按法律关系主体划分

依照法律关系主体类别的不同，可以在各级教育行政部门、各级各类学校、教师及其他教育工作者、学生、家长、社会用人单位、服务单位等不同主体之间，分别形成不同的教育法律关系。这些教育法律关系有可能是行政法律关系，也有可能是民事法律关系，还有可能是宪政法律关系。如果造成了刑事责任，还会形成刑事法律关系。

（三）按法律关系规模划分

依照法律关系的规模，教育法律关系可以划分为宏观教育法律关系、中观教育法律关系和微观教育法律关系。宏观教育法律关系指经过法律的宏观调整所形成的统一的、整体化的教育秩序或教育法律秩序，表现为国家建立的教育法律体系及其执法程序；中观教育法律关系指教育领域中由法律直接规定、不需要当事人合意渗入其中、符合法定条件即可形成的法律关系，其义务主体指向不特定的任何个人、团体和国家机构，故又称对世的法律关系，比如，学校中存在的物权法律关系；微观教育法律关系指具体化的、只能通过主体行为对法律规定的应对才能够产生的法律关系，如在教育行政主体和行政相对人，或在协议双方当事人之间形成的具体法律关系。

（四）按法律具体处理方式划分

依照法律对教育社会关系的具体处理方式，教育法律关系可以划分为调整性教育法律关系和应矫正教育法律关系。调整性教育法律关系指由主体的合法行为作为前提而成立的法律关系，在这种情形之下，法律只对主体的权利与义务予以明示或默示的认可或确认；应矫正教育法律关系指由主体的违法行为作为前提而成立的法律关系（如刑事法律关系、侵权法律关系），在这种情形之下，法律必须对已有的教育社会关系予以强制改变和矫正，使其符合法律和法律秩序的基本要求。

（五）按法律主体数量划分

依照法律关系主体的数量，教育法律关系可以划分为多边教育法律关系与双边教育法律关系。多边教育法律关系是指法律关系主体为三个或三个以上的法律关系，当事人之间的权利义务关系比较错综复杂；双边教育法律关系是指法律关系主体只有两个的法律关系，当事人之间的权利义务关系比较简单明晰。一般而言，宏观教育法律关系和中观教育法律关系均为多边法律关系，而微观教育法律关系里则既有多边法律关系，又有双边法律关系。有些教育法律关系只能表现为双边关系，如教育领域里的合同关系，尤其是民事合同关系。

（六）按法律关系主体的权利义务特征划分

依照法律关系主体双方的权利义务特征，教育法律关系可以划分为平权型教育法律关系和指令型教育法律关系。教育法律关系中的主体享有对等或对应权利并承担对等或对应义务的，为平权型法律关系（如私法领域中的民事法律关系和商事法律关系）；而教育法律关系中的主体在权利义务方面具有不平等性、不明确对应性等特征的，即一方主体主要是权利（力）的施行者，而另一方主要是义务的承担者，则为指令型法律关系。在现实生活里，这类关系主要表现在教育行政法律关系中。

（七）按法律调整的法域划分

依照法律调整的法域不同，教育法律关系还可以划分为公法教育关系和私法教育关系——公法关系指在公法调整下所形成的主体之间的权利义务关系（如宪政关系、行政法律关系、诉讼法律关系）；私法关系指在私法调整下所形成的主体之间的权利义务关系（如民事法律关系、商事法律关系），等等。

五、教育法律的地位归属

教育法律是指以教育活动为调整对象的所有法律规范，如宪法、行政法、民法、刑法等中有关教育的法律规范。在我国，它包括《教育法》、《义务教育法》、《高等教育法》等教育基本法律和单行法律，但不限于以“教育法”命名的法典。

与教育法律关系的性质相关联，教育法律的地位归属也是备受社会和学界的关注：教育法律到底是一个独立的法律部门，还是应根据所属法律关系的性质而分别从属于不同的部门法？学术界的意见至今也没有能够完全统一。

（一）教育法律从属说

这种观点认为，教育法律应当从属于行政法，作为行政法律部门下的一个分支而存在。该观点的依据主要有两点：一是从法律体系纵横向结构看，横向的法律部门有宪法、民法、商法、行政法等，教育法律是行政法中的一个类型；二是从教育法律的形成和发展历史看，近代教育制度的建立与教育权国家化进程密切相关，教育法律的形成也是肇始于此。所谓“教育权国家化”，集中体现在由法律来规定政府对义务教育负有强制性责任，包括规定政府必须向国民提供义务教育条件、必须建立义务教育学校体系、必须负责组织符合法定条件的受教育对象到义务教育学校学习、必须监督义务教育办学活动。这说明教育活动具有国家职能，而国家职能与教育紧密联系的领域，正是教育法律的领域。“教育法律从属说”认为，这恰恰体现了教育法律从属于行政法的逻辑特征。

（二）教育法律独立说

这种观点认为，教育法律应该是法律体系中的一个独立部门，是在宪法之下，与行政法、民法、刑法等并行的部门法，具有与其他部门法同样独立的法律地位。其理由是，虽然国家行政权的参与在教育法律中扮演着重要角色，但是办学主体、办学形式、办学活动在当代所呈现出的多样化与复杂性，尤其是市场的力量与作用（包括以市场作为中介的第三部门的力量与作用）对教育领域的介入，使得行政主体已不可能实质性地参与所有的教育管理领域。无论是就主体而言，还是就内容而言，教育法律关系均已远远超越了单纯的行政法范畴。因此，应把教育法同民法、行政法、婚姻法等一样，看做是一个独立的法律部门：以特有的法律关系作为调整对象，具备特定的法律主体关系和法律基本原则，并有相应的处理方式。

从世界范围来看，教育法律在其自身的实践中日益丰富和发展，其成文法已形成了相对独立和完整的结构体系，即以宪法为母法，以教育基本法为核心，包括了学校教育法、教育行政法、教育财政法等不同层次与形式的教育法规体系。因此，一些学者认为，它们具有形成教育法典的可能性。

（三）教育法律交叉说

还有一种观点或理由既不同于“教育法律从属说”，也不同于“教育法律独立说”。这种认识可以追溯到《大不列颠百科全书》，该书这样指出：“大量有关公共卫生、教育、住房和其他公共事业的实体法，从逻辑上看，可以被认为是行政法整体的一部分，但从实践的观点来看，由于它们的内容庞杂，很难容纳于单一的体系。”① 在这种认识的基础上，有学者提出应当将教育法律视为一个具有交叉性的法律部门，它的调整对象、调整内容、调整方法具有开放性且十分广泛，不是单一的，不仅不可能简单地纳入任何现有的部门法之中，也不大可能形成一个跨越众多法律部门而自足的体系。因此，最好的办法，就是尊重其“交叉性”特点，在实践中既不局限于行政法范畴，也不必非要自成体系，而可以借助不同的法律部门，来综合地调整各种教育法律关系。这种观点可以称之为“教育法律交叉说”。

第二节　教育法律规范

法律规范，包括规范性法律文件、习惯法规范、判例法规范、国际条约等，在不同的国家有不同的表现形式。在大陆法系国家，法律规范主要由成文法构成；而在英美法系国家，法律规范主要由判例法构成。我国与大陆法系国家较接近，法律规范主要表现为成文法，指由国家机关制定并发布的具有普遍约束力的规范性法律文件。而所谓教育法律规范（norms of education of laws），主要是指由国家机关针对重大教育社会关系制定并发布的、具有普遍约束力的规范性法律文件，是国家将教育作为国家事务加以管理的产物。

① 转引自：上海社会科学院法学研究所. 各国法律概况[M]. 上海：知识出版社，1981：348-349.

在当代社会，由于教育在社会生活中的作用日益深入而显著，教育法律规范的数量趋于增加、形式趋于复杂。理解教育法律规范，一般需从其表现形式和体系结构两个方面入手。

一、教育法的表现形式

在这里，教育法是一个统称，是指体现统治阶级在教育方面的意志、以教育活动为调整对象、以国家强制力保证其实施的所有法律规范，包括但不限于以“教育法”命名的法典。在我国，这些法律规范主要由立法机关制定和颁布，其中一部分具体性较强、法律效力较低的规范可由法律规定的行政机关制定和颁布。依照高家伟主编的《教育行政法》一书的划分，我国的教育法律规范按层次可以划分为宪法、教育法律、教育行政法规、地方性教育法规、教育行政规章、其他教育法律等六类。[①]

（一）宪法

宪法是我国的根本大法，具有最高的法律地位和法律效力，是最高层次的法律渊源。教育立法必须以宪法为依据，是宪法原则和宪法精神在教育领域的具体实现。宪法中，确立了教育立法的基础和效力来源以及教育的基本原则、基本制度和政策；教育法律、法规、规章及其他规范性文件的制定，均不得与宪法相抵触，均必须贯彻宪法原则和宪法精神。

我国宪法中有许多关于国家教育权、社会教育权、公民受教育权利、学术自由权利的原则性规定。比如，《宪法》第十九条对于国家教育权和社会教育权是这样规定的：“国家发展社会主义教育事业，提高全国人民的科学文化水平。国家举办各种学校，普及初等义务教育，发展中等教育、职业教育和高等教育，并发展学前教育。国家发展各种教育设施，扫除文盲，对工人、农民、国家工作人员和其他劳动者进行政治、文化、科学、技术、业务的教育，鼓励自学成才。国家鼓励集体经济组织、国家企业事业组织和其他社会力量依照法律规定举办各种教育事业。”又如，《宪法》第四十六条在阐述公民基本权利时，同时规定“中华人民共和国公民有受教育的权利和义务”。这表明，国家在具体规定和保护公民基本权利时，已经明确地将受教育权规定为宪法意义上的公民基本权利，并且以权利与义务复合的规范形式加以强调：受教育是公民不可放弃的一项权利。后来我国《教育法》在此基础上，始得将该权利进一步阐明为“中华人民共和国公民有受教育的权利和义务。公民不分民族、种族、性别、职业、财产状况、宗教信仰等，依法享有平等的受教育机会”[②]。再如，

① 高家伟.教育行政法[M].北京：北京大学出版社，2007：35-39.

② 参见：《中华人民共和国教育法》第九条的规定。

《宪法》第四十七条规定："中华人民共和国公民有进行科学研究、文学艺术创作和其他文化活动的自由。国家对于从事教育、科学、技术、文学、艺术和其他文化事业的公民的有益于人民的创造性工作，给予鼓励和帮助。"有些学者认为这可以看做是有关学术自由权利问题的宪法表达。

在世界其他国家，像美国、英国、法国、德国、俄罗斯和日本，均在宪法中对教育行政制度加以原则性规定，并确立本国教育行政的基本结构。例如，美国联邦宪法规定教育行政由各州政府行使实权，联邦政府因而不享有统辖全国教育的行政权。德国的宪法（又称基本法）在确认联邦政府的行政权限时，并未将教育行政权列举在内，故联邦政府不享有教育行政的实权，也未设主管教育的部门。直至 1969 年德国修改宪法，授予联邦政府若干教育行政权后，联邦政府始得享有宪法所规定的教育行政权力，并据此设置了教育主管部门。

（二）教育法律

教育法律，在我国即指由全国人民代表大会及其常务委员会制定的规范性法律文件。在教育领域，这部分法律规范构成了教育的基本制度框架，其效力仅次于宪法。教育法律包括教育基本法和教育单行法。

教育基本法是指在宪法之下调整教育社会关系的母法，在教育法律体系中具有最重要的作用。我国的教育基本法是 1995 年颁布实施的《中华人民共和国教育法》，该法是教育工作的"根本大法"，规定了我国教育的一系列重要准则与基本规范。例如，《教育法》规定了我国教育的社会主义性质，确立了教育优先发展的战略地位，强调了各级政府优先发展教育的责任，规定了公民的平等受教育权利，确认了教育的公益性质，同时也确认了包括国家和社会力量在内的多元办学体制，等等。《教育法》的颁布和实施，是我国全面走上依法治教轨道的重要标志，也是制定下位教育法律、法规、行政规章的依据。

教育单行法是以《教育法》为依据、针对教育法律活动中某一基本领域内容而形成的成文规范，通常是为了调整不同教育部门的内外部关系或针对该部门领域里的主要问题而制定的。我国目前已有《义务教育法》、《职业教育法》、《高等教育法》、《教师法》、《民办教育促进法》、《学位条例》等教育单行法，分别调整不同教育领域所涉及的社会关系。

此外，在《民法通则》、《行政诉讼法》、《行政复议法》、《行政处罚法》以及《兵役法》、《残疾人保障法》、《妇女权益保障法》等法律中，也有很多有关教育的法律规范。

世界主要发达国家一般都制定有专门法律作为教育行政的依据，如日本在"二战"后制定了《教育基本法》、《学校教育法》、《文部省设置法》和《地方教育行政组织法》等。

（三）教育行政法规

教育行政法规是为了实施《教育法》和各种教育单行法而由国务院制定和发布的法律规范，是我国教育法的主体部分之一。为领导和管理国家各项行政工作，使相关法律的实施具体化，根据我国《宪法》第八十九条、第九十条以及法律的规定，国务院有权制定和发布行政法规。在领导和管理我国教育工作、推动教育改革与发展的过程中，国务院制定颁布了大量的教育行政法规，如《学位条例暂行实施办法》、《普通高等学校设置暂行条例》、《高等教育自学考试暂行条例》、《学校卫生工作条例》、《教学成果奖励条例》、《教师资格条例》、《中外合作办学条例》、《民办教育促进法实施条例》，等等。

教育行政法规从属于宪法和法律，主要是为了实施《教育法》和教育单行法而制定的；《教育法》和教育单行法未予规范的较为具体的问题，也可由教育行政法规加以调整。教育行政法规不得与宪法和法律相抵触，其效力次于宪法、法律，但高于其他教育法律规范。另有一种由国务院或国务院办公厅“转发”或“批转”的法规性文件，以“国发”、“国办发”文件编号发布（也在《国务院公报》上发布），具有类似于行政法规的效力。

（四）地方性教育法规

地方性教育法规是指省、自治区、直辖市和有地方立法权的人民代表大会及其常务委员会为执行国家有关教育的法律和行政法规，根据本地区的实际需要，在不与宪法、法律、行政法规抵触的情况下，为推进本地区的教育改革与发展事业而制定颁布的规范性文件，包括地方性法规、自治条例、单行条例。

地方性教育法规一般称为“规定”、“办法”、“实施办法”、“补充规定”等，例如《江苏省教学成果奖励办法》、《深圳市民办学校管理办法》、《上海市境外机构和个人在沪合作办学管理办法》等，只在本行政区域内有效。在对调整对象、职权职责、权利义务、具体措施、责任归属、救济方式的规定方面，地方性教育法规一般会比法律或行政法规更加具体，更具可操作性。

（五）教育行政规章

行政规章是由政府部门制定和发布的规范性文件，分为部门规章和地方规章两类，教育行政规章是其中有关教育的部分。

1. 部门教育行政规章

部门规章是指国务院各部委根据法律和国务院的行政法规、决定、命令，在本部门权限内，按照法定程序制定的规范性文件的总称，多以“……的办法”、“……的通知”、“……的规定”等名义出现，通常又称政府行政规章，其效力低于行政法规。改革开放以来，我国教育部制定和发布了教育行政规章二百余种，像《普通高等学校学生管理规定》、《教育行政处罚暂行实施办法》、

《国家教育考试违规处理办法》、《高等学校收费管理暂行办法》、《高等学校本科专业设置规定》、《高等职业学校设置标准（暂行）》、《高等学校教师培训工作规程》等规范性文件，都属于由教育部制定的部门教育行政规章。制定部门教育行政规章的目的，是保证教育法律、法规的正常实施，因而大多是就这些法律、法规中的具体问题而制定的，面向具体的教育管理工作，在全国范围内有效。部门教育行政规章的特点是数量多、内容广、涉及的程度深入，是当前教育管理的主要依据。

2. 地方教育行政规章

地方教育行政规章是指省、自治区、直辖市、省会城市以及国务院批准的较大市等级别的人民政府，依据法律、行政法规、地方性法规所制定的规范性文件，面向具体的教育管理工作，仅在本地区有效和普遍适用，因而这一部分的法律规范因地而异、数量众多。地方教育行政规章与部门教育行政规章一样，也是主要就教育法律、法规中的具体问题而制定的，但其数量、内容、涉及范围一般不及部门教育行政规章，而且应当注意避免与后者产生抵触。

（六）其他教育法律规范

其他教育法律规范是指上述各种教育法律规范之外的规范性文件，包括：① 教育部的其他一些规范性文件，如《教育部关于加强依法治校工作的若干意见》、《教育部关于加强青少年学生法制教育工作的若干意见》等；② 最高人民法院、最高人民检察院有关教育的司法解释；③ 我国与外国政府或国际组织缔结、签署的关于教育的公约、条约、协定等，如《中华人民共和国政府与大不列颠及北爱尔兰联合王国政府及托管政府关于相互承认高等教育学位证书的协议》；④ 其他规范性文件。

必须认识到，从本质上看，任何教育法律规范都是作为对教育社会关系的实践理性或经验进行科学归纳而积累起来的，它们并不是预先对将来所有即将或可能发生的事件的精确理性设计。因此，伴随着这些法律规范的运作，当某种超出现行所有法律规范“射程”之外的法律事实或情形出现时，必然会不可避免地涉及对法律规范的自由裁量权运用问题，目的是满足“创造性行政”的需要，直至新的、更加完善的法律规范建立起来。从这个意义上说，广义的教育法律规范不仅包括教育法律、教育行政法规、地方性教育法规、教育行政规章等具体规范，也包括法律精神和法律原则。

二、教育法律体系结构

上述各种表现形式的教育法律规范，相互之间应该构成一个内容和谐一致[①]、形式统一完整、分工明确、层次分明、内部效力高低有序的有机整体：上位法是对某一领域的原则规定，下位法是对适用这些原则的操作性规定；上位法的效力高于下位法，下位法不得与上位法相抵触。通过这种体系性的整体设计，使执法者和教育法律关系的参与者都能够通过正确、恰当地适用相关法律规范，来解决教育实际生活中遇到的各种法律问题。

教育法的体系（system of educational laws），根据制定机关和法律形式的不同，可以划分为不同的层次；根据法律规范内容或法律规范对象的不同，可以划分为不同的部门。据此，可以将教育法在整体上理解为是由纵向层次和横向部门综合构成的体系结构。

（一）教育法律体系的纵向结构

就纵向结构而言，一般认为，《教育法》作为教育基本法是我国教育法律体系的第一个层次，教育单行法构成第二个层次，教育行政法规为第三个层次，地方性教育法规为第四个层次，教育行政规章为第五个层次，各层次之间由此确定上下位法的关系。也有学者认为，宪法应为我国教育法律体系的第一个层次。除此而外，教育法学界对教育法律体系纵向结构没有太大的争议。

（二）教育法律体系的横向结构

就横向结构而言，法学界的看法则存在一定差异。造成差异的原因，在于到底是取法律规范的内容来作为划分标准，还是取法律规范的对象来作为划分标准。北京师范大学劳凯声教授将教育法体系的横向结构划分为义务教育法、职业教育法、高等教育法、教师法、学位条例、民办教育促进法等六个部门[②]，其划分依据主要是以法律规范的内容为标准，因而划分结果与教育单行法的范围相吻合（如图 5-1 所示）。而北京大学高家伟教授等人主张将教育法体系的横向结构划分为教育行政主体法、学生法、教师法、学校法等不同部门[③]，其划分依据主要是取法律规范的对象为标准。这两种划分方法都有一定的依据和道理，也都有一定的局限性：前一种划分方法与我国教育成文法的实际状态极为一致，便于法律利用者按照法律问题的领域“对号”适用，但是学

① 马克思在谈及法律规范体系内部的和谐性时说：“法必须是不因内在矛盾而自己推翻自己的内部和谐一致的表现。”参见：马克思恩格斯全集(第 37 卷)[M].北京：人民出版社，1972：488.当代著名自然法学家富勒也将“不矛盾”作为法律必须具备的八个因素之一。

② 分别参见：劳凯声.改革开放 30 年的教育法制建设[J].教育研究，2008(11)：3-10；劳凯声.变革社会中的教育权与受教育权：教育法学基本问题研究[M].北京：教育科学出版社，2003：57-60.

③ 高家伟.教育行政法[M].北京：北京大学出版社，2007：35-39.

理性不如后者；后一种划分方法的学理性强，对部门内涵的抽象准确清晰，代表了未来立法方向，但与我国现行的教育单行法布局存在着一定距离。因此，两种划分方法似可取长补短、互相参考，以臻完善。

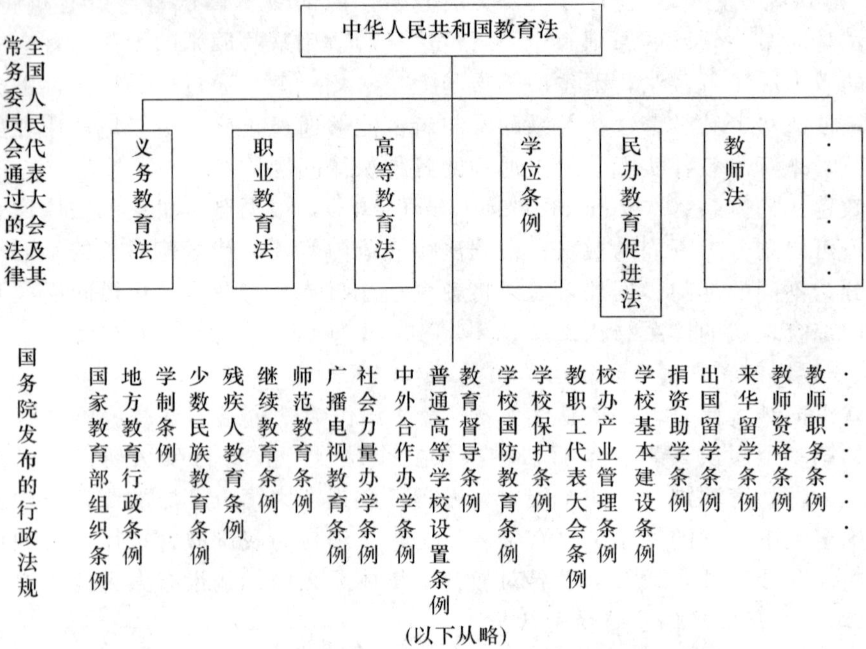

图 5-1　我国教育法律体系的纵横向结构

（资料来源：劳凯声．变革社会中的教育权与受教育权：教育法学基本问题研究［M］．北京：教育科学出版社，2003：58）

（三）我国教育法律体系中的不足

有部分研究者认为，我国现行教育法的体系存在着几种缺陷：一是从纵向结构看，往往有上位法而缺少可操作的下位法，使上位法的实施难度加大①；二是从横向结构看，覆盖范围尚不全面，一些在教育实践中急需的重要法律规范，如《教育投入法》、《国家考试法》、《学校组织法》、《师范教育法》、《中等教育法》等，迟迟不能出台②，原因是中央教育立法和地方教育立法都存在滞

① 比如，《高等教育法》在一些条款中留有授权性的规定，如“按照国家有关规定”、“依法”等，但在具体实施过程中，这些所谓的“国家有关规定”的制定并没有及时跟上。

② 由于没有《教育投入法》，我国财政性教育投入至今达不到政府多次承诺的水准（不低于 GDP 的 4%），各级政府及其领导人的相关责任无法明确和实行问责；由于仅有教育部制定的《国家教育考试违规处理办法》，而没有《国家考试法》，我国连年出现高考舞弊案件，有些地区（如 2009 年吉林松原地区）高考舞弊不仅采用高技术手段，而且出现了规模化、集团化扩散趋势，考生、监考老师、职业牟利者共同参与舞弊。

后的现象，相互牵制对方的发展；三是调整教育活动的法律规范多为级别较低的下位法，以部门行政规章为主，缺少具有统领性质的上位法，减弱了规范性文件之间的协调性与整体性，使得整个体系的科学性受到影响；四是现行法律、法规中对政府行为的规范显得比较空泛，表现为法律的规定比较“粗线条”，描述性语言过多，问责规定软弱而模糊，给执法人员留下自行解释和处理的余地较大，还不足以称得上是“硬法”。

应当在国家法制统一原则的前提下，完善教育立法的总体框架结构，包括加强中央立法对统领性上位教育法的制定功能，以及在高位法中补充和完善对相关教育行政责任主体的追究制度及程序，使作为“根本大法”的《教育法》首先能够成为一部“硬法”。同时，适当扩大地方教育立法权限，发挥地方立法的主动性和积极性，尽快配套细化的、可按各地实际情况操作的下位法。在完善成文法的同时，也应当逐步增加判例法的补充作用。

完善教育立法，不仅意味着要适时制定和出台社会所期盼的教育法律规范，将一些新的需要保护的教育权利义务关系适时纳入法制轨道，而且包括对已经不合时宜的教育法律规范适时予以修改和废止，同时还包括加强教育法与社会其他法律规范的衔接和补充，将国家意志、群众愿望与教育规律尽可能和谐一致地固定在法律形式上，达到既注重法律规范中的行为规范，又注重法律规范中的法律后果，使法律规范的逻辑结构更为严谨、法律规范的体系结构更加科学。

三、教育行政法律规范

具有近现代意义的教育法律规范的出现，始于 16 至 17 世纪的欧洲。[①] 1561 年问世的《约律首卷》、1579 年问世的《圣安得鲁斯大学法》，是早期教育法律规范的代表，开启了教育法制化的先河。法国是行政法的故乡，教育立法程序严谨，立法技术成熟。相对而言，新中国教育行政法律规范的形成比较晚。

（一）我国教育行政法律规范的形成历程

法律规范是一个国家法治化水平的标志，教育法律规范（laws of educational administration）是一个国家教育法治化水平的标志。中国共产党十一届三中全会召开之前，我国还没有颁布过一部由国家最高权力机关制定的教育法律。国家有关部门在指导实际教育活动时，主要是依靠教育政策文件和行政命令。1980 年 2 月，第五届全国人民代表大会常务委员会第十三次会议通过

① 这里不包括教会用来控制学校的法律，那种法律可以追溯至 12、13 世纪。

《中华人民共和国学位条例》[①]，以解当时高等教育亟待恢复和发展的燃眉之急。这也是“文化大革命”结束之后、1982年新宪法制定与颁布之前[②]我国出台的第一部教育行政法律。但是此后几年，后续的教育立法工作一度未能跟上，其间所颁布过的一些教育行政法规，仍多为“暂行”、“试行”、“草案”之类的规定，缺乏应有的规范性、稳定性和权威性。

从1984年起，全国人大代表和政协委员在“两会”上多次提议应加强教育立法，尽快制定教育基本法律。1985年，中国共产党公布了《中共中央关于教育体制改革的决定》，明确要求“必须加强教育立法工作”，由此真正启动了我国社会主义教育法制建设进程，教育立法始呈现健康发展的态势。1986年4月12日，全国人大颁布了《义务教育法》，这是我国由国家最高权力机关制定的、对教育法制建设具有重要影响的第一部教育法律。1993年2月，中共中央、国务院制定并发布了《中国教育改革与发展纲要》，进一步提出了加快教育法制建设、逐步走上依法治教轨道的具体意见，要求“制定教育法律、法规，要注意综合配套，逐步完善。要抓紧草拟基本的教育法律、法规和当前急需的教育法律、法规，争取到本世纪末，逐步建立起教育法律、法规体系的框架。地方要从各自的实际出发，加快制定地方性的教育法规”。该《纲要》颁布后，《教师法》、《教育法》等一系列重要的教育法律相续出台，国务院也制定了《残疾人教育条例》、《普通高等学校设置暂行条例》等相关的教育行政法规，初步结束了教育工作无法可依的局面。原国家教委作为具体执行部门，将教育立法列为工作重点，并拟定了我国教育法律规范体系的总体框架和实施规则。

迄今为止，我国已有教育行政法规和规章两百余部，对于教育行政活动中需要规范的内容进行了具体的规定，基本形成了“宪法—法律—行政法规—行政规章”的法律层级体系。

（二）教育行政法律规范的实质

法律规范的存在，在于实现法治。法治的本意，在于通过公法之治、私法之治、私法的公法之治三个部分，来构筑权力和权利运行相对自足并受到应有约束的法律王国。但是，“徒法不足以自行”[③]，法治所要表达的以及实现法治

① 这部法律实际上并非是由全国人大组织起草的，甚至也不是在当时起草的，而是采用了早在1964年就由当时教育部“学位、学衔和研究生条例起草小组”起草好、因“文化大革命”爆发而未及颁布的《中华人民共和国学位授予条例(草案)》的稿本。

② 1982年12月4日，第五届全国人民代表大会第五次会议通过并颁布新的《中华人民共和国宪法》，即现行宪法。1988年4月12日、1993年3月29日、1999年3月15日、2004年3月14日，全国人民代表大会先后四次通过《宪法修正案》。

③ 亚里士多德语。

所需要的力量，都是建立在公众对于法律抱有神圣情感的基础之上。正是在这个意义上，法国思想家夏尔·阿列克西·德·托克维尔（Charles Alexis de Tocqueville，1835）才说："法律必须被信仰，否则它将形同虚设。"[①] 当公民对社会所提供的矛盾调节工具不再信赖的时候，他就只能转而寻求原始正义——暴力。而对于什么是公法之治，当代自由主义思想家哈耶克（F. Hayek，1944）这样解释道："法治意味着政府的全部活动应受预先确定并加以宣布的规则的制约。"[②]

就教育行政领域而言，教育行政法律规范就是"公法之治"所强调的"规则"，包括规范教育行政权力的授予和行使，以解决权源合法性的问题；规范实施教育行政行为的实体要求与程序规则，以解决教育行政行为的合法性问题；规范教育行政活动的监督主体及监督机制，以解决监督合法性的问题；规范教育行政权力的边界以及滥权责任，以解决教育行政后果的救济问题，等等。一言以蔽之，完备的教育行政法律规范既为教育行政行为提供法律依据，也为教育行政相对人提供法律保障。

教育行政法律一方面是教育法的组成部分，另一方面是行政法的一个分支，是以教育行政关系作为调整对象的，因此具有交叉性。教育行政法律规范存在的最重要的现实基础，是公民的受教育权，其作用在于促使教育行政主体合法地、积极地履行其行政职责，最大限度地实现教育目的和对受教育权的保障。

"公法之治"规则的存在，在于"能够使人们明确地预见到在某种给定的情况下当局将如何行使强制性权力，以便根据这种认识规划个人事务"[③]。这就是"公法之治"的实质，也是教育行政法治化的实质。狄骥（Leon Duguit，1923）对这一原则的理解是："任何国家机关所作出的特定决定都不得与事先公布的一般法律规则相抵触。"[④] 法国正在拟定的《教育法典》，其法律部分由700余条款构成，法规部分约4000条款，其基本要求就是改善法律条文的可读性，用简约明了的法典化条目替换原始的法律规章，剔除已经废止和无用的条款，保证法律用语的准确性，以便公民在"规划个人事务"时，有效地加以运用。

就法律作用的方向而言，法律规范一般划分为义务性法律规范、禁止性法律规范与授权性法律规范。义务性法律规范规定教育法律关系担当者在某种条件和情况出现时必须作出某种行为；禁止性法律规范规定教育法律关系担当者

---

① ［法］阿隆，［美］贝尔．托克维尔和民主精神［M］．陆象淦，金烨，译．北京：社会科学文献出版社，2008．

② ［英］哈耶克．通向奴役之路［M］．王明毅，译．北京：中国社会科学出版社，1997：73．

③ 同上书。

④ Leon Duguit. Traite de droit Constitutionnel(2d ed.)[M]. Paris: Fontemoing & Cie, 1923: 681.

在某种条件和情况出现时不得作出某种行为；授权性法律规范规定教育法律关系担当者在某种条件和情况出现时可以根据自己的裁量作出或不作出某种行为。

（三）教育行政法律规范的适用范围

教育行政法律规范的适用范围，除了在整体上确定教育领域里国家与公民的权利义务关系之外，更经常、更具体的是调整以下范畴的权利义务关系。

1. 教育行政机关与学校之间的权利义务关系

产生这种行政法律关系的基础，是发生在以教育行政机关为行政主体、以学校①为行政相对方之间的教育行政关系。在这种关系中，学校必须服从教育行政机关的命令和管理，双方地位具有不对等性，其权利和义务都是由行政法律规范预先确定的，当事人没有自由选择的余地。通常，教育行政机关单方面进行意思表示，就可引起或变更双方之间的行政法律关系，而无需征得学校的同意。② 双方管理与被管理的内容主要由一系列教育方面的法律、法规、规章所规范，围绕发展教育事业、提高民族素质、促进社会主义物质文明和精神文明建设的目标而进行。教育行政机关对学校可行使的职权主要有制订行政规范权、决策权、决定权、命令权、处罚权、强制权、行政司法权等，当学校不履行法定义务时，教育行政机关可以强制其履行。学校依法享有独立自主的办学权利，并可以对教育行政机关行使以建议、批评为内容的监督权，教育行政机关对学校的办学自主权应予以尊重，应该将管理和引导有机地结合起来。

学校对教育行政机关的行为，即使认为是不当或违法的行为，也不能否认其效力，或者加以抵制，只能通过事后复议或诉讼等渠道，对损害寻求补救。当双方发生争议时，只能是学校为行政复议的申请人或行政诉讼的原告，而教育行政机关为行政复议的被申请人或行政诉讼的被告，其复议、诉讼范围为教育行政机关对学校的具体行政管理事项。

2. 学校与教师之间的权利义务关系

在大陆法系国家中，公立学校的教师是国家公务员，属委任性质，其任用列入行政法律关系进行调整；在英美法系国家中，公立学校的教师虽非属委任性质，但仍属于法定职位（即政府受雇人），其聘用与开除需要经过公法程序，教师与学校形成公法契约关系。我国《教师法》将教师界定为“履行教育教学职责并从教于各级各类学校和其他教育机构的专业人员”，并规定实行教师聘

---

① 法律意义上的学校，是指政府、社会组织或者公民依法举办的，依照法律规定在固定场所对固定人数有目的、有组织、有计划实施教育活动的机构。

② 例如，教育行政机关未经学校同意而采取各种行政措施、发布各项行政命令；可径行决定将几所学校合并为一所，而无须征得学校同意。

任制；与此同时，包括《教师法》在内的我国教育法律对教师的违法行为又大量地规定了行政处分的责任。这给在司法实践中到底是适用行政法，还是适用劳动合同法来具体处理教师与学校的权利义务纠纷造成一定困惑。因此，教育界和法律界都有学者提出应该推动教师与公立学校的法律关系向公法关系发展。[①] 目前，法律虽未明确规定，但我国公立中小学编制内的教师实际上是按照国家人事管理法规来管理，明显属于行政管理范围；公立高等学校对教师的管理则日益由人事管理向聘任制管理转变。[②] 不过，鉴于公立学校教师的职业性质和薪资来源具有不同于私立学校的特点，即使将来公立高校与教师之间的内部管理关系越来越居上风，其中有一些公法契约性质的权利义务及其救济形式仍必须受到教育行政法律规范的调整，需依申诉、行政复议和行政诉讼途径来解决双方争议。民办学校教师与学校若发生争议，其法律性质应属劳动合同纠纷，解决争议的机制应为协商、调解、仲裁和民事诉讼。

根据相关法律，学校有权组织教育教学工作，监督和评价教师的教学，对教师进行奖励和惩罚。具体而言，在学校与教师的法律关系中，学校享有对教师的聘任权、考核权和管理权，即学校依法可以聘任或者解聘教师，可以对教师进行考核并以此作为教师升迁、奖惩的依据，可以制定规章制度对教师进行人事管理、教学管理与科研管理，教师在工作中必须服从学校的管理。同时，学校也必须履行对教师的各项法定义务，比如按时足额发放工资，保障教师的各种合法权益不受侵犯等，高等学校还应给予教师以较大的自主权，实行教学民主与学术民主。作为教师，则享有教育教学权、科学研究权、指导学生发展权、进修培训权、获取报酬福利权以及民主管理权，但必须对学校履行遵守规章制度、执行教学计划、履行教师聘约、完成教育教学工作任务等义务。[③]

3. 学校与学生之间的权利义务关系

历史上，大陆法系国家曾对学校与学生之间的关系采取特别权力关系管理方式[④]，即认为学校对学生享有特殊的、不受现成的法律约束的权力，后被迫作了改进，在涉及学生基本权利的情况下，法律保留规范学校行为的权利。[⑤]

---

① 申素平. 对我国公立学校教师法律地位的思考[J]. 高等教育研究 2008(9)：54-58.

② 将来，义务教育阶段学校的教师应体现公职人员身份，高等学校和职业技术学校的教师可考虑体现专业人员身份。

③ 参见：《教师法》第八条。

④ 特别权力关系说由于强调行政权优越（不得对其提起行政诉讼）、排除法治原则与司法审查，因而不断遭到社会质疑和现代行政法学的批判。

⑤ 这方面最典型的例子是 1972 年德国联邦宪法法院著名的"囚徒判决"，此判决否定了特别权力关系可以不受行政法与行政诉讼法调整的理论，宣告凡侵害公民基本权利的特别权力行为须接受司法审查。

随着社会的进步，各国法律对学生的各项权利作出了规定，首先，是将学生视为是接受教育的具有法律身份的公民。[①] 但是，由于学生的身份特别，其中相当一部分人还处于未成年阶段，因而在权利救济方面不可能与公民完全相同，有些情况下还须适用未成年人法。为适应现代教育理念的发展，国外的做法一般是：一方面将学校影响学生基本权利的管理行为纳入司法审查的范围，重点是保护受教育权不受学校侵犯；另一方面在有限的范围内认可学校管理的特殊性及自主裁量权的存在必要，力图保持双方利益的平衡。

学校与学生之间的法律关系可以区分为两种性质：一是公法关系，二是私法关系。当学校以行使公权力为前提与学生发生关系时，学校对学生享有特殊的管理权限，如制定校纪校规、颁发学历学位证书、实施纪律处分，这显然不是民事关系，而是公法关系（隶属型关系）——学校是行政主体，学生是行政相对方，对相对方的救济应为公法救济。我国《教育法》第二十八条规定学校及其他教育机构行使招生权、学籍管理权、组织教学权、奖励处分权、颁发学业证书权等与学生有关的权利；学生则享有参加教育教学计划安排的各种活动、使用教学设施与图书资料、按照国家有关规定获得助学金与奖学金、在学业成绩和品行上获得公正评价、完成规定学业后获相应的证书等权利，同时应履行遵守学校规章制度的义务。学生如果在这类管理事项中受到学校的侵犯，如学校违规招生、乱收费、随意开除违纪学生、拒收残疾儿童入学、分设重点班等，学生一方可诉诸教育行政救济渠道。当事学生因招生中无正当理由遭拒绝录取、严重惩戒、不予颁授学历学位以及影响毕业、就业等具有行政效果的行为而诉学校的争端，还应纳入司法审查范围。[②] 另外，学校还负有保障学生在校内的健康和安全、不得对学生进行任何体罚和人格侮辱的义务，学生如果在这方面受到伤害或侵犯，也可诉诸教育行政救济渠道。

而在以财产所有和流转为内容的活动中[③]，学生与学校之间建立的是一种教育服务关系（平权型关系），属私法性质，双方同为民事主体，以平等、自愿、有偿为基本原则，可依平等的契约关系解决纠纷。在这些服务领域里，学校对学生并无支配、命令的权力，学生也无接受、容忍的义务，当学生受到学校的侵犯时，应以民事方式主张权利，这样更能够实现权利的充分救济。

在实际办学活动中，上述公法关系与私法关系有时候会由于学生的特定身

---

① 其意义在于学生首先是作为一个公民而存在的，不能因为是学生反而丧失了作为一个公民应享有的基本权利或应获得的司法保护。

② 基于学校行使处分权的行为而被纳入司法审查范围的教育行政诉讼案件，自 1998 年北京科技大学学生田某向北京市海淀区法院诉学校拒绝颁发毕业证书案、1999 年北京大学博士研究生刘某向北京市海淀区法院诉学校拒绝颁发博士学位案以来，在我国已屡见不鲜。

③ 比如，学校向学生提供的需要收费的饮食、住宿、交通、清洁、上网、资料、娱乐等服务。

份而显得纠扯交织，有时候又会由于学校的法律意识不强而被混淆不清。解决学校和学生之间的法律纠纷，首先要弄清引发争议的权利的性质，分清公法关系（隶属型关系）和私法关系（平权型关系），然后才能选择正确的救济方式。对于学校一方而言，除了应遵循《教育法》、《普通高等学校学生管理规定》等已有的法律、法规、规章外，还应注意校纪校规的制定不得偏离法律、法规的立法意图和法律解释，尺度不宜严于法律、法规和规章的要求，更不能将民事法律关系行政化①或是将行政法律关系“特别权力化”，从而违背依法治教的原则，增加社会矛盾和纠错成本。②

4. 教师与学生之间的权利义务关系

在行政法律规范调整范围之内具有意义的教师与学生之间的权利义务关系，在相当程度上是反映教师作为学校的代理人与学生发生的关系。在当前的法律体系中，教师对学生享有教育权、指导权和管理权，这是教师在教育教学活动中享有的一项旨在实现教育目的，并使自己居于主导地位的权利。根据《教师法》的规定，教师有权进行教育教学活动，开展教育教学改革和实验，帮助学生实现个性化发展；有权指导学生的学习和发展，评定学生的品行和学业成绩。法律同时规定了教师的行为要求：必须贯彻国家的教育方针，执行学校的教学计划，关心爱护全体学生，尊重学生人格，促进学生在品德、智力、体质等方面发展；必须制止有害于学生的行为或者侵犯学生合法权益的行为，批评和抵制有害于学生健康成长的现象。学生在教育活动中有权参加教育教学计划安排的各种活动，有权在教师侵犯其合法权益时提出申诉。同时，学生在教育活动中亦必须履行相应的义务，包括遵守学生行为规范，尊敬师长，养成良好的思想品德和行为习惯，努力完成规定的学习任务等。

需要指出，作为教育活动中的两大主体，教师和学生的关系除了由法律进行规范外，很多行为还受道德规范和习惯规则的约束。

最后，需要指出，教育法律规范除了具有一般法律规范所具有的普遍属性之外（如体现自然公正原则），还具有某些无法推引到其他部门法的特有属性，如体现促进教育事业发展、教育机会平等、教育公共性、教学统一性等原则的属性。

---

① 指学校内部管理规定将不具备行政性质的事务纳入管辖范畴。比如，替银行扣留欠贷学生的毕业证书，将学生与第三方之间的民事法律关系行政化。

② 也有学者坚决认为学校与教师、学校与学生的法律关系不是行政法律关系，而是民事法律关系，它们之间发生的纠纷因此也只能是民事纠纷而不是行政法律纠纷。参见：褚宏启.学校在行政法律关系中的地位论[J].教育理论与实践，2000(2)：29-32.

第三节　受教育权的行政法保护

受教育权经历了自然权利、自由权利、社会权利的演化阶段。随着教育国家化的进程，向公民提供教育服务变成了国家的法定义务，具有不可免除性。公民的受教育权既可以寻求宪法的保护，也可以寻求行政法或其他部门法的保护。[①] 受宪法救济“穷尽法律救济途径的原则”的约束，行政法在各国更多地承担起了保护公民受教育权的责任。行政法保护受教育权须遵循一定的原则，有多种可选择的方式。

一、受教育权概念

“受教育权”（right to education）[②] 是一个被广泛使用的概念，也是一个存在着很大歧义的概念。郑贤君、徐继敏等人认为[③]，受教育权的理论基础有“自然权说”[④]、“公民权说”[⑤]、“生存权说”[⑥]、“学习权说”[⑦] 等。

（一）受教育权是一个不断演化的权利

其实，受教育权是一个不断演化的权利。原始社会的社会成员享有同等的受教育机会，每个适龄儿童都被视为氏族和部落的未来成员，社会对其负有养育和教育的责任。这时候的受教育权并不是国家意义和法律意义上的权利，而可以理解为一种自然权利。“自从进入阶级社会，出现了专门的教育机构——学校之后，受教育就失去了它的平等性，表现为少数人拥有的一种特权。”[⑧]

---

① 温辉. 受教育权可诉性研究[J]. 行政法学研究，2000(3)：52-59.

② 《经济、社会、文化权利国际公约》第十三条用“the right to education”来表达受教育权，而不是用“the right to acceptance of education”。

③ 徐继敏. 受教育权辩析[G]//郑贤君. 公民受教育权的法律保护[C]. 北京：人民法院出版社，2004：64-67.

④ 该观点认为受教育权是人从出生即享有的自然法权利。这一观点在有些国家宪法中得到确认，从而转化为宪法权利。如秘鲁《宪法》第二十一条规定：“人生来就有得到教育和文化的权利，教育目的是发展人的个性，教育指导思想是社会民主的原则，国家承认和保障教学自由。”

⑤ 该观点认为接受教育是公民理智地行使政治权利的前提，是公民享有政治自由的必要条件，受教育权的实质就是享有主权的国民为了扩充其参政的能力而要求国家提供文化教育条件的权利。

⑥ 又称经济权利说，该观点认为受教育权是一种经济受益权，其实质是为了获得更好的生存能力而要求国家从经济角度提供必要的文化教育条件和均等的受教育机会的权利。

⑦ 该观点认为受教育权是一种要求完善和发展人格的权利，立足于学习者的主体地位，强调学生对学校、教师、学习内容、学习方法等事务有自主选择的权利，而不是被动地从施教者那里接受教育，性质上属于不干涉请求权。

⑧ 劳凯声. 教育法论[M]. 南京：江苏教育出版社，1993：92.

在奴隶社会、封建社会中，受教育权不再被平等享有，统治者认为这种权利是“神”、“上帝”赋予自己的一种特权，因而是一项由贵族阶层垄断的“天赋权利”，只限于少数人拥有。资产阶级革命胜利之后，资本主义国家相继发动了立宪运动，受教育权作为一种普遍的公民的自由权载入宪法文本。现代意义上的受教育权是国家干预教育的产物，始于19世纪末、20世纪初西方国家的教育立法过程，当教育权被看做国家应尽的义务提出来以后，受教育权也就由宪法的文本权利转化为公民的具体权利，成为公民后天获得的实体法权利。

（二）受教育权与教育权的关系

现实生活中，“受教育权”与“教育权”之间是什么关系？有的学者将“受教育权”等同于“教育权”，有的学者认为受教育权包含了教育权、教育自由等内涵。[①] 不过，学界大多数人主张区分这两个概念。在我国法律上，“受教育权”和“教育权”是有明显区分的，通常将“受教育权”视做宪法上的公民权利，因而是一种可以和政府相抗衡的权利，其权利主体是受教育者，居于国家的对立面；而“教育权”在法律上一般是指国家及其机关所行使的发展、举办、领导、管理教育事业及对受教育者实施教育的公权力[②]，其权力主体是国家，居于受教育者的对立面。高家伟认为，“受教育权”突出的是公民作为受教育权之权利的主体地位，而“教育权”突出的是国家、社会和家庭作为受教育权之义务的主体地位。[③] 也就是说，受教育权的本质属性是权利，教育权的本质属性是义务；在两者中，受教育权居于目的一方，教育权居于手段一方，教育权是为保证受教育权的完满实现而存在、而服务的。现代国家普遍重视从法律上保证教育权与受教育权的协调一致。

（三）受教育权主体与教育义务主体

在大多数教育法律关系中，贯穿其中的核心问题都是受教育权问题。受教育权的主体，是指在法定条件下有权要求国家或者学校提供必要学习条件的公民。“受教育权”作为一种权利概念提出来，其对应的概念应当是“教育义

---

① ［日］三浦隆．实践宪法学［M］．李力，白云海，译．北京：中国人民公安大学出版社，2002：160-163.

② 《中华人民共和国教育法》第二十五条第二款规定：“国家鼓励企业事业组织、社会团体、其他社会组织及公民个人依法举办学校及其他教育机构。”《中华人民共和国民办教育促进法》第九条规定：“举办民办学校的社会组织应当具有法人资格。举办民办学校的个人应当具有政治权利和完全民事行为能力，民办学校应当具备法人条件。”

③ 高家伟．教育行政法［M］．北京：北京大学出版社，2007：6.

务”。履行教育义务的主体，是指为保障公民行使受教育权而承担特定作为或者不作为义务的行为主体，依据具体的法律关系，分别是指国家、学校、监护人。作为依法需履行不同教育义务的主体，它们必然要扮演的另一个角色，就是受教育权利的相对方。

为避免不必要的歧义，应规范“受教育权”概念的使用。台湾学者耿云卿认为“受教育权是人民在受教育方面，得请求国家给予适当之教育环境与机会，以享有获得知识、发展人格之权利”①；李步云认为“受教育权是公民享有在各类学校、各类教育机构或通过其他途径学得科学文化知识、提高自己的科学文化业务水平的权利”②。这些定义在揭示了“受教育权”概念内涵的同时，也显得多少有些宽泛。高家伟主编的《教育行政法》一书将受教育权视为由自然法上的学习权、公法上的教育请求权③、私法上的教育请求权④以及平等受教育权等具体权利构成的综合性权利⑤，包含了目的性权利、主体性权利与手段性权利，覆盖了自然法、公法和私法各大范畴，并分别对应于国家、学校、监护人对公民教育请求的作为或不作为义务。

（四）受教育权是一种给付请求权

对“受教育权”概念进行理论探讨的现实意义，在于最适当地体现国家保护的法律原则及范围。现代宪法的一个基本精神是，国家对公民负有生存照顾义务；而公民在现代社会要获得必要的生存与发展技能，除了接受教育，舍此别无他途。当代社会涉及受教育权的纠纷在日益增多，如果将“受教育权”的行政法保护范围无限放大，国家将很难承担所有的义务，法律也很难追究所有的责任。因此，我们主张将“受教育权”界定为公民以学习知识、培养能力、发展个性为直接目的，针对特定的国家机关、学校或者家庭而享有的，要求国家或者学校为此提供必要条件的作为或者不作为的请求权，性质上属于积极的给付请求权。⑥ 与此相应，涉及受教育权的行政法保护范围，应限定在受教育者为实现受教育权而与对其负有义务的国家机关、学校或者家庭之间发生的纠纷。这类纠纷应属于行政法律关系意义上的侵权争议，侵权主体在大多数情况下是指国家机关，在有些情况下也可能是学校或者监护人。在此范围之外的纠纷，则划归其他部门法保护。

① 耿云卿.“中华民国”宪法论[M].台北：华欣文化事业中心，1987：137.

② 李步云.宪法比较研究[M].北京：法律出版社，1998：541.

③ 包括针对国家的作为与不作为请求权、要求学校依法行使教育公权力的作为或不作为请求权。

④ 包括针对学校和其他公民而享有的作为或不作为的请求权。

⑤ 高家伟.教育行政法[M].北京：北京大学出版社，2007：19-22.

⑥ 公民有要求国家积极作出行为的权利，国家有作为义务，国家不作为即构成违宪。

二、受教育权的立宪

（一）受教育权的立宪意义

对于将受教育权确立为一种宪法权利的必要性，早在19世纪初，拿破仑就曾说过："就政治问题各方面而论，教育殆为其最重要之基础；因除非人民受良好教育，与彼此有共同了解之诸种重要原则，国家殆无善治之可能。"①英国学者道格拉斯·赫德逊（Douglas Hodgson，1998）这样概括道："适当的教育是公民更理智地行使政治权利与自由的前提……受过良好教育的人民也许是保持民主结构与理念的前提条件。"② 如果说上述看法还主要是着眼于受教育权的社会价值，威廉·福斯特（Willian F. Foster，1987）和盖勒·平亥罗（Gayle Pinheiro，1987）则进一步阐述了受教育权的个人价值："教育权因其传授必需的技能知识、培养逻辑思维、合理性分析能力而成为个人尊严和自尊的基础。"③ 可见，保证公民受教育权不仅是国家富强、进步、民主之急务，而且是个人安定康乐、自由发展个性的先决条件。

在当今社会，受教育程度已成为人们实现劳动权和获得相应社会地位的一个关键因素，而且人对社会发展的适应权也在很大程度上表现为受教育权。毫无疑问，受教育权直接影响着人的享有文化权、发展个性权、获得人力资本权以及对社会发展的参与权和对社会成果的分享权。

（二）受教育权入宪

正是由于教育是事关公民素质、劳动者竞争力和民族兴旺的"百年大计"，对文化教育的重视早已成为世界各国现代宪法的主要内容之一。最早在宪法中明确涉及受教育权的，当属1919年德国《魏玛宪法》。该法第一百四十五条规定："国民小学及完成学校之授课及教育用品，完全免费。"④ 将接受小学教育确立为公民的基本义务，这实际上是以国家义务的形式间接地规定了受教育权。而最早明确地将"受教育权"写进宪法的，是1936年《苏联宪法（根本法）》，其中第一百二十一条规定"苏联公民享有受教育权利"⑤。自近现代以来，受教育权入宪在世界各国已极为普遍，这表明人民在受教育方面，有权利

---

① 转引自：曾繁康.比较宪法（第五版）[M].台北：三民书局，1985：316.

② Douglas Hodgson. The Human Right To Education[M]. Dartmouth：Dartmouth Publishing Company Limited，1998：18.

③ Willian F. Foster，Gayle Pinheirom. Constitutional Protection of the Right to an Education[J]. Dallhousie Law Journal 1987-88(11)：755-771.

④ 转引自：曾繁康.比较宪法（第五版）[M].台北：三民书局，1985：317.

⑤ 转引自：张寿民.俄罗斯法律发达史[M].北京：法律出版社，2000.

要求国家对此积极作出行为，如若“国家不作为，即构成违宪”[①]。

“二战”以后，受教育权作为人权被写入《世界人权宣言》[②] 和《经济、社会、文化权利国际公约》[③]，《儿童权利公约》也明确规定受教育权是儿童的基本权利，这一现象表明对受教育权的保护开始由国内保护发展为国际保护。在保护受教育权时，上述国际法文件均以受教育者的个性与人格发展为受教育权的核心和首要目的。[④] 无论是在国内宪法领域还是在国际人权领域，受教育权的实现都被视为国家的义务。

在我国，受教育权是宪法和相关法律、法规授予公民的一项基本权利，从1954年宪法到现行宪法（1982年宪法）都明确规定公民有受教育的权利和义务[⑤]；1986年颁布实施的《义务教育法》（2006年修订过）、1995年颁布实施的《教育法》都重申和具体呈现了这项宪法权利[⑥]，并且以权利与义务复合的规范形式强调，受教育是公民不可放弃的一项权利。[⑦] 中国共产党十一届三中全会以来，我国始终把教育摆在优先发展的战略地位。公民的受教育权能否充分实现，不仅关系到公民个人素质的提高，而且也关系到整个民族素质的提高，最终影响国家的生存和发展。

（三）受教育权宪法保护的局限性

受教育权宪法保护的核心地位，并不意味着宪法保护的优先适用性。相反，在具体救济方式上，宪法保护并没有优势。宪法处于“法律帝国”的顶端，具有最高的权威，但绝不意味着宪法规范可以任意进入司法程序。哈耶克曾不无深刻性地指出：“宪法旨在分配权威，限制政府权力。”[⑧] 可见，宪法的深层意义是调整国家权力机构的关系，对权力的滥用起到一种警戒作用；至于宪法中的个人权利规范，更多的是体现一种法律指导精神和原则。宪法就好像

---

① 徐继敏.受教育权辨析[G]//郑贤君.公民受教育权的法律保护[M].北京：人民法院出版社，2004：60.

② 参见：该《宣言》的第二十三条至第二十七条，如“人人都有受教育的权利，教育应当免费，至少在初级和基本阶段是如此。初级教育应属义务教育性质。技术和职业教育应普遍建立。高等教育应根据成绩而对一切人平等开放”。

③ 参见：该《公约》的第十三条。

④ 与国际文件表述的侧重点略有不同的是，我国对于受教育权的理解较偏重于满足国家和社会现代化发展的人才需要。

⑤ 参见：我国现行《宪法》第四十六条。

⑥ 参见：我国《教育法》第九条、第四十二条。第九条规定：“公民不分民族、种族、性别、职业、财产状况、宗教信仰等，依法享有平等的受教育机会”。第四十二条明确规定了受教育者的四项具体权利。

⑦ 即公民和国家对此都不存在“是与否”的选择余地，但是具体来说，对义务教育而言，义务的属性优于权利的属性；对高等教育、职业教育而言，权利的属性优于义务的属性。

⑧ [英]弗里德利希·冯·哈耶克.法律、立法与自由[M].邓正来，译.北京：中国大百科全书出版社，2000：26.

一位“将军”，只是偶尔视察一下前线，却不应当越俎代庖，代替“士兵”去作战。宪法作为顶端的公法，应当更多地关注国家权力的建构和正当行使，使普通法对其保持必要限度的敬畏，以充分发挥普通法的协同作用。

受教育权的司法保护受“穷尽法律救济原则”的限制[①]，当事人在发生纠纷而诉求于法律救济时，基于法律的规范体系，必须先求诸普通法，只有在普通法无法提供救济的情形下，才能够诉求于宪法，要求救济。受教育权本质上是给付请求权，即要求国家为受教育者提供受教育所必需的学习设施和条件，保障对受教育者的公正评价以及受教育机会平等的权利。受教育权对应的义务主体虽说是国家和政府，但国家是抽象主体，具体执行的义务主体是行政机关。在受教育权的司法保护方面，应当充分发挥行政法的作用：行政法明确规定了国家机关的职权范围，同时对违法的行政行为规定了相应的救济途径。行政法学家施瓦茨将行政法看做是法治极为重要的一个方面，因为“它规定个人与政府之间的关系，是控制政府活动的法律”[②]。倘若无限制地扩大宪法适用范围，其后果将会如有些学者所担心的那样，“将宪法权利规范所调整的范围加以无限化，……可能导致‘个人与国家的二元对峙结构’的相对化或稀释化，从而恰恰没有把握到近代以来立宪主义的根本精神”[③]。

与受教育权的宪法保护具有局限性一样，受教育权的国际法保护也存在着明显缺陷。虽然《世界人权宣言》、《经济、社会、文化权利国际公约》、《取消教育歧视公约》、《儿童权利公约》等国际法文件将保护受教育权的内容写入了文件，但是并没有规定受理和处理受教育者向国际机构申诉的权利，也没有规定专门的受理和处理机构。这就意味着，公民在受教育权受到国内机构侵害时，其实不能直接诉诸国际法救济。

三、受教育权的行政法保护

受教育权的保护既依赖于宪法和国际法，更应依赖行政法的具体保护。必须通过行政法的调整，将宪法意义上的公民基本权利转化为行政法上的受教育者的权利，将宪法意义上的国家教育权转化为教育行政机关的教育行政职权，为教育行政机关依法举办和发展教育事业以及依法行使管理教育的权力提供行为规范和判责依据。

（一）宪法与行政法的关系

行政法素有“小宪法”之称，著名行政法学者韦德指出：“实际上，整个

---

① 宪法保护具有辅助性、最终性和原则性，往往以穷尽其他法律救济之后为前提。

② [美]施瓦茨.行政法[M].徐炳，译.北京：群众出版社，1986：中文版序言.

③ 林来梵.从宪法规范到规范宪法[M].北京：法律出版社，2001：104.

行政法学可以视为宪法学的一个分支，因为它直接来源于法治下的宪法原理。”① 宪法和行政法的核心作用，都在于“对政府手中的任意权力加以限制，以免公民个人及其财产沦为政府恣意支配的工具”②。对于宪法与行政法的关系，和田莫夫认为“行政法处于宪法之下，发挥着手段性、技术性的具体作用”③。作为现代法治在公法领域的表现物，宪法与行政法之间虽关系最为密切，但互有分工，不可替代。正如著名宪法学家龚祥瑞所指出的那样：“宪法是行政法的基础，而行政法则是宪法的实施。行政法是宪法的一部分，并且是宪法的动态部分。没有行政法，宪法每每是一些空洞僵死的纲领和一般原则，至少不能全部地见诸实践。反之，没有宪法作为基础，则行政法无从产生，或至多不过是一大堆零乱的细则，而缺乏指导思想。”④ 凡涉及公民与国家的关系，更常见的情形是用行政法来调整，这完全符合“穷尽法律救济原则”的要求。

（二）受教育权中的法律关系分析

1. 政府与受教育权

根据《宪法》和《地方组织法》等法律规定，我国各级政府和有关行政机关是具体管理教育事业的主体。我国《教育法》规定，“国务院和地方各级人民政府根据分级管理、分工负责的原则，领导和管理教育工作”，具体包括：中等教育及中等以下教育在国务院领导下，由地方人民政府管理；高等教育由国务院和省、自治区、直辖市人民政府管理。国务院教育行政部门主管全国教育工作，统筹规划、协调管理全国事业。县级以上地方人民政府教育行政部门主管本行政区域内的教育工作。国务院和县级以上地方各级人民政府应当向本级人民代表大会或者常务委员会报告教育工作和教育经费预决算情况，接受监督。可见，我国公民受教育权主要由行政机关采取措施保障，公民与行政机关在受教育权保障过程中结成行政法律关系，国家负有行政责任。

2. 学校与受教育权

公立学校在我国被看做是事业单位法人，经政府授权向社会提供公共产品（义务教育阶段）和准公共产品性质（非义务教育阶段）的教育服务。公立学校与学生的关系是一种特殊的行政法律关系，在依法治国的背景下，适用行政法的基本原则。在公民受教育权的保障体制中，公立学校根据行政机关的授权具体提供教育服务，扮演了公民受教育权的具体保障者和实施者的角色。公立

① [英]韦德. 行政法[M]. 徐炳，译. 北京：中国大百科全书出版社，1997：7.

② 张文显. 二十世纪西方法哲学思潮研究[M]. 北京：法律出版社，1996：258.

③ [日]和田莫夫. 现代行政法[M]. 倪建民等，译. 北京：中国广播电视出版社，1993：36.

④ 龚祥瑞. 比较宪法与行政法[M]. 北京：法律出版社，1985：5.

学校在提供教育服务时，与公民形成行政法律关系：公民享有到公立学校接受教育的权利，并有得到恰当教育和公正对待的权利，学校负有行政责任。公民在公立学校学习期间，其受教育权表现为学习权。

私立学校与受教育权的关系比较特殊、间接，但是并非不存在。私立学校提供的虽是私人产品性质的教育服务，但是这种教育服务在其社会意义上仍然符合“公民以学习知识、培养能力、发展个性为直接目的”的特征，是一部分经济条件较好的社会成员落实其受教育权的一种自愿选择途径，如果国家不为此提供适当条件（如国家不允许私人办学或不允许私立学校收费），这部分公民的这种受教育请求权就将无法得到实现。私立学校在对学生采取诸如制定校纪校规、颁发学历学位证书、实施纪律处分等管理行为时，并不是民事行为，也要受到行政法律关系的约束。

3. 监护人与受教育权

作为保护公民受教育权的另一个义务主体——儿童和少年的监护人，他们虽为法律意义上的私法主体，对保障儿童和少年的受教育权负有民事责任而不是行政责任，但是如果他们不履行法律所规定的对监护对象的义务教育义务，例如，消极对待适龄孩子上学问题，或拒不送其到义务教育学校学习，国家有权对其提起行政诉讼。

上述行政法律关系本身是行政法调整的产物，行政法具体规定了公民与行政机关的权利与义务，为公民行使受教育权提供了依据。例如，就义务教育学费给付而言，国家是第一义务人，学校是第二义务人，监护人是第三义务人；但是就高等教育学费给付而言，顺序恰恰相反，家庭是第一义务人，其次是学校，最后才是国家。

（三）受教育权的行政法保护原则

国家是教育权的主体，公民是受教育权利的主体。从理论上说，公民是受教育权的权利主体，有权确定自己接受教育的目的、目标、内容、途径和方式。但是近现代以来，国家在履行保护受教育权利的职责的同时，逐渐采取积极干涉主义，公民接受教育的目的、内容等问题都受到法律的调整，一定程度上产生了行政权与公民权在受教育权保护领域的冲突。为了将这些冲突约束在合理的范围内，有一些原则是必须遵循的。

1. 分类保护原则

这是指国家在履行保护受教育权的职能时，应当区分不同的教育种类，采取不同的行政保护立场——或垄断，或主导，或辅助。

(1) 国家垄断型的保护方式

在某些教育领域，由于教育内容只服务于国家目的，而不服务于公民个人生存和发展的目的，因而公民接受这类教育的目的、目标、内容、机会和条件等必须完全由国家来确定、提供和保障，具体实施这类教育活动的学校和教师只能在国家确定的范围内教学，其学术自由和讲学自由受到一定的限制，教育活动的法律后果也由国家来承担，公民个人没有选择权和参与权。

需要采取这种保护方式的教育种类，有军事教育、国防教育、民族教育、国际教育等。

（2）国家主导型的保护方式

在教育内容既服务于公民个人的生存和发展，也服务于国家和社会发展的整体需要，但在教育目的和利益权衡方面国家优于公民个人的教育领域，实行由国家主导的受教育权保护，公民接受这类教育的目的、内容、途径和方式等主要由国家来确定①，办学条件也主要由国家来保障，公民只享有有限的选择权和参与权②，学校也没有太多的自主行为空间。

需要实行这种保护方式的教育种类，主要是作为公共产品来提供的教育类型，如义务教育③、素质教育④和特殊教育⑤。当然，对于课程计划、设施安排、教师聘任、经费使用等属于学校自主权范围内的事务，国家得予以尊重，仅在妨害国家教育目标实现的情况下，才予以干涉。

（3）国家辅助型的保护方式

在教育内容具有公民个人利益优先于公共利益的明显特征，突出反映了公民的个性化发展要求，其实现更多地取决于个人的职业选择、志趣偏好、经济条件等私人因素的教育领域，实行由国家辅助的受教育权保护方式，由公民自主选择接受教育的目的、目标、内容、途径和方式，学生、教师和学校都享有很大的自主权，国家只作最低限度的要求，主要是通过制度建设、监督、指导等方式予以间接保障。

需要实行这种保护方式的教育种类，主要是高等教育和职业教育。高等教育与职业教育均属专业教育，接受高等教育或职业教育在目前还不是我国公民生存的必要条件，因而在这类教育阶段，个人受教育的目的与国家教育目的之

---

① 比如，教学大纲和教科书由国家组织编写，实行所谓的“教材法定主义”。

② 比如，在接受教育的途径和方式方面，可以根据自己的学业基础、经济条件等在公立学校和私立学校之间选择。

③ 义务教育是公民在现代社会得以生存的必要条件，与公民的生存权相关联，因而国家有为公民免费提供这类教育的普遍直接义务。

④ 素质教育包括传统文化教育、法制教育、道德伦理教育等，其公益性优先于公民个人的利益和需要，应当由国家进行适度的干预和指导。

⑤ 特殊教育主要是残疾人教育，残疾人作为社会弱势群体，需要国家和社会的特殊照顾，因而实行国家主导尤其必要。

间存在一定的距离，国家没有为公民提供这类教育的普遍直接义务；加之大学自治、学术自由的办学要求与国家干预之间也存在一定的冲突，因此不宜实行国家主导。

学前教育和宗教教育亦可参考这种方式。从长远发展的眼光看，对于学前教育，应赋予地方政府一定的自主权，以便它们根据本地的经济发展水平和教育发展需要，自主决定是否扩大义务教育的范围，将学前教育纳入其中。

2. 合法保护原则

公民权是行政权的目的，行政权是实现公民权的手段。受教育权作为公民权利，国家对其保护也罢、干预也罢，都必须既符合形式合法性，又符合实质合法性。

形式合法性的要求主要表现在两个方面：一是法律优先原则，即国家在保护受教育权时，只能以法定教育目的为出发点①，采取法律明确规定的保护措施，否则应承担撤销、赔偿等法律责任；二是法律保留原则，行政机关只能在法定职权范围内采取保护措施，尤其是在采取限制公民基本权利的措施时，必须有明确的法律授权依据。

实质合法性是指国家保护应当在形式合法的基础上体现受教育权的特殊属性，遵循比例原则②、诚信原则、平等原则③。

3. 合理保护原则

受教育权不是对世的一般请求权，而是对人的具体请求权，即公民针对特定国家机关或者教育机构享有的作为或者不作为的学习条件请求权。受教育权具有独特的、为其他法律权利所不具备的核心属性，即公民以学习知识、培养能力、发展个性为直接目的，其内核是学习权，国家保护受教育权的措施不仅要符合法律的规定，而且要尊重教育规律，达到科学性的要求。国家工作人员在采取保护措施时，应当本着客观中立的立场，尽可能排除主观偏向。在涉及公民实现受教育权中的享有文化权、发展个性权等方面，国家应采取宽容的态度，尊重文化的多样性，除非违反宪法，不得随意排斥任何文化形态。

（四）受教育权行政法保护的实现方式

以法、德为代表的大陆法系国家建立行政法的时间较早，在其历史发展过程中习惯于依照行政实体法对受教育权进行保护；以英、美为代表的普通法系

① 在具体解释法律时，应当充分考虑《中华人民共和国教育法》和其他相关法律规定的教育目的。

② 指所采取的保护措施应当符合“最小侵害”的要求，即所保护的受教育权的价值和利益必须大于被限制的公民权利的价值和利益，保护措施的成本对国家、社会和公民来说都是最小的。

③ 平等原则包括形式平等与实质平等：形式平等是指受教育机会的普遍性，公民在接受教育的年限、学校类型和课程内容方面应一律不受歧视；实质平等是指任何公民都有接受符合自己个性发展需要的教育的权利。

国家承认行政法存在的时间较晚，更多地依照行政程序法对受教育权进行保护。进入20世纪以来，大陆法系受普通法系的影响，也开始注重行政程序法治化，实体法保护和程序法保护越来越呈现出相辅相成的趋势。以下介绍一些我国的情况。

1. 实体法保护

新中国成立以来，共颁布了四部宪法[①]，尽管不同时期的宪法对教育条款的表达各不相同，但都明确规定了“中华人民共和国公民具有受教育的权利”。我国《义务教育法》（1986年4月12日第六届全国人民代表大会第四次会议通过，2006年6月29日第十届全国人大常务委员会第二十二次会议修订）就义务教育阶段适龄儿童、少年的就学权利作了详细规定；《残疾人保障法》（1990年）、《未成年人保护法》（1991年）、《妇女权益保护法》（1992年）分别对处于社会不利地位的群体的教育问题作了规定；《中华人民共和国教育法》（1995年）不仅全面地规定了保障受教育权利的制度及措施，而且以列举的方式规定了受教育者享有的各项权利。此后，《职业教育法》（1996年）、《高等教育法》（1998年）等都对保障受教育权利作出了相关的规定。除此之外，国务院《扫除文盲工作条例》（1988年）、《〈中华人民共和国义务教育法〉实施细则》（1992年）、《残疾人教育条例》（1994年）、《社会力量办学条例》（1997年）等行政法规和《流动儿童少年就学办法》（1998年）、《特殊教育学校暂行规程》（1998年）等政府规章，也都从不同领域对受教育权利的保障作出了相关规定。

虽然我国在受教育权的实体法保护方面取得了较大进展，呈现出一个相对完整的法律保护体系，但是一些研究者也中肯地指出[②]，我国在这方面尚“缺乏完整、规范的、在更高意义上[③]的理性体系……目前仅有上述几部法律和十几部行政法规，其余则是大量的政府规章和规范性文件，立法数量少，层次不高，而其中有关保障受教育权利的部分则更为单薄”。与其他国家相比，“我国有关受教育权利的教育立法无论在数量上还是在质量上，都还存在不小的差距。”[④]

---

① 1954年9月20日第一届全国人民代表大会第一次会议通过第一部宪法，1975年1月17日第四届全国人民代表大会第一次会议通过第二部宪法，1978年3月5日第五届全国人民代表大会第一次会议通过第三部宪法，1982年12月4日第五届全国人民代表大会第五次会议通过第四部宪法。

② 劳凯声. 变革社会中的教育权与受教育权：教育法学基本问题研究[M]. 北京：教育科学出版社，2003：206-207.

③ 所谓“更高意义”，是指受教育权的实体法保护立法精神应超越教育工具论的色彩，而上升到对教育就其本质而言是“人之为人”的基本权利的认识水准上来。

④ 劳凯声. 变革社会中的教育权与受教育权：教育法学基本问题研究[M]. 北京：教育科学出版社，2003：206-207.

2. 程序法保护

实体法所规定的受教育权利，并不必然地转化为现实的权利。如上所述，在教育实践中，不可避免地会出现因义务主体没有履行义务或者权力一方滥用权力而导致公民受教育权利受损的情况发生。如何在宣示权利的同时，配置各种救济程序，使受损的权利能够得到及时补救，需要借助程序法来完善对受教育权的保护。在英、美等国，受教育权属于普通法中的权利，当公民认为该权利受到侵害时，可向普通法院提起诉讼以寻求救济。属大陆法系的德国，当公民的受教育权受到侵害时，依据德国《行政法院法》和《联邦行政程序法》，可以通过行政复议、行政诉讼甚至宪法诉愿等途径寻求救济。

我国保障受教育权的程序法建设相对滞后，我国《行政诉讼法》和《行政复议条例》都没有把侵害受教育权的行为确定为行政诉讼受案范围；1995年《教育法》虽然规定了受教育者具有申诉权和依法提起诉讼的权利①，但没有下位法规对学生申诉制度作进一步的具体规定，致使学生申诉程序实际上不能完成。很多受教育权利受侵害事件不得不转化为民事诉讼，而这又很容易被法院以不符合受案条件为由驳回。直至1999年《行政复议法》颁布施行，才将公民的受教育权利列入行政复议范围②；2005年3月教育部发布的《普通高等学校学生管理规定》第六十条至第六十四条也对学生申诉程序作了若干具体规定，这在一定程度上弥补了原来的不足。此外，这一时期相关案件所引发的最高人民法院有关《行政诉讼法》的司法解释，也将行政机关侵犯公民的受教育权列入行政诉讼受案范围，从而为受教育权被侵害案件的判决提供了法律依据。③ 就程序法而言，目前我国对受教育权的行政法保护手段包括教育申诉、教育行政复议和教育行政诉讼，也就是通常所说的教育行政救济。当然，教育行政救济的内容不限于受教育权受到侵害的争议。

对受教育权的司法保护除了行政法保护手段之外，还有民法④、刑法等保护手段，这些内容不在本书、本章讨论范围之内。

---

① 参见：《教育法》第四十二条第四款。

② 《行政复议法》的第六条明确规定："有下列情形之一的，公民、法人或者其他组织可以依照本法申请行政复议：……（九）申请行政机关履行保护人身权利、财产权利、受教育权利的法定职责，行政机关没有依法履行的"。

③ 但对于学校侵犯学生的受教育权的情形，则意见分歧较大，主要是因为这涉及学校的被告资格，即学校是否能够作为行政诉讼的被告。从我国的司法实践看，针对因学籍管理行为和出于非学术原因拒绝授予学位的行为而提起的诉讼，学校均被判定为适格的被告主体。

④ 民法意义上，受教育权表现为不受其他平等权利主体侵害的自由，以及某种特殊的民事权利，可能是财产权、人身权，也可能是其他民事权利。

第四节 教育行政救济

限制权力、保护权利并使国家权力服从于权利是民主与法治的核心。在法治国家，任何行政行为都必须依循依法行政的原则。一旦行政不能符合这一原则，使法律所规定的权利不能转化为现实权利，人民依据国民主权原理，有权要求国家予以救济。[①] 行政救济制度是公民、法人或其他组织认为行政机关的行政行为给自己造成了损害，请求有关国家机关给予补救的法律制度的总称，包括对违法或不当行为加以纠正以及对因行政行为而遭受人身、财产损失给予弥补等多项内容，关系到对公民基本权利和切身利益的保障，是一个国家民主和法治程度的重要标志。西方各国无不建立了较完备的行政救济体系，如法国建立了以行政法院救济为核心的行政救济体系，英国建立了以司法审查为核心的、包括行政裁判所救济和议会行政监察专员救济在内的行政救济体系。改革开放以来，我国在建立和完善行政救济体系方面也是着力甚宏，成效甚显。

一、教育行政救济的基本概念

教育行政救济（educational administrative relief）是指在教育行政过程中，由于教育行政主体的违法或不当行为造成教育行政相对人的合法权益不能实现或受损，教育行政相对人向有关机关提出救济请求并得到救济回应的一种法律制度，是行政救济制度在教育行政领域的具体化。

（一）教育行政救济的特点

1. 依教育行政相对人的申请而成立

教育行政救济依教育行政相对人的申请而成立，并且以此请求为前提。教育行政相对人是教育行政救济程序的启动者，具体可以包括各类学校、其他教育机构和单位、教师、学生等。

2. 以教育行政争议为基础

教育行政救济以教育行政争议（dispute in educational administration）为基础，即只有当教育行政相对人认为教育行政主体存在违法行为或不当行为，并且侵犯了其合法权益，在此基础上才能请求救济。

3. 目的是保护教育行政相对人的合法权益

教育行政救济是针对行政主体行使行政权力所产生的消极后果而进行的一种法律补救，其目的是保护教育行政相对人的合法权益，为行政相对人在教育

① 蔡志方. 行政救济法新论[M]. 台北：元照出版社，2001：6.

行政过程中受到的利益损失提供一个补救机制，使公益和私益保持平衡。

4. 核心内容是由有权的国家机关裁决争议和责任

教育行政救济制度的核心内容，是由有权的国家机关对教育行政争议进行裁决，以确认行政法律责任是否存在。行政法律责任是指由于某一行政行为违反了法定构成要件或法定程序所需承担的法律责任，责任承担的形式包括行政惩处和司法惩处以及必要的国家赔偿。只有解决了争议中的责任认定，才能对正义背后的利益进行补救。

5. 性质为“法律救济”

教育行政救济的性质为“法律救济”，不同于民间纠纷解决方式，其过程存在严格的法律程序，须适用《行政诉讼法》、《行政复议法》等程序规定。此外，教育行政救济也不等同于教育法律救济，前者只是后者的一部分，后者还包括教育仲裁、教育调解等救济形式。[①]

（二）教育行政争议

1. 教育行政争议的含义

教育行政救济制度的目的不仅在于为行政相对人提供救济，也是为了解决教育行政争议，恢复教育行政法律秩序的稳定状态。教育行政争议是社会纠纷中的一种，指教育行政相对人对教育行政主体的行政行为的合法性或合理性存有异议、并且不服其决定所形成的法律争议，相对人因此而寻求法律上的救济。教育行政争议的一方是教育行政主体，另一方是教育行政相对人，因而是一种行政法律纠纷，起因于行政法律上的权利义务冲突——争议是基于教育行政相对人和教育行政主体双方对相关权利义务的判断存在着差异，相对人认为自身合法权益受到了教育行政主体的非法侵害而产生该争议，其实质是双方所代表的利益的冲突。

2. 教育行政争议的类型

邹渊主编的《教育执法全书》一书依照引发教育行政争议的行政行为的类型，将教育行政争议分为教育行政处理决定争议、教育行政处罚争议、教育行政强制执行争议和教育行政监督争议四种类型。[②] 高家伟主编的《教育行政法》一书在涉及教育行政争议时也采用了这一分类方式。[③]

（1）教育行政处理决定争议

这类争议是指教育行政主体在行政活动过程中对教育行政相对人作出具体

---

① 刘剑文. 高等教育体制改革中的法律问题研究[M]. 北京：北京大学出版社，2005：195.

② 邹渊. 教育执法全书[M]. 北京：中国民主法制出版社，1998：340-341.

③ 高家伟. 教育行政法[M]. 北京：北京大学出版社，2007：197.

的、单方面的，能直接产生、改变或消灭教育行政法律关系的决定①，而教育行政相对人对教育行政主体的该决定不服所产生的争议。例如：某机构非法举办国家教育考试，因而被教育行政部门宣布考试无效；某些学校及其他教育机构违反国家有关规定，向受教育者收取费用被教育行政部门责令退还所收费用，等等。受处分者对这些处理决定不服，由此产生的争议即为教育行政处理决定争议。这是现实中经常发生的一种争议，对其解决应当及时迅速，尽量在行政处理决定实施前解决。

（2）教育行政处罚争议

这类争议是教育行政主体对违反教育行政管理秩序而尚未构成犯罪的教育行政相对人给予行政制裁，被处罚者对该制裁不服而产生的争议。例如：上例中有违法所得的，有关教育行政主体没收其违法所得，或者情节严重的取消其颁发证书的资格，相对人对此不服，由此产生的争议即属于教育行政处罚争议。从其实质而言，“教育行政处罚”亦应属于广义的“教育行政处理行为”的范畴，只是由于其性质的特殊性，以及对相对人影响之重大，因而把“教育行政处罚争议”单独列为一个类型。对这类争议的解决，应该加强对争议的处罚行为的审查强度。

（3）教育行政强制执行争议

这类争议是指教育行政主体在对教育行政相对人作出影响其权利义务的处理决定之后，教育行政相对人在一定期限内既不起诉、又不履行义务，致使教育行政主体在履行期限届满后采取强制措施迫使其履行义务或达到与履行义务相同的状态，在此情况下，教育行政相对人对该强制措施不服而产生的争议。例如：对于违反国家有关规定招收学员的单位或机构，有关教育行政部门责令其退回招收的学员、退还所收费用，并在履行期限届满后采取了强制措施，被强制执行一方对此不服，其争议即为教育行政强制执行争议。由于教育行政强制执行是一种“高权”性质的行政行为，在解决由其引发的争议中，要加强审查力度。

（4）教育行政监督争议

这类争议是教育行政监督主体在督促被监督对象自觉遵守法律法规、正当行使权利和适当履行义务的过程中，被监督对象对该教育行政监督行为不服所产生的争议。例如：教育行政部门根据《教育法》第七十五条规定，对违反国家有关规定举办学校或其他教育机构的行为依法行使监督权，被监督管理对象认为教育行政部门在实施监督的过程中侵犯了其合法权益，因而提出异议。由

① 应松年.行政法学新论[M].北京：中国方正出版社，1999：241.

于行政监督行为一般不对相对人的实体权利义务进行直接的处分，因而这类争议相对来说不是很多，其解决应着重于对监督程序的规范。

（三）教育行政争议的调解仲裁机制

教育行政争议的法律解决途径，包括非对抗解决方式和对抗解决方式。非对抗解决方式不必诉诸“公堂”，可以通过行政系统内部的调解、仲裁、申诉、复议等手段寻求解决争议；对抗解决方式则必须“对簿公堂”，即必须通过司法诉讼渠道，借助行政系统外部的力量寻求解决争议。

在非对抗解决方式中，行政调解、行政仲裁的“非对抗性”最明显，但适用范围较窄。因为在现实生活中，大多数行政争议均已涉及对行政行为的合法性质疑，而在合法性纠错问题上，法律并不存在妥协与协商的余地，因而大多数行政争议不适于采用调解和仲裁方式。

进入行政调解和行政仲裁环节的教育行政争议，由于其争议的对抗性一般不强，而且大多是在争议初期就获得了解决，并未真正卷入司法程序，因而不妨将其看做是一种前司法救济机制。

1. 教育行政调解

教育行政调解（educational administration mediation）是指在有关机构的主持下，以当事人自愿为原则，以法律规范和国家政策为根据，通过说明、说服、教育、劝导等方法，促使双方当事人友好协商、互谅互让以达成和解。教育行政调解有利于降低纠纷解决的成本，促进行政主体与相对人的良性互动。教育行政调解的范围不限于政府、教育行政主管部门与学校及其他教育机构之间的纠纷，还可以包括学校、教师、学生三者之间的纠纷。在程序设置上，是否制定调解书，可由双方决定，经过公证的调解书可作为执行依据。在规定期限内，一方未按照调解协议履行义务，则另一方可寻求其他救济。

教育行政调解机制的弱点是缺乏严格的程序规制，对相对人利益的保护强度不够高，因此不能滥用，尤其是在调解中不得损害公共利益和国家利益。

2. 教育行政仲裁

教育行政仲裁（educational administration arbitration）是指在教育行政争议双方当事人的同意和请求下，由国家行政机关依据职权居中裁决，对争议双方的是非曲直进行公断，它与着眼于解决民事纠纷的“教育仲裁”是不同的。①

教育行政仲裁具有专业性、经济性、保密性强等优点，像印度的“学院法庭”和加拿大的“教育上诉法庭”都是专门的教育行政仲裁机构。我国目前未

① 教育仲裁解决的是平等民事主体之间的纠纷，属于民事仲裁。

设立专门的教育行政仲裁制度和机构，因此难以保证教育行政仲裁的独立性和中立性。在这种情况下，我国一些专家认为不应赋予教育行政仲裁以强制性。① 一般而言，在进行裁决之前应先进行调解，调解不成的，才进行裁决；当事人可以选择教育行政仲裁，也可以直接诉诸诉讼或其他救济方式。仲裁机构对于有争议的教育行政行为享有全面的审查权，包括进行法律审查和事实审查。

对于仲裁结果，应当给予当事人一个合理的考虑期限，只有当事人明示或默认地表示接受仲裁，仲裁结果才能生效，并在期限届满后可强制执行。

二、教育行政救济制度的构成及内容

对教育行政争议的裁决与处理，是教育行政救济制度的核心内容。教育行政救济手段由教育申诉、教育行政复议、教育行政诉讼、教育行政赔偿等制度构成。如果调解和仲裁依然解决不了教育行政争议，或争议的相对方不想诉诸调解、仲裁机制，当事人就只能采取申诉、复议、诉讼、索赔等正式法律途径。其中，教育申诉、教育行政复议途径为行政内部纠错与救济机制；教育行政诉讼、教育行政赔偿途径为行政外部纠错与救济机制。

近年来，越来越多的教育法律、法规明确地规定了受教育者和教师享有申诉、复议、诉讼等权利，初步形成了我国教育行政救济的基本框架；宪法和其他法律规范中有关教育权益保护的规定也为教育行政救济提供了制度资源。

（一）教育申诉

1. 教育申诉的含义

申诉制度（appeal arrangement）是保障我国宪法赋予公民申诉权利的一项制度，它分为两种：一种是诉讼性申诉，是指当事人或其他公民对已经发生法律效力的判决和裁定不服，依法向审判机关、检察机关提出重新处理的要求；另一种是非诉讼性申诉，是指公民对行政主体的决定不服而向有关国家机关或组织提出要求更正或撤销原决定的申诉。

教育申诉制度是《教育法》确立的一项法定救济制度，指学生、教师在其合法权益受到侵害时，依法向主管的教育行政机关或学校申诉理由、请求重新处理的权利救济制度。教育申诉是非诉讼性申诉，这种权利救济制度是解决学校或其他教育机构及有关政府部门与学生、教师之间行政法律纠纷的第一道防线，是教育行政救济的主要途径之一。

---

① 高家伟.教育行政法[M].北京：北京大学出版社，2007：200.

我国的《教育法》、《教师法》规定了受教育者申诉制度[①]和教师申诉制度。从要件上看，教育行政申诉的组成部分是：以学生或教师作为申诉主体，以学校或其他教育机构及有关政府部门侵害当事人合法权益的违法或不当行为为申诉内容，以政府教育行政部门为申诉受理机关，请求重新作出处理。

依据不同的标准，可以对教育申诉制度作出不同的分类：从申诉的发生范围划分，可分为校内申诉制度和教育行政申诉制度；从提起申诉的主体划分，可分为学生申诉制度和教师申诉制度。

学生申诉制度又可依发生范围划分为两种：一种是学生向学校提出申诉，另一种是学生向教育行政部门提出申诉，即校内申诉和教育行政申诉。后一种申诉是因为学生对学校的申诉复查决定依然不服而产生的。

2．教育申诉制度的特点

吴殿朝等人认为[②]，就其法律属性而言，教育申诉制度具有以下特征：

（1）法定

教育申诉制度是一项法定的申诉制度[③]，有关组织和个人都必须遵守和执行，否则将承担相应的法律责任。

（2）专门性

教育申诉制度还表现为它是一项专门性的申诉制度，是宪法赋予公民的申诉权利在教育领域的具体体现，申诉人只能是那些认为自身合法权益受到学校或其他教育机构及有关政府部门侵犯的学生、教师，因而原告方与被告方的角色格局是恒定的，不可能颠倒过来。

（3）准司法性

教育申诉制度是一项行政意义上的申诉制度，但具有准司法性。它虽然不具有诉讼的性质，但是申诉机构的设立、职责、权限、组织原则等，具有与审判机关相同或相类似的特点，不受行政机关、团体和个人的干涉。与行政复议、行政诉讼等制度比较起来，教育申诉制度具有迅速、简捷、经济、便利的相对救济优势。

---

① 如《教育法》第四十二条第四款规定，学生享有对学校给予的处分或处理不服向学校、教育行政部门提出申诉，对学校、教职员工侵犯其人身权、财产权等合法权益提出申诉或者依法提起诉讼的权利。对于该规定中的“合法权益”是否包括受教育权，目前在理解上存在分歧。国内有学者提出，可以通过对该条文的法律解释，使之从属于《行政诉讼法》第十一条第一款“兜底条款”的规定——“人民法院受理法律、法规规定可以提起诉讼的其他行政案件”。本书所持立场，是将受教育权包括在“合法权益”之中。

② 吴殿朝．我国教育申诉制度存在的问题及其完善对策[J]．法学论坛，2008(2)：96-99．

③ 我国《教师法》第三十九条至第四十二条、《关于〈中华人民共和国教师法〉若干问题的实施意见》第八条第二款、《普通高等学校学生管理规定》第五十九条至第六十四条等，对此均有明确规定。

关于申诉制度不具有诉讼的性质，奥托·迈耶是这样解释的[①]：在申诉中，法律是赋予了申诉人申请上级机关对致其不利的行政决定再次进行审查并做出相应决定的权利，但是申诉人只要将原决定提交给有权受理的上级机关并“表示出不满”就行了，这样也就用尽了这种权利。

3. 教育申诉的受案范围

教育申诉的范围比较宽泛，主要是《教育法》、《教师法》所规定的教育主体依法享有的各项权利，受案范围包括：学生因行政机关、学校或者教师侵犯其人身权、财产权（受教育权）[②] 等合法权益而提出的申诉请求；教师、学生对学校或其他教育机构作出的处理或处分不服而提出的申诉请求；教师认为当地政府有关部门侵犯其合法权益而提出的申诉请求；教师认为学校或其他教育机构侵犯其合法权益而提出的申诉请求。

4. 教育申诉的管辖与程序

《教师法》、《普通高等学校学生管理规定》等法律、规章明确规定了教育申诉的管辖与程序，各级人民政府及其有关部门必须依法在规定的期限内对申诉作出处理决定，使学生和教师的合法权益及时得到保障。比如，我国《教师法》规定：“教师对学校或者其他教育机构侵犯其合法权益的，或者对学校或者其他教育机构作出的处理不服的，可以向教育行政部门提出申诉，教育行政部门应当在接到申诉的30日内，作出处理。”[③] 又规定：“教师认为当地人民政府有关行政部门侵犯其根据本法规定享有的权利的，可以向同级人民政府或者向上一级人民政府有关部门提出申诉，同级人民政府或者上一级人民政府有关部门应当作出处理。”[④] 按照上述规定，学校及其他教育机构、有关部门，对上级行政机关就具体申诉案件作出的处理决定，负有执行的义务。否则，应承担相应的法律责任。

我国教育申诉制度还处于发育阶段，在实施过程中还存在一些不容忽视的问题：一是《教育法》中的相关规定过于原则和简略，没有设定负责受理申诉的专门机构和人员，没有具体规定申诉时效，致使教育申诉的受理机构与范围不明确。大多数省、市教育行政部门对申诉案件的处理程序，是由教育政策法规处（室）代为受理，有些地方由信访机构接待转达，很容易出现互相推诿、

---

① ［德］奥托·迈耶. 德国行政法［M］. 刘飞，译. 北京：商务印书馆，2004：142-143.

② 如果排除对人身自由、财产自由的妨害是公民有效行使受教育权的必要条件和途径，人身自由权和财产自由权便可认定为是受教育权的组成部分。

③ 引自《教师法》第三十九条第一款。

④ 但是对这类申诉的处理时限，在现行教育法中缺乏具体的规定，致使部分行政主管部门故意拖延履行或不履行职责。“迟到的正义即非正义”，故有学者提出，在法无明文规定的情况下，应参照《行政诉讼法》第三十九条的规定，推定其处理时限为3个月。

不予受理的情况，给当事人具体地行使申诉权利造成障碍。二是教育申诉制度的部分程序规范缺失，像申诉过程中说明理由制度、回避制度、听证制度等必要的程序都缺乏相应的规范。程序缺失往往使得申诉人缺乏为自己充分辩护的机会，致使对申诉处理结果不能充分理解并予以认可，因而未能在实践中形成一项专门的、有效的法定救济制度。三是教育申诉后救济渠道比较封闭，现有机制未明确安排教育行政申诉人在申诉未果之后通过行政诉讼等其他救济途径来解决争议的机会，减轻了学校的管理责任，教育行政机关往往成了学校责任的承担者。

我国教育申诉制度还处于发育阶段，申诉受理机构及其职权设置、申诉处理程序、申诉后救济渠道的拓宽等环节仍须进一步规范和完善，以便早日进入程序化和制度化的轨道。

（二）教育行政复议

行政复议（administration reconsideration）是我国以立法的形式而确立起来的较为完备的救济制度，是对行政行为的一种重要审查机制。为进一步适应我国法治社会建设的需要，扩大行政行为审查范围，我国《行政复议法》还作出规定，将部分行政规章也纳入行政复议范围，同时规定国务院可以作为行政复议机关等。

1. 教育行政复议的含义

申诉人对教育申诉处理决定不服的，或受理申诉的主体未按期作出申诉处理决定的，其申诉内容涉及受教育权、人身权、财产权及其他属于行政复议受案范围的，申诉人可以依法向做出该行为的上一级行政机关或向有复议权的行政机关提起行政复议；受理申请的复议机关依照法定程序对引起争议的具体行政行为进行复查，并作出给予救济或不给予救济的裁决。①

这里需指出两点：一是关于申诉人，即有权提起教育行政复议的申诉主体，比提起教育申诉的主体要广泛，既包括教师和学生，也包括其他类型的教育行政相对人；二是关于受理主体，即所谓“有复议权的行政机关”，根据受理分工和权限的不同，一般为本级政府或其上一级教育行政机关，但是对省级政府和国务院主管部门的具体行政行为不服而提起的复议申请，由原教育行政机关管辖。

教育行政复议是一种非诉讼的行政救济手段，《行政复议法》为教育行政复议提供了完整的规则框架，《教育法》、《教师法》、《教育行政处罚暂行实施

① 应松年.行政法学新论[M].北京：中国方正出版社，1999：313.

办法》等教育法律规范也为教育行政复议提供了法律依据。[①]

2. 教育行政复议的特点

教育行政复议具有如下特点：

(1) 双方当事人是固定的

教育行政复议以教育行政相对人为复议申请人，以教育行政机关为复议被申请人，这一关系是固定的，不能反过来。

(2) 处理对象为教育行政争议

申请人请求复议机构受理的争议，必须是在教育活动中与教育行政主体之间产生的纠纷。否则，不属于教育行政复议的范围。

(3) 受理机关因复议内容而异

教育行政复议的受理机关一般为作出具体行为的教育行政机关的本级政府或上一级主管机关；但针对省级政府和国务院各部委的教育行政行为申请复议的，其受理机关为原处分机关。

(4) 启动程序具有司法被动性

教育行政复议是“依申请的行为”，而非“依职权的行为”，具有司法被动性，并因此而与教育行政监督相区分。

(5) 复议过程具有“准司法”性质

由于教育行政复议必须依照一定的法律程序进行，因而具有“准司法”的性质。

3. 教育行政复议的受案范围

我国《行政复议法》将教育行政行为纳入行政复议的受案范围。教育行政复议范围是指教育行政复议机关受理行政复议案件的权限，亦即教育行政相对人对于哪些教育行政行为持有异议可以申请复议，因此可以将它理解为对相对人行使申请复议权的一种限制。按照现行法的规定，教育行政复议只能针对“教育行政机关的具体行政行为”提起复议，对于学校和其他教育机构的“具体行政行为”，目前适用的仍是申诉制度，并未纳入复议范围。

依据《行政复议法》以及相关教育法律规范，教育行政复议的受案范围如

---

① 《关于〈中华人民共和国教师法〉若干问题的实施意见》规定：对教师提出的申诉“逾期未作出处理的或者久拖不决，其申诉内容涉及人身权、财产权以及其他属于行政复议、行政诉讼受案范围的，申诉人可以依法提起行政复议或者行政诉讼”。《教育行政处罚暂行实施办法》第三十一条规定：“当事人对行政处罚不服的，有权依据法律、法规的规定，申请行政复议或者提起行政诉讼。”

下：① 相对人对教育行政处罚行为不服的[①]；② 相对人对教育行政强制不服的；③ 相对人对变更教育行政处理决定并影响其权益不服的[②]；④ 相对人认为教育行政机关的行政不作为违法的[③]；⑤ 相对人认为教育行政机关违法要求其履行义务的[④]；⑥ 相对人认为教育行政机关侵犯其经营管理自主权的[⑤]；⑦ 相对人认为教育行政主体的其他行政行为侵犯其合法权益的[⑥]。

根据《行政复议法》，以下几种争议被排除在教育行政复议范围之外：①相对人对抽象行政行为不能单独申请复议，但可附着于具体行政行为一并申请复议，由复议机关进行附带性审查；②相对人对机构内部人事处理决定及行政处分（如学校对教师或学生的处分决定）只能提起申诉，不能申请复议；③相对人对行政调解、仲裁结果不服的，不能申请复议；④相对人对复议申请的重复处理行为，不能申请复议。

4. 教育行政复议的程序

教育行政复议程序依次为申请、受理、审理、作出决定。

申请原则上应以书面形式向复议机关提出，须符合下列条件：① 申请人与被申请复议的行为具有“法律上的关系”；② 被申请人明确；③ 有具体的复议请求和一定的事实依据[⑦]；④ 属于复议范围，而且没有越级申请；⑤ 符合法定期限[⑧]。

复议机关收到申请后，应在5个工作日内根据法定条件进行立案审查，分别作出依法受理或不予受理的决定，并书面告知申请人。对于具备以下四个条件的复议申请，复议机关应自收到复议申请书之日起10个工作日内予以立案：

---

① 《教育行政处罚暂定实施办法》第九条规定：“教育行政处罚的种类包括：（一）警告；（二）罚款；（三）没收违法所得，没收违法颁发、印制的学历证书、学位证书及其他学业证书；（四）撤销违法举办的学校和其他教育机构；（五）取消颁发学历、学位及其他学业证书的资格；（六）撤销教师资格；（七）停考、停止申请认定资格；（八）责令停止招生；（九）吊销办学许可证；（十）法律法规规定的其他教育行政处罚。”

② 如教育行政机关变更、中止或撤销已经审批过的办学许可证、教师资格证的行政行为。

③ 行政机关的“不作为违法”包括两种情形：（1）积极的不作为，例如拒绝相对人的合法请求，对符合法定条件的行政请求，如申请许可证、申请财产权保护、申请抚恤金，拒不审查、批准、颁发；（2）消极的不作为，对相对人的合法请求不予回应或拖延不办。

④ 包括违反法定条件和法定程序以及滥用职权要求相对人履行法律并未规定的义务，例如非法教育集资、摊派等。

⑤ 如教育行政机关限制、取消或截留学校或其他教育机构依法享有的财产权、收益权等。

⑥ 如教育主管部门或学校克扣、拖欠教师工资。

⑦ 所谓复议请求，是指申请人向复议机关针对被申请人提出的实体权利要求，即申请人请求保护的具体内容。包括：撤销或变更原具体行政行为；请求责令被申请人履行某种法定义务；请求复议机关责成被申请人赔偿损失。所谓事实依据，是指申请人的申请所依据的客观事实，它包括两个方面：一是案情事实，即其权益受到侵犯或者发生争议的事实；二是证据事实，即证明案情事实客观存在的必要根据。

⑧ 一般应在知道或应当知道被申请复议的行政行为及其内容的60日内提出。

① 符合法定的申请期限；② 符合法定的申请条件；③ 申请复议的案件未曾向法院起诉；④ 复议申请书符合要求。

在立案之后，复议机关应对复议申请所涉及的教育行政争议及提交的相关证据、材料依法进行全面的审查，审查可采取书面审查和开庭审理两种方式，在充分了解案件事实的基础上，形成复议决定。复议决定应当在收到申请之日起2个月内作出，若教育行政相对人请求复议的理由成立，复议机关就应当纠正不当的行政决定；如果复议机关驳回复议申请，则必须说明理由。其间，如果申请人撤回复议申请，则对于同一行政行为，以后不得以相同事由再提出申请。

复议决定一经送达，即发生法律效力，申请人和被申请人都必须予以执行。申请人如果对复议决定不服，可以在收到复议决定书的15日之内向法院起诉，法律规定的终审复议除外。申请人逾期不起诉又不履行复议决定的，将被强制执行。维持具体行政行为的教育行政复议决定，由被申请的教育行政机关依法自行强制执行，或申请法院强制执行；变更具体行政行为的教育行政复议决定，由作出复议决定的行政复议机关依法强制执行，或申请法院强制执行。

在我国，教育行政复议救济途径由于有《行政复议法》的规定，在制度上比教育申诉要完善一些，但也存在一些问题，如复议制度仅将被申请人限定为教育行政机关，而不包括学校；复议范围一般限于针对教育行政机关的具体行政行为，而不包括学校的管理行为。这使得因学校对学生的管理行为引起的纠纷，包括因学籍处分引起的纠纷，只能通过申诉途径来获得救济，而无法通过行政复议途径来获得救济，致使有些纠纷不能在行政诉讼之前得到有效解决，这对保护申请人的权利是不利的。

（三）教育行政诉讼

当复议未能达到申请人的目的时，当事人可以向法院寻求最后的救济，即诉诸教育行政诉讼。[①] 在有一些教育行政争议中，当事人也可以不经申诉和复议阶段，直接诉诸教育行政诉讼。[②]

1. 教育行政诉讼的概念及特征

教育行政诉讼（educational administrative procedure）是指教育行政相对

① 2004年我国最高人民法院的司法解释首次将高校招生、学历发放、教师资格、学生退学等方面发生的教育纠纷纳入行政诉讼范畴。2005年教育部《普通高等学校学生管理规定》第五条第五项规定学生享有"对学校、教职员工侵犯其人身权、财产权等合法权益，提出申诉或者依法提起诉讼"的权利。

② 我国有些法院不当地设置了"行政处理"的前置程序要求，即要求当事人在未经过教育申诉等阶段之前，不得直接起诉。我国法律并未规定设置此类程序，而且当事人一般都是在穷尽了其他救济途径之后，不得已才走诉讼这条路。如果法院要求当事人履行这样的程序，无异于剥夺其诉权。

人认为教育行政主体的具体行政行为侵犯其合法权益，依照《行政诉讼法》的规定向法院起诉，请求给予司法救济，法院对被诉行为的合法性进行审查，并依法作出裁决。教育行政诉讼体现了司法权对行政权的制约，属于外部监督，是将教育行政争议付诸司法审判以求解决的一种处理方式，法制化程度高，程序设置严格，以公正为首要价值，其裁决在各种救济方式中最具权威性。

教育行政诉讼的特征表现为：

（1）是行政诉讼的一个特别类型

它是行政诉讼里的一个特别类型，是因学校及其他教育机构以法律授权主体身份进行行政活动时引发的争议而提起的诉讼。例如，目前理论界认为司法可以干预高校管理学生事务的范畴有入学、转学、退学、毕业、学位授予、勒令退学、开除学籍、社会活动（涉及宪法规定的政治权利部分）等事项，因为这些管理行为皆以“法律授权主体身份”为特征。而对于抽象教育行政行为以及教育行政指导、教育合同等行为，则不能提起行政诉讼。

（2）只能“民告官”

原告方须为教育行政管理的相对人，被诉方须为作出具体教育行政行为的教育行政主体，即只能民告官，不能官告民。

（3）诉讼主管机关唯一

诉讼的受理机关只能为法院，而不能是其他任何机关。在我国，具体审理行政案件的是各级法院的行政庭。

（4）救济具有终局性

教育行政诉讼一旦进入诉讼程序，就不能再返回申诉程序或复议程序，也不得行政调解。

（5）裁决具有权威性

诉讼裁决在法律上有权改变教育申诉、教育行政复议的认定结果，但不能反过来，此即权威性。

2. 教育行政诉讼的类型及范围

教育行政诉讼的范围大致可分为两大类①：一类是现行教育法律规范明确规定可以提起行政诉讼的案件②；另一类是虽然教育法律规范未明确规定，但依据行政诉讼法的一般规定可以提起行政诉讼的具体教育行政行为。主要包括：① 相对人对教育行政处罚不服的；② 相对人对教育行政强制不服的；

① 刘俊. 教育行政诉讼和国家赔偿[J]. 江苏教育，1998(10)：10.

② 例如《关于〈中华人民共和国教师法〉若干问题的实施意见》对教师提出的申诉可以进一步提起教育行政诉讼的规定，以及《教育行政处罚暂行实施办法》对被处罚的教育行政相对人提起行政诉讼的规定。

③ 相对人对变更教育行政处理决定不服的；④ 相对人认为教育行政机关的行政不作为违法的；⑤ 相对人认为教育行政机关违法要求其履行义务的；⑥ 相对人认为教育行政机关侵犯管理、经营自主权的；⑦ 相对人认为教育行政机关的具体行政行为侵犯其受教育权、人身权、财产权的。这里需注意的是，按照我国目前的法律规定，对于法律、法规规定只能申请复议或未经复议不能起诉的案件，相对人不能提起教育行政诉讼。

就提起诉讼的主体而言，可以包括以下类型的案件：① 学生起诉学校、其他教育机构或教育行政机关的行政案件[①]；② 教师起诉学校或教育行政部门的案件[②]；③ 学校或其他教育机构起诉教育行政部门的案件[③]；④ 其他教育行政相对人提起的教育行政诉讼。

3. 教育行政诉讼的程序

根据我国《行政诉讼法》的规定，教育行政诉讼程序分为起诉、受理、审理、审判监督、判决执行等阶段。

(1) 起诉

起诉是对原告的程序规制，只有当起诉符合法定程序和法定条件时才可能被法院受理。起诉的法定条件有原告适格、被告明确且适格、诉讼请求和事实根据具体、受案范围和受诉法院的管辖范围无误等。

除了国家行为、抽象行政行为、内部行政行为和法律规定的行政终裁行为明确不属于司法审查的范围之外[④]，教育行政诉讼的受案范围还会受到立法者的法治意识、法院的能力和地位以及行政机关行使职权等因素制约。一般而言，对诸如警告、记过、留校察看等并未改变学生身份、亦未限制其学习权的轻微处理决定，为避免司法资源的浪费和不当使用，不予提起行政诉讼。但是，对于受教育权受到限制或剥夺的处理决定，如开除学籍、勒令退学等严重处分，若准许免于司法审查，不仅有违平等权的精神，也与社会公正原则相

---

① 如2004年西南民族大学两位大学生(刘某等)不服因接吻被勒令退学而向成都市武侯区法院诉西南民族大学要求撤销处分案、2005年北京市石佛营小学学生向北京市西城法院诉北京市教育委员会义务教育收费案。

② 如2001年西北大学教师林某向西安市碑林区法院诉西北大学取消其教授任职资格案、2005年成都大学教师杨某向成都市青羊区法院诉成都市教育局对其教育申诉作出的行政决定不当案。

③ 如2008年宁波市望春学校因不服区教育局停止该校招生的行政决定而向宁波市海曙区法院诉宁波市海曙区教育局行政管理行为不当要求撤销该行政决定案、2006年南洋教育集团向济南市中级法院诉济南市教育局行政不作为案(该案未受理)。

④ 《行政诉讼法》第十二条规定：人民法院不受理公民、法人或者其他组织对下列事项提起的诉讼：(一) 国防、外交等国家行为；(二) 行政法规、规章或者行政机关制定、发布的具有普遍约束力的决定、命令；(三) 行政机关对行政机关工作人员的奖惩、任免等决定；(四) 法律规定由行政机关最终裁决的具体行政行为。

悖，应该给予最终的司法救济。

起诉的一般期限为原告知道或者应当知道具体教育行政行为之日起 3 个月内，超过法定期限提起诉讼将无效。对于虽然逾期但有合理理由的，由法官裁量决定是否受理。

(2) 受理

受理是对法院的程序要求，法院收到起诉状后，应在 7 个工作日内对起诉进行审查，并根据是否符合法定条件，分别作出立案受理、不予受理或要求当事人补正的处理。对法院不予受理的裁定不服者，可在裁定之日起 10 日内上诉。

(3) 一审

一审判决或裁定依不同情况可分为维持判决、撤销判决①、履行判决②、变更判决、确认判决、驳回诉讼请求等结果。③ 一审上诉期限内双方不提起上诉的，判决即生效，产生强制执行力。

(4) 二审

当事人不服一审判决提起上诉的，将引起二审，即上诉审。二审为独立的审判程序，须完全由审判员组成合议庭，全面审查一审法院的事实认定、法律适用及程序。二审判决依情况不同可分为驳回上诉、维持原判、依法改判等结果④，一旦作出，即为终审判决。

(5) 审判监督程序

审判监督程序是指法院对已生效的判决和裁定在一定条件下依法进行重新审理的制度，重审条件比较严格，不能由当事人直接启动其程序，只能向法院或检察院提出诉讼申诉，如果法院或检察院认为有足够的证据表明前一审认定事实或适用法律有误，则由法院或检察院提起重审要求。重审判决可分为执行原判决、发回原审法院重审、依法改判等结果⑤。

---

① 包括判决撤销、部分撤销、判决重新作出具体行政行为，其适用于以下情形：(1) 主要证据不足；(2) 适用法律错误；(3) 程序违法；(4) 超越职权（如工商行政管理部门受理学校登记注册，A 县教育局对 B 县境内的违反教育法的行为进行处罚）；(5) 滥用职权。

② 主要有以下两种情形：(1) 行政机关对于教育行政相对人符合条件的申请作出拒绝决定或不予答复；(2) 负有保护受教育权、人身权、财产权的行政机关拒绝履行职责或对相对人提出的申请不予答复。

③ 马怀德. 行政诉讼原理[M]. 北京：法律出版社，2003：415.

④ 应松年. 行政诉讼法学（修订本）[M]. 北京：中国政法大学出版社，1999：251.

⑤ 判决形式分为三种：(1) 若原判认定事实清楚，适法正确，则应裁定撤销原中止执行和决定再审的决定，执行原判决。(2) 若原判认定事实有误，违反法律、法规的规定，按照一审程序审理的，则采用一审判决的形式。按二审程序审结的，可撤销原判，发回原一审法院重审。(3) 若按二审程序再审，发现原二审判决事实清楚，但违反法律、法规规定，可以依法改判。若原一审裁判正确，二审裁判错误，可撤销二审裁判，维持一审裁判。

(6) 判决的执行

判决的执行是指法院的执行机构或其他行政机关适用法定特殊手段，强制义务人履行已经生效的教育行政争议的裁判。强制执行由原审法院执行，也可报请二审法院执行。若由法院执行，则适用民事诉讼法的规定；若由行政机关执行，则适用行政实体法规定。

改革开放以来，随着社会的进步和人民维权意识的提高，我国行政领域已经打破了“无讼”局面，行政案件逐年在增加。但是相比于民事案件，我国法院每年受理的行政案件数量不算多，教育行政案件更少。不过，这并不一定就此表明我国公民的受教育权益较少受到行政侵害，也不一定就此说明教育行政争议发生得少，而是大量具有教育行政意义的案件极有可能没有诉到法院。因为，一方面，教育行政相对人对告上级部门或学校往往心存疑虑；另一方面，法院在受理行政案件时遇到的行政干预大，同时行政裁判执行差也是不容忽视的现象。

(四) 教育行政赔偿

1. 教育行政赔偿的概念

我国的国家赔偿包括行政赔偿、刑事赔偿和司法赔偿三种，教育行政赔偿(educational administration compensation) 为侵权性质的行政赔偿，是指教育行政主体及其工作人员在教育行政活动中由于违法行使职权而致使相对人合法利益受损，依据《国家赔偿法》及《行政诉讼法》的规定，由国家给予赔偿的一种法律救济措施。教育行政赔偿的请求人必须是教育行政相对人，包括公民(学生、教师、其他公民) 以及作为教育行政管理相对方的学校及其他教育机构或组织；义务主体为职务侵权的教育行政主体或其他行政机关，具体包括行政机关、法律法规授权组织、委托机关、受理教育行政复议的机关等。

2. 教育行政赔偿的特征

教育行政赔偿具有以下特征：

(1) 赔偿与侵权非同一主体

教育行政侵权行为往往由教育行政主体及其公务员直接实施，但相对人不能直接对上述侵权行为人提起赔偿诉讼，而是要对国家提起赔偿诉讼。也就是说，形式上的赔偿主体为侵害教育行政相对人的教育行政主体或其他实施与教育相关活动的行政主体，但最终责任的实际承担主体是国家[①]——这不同于民事损害赔偿。

---

① 在法治完善的国家，国家或政府在履行国家赔偿职责的同时，保留对实际负有责任的官员个人进行追偿的权利。

(2) 侵害行为限于具体行政行为

并非行政主体的所有侵害行为都可引发行政赔偿，需要承担教育行政赔偿责任的，只限于具体教育行政行为。对于公务员的个人行为以及行政主体以民事主体身份发生的侵权行为，只能追究民事责任。

(3) 侵害行为必须具有违法性

国家只对违法的具体行政行为承担赔偿责任，合法的具体行政行为即使造成相对人的合法权益受损，也只承担补偿责任，而不承担国家赔偿责任。

(4) 赔偿具有法律问责性

教育行政赔偿责任既具有救济性，也具有惩戒性——通过追究行政主体违法行政的相关法律责任，达到约束公权力的膨胀、敦促其依法行政的法治目的。

3. 教育行政赔偿的范围

依据《行政诉讼法》、《国家赔偿法》的一般规定并结合教育法律规范的具体规定，侵犯相对人财产权、人身权的违法教育行政行为，属教育行政赔偿范围。比如，违法实施罚款、吊销许可证和执照、责令停止办学或没收财物，违法查封、扣押、冻结财产，违反国家规定征收财物、摊派费用，违法拘禁或采取限制人身自由的行政强制措施，以暴力行为或唆使他人以暴力行为造成相对人身体伤害或死亡，违法使用器械造成相对人伤害或死亡，等等。

4. 教育行政赔偿的程序

教育行政赔偿的程序是指教育行政相对人依据法律规范，向行政赔偿义务机关提出行政请求，或向法院提起诉讼请求，要求国家予以赔偿的具体步骤和方法，包括：

(1) 提起

教育行政赔偿的提起，可由受害人本人或其法定代理人提出，并递交行政赔偿请求书及相应材料；本人死亡的，赔偿请求权由其近亲属行使。

(2) 受理

教育行政赔偿的受理，向复议机关提出赔偿请求的，按照教育行政复议程序进行；向赔偿义务机关提出的，赔偿义务机关应对赔偿申请进行审查，根据是否符合法定条件，分别作出受理或不予受理的决定，不予受理的应书面告知理由。对于逾期不予处理的，赔偿请求人可以申请复议或起诉。

(3) 处理

赔偿义务机关应在收到赔偿申请书之日起 2 个月内作出处理：符合赔偿条件的，及时给予赔偿；不予赔偿的，应书面告知不予赔偿的决定及其理由。逾期不予赔偿或请求人对赔偿数额有异议的，请求人可自期满之日起 3 个月内向法院起诉。赔偿以赔偿金为主，以返还财产、恢复原状为辅。双方对于赔偿问题达成共识后，应制作具有法律效力的赔偿协议书。

上述各种救济制度或途径是对教育行政违法行为的有效补救，也是教育行政法治化的必然要求，对规范教育行政行为、减少教育行政违法现象不可或缺。教育行政由于处在教育法和行政法的交叉部位，很容易在具体操作中，尤其是在权利救济中发生一些问题，如责任的推诿、救济的推诿甚至司法审判的推诿，使得相对人的权利很难得到充分保障。因此，救济义务主体在适用各种教育行政救济制度或途径的过程中，应全面考量纠纷性质、救济成本、社会效果以及司法有效性等各种因素，区分侵权行为的严重程度，作出最适当、最合理的选择。

第五节　高校的法律地位与办学自主权

高等学校在教育行政活动中的地位与作用，明显不同于其他层次的学校，值得单辟一节论述。高等学校承担着授予学历、学位等国家授权公务，对学术自由的要求很高，需要拥有较高的办学自主权，不像中小学那样是将政府作为法定责任人来承担办学责任，而是必须面向社会独立自主地办学。改革开放以来，我国高校的法律地位发生了重大变化，其运行与发展正在向上述特点靠拢。本节将分析转型时期我国高校法律地位变化的性质及其现实影响与未来走向，包括探讨高校自主权（corporate autonomy of higher learning institute）的法律性质。

一、我国高校的法律地位

高等学校的法律地位决定高等学校的权利与义务。改革开放30年来，我国高校经历了一个从不具备独立法律地位到具备独立法律地位的历史过程。

（一）我国高校独立法律地位的由来

改革开放以前，由于实行计划经济体制，高等教育被当做公共产品免费向入学对象提供，高等学校只能由国家举办，性质为行政机关的附属物，不具备独立的法律地位。学校从行政管理到教学活动，都完全依赖政府提供资源，也不折不扣地执行政府的指令，政府直接介入具体办学环节，办学经费完全由国库开支。在这种体制下，高等学校成为一个封闭的、与市场无涉的社会领域，不独立地发生经济性行为，学校与教师、学生的法律关系，等同于国家与教师、学生的法律关系。

1985年，中国共产党发布《中共中央关于教育体制改革的决定》，要求进行高等教育体制改革，提出“改变政府对高等学校统得过多的管理体制，在国家统一的教育方针和计划的指导下，扩大高等学校的办学自主权，加强高等学校同生产、科研和社会其他各方面的联系，使高等学校具有主动适应经济和社会发展需要的积极性和能力”。1993年，中共中央、国务院颁布《中国教育改革和发展纲要》，进一步明确提出要“建立起与社会主义市场经济体制和政治体制、科技体制改革相适应的教育体制”。这两份文件传递出一个共同的改革指导思想：面对一个社会结构分化程度很低的总体性社会，要完成建立社会主义市场经济体制的历史任务，在教育领域里同样必须推进国家与社会的职能分化。

秉承这一指导思想而进行的中国高等教育体制改革，至少给高等学校带来了三大历史性重大变化：

其一，高等教育办学体制发生了历史性重大变化。不仅突破了政府垄断形式，出现了公立高校、私立高校两种办学体制互为补充、共同发展的局面，而且在公立高校办学体制改革方面，我国《教育法》、《高等教育法》以及《民法通则》明确赋予高校以独立法人地位，奠定了公立高校举办者与办学者相分离、举办权与办学权相分离的体制安排[①]，废除了公立高校在法律上对政府的隶属依赖关系。

其二，高等教育管理体制发生了历史性重大变化。为了推进政府职能的转变，同时也为了使原来社会主体性不强的公立高校能够作为独立的办学实体面向社会和市场自主地办学，我国政府通过“松绑”和分权的形式，多方位地向公立高校分权与放权，大大弱化了政府与学校的上下级“行政脐带”关系。[②]高等学校实行独立自主办学、独立自主决策，在学校与教师、学生的法律关系中，除了继续包含国家与教师、学生的连带法律关系外，还增添了新的元素——出现了学校与教师、学生的独立法律关系。

其三，高校办学经费筹资结构发生了历史性重大变化。随着高等教育不再被当做纯公共产品的思想被社会逐步广泛接受，高等教育投资体制发生了变革，由不许向学生收费到允许收费，从排斥非财政资金到鼓励社会投资办学，高校办学经费的来源日益多样化，教育事业收入、社会及海外捐赠、企业赞助、银行贷款、国际援助等预算外资金在高校经费结构中的比重普遍提高，在部分高校里甚至超过预算内资金水平。这一现象表明：高等学校的社会基础日益广泛化，已经建立起了市场化筹资机制。

---

① 我国《教育法》规定，学校的举办者可以是各级政府、企业、事业组织、法人团体或公民个人。

② 我国《教育法》规定，办学者是学校的校长及其办事机构，行使法律规定的办学权力；教育管理者是政府，行使教育行政管理权。

随着这些历史性重大变化，原先集举办者、办学者、管理者的角色于一身的政府逐渐淡出微观管理领域，集中精力履行自己应负起的宏观管理职能，即在宪法和法律授权的范围内，依法对具有独立法律地位的高等学校进行管理和监督。

（二）对我国高校独立法律地位的学术争议

在国家基本经济制度发生重大变化和教育体制发生深刻变革的转型时期，我国高等学校已经获得了独立的法律地位，这是无可否认的事实，学术界对此并不存在实质性歧见。争议主要是出现在以下问题上：作为一种独立的法律地位，高等学校到底是国家机构还是法人机构？是公益性机构还是营利性机构？近年来，我国学者对此进行了大量研究，并取得了一些有意义的成果。

改革开放以来，我国高等学校的法律身份已由行政机关的附属机构转变为独立法人，这是我国现行法律、法规所作出的规定。高校具有法人资格的依据出自《教育法》和《高等教育法》①，但是决定其法人性质的依据却是 1986 年颁行的《民法通则》。《民法通则》根据法人所从事的业务活动，将法人划分为企业法人、机关法人、事业单位法人、社会团体法人四种类型，高等学校划属事业单位法人。法人由民法来规定，而不是分别依公法和民法来规定，这是我国法人制度与其他国家的不同之处，也因此而使法人在法理上蒙上了民事主体的色彩②。但是，1998 年 10 月 25 日国务院颁布的行政法规《事业单位法人登记管理暂行条例》对“事业单位法人”的内涵又作了如下具体阐释：“它们是指那些出于社会公益目的，由国家机关举办或其他组织利用国有资产举办的，依法取得法人资格，从事教育、科技、文化、卫生等活动的社会服务组织，其产出应主要是精神产品和公益性服务。”③ 这一解释意味着，国家在界定什么是“事业单位法人”时，主要是依照组织法和行政法规范的法律视角，而不是依照民法和商法的法律视角。

问题恰恰就出在这里。这种试图以“事业单位”身份来表明高等学校具有从事公共服务的职能，然后以民事法人资格来确定其法律责任的法律身份定位方法，被批评为“存在着制度上的主体分裂”④，它使得高等学校在我国法律制度中具有双重身份——既是事业单位，又是民事法人；既有公法身份，又有私法身份。之所以落下这种立法本意含混的困扰，正如许多学者一针见血的分

---

① 参见：《中华人民共和国教育法》第三十一条和《中华人民共和国高等教育法》第三十条的有关内容。

② 《民法通则》第三十六条规定：“法人是具有民事权力能力和民事行为能力，依法享有民事权力和承担民事义务的组织”。

③ 参见：《事业单位法人登记管理暂行条例》第二条。

④ 高家伟. 教育行政法[M]. 北京：北京大学出版社，2007：270.

析那样：根源在于我国实体法没有公法、私法之分，法人因而也就没有公法人和私法人之分[①]，“事业单位”就此夹在了亦公亦私、非公非私的尴尬夹缝中。由于“事业单位”与民事法人在法律性质上纠缠不清，无法反映高等学校在行政法上的地位，以至于我国法院在遇到高校诉讼案件时，不得不“权宜地”[②]将高校定性为“法律法规授权组织”，借此将高校行使公权力的行为视同为行政行为，从而将高校纳入行政诉讼范围，准许当事人对高校提起行政诉讼。然而，也正是由于这是权宜之计，高校的独立法律地位在法律关系上不顺、在法律规范上不明确的状况一直没有得到根本改观，这反过来又进一步加剧了高校在办学中权力与责任、权利与义务的不清晰，留下了法人滥权的隐患。[③]

对于这个问题，在分析和比较世界各国高等学校法律地位的基础上，我国大多数法律专家的意见都是倾向于通过更新行政主体学说来解决。比如，马怀德认为，我国的事业单位与大陆法系国家的公务法人在功能方面有很多类似之处——都是国家依法设立的公益组织，都具有特定行政目的并提供专门的服务，且与其利用者之间都存在既有公法，又有私法性质的法律关系等，因而建议借鉴法国公务法人的形式来改造我国高等学校的法律身份。[④]周佑勇也认为“公务法人可以适用于学校、行业协会等领域”[⑤]。劳凯声对采用“公务法人”的思路表示赞成，但是除此而外，他提出还有一种思路也可供考虑，那就是在法人体系中单独设置性质为特别法人的“公立高等学校法人”[⑥]。其理由是：这样做不但可以使公立高校具有明确的行政法地位，须得接受公法的规约，而且能够再向前推进一步，使之摆脱一般行政机关和一般公务法人难以根绝的官僚习气和僵化格式，从而为该类法人保留较高程度的自主性与精神自由，以适应大学学术自由的需要。[⑦]

---

① 马怀德.公务法人问题研究[J].中国法学,2000(4)：40-47.

② 马怀德认为,之所以说它是“权宜地”,是因为“法律法规授权组织”一说并没有解决法律法规为什么要授权、在何种情况下授权、对谁授权等基本理论问题。

③ “法人滥权”指因法人身份、法人权利设置不当而导致法人不当得利直至蓄意牟利的行为。详见：龚怡祖.高校法人滥权问题的制度回应方向[J].公共管理学报 2008(1)：106-110;龚怡祖,常姝.“双界性”法人：我国高校法人滥权的制度特征及治理[J].东南大学学报(社会科学版),2008(6)：46-50.

④ 法国公立高等学校原为行政性公务法人,国家通过教育行政法对其进行间接的管理;1968 年法国法律将其改为“科学、文化公务法人”;1984 年颁行的法律又将其改为“科学、文化与职业公务法人”。

⑤ 周佑勇.公共行政组织的法律规制[J].北方法学,2007(1)：94-100.

⑥ 劳凯声.教育体制改革中的高等学校法律地位变迁[J].北京师范大学学报(社会科学版),2007(2)：5-16.

⑦ 这种观点在行政法理逻辑上是可以成立的,政府作为一般公法人和某些社会组织作为特殊公法人,它们在组织体制方面是存在着基本区别的：对特殊公法人而言,其法定代表是由其成立章程决定的;对一般公法人——国家而言,则是由其组织法决定的。

但是也有人对此持反对意见，认为适用公务法人理论在中国存在着障碍：一是公务法人理论是建立在公法、私法两分的基础之上，我国法律体系目前没有公法、私法之分，何以照搬得成公务法人理论呢①；二是公务法人身份不能完全解释高等学校与学生的关系，因为大学生与学校之间不单单是一种利用关系，他们通常被视为学校的成员，有权参与学校的管理事务②；三是担心公务法人地位只会强化高校对抗行政干预的立场，却未必能解决高校的自律问题③。为此，有些反对者提出了一种替代方案，主张将高等学校设置为公法社团④，理由是：公法社团不仅可以体现高校法人身份的特殊性，而且可以克服公务法人身份呈现不出"学生为高校内部成员"这一教育社会关系的技术瓶颈。

（三）我国高校独立法律地位的完善

上述各种意见，无论是"公务法人说"，还是"公立高等学校法人说"，抑或"公法社团说"，都折射出一个重要共识：在我国，高校是法人机构，而不是国家机构⑤；是公益性机构，而不是营利性机构；高等学校"事业单位法人"的界面承载了过于复杂的历史内涵和相对模糊的法律指向，已经不太适应我国高等教育领域里社会关系发展的需要，有必要从公法角度继续"打磨"我国高校的法律身份，对其权利义务作出进一步规定，以臻相关法律制度的完善。上述不同思路之间尽管存在着各种差异，但是并不存在根本性的分歧，所有差异只不过是反映了理论界对解决这一问题的具体途径、具体技术及其法律完善性，目前看法还未达成一致。对于集思广益并最终找到可行的解决办法来说，每一种看法都有其建设性，都将为最终圆满解决这一问题起到启发作用。国外的一些探索经验，包括近一二十年来英国、加拿大等国在进行"行政组织再造"过程中所创造的"独立行政法人"制度，也都可供我国参考。

对于我国高等学校法律地位的今后发展走向，劳凯声 2007 年在一篇文章中提出了一些重要而中肯的思考⑥：第一，20 世纪末，是由于国家采取了主动

① 参见：李学永. 高等学校办学自主权探析[J]. 山东科技大学学报（社会科学版），2004（2）：101-104.

② 参见：吴文灵. 作为公法社团的高等学校——兼论高等学校的行政主体资格[J]. 首都师范大学学报（社会科学版），2008（3）：111-115.

③ 参见：方流芳. 从法律视角看中国事业单位改革[J]. 比较法研究，2007（3）：1-28.

④ 参见：吴文灵. 作为公法社团的高等学校——兼论高等学校的行政主体资格[J]. 首都师范大学学报（社会科学版），2008（3）：111-115.

⑤ 规范高校办学行为的《教育法》和《高等教育法》在性质上属于行政法范畴，但是高校不同于一般行政机关公法人，不具有普遍意义上的行政管理职能，因而不是政府机构。

⑥ 劳凯声. 教育体制改革中的高等学校法律地位变迁[J]. 北京师范大学学报（社会科学版），2007（2）：5-16.

放弃的姿态，而不是由于高等学校固有的法律地位，我国高校才得以从政府系统中游离出来，因此在高等学校与政府的关系之间还存在着许多不确定的因素，高等学校的法律地位还有可能出现大的反复；第二，尽管中国社会在转型过程中已经出现了第三部门的萌芽，但并未最终形成成熟的第三部门，因此从政府系统中分化出来的高等学校在现有的社会结构中应当如何定位，还是一个未决的问题，还不能说已经找到完全体现高校组织特征的办学机制；第三，在国家让权过程中得到扩张的高等学校权力，其公权力性质并没有得到明确界定，因此有可能被高等学校用来推进其向市场的转换，并进而导致高等学校作为公共组织的性质变质；第四，学术权力是高等学校为实现自身功能而必须具有的一项自主办学权力，但是它不可能从政府的放权中获得，我国高等学校作为学术机构应该具有的学术地位仍有待解决。

基于大学自治和学术自由的需要，高校需要保留一些创设规则的自由空间。发达国家都在其法律中明文规定大学自治原则，如美国通过宪法第一修正案赋予高等学校自治的权利，德国在《高等学校总法》第四章中规定了“大学的自治和国家管理”体制。我国法律将如何回应当前社会生活中指向高等学校独立法律地位的一系列问题，还有待于历史进程的发展。

二、我国高校办学自主权的法律性质

与高校独立法律地位有关的另一个重要问题，是高校办学自主权。高校办学自主权概指高校为实现国家的办学宗旨和法人的自我理想，由法律法规的途径，在独立自主地履行其教学、科研、社会服务职能的活动中所享有的各项法定之权。[①] 高校自主权的法律性质是指这种自主权在法律上公、私属性的界定。

近一二十年来，围绕我国高校自主权法律性质的学术探讨和司法实践可谓众说纷纭、充满争议。大体观之，可以归纳为公权力说[②]、私权利说[③]、混合权力（利）说[④]三类观点。主张公权力说的人把高校自主权看成是权力，主张私权利说的人把它看成是权利，而主张混合权力（利）说的人则把它看成两者兼而有之。下面拟从法源视角和法理视域，对转型时期我国公立高校办学自主权的法律性质进行梳理和探讨。

---

① 龚怡祖.我国高校自主权的法律性质探疑[J].教育研究，2007(9)：50-54.

② 参见：申素平.高等学校法人与高等学校自主权[J].中国高教研究，2005(5)：7-9；刘冬梅.对高校办学自主权的法律思考[J].河南师范大学学报(哲学社会版)，2000(6)：111-113.

③ 参见：褚宏启.论学校在行政法律关系中的地位[J].教育理论与实践，2000(3)：29-32.

④ 参见：张琼.高校管理权法律问题研究[D].北京：中国政法大学硕士学位论文，2004；杨建生.高等学校行政法律关系主体地位分析[J].高教论坛，2004(6)：95-97.

（一）高校自主权具有多头法源和多重属性

高校自主权是一种复杂的法现象，其形成具有多头法源，并由此带来它的多重法律属性。追溯高校自主权的法源，人们至少能够发现这样几个源头①：

第一个起源当属学术自主权。此权肇始于西方中世纪大学的行会组织及其利益诉求，本源是一种私权利，后由学者个人的学术自由诉求向机构的学术自治诉求发展，历经几个世纪，经由诏令、特许状、法院判例等途径而获得法律地位，以法国、德国、美国的相关法制建设过程最为典型。由于学术自主权彰显了大学的本质属性，被视为是保护大学探索真理所必不可少的思想自由的根本条件和建立以知识发表权为内核的科学发现机制的核心价值基石；同时，它又具有学术自律与学术责任的内在要求，在大学演变为法人的漫长历史过程中，此权逐渐上升为一项既保留私权利特点又超乎私权利价值的特别权利，在许多国家里受到宪法的保护。②

第二个法源当属国家教育权。此权问世于东西方古代贵族官学，绵延至近现代社会。在各国资本主义工商业兴起以及接踵而至的教育国家化进程中，人类教育活动开始突破少数特权阶层垄断局面，教育事业迅速发展并获得全民性，受教育权因成为公民权利的重要内容而备受关注，而教育权遂成为主权国家保障人民主权和公民权利的重要手段之一，在各国经由宪法、法律等途径而取得公权力的地位。后来，在各国政府推进自身职能转变和管理模式改革的过程中，为了提高办学效率和克服官僚主义，同时也是为了充分尊重高校在学术事务领域的权威，国家教育权中与高等学校有关的某些权力逐渐被政府转移、授权给高校，成为高校自主权的重要组成部分。

第三个法源当属社会教育权。此权本质上是国家权力与社会权力分化的产物，它萌芽于古代私学，在漫长的历史时期里演化出各种社会办学形式，至当代，特别是在发达国家，则发育为由非政府、非企业组织与市场结合以后形成的第三部门办学模式。第三部门由非公非私主体构成，以第三部门身份来办学，折射出当代教育领域里国家权力向社会权力的进一步转移，以及社会教育权的“组织化行使”趋向。社会权力脱胎于私权利，滥觞于哈贝马斯、柯亨、阿拉托等学者所指认的市民社会“自治领域”③，在发展过程中逐步吸收公益

---

① 龚怡祖.我国高校自主权的法律性质探疑[J].教育研究,2007(9)：50-54.

② 至20世纪80年代止,在世界各国共142部宪法中,明确规定学术自由权利的就已有34部,占统计数的23.9%。参见：[荷]亨利·范·马尔赛文,格尔·范·德·唐.成文宪法的比较研究[M].陈云生,译.北京：华夏出版社,1987：11.

③ 参见：[德]哈贝马斯.公共领域的结构转型[M].曹卫东等,译.上海：学林出版社,1999：29;另参见：Jean L. Cohen, Andrew Arato. Civil Society and Political Theory[M]. Cambridge：MIT Press,1989：42-48,105-120.

性和公共性，其发展离不开高度发达的市场经济和比较成熟的公民法治社会基础。社会办学行为理论上具有非公非私性质，但它毕竟是从私人领域中分离出来的公共领域，需遵从自主交往和契约约束等原则，而且必须通过市场中介来完成，所以它们在大多数国家仍由民法调整。[①]

以上三个源头各有出处，公、私属性不一，经由不同历史发展阶段所培育，最后交错、汇集于大学一身，并由此造成高校自主权的独特复杂性。在这一过程中，学术自主权与国家教育权的融合，是高校与政府之间产生行政关系的重要演化路径，其中关系紧密型者为内部行政关系，关系松散型者为外部行政关系，高校的行政主体职能或公法人主体地位由此孵化而出；而学术自主权对国家教育权保留独立性的一面，以及社会教育权与国家教育权的分蘖发育，则孵化出高校的私法人主体地位，演绎出它与其他私法人的平等民事关系。

（二）高校自主权即高校“法定之权”

高校自主权到底是概指高校在现实法律关系中基于多种主体资格而实际拥有的所有法定之权，还是仅仅指高校基于其教育公权主体资格或基于其民事私权主体资格而获得的那一部分特定权力？

1.“法定之权”：多种主体资格的当然指向

在现实的教育法律关系中，我国高校具有一种法人身份（事业单位法人）、多种法律主体资格（行政主体、民事主体、行政相对人）、办学行为跨越多重法律约束关系（公法领域、私法领域）的特殊法律地位。如果把高校自主权仅仅视为专指高校基于其行政主体资格而获得的国家教育权在具体教育教学领域的转换形态或代行权，将很难圆满解释高校在民事领域内所享有的主体资格及其特殊权威，尤其是无法解释它在科研领域与社会服务领域所拥有的优势地位及其果实。这类权威或优势地位以及丰厚的果实，绝非一般私法人主体所能轻易拥有，而是与高校身兼教育公权主体和学术私权主体双重法律身份无法截然分离的。

在法律体系和实际社会生活里，一个权利义务主体对应于多种主体资格而产生的法定之权[②]，理应是综合性的，而不是单一性的。我们无论如何也想象不出，在现实中能够存在一种将学术权威影响力排除在外而依然有效的高校自主权。因此，我们主张将高校自主权视为高校在现实生活中基于其多种主体资格而实际享有的所有法定之权，既包括权力（power），也包括权利（right）。

---

① 目前，也有一些国外学者提出要在公法体系和私法体系之外建立第三个体系——社会法体系。

② 这里参照童之伟的定义，取法权的广义内涵，即将权力与权利包容一体的概念，亦即法定之权。参见：童之伟. 法权与宪政[M]. 济南：山东人民出版社，2001.

2. 权力和权利：公、私属性的统一与转化

权力和权利是最基本的法现象，它们之间尽管有这样那样的差别，存在种种矛盾和对立，但在同为利益的法律表现形式这一点上，许多法学家认为两者并无本质差别，或者说两者在法定利益层面上具有同一性，彼此最终能够还原为无差别的存在。美国法学家庞德更是将权力、自由权、特权皆包容在“权利”概念的六种形态之内。① 在这一法理意义上，我们可以将高校自主权与高校法定之权视为一物，亦即高校自主权中既有权力，也有权利；同时这也意味着，在高校自主权范畴内，权力与权利不仅同时存在，而且存在着彼此转化的可能性。

当然，这并不表示人们可以忽视权力和权利的公、私属性差别。即使我们将高校自主权与高校法定之权视为一物，也只是表示权力和权利可以同为利益的法律表现形式，但并不表示这种法定利益已不存在公益与私利之分，更不表示法律可以对公益转化为私利的危险性丧失警惕。毕竟，教育领域里的许多不公与腐败现象正是源出于此。

一些学者认为，在新的经济环境与特定的法律制度条件下，我国高校自主权已演变为一种以公权力为主的多元成分权利。②

（三）我国高校自主权的法律许可过程

权力（利）可以经由法律而获得，也可以因为法律而失去，还可以通过法律而复得。考察权力（利）的获得，重点是了解权力（利）的法律许可过程。

1. 法律许可路径

改革开放前，我国高校与政府之间是典型的内部行政关系，高校不但在法律规定的公务领域之外不拥有法定自治权，就是在法律规定的公务领域之内，它们也不具有独立的自主地位。随着我国市场经济体制改革和高等教育体制改革的深化，国家权力逐步退出部分社会事务领域，高校法律地位变更过程相应启动，而“法人化”是高校享有并行使自主权的法律许可路径。

前已述及，我国的法人划分为企业法人、机关法人、事业单位法人、社会团体法人四种类型。我国现行法律没有规定高等学校是机关法人，《社会团体登记条例》也未将高校纳入社会团体管理范围，至于企业法人高校更是挨不上边，于是高校的法律身份就只能落在“事业单位法人”的定位上。《民法通则》

① 转引自：童之伟.法权与宪政[M].济南：山东人民出版社，2001：127.

② 最早从理论上明确提出这种观点的我国学者有劳凯声、龚怡祖。劳凯声称之为复合型权利，参见：劳凯声.教育体制改革中的高等学校法律地位变迁[J].北京师范大学学报(社会科学版)，2007(2)：5-16；龚怡祖称之为综合性权利，参见：龚怡祖，张进香.高校自主权的法学探源与公私职能界分[J].现代大学教育，2007(3)：25-30.

颁布时，我国经济体制改革的方向和目标尚未最终确定，法律所面对的各种经济关系仍处在变动之中。赋予高校“事业单位法人”地位在当时所要达到的目的，一方面是授予高校某种相对独立的行政主体资格，保留其行政责任的可承担性，同时使其身份与机关法人、社团法人有所区分；另一方面，是在民事领域为高校与不具有隶属关系的国家机关、企事业单位、集体经济组织、社会团体以及个人之间发生涉及财产关系与人身关系的活动提供主体资格以及民事责任的可承担性。[①] 前者使高校符合了“法律法规授权组织”的身份特征，从而使因高校涉及行政行为的司法诉讼（相对人对其公权处分行为不服）有了据以适用的法律依据；后者为高校在私法领域具备民事能力并行使民事权利铺平了道路，从而使因高校涉及民事行为的司法诉讼（当事双方基于所有权、契约关系，要求侵权或违约损害赔偿）有了据以适用的法律依据。这种双重身份的结果，造成了公立高校法律地位的独特复杂性：人们既不能将其简单地归结为公权行使主体，也不能将其简单地归结为私权行使主体。

2. 制度设计缺陷

不过，这项法律制度设计从一开始就存在着不对称的缺陷：它一方面强调事业单位法人的社会公益宗旨，另一方面又以民事主体地位为本，对计划和市场两种机制都打开了门户。我国事业单位法人登记制度只是笼统地规定，只要申请对象符合相应的程序以及组织机构、场所、业务范围、人员、资金等条件，并经登记、审核获得批准，即“享有在该宗旨和范围内从事活动的权力和承担不违背宗旨、不超越业务范围活动的法律义务”，但对什么是“违背宗旨、超越业务范围”的行为及其惩罚机制，却没有作出明确规定。也就是说，它使得高校在公、私两个领域里都拥有了一定自主权，却忽视了对高校的自由裁量空间作出限制；它对事业单位法人行为的公、私属性表达了某种关注，却忽视了对公、私边界以及相应的法律责任作出具体界定。这在客观上为公立高校在市场经济体制下发生不良经济行为且难以自拔提供了滥权的制度条件。也就是说，“当其履行公法领域的职务时，存在着以私权名义规避公法约束以及责任的可能性；当其涉入私法领域时，存在着以公权名义规避私法约束以及责任的可能性”[②]。这种情况是政府、社会乃至有责任感的高校都不愿意看到的。

---

① 《教育法》第三十一条第二款规定，学校及其他教育机构在民事活动中依法享有民事权利，承担民事责任。《高等教育法》第三十条第二款也规定：“高等学校在民事活动中依法享有民事权利，承担民事责任。”

② 龚怡祖. 高校法人滥权问题的制度回应方向[J]. 公共管理学报 2008(1)：106-110.

三、高校法人得权过程与规权过程的统一

在各式各样的社会组织中，绝大多数组织要么在私法领域里活动（如企业），要么在公法领域里活动（如政府），只有极少数组织的活动允许横跨两重领域（如媒体、高校、公证机构等）。依照现代法律的基本精神，任何法定之权都应是权力与责任、权利与义务相对称的统一体，得权过程与规权过程应当同步。既然我国公立高校①在体制转型期间已经横跨公、私两个法律领域，并且还拥有不小的自由裁量空间，我国法律就应当完善对它的规约机制。

（一）得权之道：公、私职能界分已伴随其中

某类特定的法人横跨公、私两重领域在法理上是有依据的，多数国家的民法学就承认公法人可以成为民事关系的当事人②；而公法人的权利能力，既包括公法上的权利能力，也包括私法上的权利能力③。从实体看，我国高校法人以自主权名义获得的实际有效法权，既有因政府行政分权而得到的公权力（如招生权、教学权、颁发学历证书与学位证书权、内部处罚权等，其具体行使具有强制力，解决争议的机制为申诉、行政复议和行政诉讼），亦有因享有民事主体地位而得到的私权利（包括高校在市场经济条件下合法地利用其法人财产从事有偿科研与社会服务的权利，其具体行使取决于高校与其他主体在平等协商基础上达成合意，解决争议的机制是调解、仲裁和民事诉讼）。所以，我国公立高校的自主权已经演变为一种以公权力为主的多元成分权利，法律上层建筑对此理应作出回应。

在市场经济体制下，高校自主权的公权职能应该以保障公民的公平受教育权为最高宗旨；其私权职能乃由民法赋予，准许高校通过对法人财产的合法民事利用（这一财产的核心是学术资源），在服务社会的同时获取合法收益④，以用之于教育事业和促进学校发展为根本宗旨。

（二）规权之路：设置“角色串通”的防范机制

高等学校被允许涉足私法领域以来，办学活动日益嵌入市场经济领域，面

---

① 以下除非具体说明，凡“高校”均指公立高校。

② 葛云松.法人与行政主体理论的再探讨——以公法人概念为重点[J].中国法学，2007(3)：77-99.

③ 不仅大陆法系有这种解释，普通法系也是如此。在英国，公法人不是行政机关，也不是英王的代理人，故对其活动的调整以普通法为原则，只是在法律另有规定时才适用特别法。例如，当高校根据一般服务合同招聘雇员时，不享有来自法律规定的特别权力，因为此时它不是以法定公共机构的身份在行为；而当高校开除法定职位的教师时，它是以公法人身份来行使法定权力。

④ 发达国家的高校以私权主体身份从事活动并从中获利的历史不但要早得多，而且明确受到法律的保护与规范。比如，美国国会1980年专门通过贝—都乐法案(Bayh-Dole Act)，以扩大大学对科研专利和版权所可能获得的利益，鼓励大学将教授们的专利卖给私人企业。

临着各种经济获利机会，客观上也产生了大量的经济受益事实，已经触及教育领域里权力和利益的重新分配。在这种“高等教育市场化重建”的过程中，高校以法人身份发生的经济行为失范现象也开始呈蔓延和上升趋势，办学乱收费等问题尤令群众不满，一些高价培训班的学员指控高校办班是“只管收钱和盖章”的相关讼案也在逐渐增多①。社会上要求加强高校自律与他律的呼声越来越尖锐②，有一些批评的声音将矛头直指当初允许高校涉足私法领域的制度安排。

面对这类批评所产生的疑惑是：在当前乃至今后很长一个历史阶段里，我国高校办学究竟是只需在公法领域里活动，还是只需在私法领域里活动？对此，回答只能是：这两个领域高校在办学中都需要涉足。涉足公法领域的理由十分充足，自不必多解释；而涉足私法领域的原因其实也很简单，因为只要自20世纪90年代起我国采用的“以政府投入为主，多种渠道筹措办学经费”③的高等教育经费投入机制不变，高校所提供的教育服务就只能是准公共产品，高校从市场获取财政拨款所不足的那一部分办学资源的客观条件和合法理由就将长期存在，而高校藉以进入市场的民事主体地位及其行为能力也就是其办学过程中不可缺少的。

当然，只要高校以私法主体身份介入经济活动，市场中对高校的巨大利益诱惑就必然存在。由于其自主权既可用为公器，亦可用为私器④，因而潜伏着角色串通的可能性，客观上具有将权力“暗度陈仓”为权利的便通条件。法律对此如果没有警惕之心和约束之规，各种违规违法牟取利益的行为就有发生的空间，一部分高校就会利用手中的公共职能和公共资源为自身谋取私利，逐渐丧失“教育人”的本性。一旦这种趋势成为一种惯性或导向，高等学校将不再以实现公众对其所定义、所期待的社会价值为重，办学行为的变质将在所难免。

（三）应对之策：走“双边治理”的法治之路

为了根绝教育领域里的这一不正常现象，必须设置防范机制，既保障高校

---

① 如2008年10月于博向北京市海淀区人民法院诉清华大学教育培训合同纠纷案，参见：赵丽，杜荫.天价“总裁班”真相调查[N].法制日报，2009-02-17(18).

② 2006年，在中国社会科学院面向民众进行的“中国社会心态调查”中，有关“社会信任感”的调查结果令人大跌眼镜。在该项调查中得分较高的社会组织名单上，人们没有看到公立高校的身影，这在中国的历史上是罕见的。据分析，民众对公立高校的社会信任度降低，与感觉它们的公共品质下降有关，而其中乱收费等问题尤令群众不满。

③ “多种渠道筹措办学经费”机制包括向学生及其家庭收取相当于部分教育成本性质的学费。

④ 比如，人们在生活中经常看到一些媒体热衷于媚俗、追星、爆料，它们使用的是手中的公权，可是暗中觊觎的却往往是由此而带来的不断飙升的巨大广告收入——所谓“眼球经济”暴利。

的合法权益，又切断其“暗度陈仓”的捷径，使其受到足够的法治约束，不要留下“法外空间”。

私法上的决定以主体自由和意思自治为原则；公法上的决定虽然存在一定程度的裁量权，但要受到宪法的约束。为了从长远确保我国主流高等教育的公益性，我国无疑需要改进现有公立高校法人制度的设计，但是又不能简单地采取“单边治理”的思路——草率地切断高校与市场的所有联系。

一方面，法律需要进一步明确高校法人的公共本性，以公法为约束高等教育法律关系的主法，限制“意思自治原则”向该领域里不当渗透，以抑制高校的“经济人”行为取向；另一方面，应从实际出发，本着私法规则在一定范围内准用于公法人的法律精神，有条件地保留高校在市场经济体制下的民事主体地位及行为能力，以发挥其以收补支、以盈补缺、以市场补公益的正面作用，目的是更好地发展我国的高等教育事业与学术事业。而对于解决这一问题最具实质意义的是，如何清晰地界分高校法人的公、私职能，即高校的哪些行为是公法性的，哪些是私法性的，哪些是灰色地带。[①] 然后才能对症下药，制定出具体的、可司法的权利义务内涵，使私权不至于任意穿越边界，在公权力的名义下被滥用。这应当是学术界和司法界进一步研究的任务。

这样做，在理论层面上有助于准确构建反映我国转型时期特点与建设和谐社会要求的高等教育法律关系，妥善解决我国高等教育体制改革进程中出现的各种法律新问题；在实践层面上有利于建立我国高校健康发展的社会机制，促使高校更积极地履行其法人权利与义务。

---

① 比如，作为法人的一项民事权利，我国公立高校虽不拥有法人财产的所有权，但享有法人财产的收益权。在现实生活中，公立高校一般都会将办学中的一部分经营收益拿出来用于教职工的奖金与福利。这究竟算用于“高等学校法人的办学”呢，还是算用于“投资者或经营者之间的利益分配”？这两者的法律性质和法律责任在我国是完全不同的。

第六章　教育行政伦理

法律和制度并不是规范教育行政活动的唯一有效方式。无论法律规范和制度设计如何具体周密，也不可能穷尽教育行政权力运行中的一切复杂问题，必然会有一些法律和制度覆盖不到的空间。对于这种法律和制度“覆盖不到的空间”，只有通过自律的方式才能够得到圆满解决。所谓自律方式，就是伦理的方式，就是在教育行政活动中依靠教育行政主体的内在道德主体性和人格力量，来弥补法律和制度上的欠缺或空白，使行政人员有能力运用个人的道德价值观念，对规则未能示明的行政行为的伦理正当性作出正确判断，并依据正当的伦理标准作出行政行为。

第一节　行政伦理概述

行政伦理（administrative ethics）是关于行政伦理关系和行政伦理现象的总体把握。所谓行政伦理关系，是指由社会的经济关系所决定并受到社会的政治制度和行政体制直接影响，遵从一定的行政伦理观念、行政伦理原则和规范所形成的一种特殊的社会关系。所谓行政伦理现象，包括行政伦理活动现象、行政伦理意识现象、行政伦理规范现象。

一、行政伦理研究的兴起

行政伦理研究兴起于 20 世纪 70 年代，当时一些著名的行政学者（严格讲，他们是新公共行政学者）表现出对行政伦理的持续关注，这些人包括斯科特（William G. Scott）、哈特（D. K. Hart）、哈蒙（Michael Harmon）、沃尔多（Dwight Waldo）、弗雷德里克森（G. Frederickson）、洛尔（John A. Rohr）等。这一时期产生了行政伦理研究的一些重要著作，大学里也开始纷纷开设行政伦理课程，行政伦理学成为行政学的一个新兴研究领域。

是什么原因促成了行政伦理研究的兴起呢？总结起来，大致有以下几个方面的原因：

（一）行政价值定位的变迁

行政伦理研究兴起的根本原因，在于行政体系的核心价值发生了根本性变化。传统行政学以政治与行政的严格分野为基础，行政就是执行行为，其最高准则就是价值中立和效率至上。因此，对行政组织及其人员而言，经济而有效率地执行任务就是其全部职责。在这种行政理念及其实践模式主导下，行政人员是不参与决策的，自然就没有在决策中进行价值判断和选择的机会，一般也不会遭遇各种价值冲突。

可是，自 20 世纪 70 年代起，政治行政二分的理论框架开始遭到猛烈的抨击，价值中立不再具有解释力和影响力。挑战主要来自两个方面：一是行政过程中自由裁量权的存在，使得行政人员实际上参与甚至主导了法律的制定和重大决策的出台，而在行政执行过程中，由于法律所固有的不完备性，在很多情况下需要行政人员自己进行价值判断，这就引发了行政人员应该就自己的裁量决定向谁负责以及负什么样的责任的问题，亦即伦理考量问题；二是社会对行政在治理中的决策职能越来越认同，于是突出了行政伦理问题，即行政人员需要面临不同层面的价值判断和选择，包括职业准则与价值、组织准则与价值、个人准则与价值、社会道德规范等，而职业意识的增强与变迁，又不断增加着行政人员伦理选择的难度。

（二）回应多元化需求的公众压力

一方面，由于同立法机关相比，公众与行政机关的接触机会相对较多，公众变得越来越期望由行政人员而不是由立法人员对他们的需求作出回应，以提高回应的速度和灵活性；另一方面，当代人群需求的多样性与差异性构成了社会发展的多元化趋势，行政人员所面对的已不再是一个“统一的公众”，传统的平等对待原则已无法适应新的行政形势。政府尽管在努力地提供各种规范化的服务与产品，却越来越难以同时满足有着不同文化背景与需求的公民的需要。

上述两类外部压力要求行政主体更负责地回应社会需求，突出了行政人员价值判断与选择的迫切性。

（三）行政人员伦理自主性的内在动力

有两种同时存在的因素提高了行政伦理自主性的重要性：一方面是行政组织对成员的控制无所不在；另一方面是行政人员在当代发生了多种身份认同之间的伦理冲突。威廉姆·怀特（William White）以组织伦理或者官僚伦理来说明组织控制对个人伦理自主性的压制状况：官僚伦理强调行政人员对行政组织的认同感和忠实义务，并以此为指导原则，来解决个人与组织之间的冲突。这一组织伦理的实质，就是使组织对个人的压制在伦理上得以合法化。可是，与官僚伦理压制个人伦理自主性相对立的一个现象是，在后现代背景下，行政人员的角色却变得多样化起来，这使得行政人员能超越组织伦理而获致多种身份认同，包括职业身份认同、政治身份认同和社区身份认同，等等。一旦行政组织偏离公共服务目标转而为自身谋利时，或是为上级部门中的个人私利服务时，行政人员就不能不在组织忠诚与其他身份认同之间进行选择，而选择的基础正是行政伦理的自主性。

二、行政伦理概念

（一）行政伦理的内涵与实践价值

所谓行政伦理，一般是指以行政机构及其工作人员为伦理主体，在行政管理活动中所奉行的一系列行为规范。国内外学者对行政伦理概念的界说虽然存在一定差异，但其核心要素却是基本一致的，对行政伦理的存在领域、主体和实质等问题形成了基本共识。夏书章在其《行政管理学》一书中，将行政伦理界定为“是关于调整国家公务员与社会、行政机构之间，国家公务员系统内部成员之间，以及行政机构之间相互关系的行政行为规范的总和”①。静态地看，行政伦理是国家行政机关及其工作人员在权力运用和行使过程中所应确立的伦理意识、伦理规范及伦理行为的总和，包括制度伦理和个人伦理；动态地看，行政伦理渗透在行政过程的方方面面。在当代我国，行政伦理行为的核心内涵被表述为“全心全意为人民服务”，其基本内容是“廉洁奉公，勤政为民”。

行政伦理意味着公共行政制度应具有符合道德性及道德实现的保障机制，行政人员应具有行政道德责任意识及道德行为能力。行政伦理的实践价值在于：每当行政活动走到法律与制度的前沿空白地带时，行政主体就只能依靠行政伦理来辨明方向、开拓道路。

（二）行政伦理的思想核心：伦理责任

与行政伦理行为密切相关的一个核心概念是“伦理责任”，这是通过对行政人员的角色进行分析而得出的结论。

一个人在社会生活中总是要扮演着特定的角色，例如父母、朋友、公务员、公民等。每一种角色都有构成其行为规范的特定社会期待，即一系列相应的义务和责任。正是“角色”这个概念，把“义务”的担当和“责任”的履行“焊接”在一起。然而，在现实生活中，普通人往往会穿插活动于不同的角色之中，所以常常会陷入角色矛盾和冲突之中。与普通人一样，行政人员也必须活动于不同的角色之中；每一种角色的背后，都附带着一系列义务和责任，夹

① 夏书章.行政管理学(第四版)[M].北京：高等教育出版社/广州：中山大学出版社，2008：296.

杂着不同的利益。尽管法律、法规会对行政人员进行角色规范，但它们通常只对行政人员的行政行为提供一些原则性指导；行政人员究竟如何举止，他们自己拥有一定的自由裁量权。

通常情况下，工作环境只是一味要求行政人员努力将工作做完，一旦遇到角色冲突和责任紧张关系，他们便难以招架。行政伦理责任正是在角色冲突的伦理思考基础上产生的，意在强调它是一种积极的责任，尤其是在行政主体处理灵活、复杂、多变的行政事务过程中，遇到法律无法穷尽的情况时，就需要行政伦理责任及时"补位"。既然工作环境具有一定的随意性，就不能不强调行政人员的伦理责任，依靠其来指导行政人员作出负责任的而不是邪恶的行政行为。

（三）行政伦理的法理基础：公民权

公民权是认识公职人员伦理的法理基础。从法律意义看，公民权主要是指由法律规定的公民的权利与义务；从伦理角度看，公民权涉及一个人在政治共同体中的成员资格特性——维护共同利益的权利与义务。

公务员的地位及其合法性，根源于其作为职业公民的角色。法国思想家卢梭（Jean-Jacques Rousseau，1762）把公民界定为"把社区的利益放在心上行动的人"①。在他眼中，公民权是一种生活方式，包含着一种对社区及其成员的承诺、对公共事务的参与水平以及将个人的利益置于更广泛的社会利益之下的意愿。沃尔泽（Michael Walzer，1980）宣称，公务员是"代替我们其余人员的公民，共同的利益就是他们的特质"②。美国行政伦理学家特里·L·库珀（Terry L. Cooper，1991）说得更明白，公务员是"将公民的责任延伸到其一生工作中的人"，"行政官员的伦理身份应该是一种职业公民，他们被委以从事的工作是我们在一个复杂的大型政治共同体中所不能亲自干的工作。行政官员应该是那些'特别负责任的公民'，他们是公民这个整体的受托人，是被雇用来作为我们中的一员而为我们工作的公民"③。张康之在《寻找公共行政的伦理视角》一书中也提出了一个有意思的命题，叫做"公共行政拒绝权利"④，其潜台词是强调国家工作人员在履行职务时，应将公法角色置于私法角色之上，将社会利益置于个人利益之上。

① ［法］卢梭.社会契约论[M].何兆武，译.北京：商务印书馆，2004.

② Michael Walzer. Radical Principles：Reflections of An Unreconstructured Democrat[M]. New York：Basic Books，1980.

③ Terry L. Cooper. An Ethic of Citizenship for Public Administration[M]. Prentice Hall，1991；［美］库珀.行政伦理学——实现行政责任的途径[M].张秀琴，译.北京：中国人民大学出版社，2001.

④ 张康之.寻找公共行政的伦理视角[M].北京：中国人民大学出版社，2002.

（四）行政伦理的调控焦点：自由裁量权

美国公法学家肯尼思·戴维斯（Kenneth Culp Davis，1971）对自由裁量权给出的著名定义是："一个公共官员拥有自由裁量权，意味着无论对他的权力作怎样有效的限制，他依然具有在作为和不作为的可能系列中做出选择的自由。"[①] 一般的行政法认为："自由裁量指行政机关对于做出何种决定有很大的自由，可以在各种可能采取的行动方针中进行选择，根据行政机关的判断采取某种行动，或不采取行动。行政机关自由选择的范围不限于决定的内容，也可能是执行任务的方法、时间、地点或侧重面，包括不采取行动的决定在内。"[②]

行政过程中的确广泛地存在着自由裁量权，这种现象受到戴雪（A. V. Diecy）[③]、狄骥（Leon Duguit）[④]、哈耶克[⑤]等严格法治主义者的痛斥。但是，美国法学家罗斯科·庞德（R. Pound，1959）却通过实证归纳得出一个结论："没有一个法制体系能够做到仅仅通过规则而不依靠自由裁量来实现正义，所有实施正义的过程都涉及规则和自由裁量两个方面。"[⑥] 肯尼思·戴维斯也认为，从制度实践的层面看，严格法治主义者由于对法律规范所寄托的期望大到不切实际的程度，他们对自由裁量权的排斥主张非但不可能获得成功，而且与法制系统中自由裁量权长期广泛存在的事实形成极为强烈的对照。[⑦]

行政伦理学家通过研究发现，行政自由裁量权的存在至少在三个方面的确相当普遍：第一，从行政权行使的方式看，90%以上的行政行为是通过非正式方式而作出的，具有很强的自由裁量特征；第二，行政机关在对特定当事人作出直接影响其权利义务的最终行为之前，需要先作出一系列"初步决定"，这些初步决定行为具有很强的自由裁量性；第三，行政机关对于某种违法行为是否进行追究，属于"检控自由裁量权"，行政机关在这类事务中如果不作为，基本上属于行政自由裁量之范围，不受司法的审查。

既然无法消除自由裁量权存在的必然性和合理性，就只能设法去消除那些不受任何原则和规则指引的自由裁量行为，或是事后对因为不恰当的自由裁量

① Kenneth Culp Davis. Discretionary Justice：A Preliminary Inquiry[M]. Chicago and Springfield：University of Illinois Press，1971：56.

② 王名扬. 美国行政法[M]. 北京：中国法制出版社，1995：545.

③ A. V. Diecy. Introduction to The Study of The Law of Constitution (8th. ed.)[M]. London：Macmillan，1915：198.

④ Leon Duguit. Traite de droit Constitutionnel，(2d ed.)[M]. Paris：Fontemoing & Cie，1923：678-688.

⑤ F. A. Hayek. The Road to Serfdom[M]. Chicago：University of Chicago Press，1944：72.

⑥ R. Pound. Jurisprudence[M]. Cambridege MA：Harvard University Press，1959：355.

⑦ Kenneth Culp Davis. Discretionary Justice：A Preliminary Inquiry[M]. Chicago and Springfield：University of Illinois Press，1971.

行为而产生的非正义结果进行校正。行政伦理是帮助行政主体确定合理的自由裁量空间的重要工具，自由裁量权是行政伦理的主要调控对象。

三、行政伦理责任

在行政学领域，不同的学者对行政责任有不同的认识。费斯勒（James W. Fessler，1996）和凯特（Donald Kettl，1996）认为，行政责任具有两种含义：其一是负责（accountability）的含义，表现为忠实地遵守法律，遵守上级的命令和经济与效率的标准；其二是道德的行为（ethical behavior）的含义，即坚守道德的标准，避免出现不符合伦理道德的行为。[①] 相对而言，美国行政伦理学家库珀对行政责任的划分似乎得到了更多学者的认同。库珀将行政责任划分为客观责任和主观责任：客观责任是指法律规定的义务以及上级交付的、客观应尽的责任[②]；主观责任指行政人员的忠诚、良心以及认同，它来自公共管理者对责任的感受和信赖，强调行政责任源于内在的驱动力。

（一）客观责任

客观责任（objective responsibility）与外部力量的要求有关，如法律、行政组织、社会对行政人员的角色要求，具体形式是职责和义务。这两者中，义务更为根本，而职责是确保义务在等级制度结构中得以实现的手段。行政人员的义务一般包括对直接上司的义务、对政策制定者的义务、对公民的义务。从行政伦理层次说，这些义务是逐层加深的：第二种义务超过第一种义务，第三种义务又超过第二种义务。换言之，对公民的需求和利益负责，虽然形式上不是行政人员最直接的职责关系，却是最根本的义务关系。因为，行政人员对宪法的责任，优先于对一切法律的遵从。

（二）主观责任

主观责任（subjective responsibility）与内在力量的要求有关，如基于公职人员身份的忠诚、良心、信念对行政人员的角色要求。行政人员在履行角色时，不是仅仅迫于上级或法律的要求才那样做，而且是同时也受到某种内驱力的控制和驱使而以某些特定方式去行为，从而使客观责任的履行与其内心的正义感受相一致。这种特定的行为方式是在社会化过程中产生的，体现了行政人员通过家庭、学校、朋友、宗教团体、职业培训和组织参与而获得的一系列价值观、态度和信念。由于价值观具有控制人的行为的逻辑性与连续性，能够使行政人员在各种情况下都以一种相对可预测的方式去行使自由裁量权，因此能

① James W. Fessler，Donald Kettl. The Politics of the Administrative Process[M]. London：Chatham House，1996：179-213.

② 同上书。

建立起公众对行政人员的一种特殊信任。众所周知，行政行为对逻辑性和连续性具有很高需求，这使得主观责任的建立成为一种必要。

客观责任与主观责任在理论上应该是一致的，但是在行政实践中，两者发生冲突的情况并不鲜见。而行政主体要怎样做才能够将主观责任与客观责任融为一体呢？一些行政伦理学家认为，这主要得依靠道德想象力这种伦理技巧的发挥。

四、行政伦理冲突

行政人员常常不得不面对由行政责任而引起的种种行政伦理困境。冲突性的责任困境与行政人员怎样有意、无意地为价值和原则排序有关，冲突的发生往往由角色、权力、利益等因素引起。①

（一）权力冲突

所谓权力冲突，是指有两个或两个以上的权力来源（例如法律、上级官员、公众等）从外部向行政人员施加压力而造成的责任紧张关系。如果多个权力源对行政人员的行为要求是不一致的，甚至是不相容的，例如法律要求这样做，而上级领导却要求那样做，那么行政人员就会面临行政伦理困境。在行政工作中，对上级的错误命令是执行还是拒绝？是选择对上级负责还是选择对公众负责？是履行职务性道德义务还是履行非职务性道德义务？这些“道德选择困境”涉及的正是行政伦理问题。

在冲突的情况下，符合伦理规范的行为，未必就是服从上级和组织的行为。1945 年《纽伦堡国际军事法庭宪章》在激烈争论之后，最终对战争犯罪行为确立了“上级命令不免责原则”。该宪章第八条规定：“被告遵照其政府或某一长官之命令而行动之事实，不能使其免除责任。”也就是说，只要接到命令的人自身还存在着道德选择的可能性，那么，“服从上级命令”就不能构成免除其责任的理由，最多只能在量刑上予以考虑。这一原则强调了公职人员在权力冲突中服从道德良知以及对公共利益承担终极责任的重要性。

（二）角色冲突

角色冲突是指行政人员在生活中具有两种或两种以上的社会身份：一种角色要求他这样做，另一种角色要求他那样做，因而使其遭遇伦理冲突。在现代社会里，公职人员往往同时扮演着多重角色，如行政人、社会人、经济人，等等。在公职人员行使公共权力的过程中，他们的多重角色时常会产生冲突性的

---

①　根据库珀的研究，公共行政人员的伦理困境表现为三种类型：权力冲突、角色冲突及利益冲突。参见：[美]特里·L·库珀.行政伦理学：实现行政责任的途径[M].张秀琴，译.北京：中国人民大学出版社，2001.

义务："行政人"角色要求行政人员突出公共利益最大化的价值取向，而"经济人"角色要求其突出私人利益最大化的价值取向。随着公共领域和私人领域的分化，行政人员的公共利益和私人利益也逐渐出现二元分离。在"二元分离"的情况下，行政人员有可能受自身非本职角色的驱动，而放弃本职岗位所赋予的行政责任要求，作出不符合其行政角色的行为选择。如果这种现象发展到一定规模，就不能排除整个行政组织的行为最终都会偏离公共利益和行政目标的可能性。

（三）利益冲突

利益冲突是指行政人员的私人利益与他作为一个公职人员的义务之间发生的冲突：一种利益要求他这样做，另一种利益要求他那样做，因而使行政人员遭遇行政伦理冲突。从本质上看，行政伦理中的利益冲突就是个人利益与公共职责之间的冲突。教育行政部门如果官僚主义泛滥，就会使行政人员在利益的争斗中迷失方向、丧失自我，沦为不讲仁义道德、利欲熏心的权力专家，专门钻法律和制度的空子，而公共职能则被扭曲为他们追逐自身利益的手段。历史上和现实中，都不乏这种冠冕堂皇地打着效率和服从的旗号，骨子里却是为了获取某种特殊利益而牺牲行政价值目标的人物和事例。

无论是上述哪一种冲突，当行政主体为了执行某一伦理准则而破坏另一伦理准则、为了履行某一角色义务而背离另一角色义务、为了维护某一种利益而牺牲另一种利益的时候，行政主体就陷入了伦理冲突困境。

（四）对行政伦理冲突的回应

在伦理冲突困境中，行政人员究竟应该怎样作出选择？怎样的行为才不违背行政理想？才能够担当起行政责任、实现行政目标？这正是行政伦理要研究和解决的问题。

1. 应对中的困难

对于行政人员来说，行政价值的选择往往并不轻松：在行政组织的外部，存在着不同利益与力量的竞争、变动不居的政治关系、不稳定的经济状况、媒体的肆意渲染以及公众的多元需求；在行政组织的内部，存在着官僚主义体制下的各种冲突和矛盾。这一切在很大程度上加剧了行政人员个人的无力感，以至于一些学者形容他们是挣扎在充满价值冲突的"行政沼泽"中的人。

在复杂的行政实践中，伦理难题确实可谓千差万别、变幻莫测，它们大多发生在法律和制度的管辖边界之外，总爱出现在人们最意想不到的时刻，极大地考验着行政人员的应变能力和道德水准。而且，随着政治社会的多元化和公众参与政府事务的普遍化，行政人员所面临的价值挑战会愈来愈大，其道德权衡亦会愈来愈困难。

2. 应对原则与技巧

在应对行政伦理冲突的过程中，掌握一些基本的原则、方法与技巧，对于行政伦理主体是必要和有益的。

一是正确地认识行政伦理价值的等级次序，要承认社会整体利益高于部门利益，集体利益高于个人利益——这是为了解决何种角色对于行政人员而言具有优先权的问题。如果行政组织偏离其使命，而行政人员仍在致力于为实现这个已经偏离了的目标而奋斗，行政伦理冲突就不可能真正得到解决。

二是积极地发挥道德想象力，处理好伦理的绝对性与相对性之间的辩证关系。并非所有相互冲突的价值都不可通约，片面地夸大伦理的相对性或绝对性，都不利于社会矛盾的解决，也不利于伦理主体真正从冲突困境中解脱出来。在伦理“胶着”状态下，可以借助道德想象力设想出与具体情境相吻合的道德问题及其可供选择的替代方案，以便最终找到最合适的解决方案。

三是适当地采取伦理妥协姿态，在实属迫不得已的情况下，权衡利弊，主动放弃履行某些层次较低的行为规范，或牺牲某些影响较小的行政伦理价值，以维护更高的行为规范和换取更大的行政伦理价值，其动机实质是取“最小的恶”，其实际社会效果是在特殊情况下以特殊的方式积极地追求公共的“善”。

五、实现行政伦理行为的方法论

整体而论，怎样一种控制系统及机理才能使行政人员在行政组织中倾向于保持负责任的行为，而主动避免不合伦理的行为呢？这还要涉及实现伦理行为的方法论问题。

（一）传统式的方法论

1. 外部控制途径

所谓外部控制（external check）途径，是指将行政伦理原则、精神和规范转化为相应的行政制度形式，从外部强行对行政人员的伦理越轨行为实施控制，故又称制度化伦理。例如，通过立法（如制定《政府伦理法》、《荣誉法典》、《公务员法》）、颁布制度、调整组织构成或是建立新的组织等手段，以便更严格地监管下属。主张实施外部控制的理由是：行政人员的个人判断力和职业道德水平不足以保证他们在价值冲突的情景中合乎伦理地行为。

在行政学研究的早期，威尔逊（Thomas W. Wilson，1941）就认为，若要在公共管理中普遍保证行政行为符合伦理原则，不能寄希望于思想教育、理性引导或提升个人品德的途径，只有对自由裁量权进行结构化控制才是根本保证。[①] 威洛毕（F. Willowby）也认为对个人品质进行评估的难度很大，因此个人伦理应当从属于组织的外部控制。赫尔曼·芬纳（Herman Finer，1941）更是主张只有外部控制才是民主政体确保行政责任的最佳手段[②]，深信唯有实行法律和制度的控制，才能使行政人员产生负责任的行为，思想教育和职业准则只具有辅助性作用。

2. 内部控制途径

所谓内部控制（internal check）途径，是指通过建立和强化行政人员的职业价值观等伦理自主性，来形成一种内部控制机制，从而保证公共组织及其工作人员在缺乏规则和监督机制的情况下，自我符合伦理规范地作出行为，故又称制度伦理化。卡尔·弗雷德里克（Carl J. Friedrich，1940）不赞成将外部控制作为行政责任的基础，他认为行政人员的职责是以专业知识和行为规范为基础的，因而主张职业化是确保行政人员负责任地行为的最佳途径，职业化是实现行政责任的基石。[③] 因为，"如果没有一套基于专业知识的标准，如果行政官员不能使责任内化并且不能使彼此相互负起责任，那么责任就不可能实现"[④]。针对外部控制论强调自由裁量权控制的观点，肯尼思·戴维斯针锋相对地提出，对自由裁量权范围进行控制的唯一希望"就在于行政的自我控制"[⑤]。

3. 两种方法论之利弊得失

在外部控制论和内部控制论之争的背后，其实是人性假定的问题。应该说，两种方法论是利弊互现、各有得失，不能简单地说哪一种控制机制必然地具有绝对优势。

外部控制途径的优点是为公共行政人员的行为确立了刚性的标准，划清了伦理的底线；但是由于它没有解决伦理自主性的问题，因而只能解决一般情况下出现的伦理问题，不能解决各种复杂情况下出现的伦理问题。况且，法律制度不能自动发生作用，最终还是要通过人的行为才能够得以实施，所以单纯外部控制的效果必然有限。

---

① Woodrow Wilson. The Study of Administration[J]. Political Science Quarterly, 1941(56): 481.

② Herman Finer. Administrative Responsibility in Democratic Government[J]. Public Administration Review, 1941(Vol. 1): 335-350.

③ Carl J. Friedrich, William C. Beyer, Sterling D. Spero, John F. Miller, George A. Graha. Problems of American Public Service[M]. New York-London: McGraw-Hill, 1935.

④ Carl J. Friedrich. Public Policy and the Nature of Administrative Responsibility [M]. Cambridege: Harvard University Press, 1940: 3-24.

⑤ Kenneth Culp Davis. Discretionary Justice: A Preliminary Inquiry[M]. Chicago and Springfield: University of Illinois Press, 1971: 69.

内部控制途径的优点是它建立在伦理自主性的基础之上，因而在法律与制度缺位的情况下它能够发挥作用，有助于行政主体灵活自主地面对行政活动中千差万别的具体伦理冲突。但是它为行政主体提供的是伦理上限，且须求诸个体的价值观和伦理技巧，因而较难达成共识；如果存在着对抗性的价值观，仍然难以避免冲突。况且，承担伦理行为的义务往往是孤独的，个人不得不为抵制不负责任的行政行为而与组织的力量相对抗，注定需要承受巨大压力和付出沉重代价，这就不可避免地要触发个体伦理自主性的极限问题。所以，单纯内部控制的效果也是有限的。

（二）内外整合控制的方法论

库珀认为，符合伦理规范的行政行为不可能在孤立情况下形成，并得以有效维持。于是，他提出要在内部控制和外部控制两种控制途径之间设计一种平衡机制，发挥它们各自的积极功能，共同增强对行政人员负责行为的控制力，藉以形成一种对行政人员的“内外整合控制机制”①。整合控制机制一般包含四个控制要素。

1. 个人品质

法律和组织纪律不可能具体到足以涵盖行政人员所遇到的所有情境和偶发事件，公众参与也不可能深入到日常行政行为的每一个细节中去，上级对行政活动的监控范围更只能是有限的。只有被深深内化了的个人品质，才足以保证行政人员的道德行为。这些内在品质可以为行政人员正确行使自由裁量权提供持续性指导，使之既符合组织目标，又符合公民义务。个人品质包括伦理决策技巧、心理态度、美德和职业价值观，它们是层级组织机构有效运转的必要条件。

2. 组织结构

组织结构包括明确的职责、合作性安排制度、异议表达渠道和参与程序等，它们是行政人员个体在组织中发挥作用的重要工作环境，对行政人员的伦理行为具有重要影响。行政组织不仅可以通过对责任的明确规定来增强每一个行政层级的责任，而且可以通过让组织成员参与政策制定过程的制度安排，来增强他们对实现组织目标采取负责任的行为的动力，进而增强组织的合法性。

3. 组织文化

组织文化包括榜样、行政规范和信条，对组织成员的行为有很大影响，它们甚至可以使组织成员的行为偏离乃至背离正式制度。比如，在行政组织文化中普遍存在着一种叫做“沉默权法规”的非正规伦理准则：一个行政人员一旦

① ［美］特里·L.库珀.行政伦理学：实现行政责任的途径[M].张秀琴，译.北京：中国人民大学出版社，2001.

违反了这种准则，去检举同事的不道德行为，他往往会遭到上级和其他同事的责难和打击。

因此，在行政实践中，组织文化趋向于恶或暧昧，就会强化行政人员行为的非伦理化选择；组织文化趋向于善，就会鼓励个人的道德行为。因此，发展有利于"善"的行政行为的行政组织文化，抵制有利于"恶或暧昧"的行政组织文化，对于提升行政伦理行为十分重要。

4. 社会期待

社会期待是指公众在不同方面对行政人员所寄予的希望，它们集中体现为法律与政策。承载公众意志的法律与政策，可以通过界定行政自由裁量权限，来对行政人员的行为进行外部控制。在多元化发展的时代，法律和政策还是抵消行政离心力的最重要力量，是融合不同社会期待的基本框架。社会期待也表现为公众参与，在实现和保持行政责任的过程中，公众参与不仅可增强行政人员的公众意识，而且有助于澄清法律和政策的意图。

当上述四种控制要素被整合成一种相互促进、合力发展的行政伦理生态系统时，它们将共同支撑合乎伦理的行政行为：组织文化通过构建职业伦理化的组织生态而有利于提升行政人员的个人品质，个人品质通过增强行政人员的良知与法律意识而有利于他们对公众的要求作出积极的回应——这两者着重于内部控制；组织结构通过科学设计和合理安排而有利于为公众参与提供广泛渠道，社会期待通过法律与政策的表达与执行而控制自由裁量权并消解行政离心力——这两者着重于外部控制。

强调"整合控制论"的思想和方法、系统地设计行政责任机制的行政学家还有吉伯特（Charles E. Gilbert，1959）。吉伯特在其《行政责任的框架》一文中[①]按照正式与非正式、内部与外部两个层面，构建了四种达成行政责任的途径，本书在其基础上略加修改，如表 6-1 所示。

表 6-1　达成行政责任的整合式途径

<table>
<tr><td rowspan="2">正式的途径</td><td>内部途径</td><td>外部途径</td></tr>
<tr><td>行政控制</td><td>立法、法院控制</td></tr>
<tr><td>非正式的途径</td><td>职业规范引导
榜样官员示范
公共利益驱动
道德约束与激励</td><td>利益集团施压
公民参与
传媒监督</td></tr>
</table>

① Charles E. Gilbert. The Framework of Administrative Responsibility[J]. Journal of Politics, 1959 (21): 373-407.

整合控制方法论认为，经由上述途径，外部控制与内部控制、制度伦理与个体伦理就可以比较完美地结合起来，它们所共同引导的伦理思考过程，将最终导致负责任的行政行为的产生。

要之，法律与制度是维护行政正义的一翼，伦理与道德是维护行政正义的另一翼，它们分别以外部力量和内在力量来规范行政行为，确保行政正义；缺少其一，行政系统就无法“正义”地运作。对行政伦理的研究，既揭示了建立“责任行政”的复杂性，也昭示了加强伦理素质建设的重要性。行政伦理所自觉建立起来的道德力量，有助于行政人员确立内心价值体系，明确自身的责任与义务，“在激烈而充满凶险的冲突中找到履行自己职责的方法”[①]，从而抑制行政组织的腐败和专制，矫正行政个体的自我服务行为。

第二节 教育行政伦理现象

教育行政伦理是行政伦理在教育领域的具体体现，教育行政伦理现象渗透于教育行政活动的方方面面。一般而言，教育行政伦理现象可以从三个方面去认识，即教育行政伦理活动、教育行政伦理意识、教育行政伦理规范。三者之间的关系是：教育行政伦理活动是形成教育行政伦理意识的基础，并能使已经形成的教育行政伦理意识得以巩固、深化和提高，上升为教育行政伦理规范。

一、教育行政伦理活动

教育行政伦理活动是教育行政主体建立在伦理价值判断与选择基础之上的一种伦理道德活动。

(一) 教育行政伦理活动的含义及特征

1. 教育行政伦理活动的含义

史万兵将教育行政伦理定义为“以一定的价值为基础、以公共利益的维护和增进以及受教育个体人格的完善为目标，通过自律和他律的方式，调节（教育）行政主体的行政行为的一系列行为规范的总和”[②]。蒲蕊将教育行政伦理定义为“是关于教育行政系统以公正和正义为基础的教育行政伦理价值观、教育行政伦理原则和行为规范的总和，其作用在于帮助教育行政主体形成正确的教育行政责任观，确保其行政行为符合一定的道德规范，从而从整体上提升教

① ［美］特里·L.库珀.行政伦理学：实现行政责任的途径[M].张秀琴，译.北京：中国人民大学出版社，2001：91.

② 史万兵.教育行政管理[M].北京：教育科学出版社，2005：7.

育行政活动的公平与正义的水平”[①]。

这类定义大多“文本化”地从静态角度去理解、概括和描述教育行政伦理，一定程度上揭示了意识形态上和规范形态上的教育行政伦理，却不能充分展示行动形态上的教育行政伦理，难以体现教育行政伦理在实践中所具有的强烈的行动选择性及其冲突性。库珀不满于这种教科书上的平面定义，他说，“所谓（行政）伦理，意味着（行政人员）要就义务、后果和最终目的进行实质性的推论”[②]，行政主体必须思考指导行政行为的价值观，在执行“实务”的同时，反思价值和原则问题并付诸行动，而不是流于“说说”而已。由于这一伦理思考过程通常会包括情感表达、道德规则、伦理分析和后伦理思考四个层次[③]，库珀据此将行政伦理界定为“一个根据某一具体的行政决策将我们的价值观进行整理排序的实际过程”[④]。所以，教育行政伦理活动绝不仅仅是相关意识形态和规范形态的呈现，更重要的是，它必须在具体的问题上就教育行政义务、后果和最终目的进行实质性的推论，并且将思考结论付诸行动，而无论这一过程可能会多么痛苦。当教育行政人员面临重要而复杂的问题时，他们越是能够有意识地、系统地思考教育行政决策的伦理性，就越是能够在行动中成为负责任的行政人员。

2. 教育行政伦理活动的特征

教育本身是一种高度追求价值的活动，与其他领域相比，教育体现着更多的伦理精神。相应地，与其他行政领域相比，教育行政活动常常会涉及一些特定的伦理道德及价值观方面的问题。

(1) 伦理主体具有“高人文性”

教育行政伦理的主体是教育行政组织及其公职人员，即依法在教育行政机构中担任各类教育行政管理工作的人员。教育活动的基本功能是培养人，包括推动学生的知识发展与人格完善。学校、教师、学生作为教育活动的主体，每时每刻都离不开“以人为本”。哈佛大学的 MBA 学员在毕业宣誓的誓词里，第一句誓言就是“我将以最正直的方式行事，以符合道德规范的方式从事我的工作”。概言之，教育主体是具有“高人文状态”的一个群体，而教育行政主体作为对于这样一个群体负有“照看”职责的管理者，其自身无疑是更加需要

---

① 蒲蕊. 论教育行政的伦理精神[J]. 教育研究，2007(9)：39-44.

② Terry L. Cooper. The Responsible Administrator: An Approach to Ethics for the Administrative Role[M]. San Francisco: Jossey Bass，1998：Ⅺ.

③ 后伦理思考的典型表现形式就是“我为什么应该遵守道德规范”，思索目的是要设法找到一种允许我们自己“进行道德博弈”的恰当理由。

④ Terry L. Cooper. The Responsible Administrator: An Approach to Ethics for the Administrative Role[M]. San Francisco: Jossey Bass，1998：Ⅺ.

伦理精神的关照，其职业道德要求应该是比一般行政主体更高。教育行政机构及其公职人员不仅要遵循一般的公共行政职业规范，还必须热爱教育事业，尊重教育规律和人的身心发展规律，要以促进人的全面自由的发展为最高使命，须经受育人伦理的评判与考量。

(2) 伦理适用领域具有“高焦点性”

教育行政伦理的适用领域是教育行政活动。在现代社会里，教育不仅是促进经济与社会发展的重要因素，而且是影响社会分层和收入差异的重要因素，具有人力资本收益功能；而优质教育资源的稀缺性，更使得教育成为当代利益冲突十分集中的一个领域，甚至成为不同社会阶层争夺的焦点。这种“焦点地位”特征，加上教育行政主体手中握有教育资源、教育机会在不同社会主体之间进行分配的权力，这就造成一种客观环境，使得教育行政主体在社会转型的背景下常常面临着更多的寻租条件和更为剧烈的行政价值冲突。而法律在这类社会新问题领域中的薄弱状况，使得罪与非罪的边界常常显得比较模糊，也使得行政主体及其公务人员的违法成本相对较低。如何在利益多元化和“价值摇晃”的复杂环境下增强思想的定力，始终坚持“善”的行政目标，相当程度上取决于教育行政主体的伦理素质。教育行政伦理必须坚持以全体受教育者和社会公众的利益实现为目标。

(二) 教育行政行为的伦理选择

1. 伦理选择的条件与动因

表面上看，教育行政伦理选择出现的客观条件是外部环境存在着若干种选择的可能性，行为主体需要从中选择一种行为方案，而舍弃其他的行为方案。然而，从本质上分析，教育行政主体的伦理自主性及其能力才是产生伦理选择的根本条件。其中，选择的伦理动因占据着核心位置。一般认为，行政义务、行政良心、行政价值目标是三个基本的伦理动因。

2. 伦理选择的责任及限度

如何看待伦理选择所产生的责任担当，有两种态度是偏颇的、不可取的：一种态度主张行政行为的选择完全受客观环境的制约，借故推托行政主体的伦理选择责任；另一种态度主张行政行为的选择仅仅受行政人员主观意志的制约，无限放大行政主体的伦理选择责任。事实上，伦理选择责任的客观性和主观性都是存在的：由于法律和制度规范的存在，行政行为的选择确实具有客观规定性；由于法律和制度不可避免地具有某种不完备性，行政人员在客观规定的行政责任面前又是可以发挥主观能动性的。

一方面，教育行政主体需要对自己的行政行为选择承担伦理责任，这是肯定无疑的。如果在现实的行政运作中允许行政伦理责任和行政权力相分离，就会导致教育行政人员的道德责任意识淡化，纵容行政主体不考虑或少考虑其行为的后果，增加行政轻率或行政不作为等自由裁量权使用不当的风险，引发公众对政府的信任危机。

另一方面，教育行政主体也只能在一定的限度内对自己的行政行为选择承担责任。这是因为，行政行为选择在客观方面要受制于现实社会的经济、政治、法律、教育、伦理状况，在主观方面要受制于公职人员个人的价值观、知识水平、业务能力、心理素质乃至身体状况等因素。如果忽视历史的和现实的社会条件的制约，势必无限放大行政行为主体的伦理选择责任。

具体而言，可以从国家是否已制定了相应的行为规范、现实行政环境中是否存在着不止一种可供选择的方案且其中包含着正确的方案、公职人员个体是否已具备作出正确选择的行政伦理能力等方面，来判断伦理责任承担的限度。

二、教育行政伦理意识

教育行政伦理意识，主要表现为教育行政伦理的价值取向。教育行政伦理的价值取向，是指教育行政组织及其公职人员在履行职责过程中所追求的价值目标和所遵循的价值标准。一个国家的教育行政伦理危机，常常根源于教育行政伦理的基础价值观的迷乱，根源于教育行政伦理意识的迷失。对于教育行政活动来说，以下这些价值原则是应该遵循的。

（一）维护和增进教育领域公共利益的价值原则

教育行政伦理首先必须以公共利益为价值基础。判断教育行政活动是否具有合法性，最为根本的一点，就是要看其出发点和最终目的是否是公共利益，并且是否有利于促进公共利益的发展。

教育行政权力具有公共性，但是这种公共权力在实际运作中存在着“公器”与“私器”、“善用”与“恶用”的双重可能性。一个时期以来，一些教育行政机构及其公职人员为了本部门或私人的利益，对教育领域进行不正当的干预，运用手中的权力为个人或部门谋取好处，出现权钱交易、越权行政、关系用权、以权谋私等权力腐败现象，使教育行政权力成为“私器”，沦为“恶用”。比如，尽管我国法律明令禁止择校费，可多年来不但屡禁不止，“择校生”、“择校费”现象在我国反而愈演愈烈，很多地方甚至明确地把这种以金钱交换教育机会的社会现象制度化、合法化，实质上已构成违反《义务教育法》的一种行为，成为滋生教育腐败的温床。据某研究机构 2001 年对北京、上海、广州、成都、西安五市的调查，有 32.6％的小学生家长交过择校费，平均金额达到 3150 元，其中北京达到 4767 元。[①] 尽管人大代表、政协委员年年在两会上质疑择校费问题，但是很少见到教育行政部门和学校对此作出正面回应。

即使是一些情节相对轻微的教育行政行为，比如某些教育行政部门依靠手中握有公布国家考试成绩的权力，利用当事人的急切心理，故意设置收费的所谓“提前查询”服务项目，其实也是违背教育行政伦理精神，有损教育行政人格的，同样会伤及教育行政的权威性和正当性。

一切教育行政制度、教育政策、教育行政行为以及教育行政机构和个人必须坚持公共利益原则，反对权力私化、以权谋私和部门利益化。教育行政部门及其公职人员在履行职能的过程中，只允许获得符合法律精神的自身利益，不得利用公共权力为个人或部门附加利益。弗莱斯曼（Richard Fleischman，1966）、赫林（E. Herring，1936）、舒伯特（G. A. Schubert，1960）等人都曾反复强调，公共利益不是个体的判断，而是社会用来规范公共行政伦理取向的一个十分有用的概念。[②] 教育行政活动所维护的公共利益，其受益主体应当具有非特定性，必须是属于全体社会成员的共同利益，而不是仅仅服务于某些利益集团的利益。教育行政活动应当力避不正当因素的影响进入行政过程。

（二）追求教育行政公平正义的价值原则

教育行政伦理还必须以公正和正义为价值基础。亚里士多德说过：“在各种德性中，人们认为公正是最重要的。”[③] 尼布尔（Reinhold Niebuhr，1943）也认为，社会要实现的最重要的道德理想“与其说是无私，不如说是公正”[④]。如果教育行政难以有效解决教育不公问题甚至成为导致教育不公的根源，说明政府没有尽到教育行政的伦理职责。

在分配教育资源、创设教育行政规范以及具体执法活动中，要体现追求公平公正的伦理原则，教育行政主体就必须妥善处理好多数人利益与少数人利益、强势群体利益与弱势群体利益、发达地区利益与欠发达地区利益等关系。

比如，在我国的教育体制改革中，如何妥善处理贵族学校、转制学校、择校生以及部分贫困家庭学生因负担不起学费而辍学等社会问题，就涉及多数人利益与少数人利益的平衡问题。20 世纪末期以来，一部分国家过分地以市场精神去改造公共教育体制、以市场机制去运作义务教育阶段的学校，这样做虽然满足了一部分社会优势群体获取优质教育资源的愿望，甚至一定程度上缓解

---

① 周大平. 义务教育资源应合理配置[G]//贺春兰. 义务教育谁买单[M]. 苏州：苏州大学出版社，2003：288-289.

② 转引自：李春成. 公共利益的概念建构评析[J]. 复旦学报(社会科学版)，2003(1)：43-48.

③ [希]亚里士多德. 政治学[M]. 吴寿彭，译. 北京：商务印书馆，1965.

④ 转引自：[美]雷茵霍尔德·尼布尔. 人的本性与命运[M]. 谢秉德，译. 香港：基督教文艺出版社，1959.

了政府在教育投入方面的财政压力，却明显减少了国家对社会弱势群体的教育保障，动摇了公众对政府的信心，造成了极其负面的社会效应，不能不引起教育行政部门的警惕。日本、韩国等国在推进义务教育公平的过程中，通常的做法是通过均衡学校硬件资源和推动教师流动制度来促进学校之间的均衡发展。但是在我国，许多地方政府在这个方面根本不肯作为，因为在这个问题上已经形成了一个强大的利益群体：中小学名校不仅是政府的形象窗口，而且成为政府和权势阶层享受优质教育的"近水楼台"，许多权势部门通过与名校"共建"的方式维系这一特权。这正是择校问题难以解决，《义务教育法》关于适龄儿童就近入小学、初中就读的规定难以落实的根源所在。与此相关，近年来，我国中小学"奥数热"现象迫使家长、学生"疯狂"地趋之若鹜，引起社会关注和非议，反对者提出应予"封杀"，其实质也是因为在这一现象的背后，是许多地方的重点学校在"小升初"、"初升高"考试中不当或变相地设置竞争条款，为"奥数"尖子生加分，加剧了择校热，干扰和扭曲了义务教育的非选拔性、非淘汰性的根本性质，严重违背了教育公平正义原则。对此，有些地方的教育行政部门已经果断出手，进行治理。[①]

又如，在市场经济条件下，高校发展定位已经成为一项竞争性很强的学校发展决策活动，其利益摩擦、资源争夺以及市场力量介入的特点十分明显[②]，更改校名在一定程度上已成为高校的一种竞争手段。政府在处理这些事务时本应当十分注意公平和公正，不能对一部分院校更改校名大开"国民待遇"绿灯，而同时却对另一部分院校的改名诉求设置重重壁垒，使其不能获得平等发展的办学机会，甚至不得不沦为弱势教育部门。[③] 政府部门在这类涉及教育发展公平的管理问题上应该具有高度的行政伦理敏感性，应当致力于营造高校之间公平竞争的制度环境，各种政策优惠（包括"211 工程"建设、"985 工程"建设）不应随意扩大甚至异化为某种特权。

再如，我国农村义务教育与城市义务教育在经费投入、办学条件、师资水平、教学质量等各个方面都存在着相当大的差距，严重影响教育公平。政府就需要对城乡义务教育加强统筹规划，合理分配公共教育资源，不断缩小城市学校和农村学校的差距，同时本着向薄弱学校和薄弱地区倾斜的原则，推动义务教育学校均衡发展。我国一些地区在这方面的经验值得借鉴，如江西省从2008 年春季起实行城乡中小学统一的公用经费拨款标准，山东、海南等省对

---

① 如 2009 年 10 月，成都市教育局决定将用一年的时间分批、分类彻底整治"奥数难题"，禁止公办学校升学参考奥数成绩。成都市教育局因此在网上被称为"中国最牛的教育局"。

② 龚怡祖. 高校发展定位活动中的政府作用[J]. 高等教育研究，2006(8)：15-19.

③ 详见龚怡祖. 弱势教育部门"国民待遇"问题的政策研究[J]. 高等教育研究，2005(2)：32-38.

同一县域内教师实行城乡统一的工资标准，北京市海淀区对山区农村学校学生不仅免除学杂费、教科书费，还免除了体检防疫费、校服费等。①

（三）坚持民主、育人的价值原则

由于教育是以人的发展为最终追求目标，因而其价值取向不仅具有一般行政伦理的价值诉求，如谋求和维护公共利益，承担和履行公共责任，公平公正地处理教育事务；而且还必须体现教育行政伦理的某些特殊诉求，如热爱教育事业，尊重教育规律，坚持民主和育人的原则，强调人的发展等人本精神与和谐观念，致力于改进和创造合乎伦理的教育环境，不断提升教育的专业水准。

对教育而言，民主既是一种政治思想范式和文化精神，同时也应当渗透于学校的组织形式。教育行政行为是否以民主信念为依托去建立和调整教育行政管理中的各种关系？是否鼓励地方、学校、家长、社区、教师和学生积极参与教育事业？是否鼓励教育教学活动中的平等精神？这些问题无一不反映教育行政活动的伦理立场。有时候，教育行政过程中的民主姿态在一定程度上可能会导致行政效率下降，但不能因此就牺牲必要的民主程序，因为民主是教育行政部门的核心价值之一，是教育决策科学化和反映民意的必要条件。

如果说民主是教育的存在方式，育人则是教育的根本目的，而其实践途径是源于形式丰富多样的复杂活动。教育行政行为是否能够做到以育人信念为依托？是否能够起到促进学校的管理、提升教育教学水平的积极作用？这同样反映教育行政的伦理态度。教育行政活动能不能始终坚持关注、珍爱和信守教育固有的育人价值，这关乎教育行政活动的存在价值。

民主和育人的价值原则往往体现在许多具体问题和管理细节之中。比如，改革开放以来，在我国高校中，全员聘任、人才分层、教师学历博士化等各种内部改革引发了激烈的竞争，大部分高校的人力激励政策越来越向少数精英倾斜，使高校教师承受着巨大的心理压力。高校教学科研工作的评价标准常常只关注规范性和客观性，而忽视伦理性，甚至将管理工作建立在管理者与教师不平等的基础之上，形成与人事管理直接挂钩的奖惩模式，其目的和手段都很难使教师产生心理上的归属感和文化上的认同感，背离了“以人为本”的管理思想。事实上，以一种标准来评价所有教师、所有课程，会极大地制约教学个性和风格的形成与发展；以年度为单位频繁地对教师进行科研考核，对于教师是极不公平的，而且不利于鼓励具有原创性的重大科研成果的产生。

教育行政主体对民主、育人价值原则的伦理思考，应当细化、渗透到教育管理的各个领域和具体活动中去，凝结成课程与教学管理伦理、教育领导伦

① 庆环. 促进教育公平重大举措：解读免除城市义务教育学杂费[EB/OL]. http://www.jyb.com.cn/xwzx/jcjy/sxkd/t20080801_185836_1.htm,2008-08-01.

理、教育政策伦理、教师职业伦理、学生行为规范等一系列不同层次的具体伦理。

（四）强调责任与义务的价值原则

教育行政中的伦理精神，还体现在教育行政不仅是一个权力与责任对等的领域，而且责任比权力显得更为本位、更为重要。一切教育行政制度、教育政策、教育行政行为以及教育行政机构和个人都必须重视自己的责任与义务，违背责任与义务就会从根基上破坏教育行政活动。

在教育行政体制改革过程中，人们有时候会看到，一些教育行政机关美其名曰放权，将本应属于自己的责任和义务推卸给学校、家长或社会。还有一些教育行政部门通过颁布管理学校、管理教师的种种文件和规定，来强化自己的权力，却不规定自己的责任。这些行为都违背了教育行政伦理精神，将自身摆在一个极不恰当的位置上，给教育行政活动带来合法性危机。

过去一个时期以来，在我国城乡基础教育经费投入安排问题上，就可以看到责任与义务不协调的现象。我国《义务教育法》第二条规定："义务教育是国家统一实施的所有适龄儿童、少年必须接受的教育，是国家必须予以保障的公益性事业。实施义务教育，不收学费、杂费。国家建立义务教育经费保障机制，保证义务教育制度实施。"这一规定清楚地表明了国家对义务教育的责任。然而，由于我国没有专门的法律去规范各级政府的教育投入行为，尽管《义务教育法》及各省出台的地方性法规明确规定了教育经费投入的最低标准，并把依法落实最低标准纳入各级领导的任期目标责任制，但当达不到最低标准时，实际上找不到具体负责任的政府部门，也没有具体的惩戒措施。这使得基础教育在投入上随意性很大，一些政府官员在功利思想的驱动下，可以向一所城市重点中学动辄倾注千万元资金，用于改善其基础设施和提高教师的福利待遇，而拨给农村基础教育的资金，却往往连维持其"简单再生产"都很困难，不得不靠各种教育乱收费去维持。这在客观上造成了城市基础教育是"国家办"、农村基础教育是"人民办"的荒唐局面。这样的局面不仅应受到伦理谴责，将来法律还应当作出规定，如果国家层面的教育经费投入没有达到法定标准，至少应追究财政部、教育部的直接责任；如果地方的教育经费投入没有达到地区财政收入相应的比例，要追究地方行政领导的责任。

三、教育行政伦理规范

教育行政伦理规范是对教育行政机构及其公职人员提出的、在行政管理职业活动中应遵循的道德要求，这些道德要求是在教育行政伦理活动和教育行政伦理意识的基础上形成和发展的，同时又指导和约束着教育行政伦理意识和教育行政伦理活动，表现为教育行政伦理意识和教育行政伦理活动的统一。

（一）教育行政伦理规范的基本范畴

教育行政伦理规范在内容上主要表现为道德义务和道德责任；在实践形式上，尽管政府也会介入，但是主要是依靠社会舆论和个人内心力量起作用。教育行政伦理规范的基本范畴有以下一些：

1. 教育行政伦理责任

教育行政伦理责任是集中反映最本质、最普遍的教育行政伦理关系的核心范畴，是通过教育行政主体的道德、信仰、信念的强化，将刚性的法律责任转化为柔性的伦理责任，以赋予教育行政主体自觉、主动履行法律责任的内在动力。教育行政伦理责任的特点是：与政治责任和行政责任相比，教育行政伦理责任是属于向全体人民负责的整体性范畴；与法律责任相比，教育行政伦理责任的作用在于通过公职人员内心道德意志和信念的转化，将外在的他律责任转化为内在的自律责任。

2. 教育行政理想

教育行政理想是教育行政伦理的灵魂，体现在个体身上就是教育行政人格。教育行政理想在教育行政实践中呈现为一种“理想追求的力量”，是教育行政主体的重要精神支柱和自我期许，在遭遇重大价值冲突时尤其如此。教育行政理想的核心内涵是对教育行政主体具有激励作用的职业责任感、正义感与荣誉感，帮助其树立崇高的行政奋斗目标——全心全意为人民服务，既无偏袒而又不胆怯地行使公权力。当教育行政理想变为教育行政人格之时，标志着教育行政伦理规范由外在力量转变为内在力量。

3. 教育行政良心

教育行政良心由教育行政义务转化而来，是公职人员对教育行政义务的自觉意识，属教育行政个人伦理范畴，以道德性为前提和基础。在教育行政过程中，行政良心对教育行政人员的行为趋向起监督和控制作用；在教育行政过程结束后，行政良心对教育行政人员的行为后果起反思和评价的作用。当行为后果符合行政道德原则和规范的要求时，它会使教育行政人员产生欣慰的心理感受；相反，则产生自责心理，驱使教育行政人员去纠正错误。教育行政良心反映了教育行政伦理由他律性向自律性转化的过程。

4. 教育行政荣誉

教育行政荣誉是指教育行政组织及其公职人员在称职地、模范地履行了教育行政责任与义务之后所获得的社会肯定性评价以及自己内心中善的价值认同，它是衡量教育行政组织及其公职人员的行政良心实现的价值尺度，是增强教育行政组织凝聚力的重要精神力量，具有道德激励与工作评价相统一的特点，其核心内涵是“取信于民”。

5. 教育行政纪律

教育行政纪律是要求教育行政公职人员在教育行政活动中遵守秩序、执行命令和履行职责的行为规范，比如遵纪守法、清正廉洁、依法行政、忠于职守、公正无私、严守机密、尊重公民个人隐私，等等。教育行政纪律属于教育行政伦理规范中比较“硬”的部分，带有强制性特征，违反纪律要受到包括警告、记过、记大过、降级、撤职、开除公职、留用察看在内的行政处分。教育行政纪律是调整教育行政主体与教育行政相对方之间的利益关系的重要方式。

6. 教育行政作风

教育行政作风是指教育行政组织及其公职人员在长期的教育行政活动中所表现出来的“一贯的基本职业道德品性，它使人们养成了一种按照特定方式去行为的倾向或禀性”①，是其长期的、习惯性的伦理行为的升华。“文山会海，高高在上”是一种行政作风；深入基层、亲民务实也是一种行政作风。行政作风与政府形象息息相关，往往是行政主体给社会的第一印象，它不仅与公职人员的基本素质、工作能力、工作方式方法、思想品德有关，也与他们的组织文化有关。

(二) 教育行政伦理规范的本质

1. 主观与客观的统一

黑格尔（Georg Wilhelm Friedrich Hegel）认为：“主观的善和客观的、自在自为地存在着的善的统一，就是伦理。”② 应当怎样来理解黑格尔的这个定义呢？首先，教育行政伦理规范是一定社会的教育关系、经济关系、政治关系、伦理关系的反映，这是不以公职人员个人的意志为转移的，对于教育行政主体来说是一种外在的、有约束力的客观秩序，因而它具有履行的客观性；其次，教育行政伦理规范又必然包含着教育行政伦理个体的抽象、概括等主观思维活动，并需要以主观的形式（伦理概念、伦理判断等）固定下来，是教育行政主体主动寻求道德的过程，因而它又具有履行的主观性。主观与客观的统一，是教育行政伦理规范的本质之一。

2. 他律与自律的统一

他律性是指公职人员在教育行政领域没有绝对的自由，其行动的标准或动机必须受到来自法律、政府、社会、行政职责等外在要求的支配和约束。自律

---

① [美]特里·库珀.行政伦理学：实现行政责任的途径[M].张秀琴，译.北京：中国人民大学出版社，2001：7.

② [德]黑格尔.法哲学原理[M].范扬，张企泰，译.北京：商务印书馆，1982.

性是指公职人员将教育行政伦理规范内化为自己的品格，转变成内在的自我意志。当公职人员被迫或被动地遵守教育行政伦理规范时，属于他律性的行政伦理行为，"其特征是'善'被简单地定义为'服从'"①；当公职人员自觉地、真诚地遵守教育行政伦理规范时，属于自律性的行政伦理行为，其特征是"善"被内化为行政主体的内心需要，行政义务被转化为行政良心。所以，他律性与自律性的统一，也就是行政义务与行政良心的统一。由他律转向自律，是教育行政伦理规范由外在力量转变为内在力量的表现，是教育行政人格形成的标志。

3. 制度伦理与个体伦理的统一

制度伦理是以法规、制度的形式对教育行政活动提出道德要求，即在制度安排上有着道德化的合理规范，并包含着道德实现的保障机制，包括政治保证程序、法律结构、问责机制、支持性公共服务条件、公共监督等要素；个体伦理是教育行政主体以自觉、内省的方式对个体道德完善的伦理诉求，包括行为规范、职业社会化机制等要素，它要求教育行政人员以道德主体的面目出现，在教育行政过程中坚持道德的价值取向。制度伦理和个体伦理共同构成教育行政伦理规范的必要张力，前者侧重于从制度方面去解决教育行政中的伦理问题，后者则是通过个人的道德实践活动来解决教育行政中的伦理问题。

不过，在任何一种行政活动中，对制度的道德评价和选择总是优先于对个人的道德评价与选择。如果制度本身不合理、不道德，个人道德行为的作用也必然有限。"离开制度的正义性来谈个人道德的修养和完善……充其量也只是充当一个牧师的角色而已。"② 只有在制度中植入善的追求时，才能够谈得上去建立适用于个人的道德准则。制度伦理和个体伦理，两者必须统一。

（三）教育行政伦理规范的尺度

1. 形式合理性

教育行政伦理规范的形式合理性，是指其在形式上要准确表达教育行政伦理之应然的实质，不仅要自身没有任何矛盾，而且应具有现实的合理性和明确的针对性。比如，强行超出行政人员底线的道德义务，过于理想主义地用优秀人物的行为和观念来要求所有公职人员，这在形式上就不具有合理性。因为，虽然公职人员必须履行底线道德义务，却没有义务必须成为一个道德高尚者。当大部分教育行政人员都无法达到过高要求时，便极可能陷入说假话、办假事的怪圈。而当没有人真心遵循这样的道德时，道德便会失去应有的律己功能，甚至有可能侵犯人的正当权益。所以，教育行政伦理规范首先要形式上合理，

---

① 王伟. 行政伦理论纲[J]. 洛阳师范学院学报，2001(6)：12-16.

② [美]约翰·罗尔斯. 正义论[M]. 何怀宏等，译. 北京：中国社会科学出版社，1988：22.

具体言之：一是必须植根于一国教育道德水准和一般行政伦理规范的现实，而不是脱离这种现实；二是规范的体系本身必须和谐一致，而不是相互冲突；三是必须契合社会对教育行政者的价值期望，而不是背离这种价值期望。

2. 实质合理性

教育行政伦理规范的实质合理性，主要是指教育行政伦理规范的内容具有合道德性和历史必然性。教育行政伦理规范对人性的认识，既要承认“道德人”的一面，也要承认“经济人”的一面。行政伦理与公民道德一样，只要是通过正当的手段和程序，追求正当的利益和权利，旨在使正当的需要获得满足，就都应视为道德的行为。两者不同之处在于：教育行政伦理是在尊重教育行政人员个人需求的基础上，要求其理解并认知自己作为公仆的特殊身份，以追求公众利益为重。在实践中，教育行政伦理规范的实质合理性可以理解为：一是应合乎教育发展规律和人的发展规律；二是应合乎社会发展规律；三是应实践善的理念；四是应能够由客观的、外在的教育行政伦理要求转化为主观的、内心的教育行政伦理需要。违反实质合理性的教育行政伦理规范，同样可能导致道德的泛化与虚化。

要之，教育行政伦理的本质，在于追求教育行政过程的伦理价值和教育行政人员的道德完善。教育行政主体总是在一定动机的支配下，从自己所扮演的社会角色出发，对社会所昭示的教育行政伦理进行理性的分析，对行为方针给予缜密的审视和斟酌，从而作出一种契合理性目的的行为选择。教育行政主体只有不断提升教育行政的道德水准和教育决策的伦理质量，才能够把握住教育体制改革和发展的复杂性，特别是其中所涉及的利益分配的复杂关系，在面临各种冲突和考验时，听从道德责任意识的呼唤，采取让人民群众满意的行为。负责主持 1985 年《中共中央关于教育体制改革的决定》调研与起草工作的胡启立同志在回忆这项纲领性历史文件的诞生过程时写道：“当时在小平同志指导下的中央领导集体，在改革开放之初，面对历史选择，顺乎潮流，应乎人心，表现出强烈的自觉的推动民族走向富裕、走向文明、走向民主、走向进步的历史主动精神和创造精神，他们在历史的转折关头，在时代的大考验面前所显示出来的道义担当和责任禀赋、刚毅品格和对工作高度负责的求实精神，使我至今想起还怦然心动。”[1]

只有当教育行政主体选择了合理的教育行政伦理，并且在理性上自觉认同，情感上自愿接受，行为中自主实践，才能够保证教育行政活动不断地贴近教育行政的“善”的目标。

---

① 胡启立.《中共中央关于教育体制改革的决定》出台前后[J].炎黄春秋，2008(12)：1-6.

参考文献

一、政治经典文献

1. 马克思恩格斯全集(第 37 卷)[M]. 北京：人民出版社，1972.

2. 中共中央文献编辑委员会. 邓小平文选(第二卷)[M]. 北京：人民出版社，2001.

二、与本书主题有关的法律文献、档案和工具书

1.《中华人民共和国宪法》

2.《民法通则》

3.《中华人民共和国教育法》

4.《中华人民共和国义务教育法》

5.《中华人民共和国高等教育法》

6.《中华人民共和国职业教育法》

7.《中华人民共和国教师法》

8.《中华人民共和国学位条例》

9.《中华人民共和国行政处罚法》

10.《中华人民共和国行政复议法》

11.《中华人民共和国行政诉讼法》

12.《中华人民共和国国家赔偿法》

13.《中华人民共和国审计法实施条例》

14. 国务院《事业单位法人登记管理暂行条例》

15. 联合国《经济、社会、文化权利国际公约》

16. 联合国《世界人权宣言》

17. 联合国《儿童权利公约》

18. 联合国《取消教育歧视公约》

19. 教育部 2005 年 12 月《全国农村义务教育经费保障机制改革工作会议》材料

20.《中国统计年鉴 2000—2006》

21.《中国教育经费统计年鉴 1990—2005》

22. 部分省份人民政府出台的《行政执法责任制办法》

23. 教育部教育发展研究中心. 研究动态[R]. 2000(8).

24. 辞海[M]. 北京：中华书局，1999.

三、中文译著(按国别汉语拼音排序)

1. [澳]欧文·休斯.公共管理导论(第二版)[M].彭和平等,译.北京:中国人民大学出版社,2001.
2. [德]奥托·迈耶.德国行政法[M].刘飞,译.北京:商务印书馆,2004.
3. [德]黑格尔.法哲学原理[M].范扬,张企泰,译.北京:商务印书馆,1982.
4. [德]黑格尔.小逻辑[M].贺麟,译.北京:商务印书馆,2009.
5. [德]哈贝马斯.公共领域的结构转型[M].曹卫东等,译.上海:学林出版社,1999.
6. [德]哈贝马斯.合法化危机[M].刘北成,曹卫东,译.上海:上海人民出版社,2000.
7. [德]哈贝马斯.交往与社会进化[M].张博树,译.重庆:重庆出版社,1989.
8. [德]哈特穆特·毛雷尔.行政法总论[M].高家伟,译.北京:法律出版社,2000.
9. [德]萨维尼.论立法与法学的当代使命[M].许章润,译,北京:中国法制出版社,2001.
10. [德]马克斯·韦伯.经济与社会(下)[M].林荣远,译.北京:商务印书馆,1997.
11. [德]韦伯作品集Ⅸ:法律社会学[M].康乐,简惠美,编译.桂林:广西师范大学出版社,2005.
12. [法]阿隆,[美]贝尔.托克维尔和民主精神[M].陆象淦,金烨,译.北京:社会科学文献出版社,2008.
13. [法]雅克·德里达.书写与差异(上、下)[M].张宁,译.北京:生活·读书·新知三联书店,2001.
14. [法]让马克·夸克.合法性与政治[M].佟心平,译.北京:中央编译出版社,2002.
15. [法]卢梭.社会契约论[M].何兆武,译.北京:商务印书馆,2004.
16. [荷]亨利·范·马尔赛文,格尔·范·德·唐.成文宪法的比较研究[M].陈云生,译.北京:华夏出版社,1987.
17. [美]詹姆斯·E.安德森.公共政策[M].唐亮,译.北京:华夏出版社,1990.
18. [美]拉姆·博西迪,拉姆·查兰.执行——如何完成任务的学问[M].刘祥亚等,译.北京:机械工业出版社,2007.
19. [美]米尔顿·弗里德曼.资本主义与自由[M].张瑞玉,译.北京:商务印书馆,2007.
20. [美]弗莱蒙特·E.卡斯特,詹姆斯·E·罗森茨韦克.组织与管理:系统与权变的方法[M].李柱流等,译.北京:中国社会科学出版社,1985.
21. [美]库珀.行政伦理学——实现行政责任的途径[M].张秀琴,译.北京:中国人民大学出版社,2001.
22. [美]罗伯特·A.达尔.当代政治分析[M].任元杰,译.台北:巨流图书公司,1992.
23. [美]威廉·N.邓恩.公共政策分析导论(第二版)[M].谢明等,译.北京:中国人民大学出版社,2002.
24. [美]戴维·伊斯顿.政治生活的系统分析[M].王浦劬,译.北京:华夏出版社,1999.
25. [美]弗朗西斯·C.福勒.教育政策学导论(第二版)[M].许庆豫,译.南京:江苏教育出版社,2007.
26. [美]查尔斯·J.福克斯,休·T.米勒.后现代公共行政:话语指向[M].楚艳红等,译.北京:中国人民大学出版社,2003.

27. [美]欧内斯特·盖尔霍恩等.行政法和行政程序概要[M].黄列,译.北京:中国社会科学出版社,1996.

28. [美]R. M. 克朗.系统分析与政策科学[M].陈东威,译.北京:商务印书馆,1986.

29. [美]查尔斯·林德布洛姆.决策过程[M].竺乾威,胡君芳,译.上海:上海译文出版社,1988.

30. [美]雷茵霍尔德·尼布尔.人的本性与命运[M].谢秉德,译.香港:基督教文艺出版社,1959.

31. [美]斯图亚特·S.那格尔.政策研究百科全书[M].林明,译.北京:科学技术文献出版社,1990.

32. [美]约翰·罗尔斯.正义论[M].何怀宏等,译.北京:中国社会科学出版社,1988.

33. [美]赫伯特·西蒙.管理行为[M].杨砾,译.北京:北京经济学院出版社,1988.

34. [美]赫伯特·西蒙.管理决策新科学[M].李柱流,译.北京:中国社会科学出版社,1982.

35. [美]乔治·J.施蒂格勒.产业组织和政府管制[M].潘振民,译.上海:三联书店,1989.

36. [美]施瓦茨.行政法[M].徐炳,译.北京:群众出版社,1986.

37. [美]卡尔·帕顿,大卫·沙维奇.公共政策分析和规划的初步方法(第二版)[M].孙兰芝等,译.北京:华夏出版社,2002.

38. [美]理查德·D.范斯科德.美国教育基础——社会展望[M].北师大外教所,译.北京:教育科学出版社,1984.

39. [美]丹尼尔·A.雷恩(Daniel A. Wren).管理思想的演变[M].赵睿等,译.北京:中国社会科学出版社,1986.

40. [日]和田莫夫.现代行政法[M].倪建民等,译.北京:中国广播电视出版社,1993.

41. [日]久下荣志郎.现代教育行政学[M].日本第一法规出版社,1979.

42. [日]美浓部达吉.公法与私法[M].黄冯明,译.北京:中国政法大学出版社,2003.

43. [日]三浦隆.实践宪法学[M].李力,白云海,译.北京:中国人民公安大学出版社,2002.

44. [瑞典]理查德·斯威德伯格.马克斯·韦伯与经济社会学思想[M].何蓉,译.北京:商务印书馆,2007.

45. [希]亚里士多德.政治学[M].吴寿彭,译.北京:商务印书馆,1965.

46. [英]哈耶克.通向奴役之路[M].王明毅,译.北京:中国社会科学出版社,1997.

47. [英]哈耶克.法律、立法与自由[M].邓正来,译.北京:中国大百科全书出版社,2000.

48. [英]H. K.科尔巴奇.政策[M].张毅,韩志明,译.长春:吉林人民出版社,2005.

49. [英]戴维·克里斯特尔.现代语言学词典[M].沈家煊,译.北京:商务印书馆,2002.

50. [英]米切尔·希尔.现代国家的政策过程[M].赵成根,译.北京:中国青年出版社,2004.

51. [英]比瑟姆.马克斯·韦伯与现代政治理论[M].徐鸿宾等,译.杭州:浙江人民出版社,1989.

52. [英]韦德.行政法[M].徐炳,译.北京:中国大百科全书出版社,1997.

四、论著(按首字汉语拼音排序)

1. 蔡志方. 行政救济法新论[M]. 台北：元照出版社，2001.
2. 成有信等. 教育政治学[M]. 南京：江苏教育出版社，1993.
3. 陈庆云. 公共政策分析[M]. 北京：中国经济出版社，1996.
4. 陈振明. 政策科学[M]. 北京：中国人民大学出版社，1998.
5. 陈孝彬. 教育管理学[M]. 北京：北京师范大学出版社，1999.
6. 陈永明. 教育行政新论[M]. 上海：华东师范大学出版社，2003.
7. 陈向明. 质的研究方法与社会科学研究[M]. 北京：教育科学出版社，2000.
8. 丁煌. 政策执行阻滞机制及其防治对策[M]. 北京：人民出版社，2002.
9. 高家伟. 教育行政法[M]. 北京：北京大学出版社，2007.
10. 龚祥瑞. 比较宪法与行政法[M]. 北京：法律出版社，1985.
11. 关保英. 行政法与行政诉讼法[M]. 北京：中国政法大学出版社，2004.
12. 胡宁生. 现代公共政策学——公共政策的整体透视[M]. 北京：中央编译出版社，2007.
13. 何兆熊. 新编语用学概要[M]. 上海：上海外语教育出版社，2000.
14. 姜明安. 行政执法研究[M]. 北京：北京大学出版社，2004.
15. 劳凯声. 教育法论[M]. 南京：江苏教育出版社，1993.
16. 劳凯声. 变革社会中的教育权与受教育权：教育法学基本问题研究[M]. 北京：教育科学出版社，2003.
17. 李秉德. 教育科学研究方法[M]. 北京：人民教育出版社，1986.
18. 李步云. 宪法比较研究[M]. 北京：法律出版社，1998.
19. 李钢. 话语·文本：国家教育政策分析[M]. 北京：社会科学文献出版社，2009.
20. 李连宁，孙保森. 教育法制概论[M]. 北京：教育科学出版社，1997.
21. 林来梵. 从宪法规范到规范宪法[M]. 北京：法律出版社，2001.
22. 刘复兴. 教育政策的价值分析[M]. 北京：教育科学出版社，2003.
23. 刘剑文. 高等教育体制改革中的法律问题研究[M]. 北京：北京大学出版社，2005.
24. 罗豪才. 行政法学[M]. 北京：中国政法大学出版社，1996.
25. 罗豪才. 行政法学[M]. 北京：北京大学出版社，2000.
26. 马怀德. 行政诉讼原理[M]. 北京：法律出版社，2003.
27. 马凤歧. 教育政治学[M]. 北京：人民教育出版社，2003.
28. 南京大学高等教育研究所. 当代教育发展的重大课题——教育与社会进步中外学者研讨会论文集[C]. 南京：南京大学出版社，1990.
29. 孙绵涛. 教育政策学[M]. 武汉：武汉工业大学出版社，1997.
30. 孙绵涛. 教育行政学[M]. 北京：高等教育出版社，2001.
31. 孙绵涛. 教育政策论：具有中国特色的社会主义教育政策研究[M]. 武汉：华中师范大学出版社，2002.
32. 史万兵. 教育行政管理[M]. 北京：教育科学出版社，2005.
33. 沈承刚. 政策学[M]. 北京：北京经济学院出版社，1996.
34. 宋功德. 聚焦行政处理——行政法上"熟悉的陌生人"[M]. 北京：北京大学出版社，2007.

35. 苏力. 规制与发展：第三部门的法律环境[M]. 杭州：浙江人民出版社，1999.
36. 陶学荣，崔运武. 公共政策分析[M]. 武汉：华中科技大学出版社，2008.
37. 童之伟. 法权与宪政[M]. 济南：山东人民出版社，2001.
38. 王名扬. 法国行政法[M]. 北京：中国政法大学出版社，1989.
39. 王名扬. 美国行政法[M]. 北京：中国法制出版社，1995.
40. 王连昌. 行政法学[M]. 成都：四川人民出版社，1990.
41. 吴志宏. 教育行政学[M]. 北京：人民教育出版社，2000.
42. 夏书章. 行政管理学(第四版)[M]. 北京：高等教育出版社/广州：中山大学出版社，2008.
43. 肖锦龙. 德里达的解构理论思想性质论：文化的视角[M]. 北京：中国社会科学出版社，2004.
44. 辛向阳. 大国诸侯[M]. 北京：中国社会科学出版社，1995.
45. 薛刚凌. 行政体制改革研究[M]. 北京：北京大学出版社，2006.
46. 薛冰，梁仲明，程亚冰. 行政学原理[M]. 北京：清华大学出版社，北京交通大学出版社，2005.
47. 徐广宇，宫丽艳，李国旗. 教育行政执法论[M]. 天津：天津人民出版社，1999.
48. 杨海坤. 中国行政法基本理论[M]. 南京：南京大学出版社，1992.
49. 叶必丰. 行政法学[M]. 武汉：武汉大学出版社，1996.
50. 应松年. 行政诉讼法学(修订本)[M]. 北京：中国政法大学出版社，1999.
51. 应松年. 行政法学新论[M]. 北京：中国方正出版社，1999.
52. 袁振国. 教育政策学[M]. 南京：江苏教育出版社，1996.
53. 劳凯声. 中国教育法制评论(第2辑)[M]. 北京：教育科学出版社，2003.
54. 袁振国. 中国教育政策评论[M]. 北京：教育科学出版社，2000—2006.
55. 湛中乐，李凤英. 论高等学校之法律地位. 高等教育与行政诉讼[M]. 北京：北京大学出版社，2003.
56. 张芳全. 教育政策[M]. 台北：师大书苑，1999.
57. 张国庆. 现代公共政策导论[M]. 北京：北京大学出版社，1997.
58. 张国庆. 行政管理学概论[M]. 北京：北京大学出版社，2000.
59. 张焕光，胡建淼. 行政法学原理[M]. 北京：劳动人事出版社，1989.
60. 张济正，周立，李權. 教育行政学通论[M]. 上海：华东师范大学出版社，1992.
61. 张金马. 公共政策分析：概念·过程·方法[M]. 北京：人民出版社，2004.
62. 张康之. 寻找公共行政的伦理视角[M]. 北京：中国人民大学出版社，2002.
63. 张树义. 行政法学新论[M]. 北京：时事出版社，1991.
64. 张寿民. 俄罗斯法律发达史[M]. 北京：法律出版社，2000.
65. 张文显. 二十世纪西方法哲学思潮研究[M]. 北京：法律出版社，1996.
66. 曾繁康. 比较宪法(第五版)[M]. 台北：三民书局，1985.
67. 郑贤君. 公民受教育权的法律保护[M]. 北京：人民法院出版社，2004.
68. 竺乾威. 公共行政学(第三版)[M]. 上海：复旦大学出版社，2008.

五、论文(按首字汉语拼音排序)

1. 贝磊.教育控制：集权与分权问题及其张力[J].教育研究,2006(6).
2. 蔡立辉.明晰职能：理顺权力纵横关系的关键[J].学术研究,2008(2).
3. 陈应鑫.教育行政执法若干基本理论问题探析[J].广西师范大学学报(哲学社会科学版),2007(4).
4. 陈永明.发达国家教育管理体制的改革[J].比较教育研究,2004(1).
5. 陈振明.政府工具研究与政府管理方式改进[J].中国行政管理,2004(6).
6. 丁道勇.价值分析理论：观点与应用[J].思想理论教育,2008(7).
7. 方流芳.从法律视角看中国事业单位改革[J].比较法研究,2007(3).
8. 傅国云.行政自由裁量与权力制约的法律思考[J].行政法学研究,1994(1).
9. 高家伟.论行政职权[J].行政法学研究,1996(3).
10. 葛云松.法人与行政主体理论的再探讨——以公法人概念为重点[J].中国法学,2007(3).
11. 龚怡祖.学历的社会功能与历史形态初探[J].教育研究,2002(2).
12. 龚怡祖.弱势教育部门“国民待遇”问题的政策研究[J].高等教育研究,2005(2).
13. 龚怡祖.高校法人滥权问题的制度回应方向[J].公共管理学报,2008(1).
14. 关保英.行政主体的义务范畴研究[J].法律科学,2006(1).
15. 关保英.论行政主体义务在行政法中的地位[J].河南省政法管理干部学院学报,2006(1).
16. 辜胜阻.农村教育的结构性矛盾与化解对策[J].教育研究,2004(10).
17. 郭小聪.集权与分权：依据、边界与制约[J].学术研究,2008(2).
18. 胡启立.《中共中央关于教育体制改革的决定》出台前后[J].炎黄春秋,2008(12).
19. 蒋劲松.改革开放以来人民代表大会制政体的成长[J].湖南社会科学,2009(2).
20. 劳凯声,刘复兴.论教育政策的价值基础[J].北京师范大学学报(人文社科版),2000(6).
21. 劳凯声.教育体制改革中的高等学校法律地位变迁[J].北京师范大学学报(社会科学版),2007(2).
22. 劳凯声.改革开放30年的教育法制建设[J].教育研究,2008(11).
23. 李昌平.我对乡镇改革的一点意见[J].中国改革,2004(9).
24. 李春成.公共利益的概念建构评析[J].复旦学报(社会科学版),2003(1).
25. 李健雪.元话语与语篇空间建构[J].淮北煤炭师范学院学报(哲学社会科学版),2006(6).
26. 李帅军.教育行政法治化探析[J].教育评论,2002(5).
27. 李帅军.法、美、日三国教育行政管理体制的特点及其启示[J].教育理论与实践,2005(12).
28. 李晓燕.教育行政执法[J].人民教育,1997(10).
29. 李学永.高等学校办学自主权探析[J].山东科技大学学报(社会科学版),2004(2).
30. 李轶.教育行政：是什么、做什么[J].北京大学教育评论,2007(2).
31. 林公翔.我国教育行政制度的历史沿革[J].福建师范大学学报(社会科学版),1984(1).

32. 林小英. 中国教育政策过程中的策略空间：一个对政策变迁的解释框架[J]. 北京大学教育评论,2006(3).
33. 林小英,陈霜叶. 教育政策文本的类型及其生产——以民办高校学历文凭考试试点政策为例[J]. 教育发展研究,2008(24).
34. 刘复兴. 教育政策的边界与价值向度[J]. 清华大学教育研究,2002(1).
35. 刘复兴. 教育政策的四重视角[J]. 清华大学教育研究,2002(4).
36. 刘复兴. 我国教育政策的公平性与公平机制[J]. 教育研究,2002(10).
37. 刘海峰. 院校合并、升格与发展中的更名问题[J]. 高等教育研究,2005(11).
38. 刘俊. 教育行政诉讼和国家赔偿[J]. 江苏教育,1998(10).
39. 刘尚明. 元伦理学对价值词的语言分析及意义[J]. 兰州学刊,2005(1).
40. 刘跃南,鞠晓雄. 超越理论争议和现行法律制度局限的实践——广州市两级法院裁判学生诉高校行政案件的实证研究[J]. 中国高等教育,2005(15/16).
41. 罗豪才,崔卓兰. 论行政权、行政相对方权利及其相互关系[J]. 中国法学,1998(3).
42. 卢乃桂,柯政. 教育政策研究的类别、特征和启示[J]. 比较教育研究,2007(2).
43. 马怀德. 公务法人问题研究[J]. 中国法学,2000(4).
44. 民建中央法制委员会课题组. 健全行政问责制度的法律思考[J]. 经济界,2008(1).
45. 蒲蕊. 论教育行政的伦理精神[J]. 教育研究,2007(9).
46. 祁型雨. 论教育政策的价值及其评价标准[J]. 教育科学,2003(2).
47. 申素平. 对我国公立学校教师法律地位的思考[J]. 高等教育研究 2008(9).
48. 沈岿. 公共行政组织建构的合法化进路[J]. 法学研究,2005(4).
49. 孙绵涛. 论教育体制及其改革的基本内容[J]. 教育研究与实验,1992(4).
50. 孙绵涛. 关于教育政策分析若干理论问题的探讨[J]. 教育研究与实验,2002(2).
51. 孙绵涛,邓纯考. 错位与复归——当代中国教育政策价值分析[J]. 教育理论与实践,2002(10).
52. 王伟. 行政伦理论纲[J]. 洛阳师范学院学报,2001(6).
53. 王振华. 作为系统的语篇[J]. 外语学刊,2008(3).
54. 汪伟. 以政改破解改革难局——访谈汪玉凯[J]. 新民周刊,2009(10).
55. 汪玉凯. 深化行政体制改革需要进一步解放思想[J]. 河北学刊,2008(4).
56. 温辉. 受教育权可诉性研究[J]. 行政法学研究,2000(3).
57. 吴殿朝. 我国教育申诉制度存在的问题及其完善对策[J]. 法学论坛,2008(2).
58. 吴刚. 类行政组织发展与行政体制改革[J]. 国家行政学院学报,2000(3).
59. 吴文灵. 作为公法社团的高等学校——兼论高等学校的行政主体资格[J]. 首都师范大学学报(社会科学版),2008(3).
60. 谢庆奎,陶庆. 政府执行力探索[J]. 中国行政管理,2007(11).
61. 闫威,夏振坤. 利益集团视角的“三农”问题[J]. 当代财经,2003(5).
62. 杨川. 中外国家公务员管理制度的差异性分析[J]. 法制与社会,2007(6).
63. 杨建生. 高等学校行政法律关系主体地位分析[J]. 高教论坛,2004(3).
64. 杨正联. 公共政策文本分析——一个理论框架[J]. 理论与改革,2006(1).

65. 杨正联.公共政策文本解读的方法论[J].理论探讨,2007(4).
66. 叶必丰.论行政行为的公定力[J].法学研究,1997(5).
67. 叶必丰.行政行为的分类：概念重构抑或正本清源[J].中国政法大学学报,2005(5).
68. 应松年.依法行政论纲[J].中国法学,1997(1).
69. 应松年,薛刚凌.行政组织法与依法行政[J].行政法学研究,1998(1).
70. 应松年,薛刚凌.论行政权[J].政法论坛(中国政法大学学报),2001(4).
71. 袁振国.教育政策分析与当前教育政策热点问题[J].复旦教育论坛,2003(1).
72. 曾荣光.教育政策研究：议论批判的视域[J].北京大学教育评论,2007(4).
73. 张军.元价值与规范价值话语基础之分析[J].北京师范大学学报(社会科学版),2008(6).
74. 张琼.高校管理权法律问题研究[D].北京：中国政法大学硕士学位论文,2004.
75. 张新平.简论教育政策的本质、特点及功能[J].江西教育科研,1999(1).
76. 张振改.西方发达国家教育行政职能的发展趋势[J].教学与管理,2002(5).
77. 赵永青,王琴.诠释辛克莱的语篇结构观[J].外语教学,2006(1).
78. 中央教育科学研究所调研组.学有所教——为制定《国家中长期教育改革和发展规划纲要》提供的六十条建议[J].教育研究,2009(3).
79. 郑春燕.行政任务变迁下的行政组织法改革[J].行政法学研究,2008(2).
80. 周光礼,刘献君.政府、市场与学校：中国教育法律关系的变革[J].华中师范大学学报,2006(5).
81. 周佑勇.公共行政组织的法律规制[J].北方法学,2007(1).
82. 朱坚.规范教育行政行为的思考与实践[J].教育发展研究,2008(3).
83. 褚宏启.学校在行政法律关系中的地位论[J].教育理论与实践,2000(2).

六、外文文献(按首个字母排序)

1. Amitai Etzioni. Mixed Scanning: A third Approach to Decision-Making[J]. Public Administration Review, 1967(5) Vol. 27.
2. Arnold Brecht. Political Theory[M]. Princeton, NJ: Princeton University Press, 1959.
3. A. V. Diecy. Introduction to The Study of The Law of Constitution (8th. ed.)[M]. London: Macmillan, 1915.
4. Berman P., McLaughlin M. W.. Federal Programs Supporting Educational Change, in Vol. I: A model for Educational Change [R]. Santa Monica, CA: Rand Corporation, 1975.
5. Carl J. Friedrich, William C. Beyer, Sterling D. Spero, John F. Miller, George A. Graha. Problems of American Public Service[M]. New York-London: McGraw-Hill, 1935.
6. Carl J. Friedrich. Public Policy and the Nature of Administrative Responsibility[M]. Cambridege: Harvard University Press, 1940.
7. Charles E. Gilbert. The Framework of Administrative Responsibility[J]. Journal of Politics, 1959(21).
8. Charles O. Jones. An Introduction to the Study of Public Policy [M]. Orlando:

Harcourt, 1984.
9. C. C. Lindblom. The Policy-Making Process (2nd. ed.) [M]. Englewood, Cliffs, NJ: Prentice Hall, 1980.
10. Cobb R. W., Ross J. K.. Agenda Building As a Comparative Political Process[J]. The American Political Science Review, 1976(1) Vol. 70.
11. Cook & Campbell. Quasi-experimentation Design and Analysis Issues for Field Settings [M]. Chicago: Rand McNally College Publishing Company, 1979.
12. Coombs J. R.. Objectives of Value Analysis. In L. E. Metcalf. Values Education: Rationale, Strategies and Precedures[R]. Washington D. C.: National Council for the Social Studies, 1971.
13. David C. Miller. Methods for Estimating Societal Future, in Kurt Finsterbusch, C. P. Wolf. Methodology of Social Impact Assessment [M]. Dowden: Hutchinson& Ross, 1977.
14. Donald T. Campbell, Julian C. Stanley. Experimental and Quasi-experimental Designs for Research[M]. Chicago: Rand McNally, 1966.
15. Douglas Hodgson. The Human Right To Education[M]. Dartmouth: Dartmouth Publishing Company Limited, 1998.
16. Duncan MacRae. The Social Function of Social Science[M]. New Haven: Yale University Press, 1976.
17. Egon G. Guba. The Effect of Definitions of Policy on the Natrue and Outcomes of Policy Ananysis[J]. Educational Leadership, 1984(Vol. 42).
18. Ehrlich P. R., Raven P. H.. Butterflies and Plants: A Study in Coevolution[J]. Evolution, 1964(18).
19. Ernest Barker. The Political Thought of Plato and Aristotle[M]. Dover: Dover Publications, 1959.
20. E. S. Quade. Analysis for Public Decisions[M]. New York: American Elsevier Publishing Co., 1975.
21. Eugene J. Meehan. Ethics for Policymaking: A Methodological Analysis[M]. New York: Greenwood Press, 1990.
22. F. A. Hayek. The Road to Serfdom[M]. Chicago: University of Chicago Press, 1944.
23. Flemont Kast, James Rosenzweig. Contingency Views of Organization and Management [R]. Chicago: Science Research Associates, 1973.
24. Frank Fischer, John Forester. "Volume Editors' Introduction", in Confronting Values in PolicyAnalysis: The Politics of Criteria, ed. [M]. Newbury Park, CA: Sage, 1987.
25. Frank J. Goodnow. Politics and Administration: A Study in Government[M]. Manchester: Russel & Russel, 1900.
26. Frankena William K.. Ethics[M]. Englewood, Cliffs, NJ: Prentice Hall, 1988.
27. Forester J.. Critical Theory, Public Policy and Planning Practice: Toward a Critical

Pragmatism[M]. New York: Suny Press, 1993.

28. Fred W. Riggs. The Ecology of Public Administration[M]. Bombay: Asia Publishing House, 1961.
29. Fullan M.. The New Meaning of Educational Change[M]. New York: Teachers College Press, 2001.
30. Gunnar Myradal. Value in Social Theory: A Selection of Essays on Methodology[M]. London: Routledge & Kegan Paul, 1968.
31. H. Avenarius. Hochschulenund und Reformgesetzgebung[M]. Berlin: Duncker und Humblot, 1979.
32. Harold D. Lasswell, D. Lerner. The Policy Science: Recent Development in Scope and Method[M]. Stanford, CA: Stanford University Press, 1951.
33. H. G. Massey, David Novick, R. E. Peterson. Cost Measurement: Tools and Methodology for Cost-Effectiveness Analysis[M]. Santa Monica, CA: The Rand Corporation, 1972.
34. Herman Finer. Administrative Responsibility in Democratic Government[J]. Public Administration Review, 1941(Vol. 1).
35. Hilgartner S., Bosk C. L.. The Rise and Fall of Social Problems: A Public Arenas Model [J]. American Journal of Sociology, 1988(94).
36. Hok Lin Leung. Towards a Subjective Approach to Policy Planning & Evaluation: Common-sense Structured[M]. North Kanata: Ronald P. Frye & Company, 1985.
37. Howlett M., Ramesh M.. Studying Public Policy: Policy Cycles and Policy Subsystems [M]. London: Oxford University Press, 1995.
38. Hoogerwerf A.. Beleid berust op veronderstellingen: De beleidstheorie[J]. Acta Politica, 1984(4) Vol. 19.
39. James Anderson. Public Policy Making: An Introduction(3rd ed.)[M]. Boston: Houghton Mifflin Company, 1984.
40. James S. Coleman. The Concept of Equality of Educational Opportunity[J]. Harvard Educational Review, 1968(1) Vol. 38.
41. James W. Fessler, Donald Kettl. The Politics of the Administrative Process[M]. London: Chatham House, 1996.
42. Jean L. Cohen, Andrew Arato. Civil Society and Political Theory[M]. Cambridge: MIT Press, 1989.
43. J. Lorsch, P. Lawrence. Studies in Organizational Design[M]. Homewood, IL: Irwin and Dorsey, 1970.
44. J. Woodward. Industrial Organization: Theory and Practice[M]. London: Oxford University Press, 1965.
45. J. L. Mey. Pragmatics: An introduction[M]. Oxford: Basil Blackwell, 1993.
46. Joan C. Callahan. Ethical Issues in Professional Life[M]. Cambridge: Oxford University Press, 1988.

47. Joint Committee on Standards for Educational Evaluation. The Program Evaluation Standards[M]. Thousand Oaks, CA: Sage,1994.

48. Joseph M. Williams. Style: Ten Lessons in Clarity and Grace[M]. Menlo Park, CA: Benjamin-cummings Publishing Company, 1984.

49. Joseph S. Wholey and others. Evaluability: When Is It Really Needed? [J]. Evaluation, 1975(2).

50. Joseph S. Wholey. Evaluability Assessment as part of a "Sequential purchase of information"[J]. American Journal of Evaluation, 1979(22).

51. Kenneth Culp Davis. Discretionary Justice: A Preliminary Inquiry[M]. Chicago and Springfield: University of Illinois Press,1971.

52. Kingdon J. W.. Agendas, Alternatives and Public Policies[M]. New York: Harper Collins, 1995.

53. Kopple V., Joseph M. Williams. Some Exploratory Discourse on Metadiscourse[J]. College Composition and Communication,1985(36).

54. Land Kenneth C.. Theories, Models, and Indications of Social Change[J]. International Social Science Journal, 1975(1).

55. Leon Duguit. Traite de droit Constitutionnel (2d ed.) [M]. Paris: Fontemoing & Cie, 1923.

56. Leonard D. White. Introduction to The Study of Public Administration[M]. New York: Macmillan Company,1955.

57. Levin H. M.. The Necessary and Sufficient Condition for Achieving Education Equity, In Berne R. The Road to Outcome Equity in Education[M]. Thousand Oaks, California: Corwin Press, 1994.

58. Madsen J.. Educational Reform at the State Level[M]. Bristol, PA: Falmer Press,1994.

59. Malin Beckman. Policy Briefs: Policymaker and Stakeholder Convenings.

60. Mancur Olson. The Rise and Decline of Nations: Economic Growth, Stagflation, and Social Rigidities[M]. New Haven: Yale University Press,1984.

61. Marc Holzer. Public Productivity Handbook-Public Administration and Public Policy [M]. New York: Marcel Dekker,1992.

62. Marshall B. A., Mitehell B. A.. The Assumptive World of Fledgling Administrators[J]. Education and Urban Society, 1991(4) Vol. 23.

63. Martin Rein. Social Science and Public Policy[M]. New York: Penguin,1976

64. Maurice Kogan. Educational Policy-Making: A Study of Interest Groups and Parliament [M]. London: George Allen & Unwin Ltd.,1975.

65. Mead T. D.. The Daily Newspaper As Political Agenda Setter: The Charlotte Observer and Metropolitan Reform[J]. State and Local Government Review, 1994(1) Vol. 26.

66. Michael K. O'Leary, William D. Coplin. Teaching Political Strategy Skills with "The Prince"[J]. Policy Analysis, 1976(1) Vol. 2.

67. Michael Walzer. Radical Principles: Reflections of An Unreconstructured Democrat[M]. New York: Basic Books, 1980.

68. Norman Fairclough. Critical Discourse Analysis: The Critical Study of Language[M]. London: Longman Group, 1995.

69. Osborne S. P.. Public Management: Critical Perspectives[M]. London and New York: Taylor & Francis, 2002.

70. Patton Carl V., Sawicki David S.. Basic Methods of Policy and Planning[M]. Englewood Cliffs, NJ: Prentice-Hall, 1986.

71. Paul A. Sabatier. Theories of the Policy Process[M]. Boulder: Westview Press, 1999.

72. Peter L. Berger, Thomas Luckmann. The Social Construction of Reality: A Treatise in the Sociology of Knowledge[M]. New York: Doubleday Books, 1967.

73. Peters B. G., Frans Nispen. Public Policy Instruments[M]. Northampton: Edward Elgar Publishing Inc., 1998.

74. Philip Selznick. Leadership in Administration: A Sociological Interpretation[M]. California: University of California Press, 1984.

75. Portney K. E.. Approaching Public Analysis: An Introduction to Policy and Program Research[M]. Englewood Cliffs, NJ: Prentice Hall, 1986.

76. P. Lawrence, J. Lorsch. Developing Organizations: Diagnosis and Action[M]. Reading, MA: Addision-Wesley, 1969.

77. Reinhold Niebuhr. The Nature and Destiny of Man: A Christian Interpretation[J]. Human Nature, 1943(1).

78. R. Klitgaard. Controlling Corruption [M]. California: University of California Press, 1988.

79. R. Pound. Jurisprudence[M]. Cambridge MA: Harvard University Press, 1959.

80. Sandra Taylor, Fazal Rizvi, Bob Lingard, Miriam Henry. Education Policy and the Politics of Change[M]. London: Routledge, 2002.

81. Sinclair J. M. Hoey, G. Fox.. Techniques of Description[M]. London: Routledge, 1993.

82. Terry L. Cooper. An Ethic of Citizenship for Public Administration[M]. Englewood Cliffs, NJ: Prentice Hall, 1991.

83. Terry L. Cooper. The Responsible Administrator: An Approach to Ethics for the Administrative Role[M]. San Francisco: Jossey Bass, 1998.

84. Glencoe I. L.. The Political Writings of Harold D. Lasswell[M]. USA: Free Press, 1951.

85. Thomas Dye. Understanding Public Policy [M]. Englewood Cliffs, NJ: Prentice Hall, 1972.

86. Thomas F. Green.. Policy Questions: Conceptual Study[J]. Education Policy Analysis Arches. 1994(7) Vol. 2.

87. Torsten Husen. Educational Research and Policy: How Do They Relate[M]. Oxford: Pergamon Press, 1984.

88. Van Horn, Carl E., Van Meter, Donald S.. The Policy Implementation Process: A Conceptual Framework[J]. Administration & Society, 1975(4) Vol. 6.

89. W. D. Halls, Edwards Brian Holmes, John van de Graaff. Culture and Education: The Culturalist Approach to Comparative Studies. Relevant Methods in Comparative Education[M]. Los Angeles: Reginald, 1973.

90. William D. Coplin, Michael K. O'Leary. Basic Policy Studies Skills[M]. Croton-on-Hudon, NY: Policy Studies Associates, 1981.

91. William Jenkins. Policy Analysis: A Political and Organizational Perspective[M]. London: Martin Robertson, 1978.

92. William N. Dunn. Public Policy Analysis: An Introduction[M]. Englewood, Cliffs, NJ: Prentice Hall, 1994.

93. Willian F. Foster, Gayle Pinheirom. Constitutional Protection of the Right to an Education[J]. Dallhousie Law Journal, 1987—88(11).

94. Wildavsky Aaron. Rescuing Policy Analysis from"PPBS"[J]. Public Administration Review, 1969(29).

95. Woodrow Wilson. The Study of Administration[J]. Political Science Quarterly, 1941(56).

96. Yehezkel Dror. Policymaking under Adversity Transaction[M]. NewJersey: New Brunswick Inc., 1986.

七、报纸文章

1. 马国川.教育改革,从80年代出发——访杨东平[N].经济观察报,2009-03-09.

2. 张沛.我省教育审计创效2.7亿元[N].新安晚报,2007-02-08(1).

3. 赵丽,杜荫.天价"总裁班"真相调查[N].法制日报,2009-02-17(18).

4. 俞可平.思想解放与政治进步[N].北京日报,2007-09-17(18).

八、网络文献

1. 中华人民共和国财政部[EB/OL].(2007-02-27)http://www.mof.gov.cn/news/_3194_24463.htm.

2. 吴晶,王茜.免除城市义务教育学杂费[EB/OL].(2008-07-31)http://www.gov.cn/jrzg/content_1061253.htm.

3. 庆环.促进教育公平重大举措:解读免除城市义务教育学杂费[EB/OL].(2008-08-01)http://www.gmw.cn

4. 专家析中央机构大部门制:权力制衡将成改革焦点[EB/OL].(2007-12-19)http://www.sina.com.cn.

5. 大部制改革方案可能提交两会审议[EB/OL].(2008-01-21)http://www.sina.com.cn.

后　记

谨以此书的出版怀念我的母亲。在本书完稿前夕，母亲突然与世长辞，而我当时正在办公室里埋头修订书稿，及至赶到医院时，母亲已经永远离开了我。虽然母亲是高寿而陨，但她的去世仍然给我带来了巨大的、无尽的悲痛。在短暂中辍之后，我强忍悲痛继续本书的编著工作。母亲上个世纪30年代末毕业于北京师范大学化学系，终生从事教师职业，生前从来不愿因为她个人的事情而拖累我的工作。如果不是她老人家付出的无私母爱，使我得以全身心地投入工作，恐怕无论是本书的问世，还是我最近十年来所完成的学术研究，都是根本不可想象的事情。在这里，我要深情地对她说："儿子谢谢您！"

本书的出版得到了南京农业大学"211工程"建设项目和重点学科建设项目的资助以及北京大学出版社的支持，责任编辑于娜等同志的敬业精神和严谨态度令我感动，在此一并深深致谢。

龚怡祖

2009年9月2日